普通高等教育旅游管理专业系列教材

休闲与旅游学概论

第 2 版

主编 黄安民
参编 李洪波 张立明 张进福
　　　侯志强 赖启福

机械工业出版社

本书主要阐述休闲与旅游的产生和发展历史，休闲与旅游在现代社会生活中的地位与作用，休闲与旅游活动的类型与特点，人类休闲与旅游活动的规律，旅游的三大要素——旅游者、旅游资源、旅游业的概念及三者之间的互动关系，旅游活动对社会、经济、环境的影响，以及旅游与社会学、旅游与地理学、旅游与生态学、旅游与环境学、旅游与市场学和旅游组织等方面的内容。

本书可作为高等院校旅游管理类专业的教材，也可供相关从业人员学习参考。

图书在版编目（CIP）数据

休闲与旅游学概论/黄安民主编.—2版.— 北京：机械工业出版社，2021.11（2024.9重印）

普通高等教育旅游管理专业系列教材

ISBN 978-7-111-69298-0

Ⅰ. ①休… Ⅱ. ①黄… Ⅲ. ①休闲旅游–高等学校–教材 Ⅳ. ①F590.71

中国版本图书馆 CIP 数据核字（2021）第 203520 号

机械工业出版社（北京市百万庄大街22号　邮政编码100037）
策划编辑：曹俊玲　　责任编辑：曹俊玲　於　薇
责任校对：朱继文　　责任印制：张　博
北京雁林吉兆印刷有限公司印刷
2024年9月第2版第2次印刷
184mm×260mm・20.75印张・510千字
标准书号：ISBN 978-7-111-69298-0
定价：59.80元

电话服务　　　　　　　　网络服务
客服电话：010-88361066　机　工　官　网：www.cmpbook.com
　　　　　010-88379833　机　工　官　博：weibo.com/cmp1952
　　　　　010-68326294　金　书　网：www.golden-book.com
封底无防伪标均为盗版　机工教育服务网：www.cmpedu.com

前　言

科学对人类做出的重要贡献之一，就是将人类从繁重的体力劳动中解放出来，使人们有了充裕的休闲时间并创造出了各种休闲和旅游方式。即将进入一个休闲的时代，人们的工作和生活都将与休闲息息相关。5G时代的云计算、大数据、物联网、区块链、人工智能和机器人正在取代传统的通信工具，改变了人们的生活方式，家庭设备的自动化已经将人们从繁重的家务劳动中解放出来，工作和生活的压力使人们渴望获得身心的自由。我国1995年起开始实行5天工作制，成为世界上第145个实行5天工作制的国家，1999年10月实行"五一""十一"和春节三个长假以后，每年有114天假期。2007年12月14日发布的《全国年节及纪念日放假办法》公布了最新的假日制度，取消了"五一"黄金周，将"五一"由原来的3天减少为1天，同时元旦、清明节、端午节、中秋节各放假1天，每年有115天假期。2013年12月11日，国务院对《全国年节及纪念日放假办法》做出了修改，将春节假期改为3天（农历正月初一、初二、初三）。同年，国务院办公厅颁布实施了《国民旅游休闲纲要（2013—2020年）》，提出国民旅游休闲发展目标：到2020年，职工带薪休假制度基本得到落实，城乡居民旅游休闲消费水平大幅增长，健康、文明、环保的休闲理念成为全社会的共识，国民旅游休闲质量显著提高，与小康社会相适应的现代国民旅游休闲体系基本形成。这说明我国的旅游休闲时代已经到来。

2014年，国务院发布《关于促进旅游业改革发展的若干意见》，提出树立科学旅游观，创新发展理念，加快转变发展方式，到2020年，我国境内旅游总消费额达到5.5万亿元，城乡居民年人均出游4.5次，旅游业增加值占国内生产总值的比重超过5%。

围绕全域旅游、研学旅行、厕所革命、旅游扶贫、乡村振兴、特色小镇、运动休闲特色小镇、国家公园管理体制试点、休闲农业与乡村旅游示范点、智慧旅游等，在旅游部门的推动下，与旅游业融合发展的相关政策相继出台，全国形成了全域旅游和"旅游+"的良好局面。

2016年，我国已成为世界第一大出境旅游客源国和全球第四大入境旅游接待国。旅游业已融入经济社会发展全局，成为国民经济战略性支柱产业。

到"十四五"时期，我国的旅游业将进入高质量发展时期，文化和旅游部负责人在"2020中国旅游科学年会"上讲话时提出，推动旅游科学研究要注意"一个主题"（紧紧围绕旅游业高质量发展这个主题）和"五个兼顾"（兼顾当前和长远、兼顾文化和旅游、兼顾理论和应用、兼顾国内和国际、兼顾人文和科技）。

国家文化和旅游行政主管部门合并为文化和旅游部，更有利于国民休闲旅游的高质量发展，旅游业将在满足人民对美好生活的向往方面做出更大的贡献。

本书正是在上述的背景下进行修订的。本书的主要内容包括休闲与旅游的产生与发展历史，休闲与旅游在现代社会生活中的地位与作用，休闲与旅游活动的类型与特点，人类休闲与旅游活动的规律，旅游的三大要素——旅游者、旅游资源、旅游业的概念及三者之间的互动关系，旅游活动对社会、经济、环境的影响，以及旅游与社会学、旅游与地理学、旅游与生态学、旅游与环境学、旅游与市场学和旅游组织等方面的内容。

旅游是人类的一种休闲生活。目前，我国在休闲与旅游研究方面刚刚起步，研究主要集中在人们的外出旅游行为和旅游现象上。

我国国内传统的旅游学著作和教材大都研究人们外出的旅游现象，而随着社会经济的发展，在如今这个知识经济、网络经济时代，新的生产方式和价值观念正改变着人类的生活、人类的思维和人类本身，以"追求体验和经历"为特征的旅游时代将被一个不注重经历、以休闲放松为特征的休闲时代所取代。休闲将作为一种新的生活方式越来越受到重视。

本书具有以下突出特点：

（1）内容上有拓展。本书是将休闲学的内容与旅游学的内容相结合的教材，这在休闲和旅游学专业领域是一次创新。

（2）体例上有创新。本书运用科学范式构建休闲与旅游学的新体系，不再因循传统的旅游学以旅游活动的基本要素为线索的编写体例。

（3）研究方法上有突破。本书运用跨学科研究的方法，从社会学、哲学、心理学、地理学、经济学等多学科的角度出发，阐释休闲和旅游现象，并且增加了旅游社会学、旅游人类学等方面的内容。

（4）对传统旅游学的理论有提升。本书是适应知识经济、网络经济，迎接休闲时代的来临，并与国际休闲与旅游研究接轨的新体系的教材，特别是对休闲学的研究在国内刚刚起步，可供参考的资料不多，因此书中必定存在不少的问题，望广大读者不吝赐教。

本书由华侨大学旅游学院、湖北大学商学院、福建农林大学旅游学院、厦门大学管理学院的部分教师共同撰写，由黄安民主编，李洪波、张进福、侯志强等参与本书编写提纲的讨论。全书共十章，各章分工如下：第一、四、五、七、九章由黄安民（华侨大学旅游学院）编写，第二章由侯志强、李洪波（华侨大学旅游学院）编写，第三章由赖启福（福建农林大学旅游学院）编写，第六章由黄安民、张立明（湖北大学商学院）编写，第八章由侯志强编写，第十章由张进福（厦门大学管理学院）编写。全书由黄安民统稿。研究生程华宁、陈建平、范满满、臧如心等对本书全文进行了文字校对和文字编辑。

在本书出版之际，感谢天津大学管理学院旅游管理与发展研究中心主任、博士生导师赵黎明教授，他对本书的写作提出了很多富有指导性和启发性的观点。

感谢华侨大学旅游学院为本书的写作提供了时间上的保障和支持。

感谢武夷山市人民政府为本书的写作提供的支持。

感谢华侨大学施子清教师学术著作出版基金会对本书出版的慷慨资助。

黄安民
于华侨大学秋中湖畔

目 录

前言
第一章 绪论 ……………………………………………………………………… 1
学习目的与要求 ……………………………………………………………… 1
主要内容框架 ………………………………………………………………… 1
第一节 休闲与旅游的定义与本质 ……………………………………… 2
第二节 旅游活动的概念及其基本要素 ………………………………… 10
第三节 旅游学的研究对象与主要内容 ………………………………… 12
第四节 旅游学的学科性质和学科体系 ………………………………… 16
第五节 旅游学的研究方法 ……………………………………………… 19
第六节 休闲与旅游学研究进展 ………………………………………… 21
第七节 本书的学习方法 ………………………………………………… 29
关键术语 ……………………………………………………………………… 31
问题及讨论 …………………………………………………………………… 31
参考文献 ……………………………………………………………………… 31
参考网站 ……………………………………………………………………… 33

第二章 旅游发展史 ……………………………………………………………… 34
学习目的与要求 ……………………………………………………………… 34
主要内容框架 ………………………………………………………………… 34
第一节 世界旅游发展简史 ……………………………………………… 35
第二节 中国旅游发展简史 ……………………………………………… 48
关键术语 ……………………………………………………………………… 59
问题及讨论 …………………………………………………………………… 59
参考文献 ……………………………………………………………………… 60
参考网站 ……………………………………………………………………… 60

第三章 旅游者 …………………………………………………………………… 61
学习目的与要求 ……………………………………………………………… 61
主要内容框架 ………………………………………………………………… 61
第一节 旅游者的概念 …………………………………………………… 62

第二节　旅游者的形成条件 …………………………………… 68
　　第三节　影响旅游者决策的因素 ………………………………… 74
　　第四节　旅游者的类型及其特点 ………………………………… 76
　关键术语 …………………………………………………………… 79
　问题及讨论 ………………………………………………………… 79
　参考文献 …………………………………………………………… 80
　参考网站 …………………………………………………………… 80

第四章　旅游资源 ………………………………………………… 81
　学习目的与要求 …………………………………………………… 81
　主要内容框架 ……………………………………………………… 81
　　第一节　旅游资源及其特点 ……………………………………… 82
　　第二节　旅游资源分类 …………………………………………… 84
　　第三节　旅游资源调查 …………………………………………… 89
　　第四节　旅游资源评价 …………………………………………… 91
　　第五节　旅游资源开发 …………………………………………… 101
　　第六节　旅游资源保护 …………………………………………… 104
　关键术语 …………………………………………………………… 109
　问题及讨论 ………………………………………………………… 109
　参考文献 …………………………………………………………… 109
　参考网站 …………………………………………………………… 110

第五章　旅游业 …………………………………………………… 111
　学习目的与要求 …………………………………………………… 111
　主要内容框架 ……………………………………………………… 111
　　第一节　旅游业的概念及构成 …………………………………… 111
　　第二节　旅游业的性质及特点 …………………………………… 113
　　第三节　旅行社业 ………………………………………………… 115
　　第四节　饭店业 …………………………………………………… 122
　　第五节　旅游交通业 ……………………………………………… 132
　　第六节　旅游景区业 ……………………………………………… 142
　　第七节　旅游娱乐业 ……………………………………………… 157
　　第八节　旅游购物业 ……………………………………………… 166
　关键术语 …………………………………………………………… 169
　问题及讨论 ………………………………………………………… 169
　参考文献 …………………………………………………………… 170
　参考网站 …………………………………………………………… 170

第六章　旅游产品与服务·······171
学习目的与要求·······171
主要内容框架·······171
第一节　旅游产品的概念和特点·······172
第二节　旅游产品的创新开发·······176
第三节　旅游产品的生命周期及其调控·······191
第四节　旅游服务质量·······194
关键术语·······196
问题及讨论·······196
参考文献·······197
参考网站·······197

第七章　旅游市场·······198
学习目的与要求·······198
主要内容框架·······198
第一节　旅游市场的概念·······199
第二节　旅游市场的细分与定位·······199
第三节　全球国际旅游市场·······201
第四节　我国旅游市场·······209
第五节　旅游市场营销·······231
关键术语·······265
问题及讨论·······265
参考文献·······265
参考网站·······266

第八章　旅游业的管理·······267
学习目的与要求·······267
主要内容框架·······267
第一节　国家旅游管理体制·······268
第二节　我国的旅游政策与法规·······277
第三节　我国的旅游标准化工作·······282
第四节　旅游行业组织·······285
关键术语·······289
问题及讨论·······289
参考文献·······289
参考网站·······289

第九章　旅游影响·······290
学习目的与要求·······290

主要内容框架……………………………………………………………………… 290
第一节　旅游的经济影响………………………………………………………… 291
第二节　旅游的生态环境影响…………………………………………………… 296
第三节　旅游的社会文化影响…………………………………………………… 298
第四节　旅游可持续发展………………………………………………………… 301
关键术语…………………………………………………………………………… 304
问题及讨论………………………………………………………………………… 304
参考文献…………………………………………………………………………… 305
参考网站…………………………………………………………………………… 305

第十章　旅游社会学研究………………………………………………………… 306
学习目的与要求…………………………………………………………………… 306
主要内容框架……………………………………………………………………… 306
第一节　旅游现象的社会学研究与社会学意义………………………………… 306
第二节　旅游社会学研究进展…………………………………………………… 311
关键术语…………………………………………………………………………… 320
问题及讨论………………………………………………………………………… 320
参考文献…………………………………………………………………………… 321
参考网站…………………………………………………………………………… 321

第一章 绪 论

【学习目的与要求】

掌握闲暇、游憩、休闲、旅游的区别；正确理解和掌握休闲与旅游的含义；理解旅游的本质；了解旅游学的学科属性和学科体系；了解旅游学的研究对象和主要研究内容；了解旅游学的研究方法和国内外休闲与旅游学的研究进展，熟悉本教材编写的逻辑体系；了解本章学习和研究的基本参考文献和参考网站。

◆【主要内容框架】

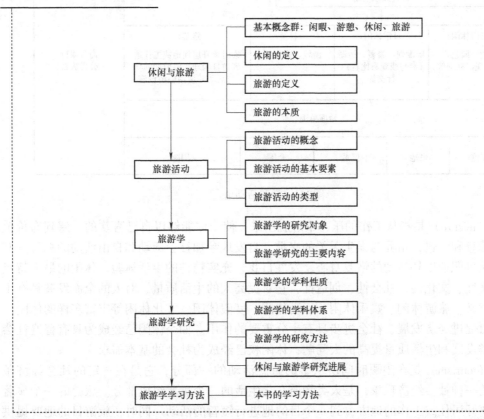

第一节　休闲与旅游的定义与本质

一、闲暇、游憩、休闲与旅游

闲暇（leisure）是指人们扣除谋生活动时间、睡眠时间、个人和家庭事务活动时间之外剩余的时间。闲暇是人们可以自由支配的时间。闲暇时间的多少是休闲、旅游等活动能够产生的先决条件之一。

游憩（recreation）一般是指人们在闲暇时间所进行的各种活动。游憩可以恢复人的体力和精力，它包含的范围极其广泛，从在家阅读、听音乐、看电视到外出度假，都属于游憩。所有这些活动构成的游憩行为共同构成了游憩活动谱（boniface and cooper，1987）（见图1-1）。

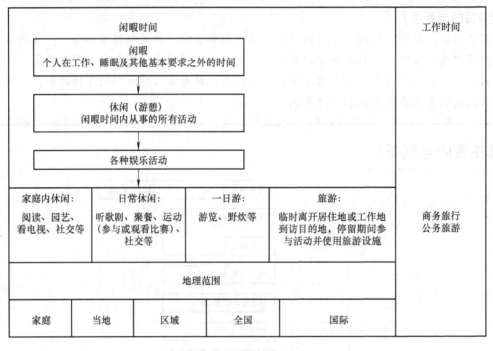

图1-1　游憩活动谱

休闲（leisure）是指从工作的压力中解脱出来，使个体能够以自己喜欢的、感到有价值的方式去休息和消遣，培养与谋生无关的兴趣、自发地参加社会活动和自由活动的总称。其本质就是从事职业以外活动的恢复身心、发展自我、充实精神的生活体验。休闲的最大特点是它的人文性、文化性、社会性、创造性，它对提高人的生活质量、对人的全面发展具有十分重要的意义。旅游休闲、娱乐休闲、运动休闲、度假休闲、文化休闲等丰富多样的休闲生活方式，对促进经济发展、社会进步具有十分重要的作用。如今休闲已经成为具有普遍社会意义的人类发展和生活质量提高的大问题，休闲权已经成为社会的基本需求。

旅游（tourism）是在闲暇时间所从事的游憩活动的一部分，它是在一定的社会经济条件下产生的一种社会经济现象，是人类物质文化生活的一个重要组成部分。旅游的一个显著特点是要离开居住或工作的地方，到一个目的地进行短暂的活动。同时，旅游目的地要提供各种接待设施以满足其需要。

在实践上，旅游和游憩很难区分，人类在闲暇时间内的游憩活动是连续的，不可人为分离，它包括从家庭内游憩、居室周围的户外游憩、一日游，到国内旅游和国际旅游等渐变的游憩活动谱（见图1-1）。人们以各种定义来分辨旅游和游憩，仅仅是为了统计上的需要和方便，以及用于分析旅游对经济的影响，而不是游憩者或旅游者本身的行为具有截然不同的本质特征。随着社会的发展、交通工具的进步，游憩和旅游的区别越来越难以区分，很多研究者都将旅游者与游憩者视为一体。

二、休闲的定义

（一）欧美国家关于休闲的含义

（1）休闲所利用的时间是工作之余可支配的时间，即闲暇。

（2）休闲是实现某种社会目标的手段和工具，如康体活动、技能提高、兴趣培养等。

（3）休闲作为个体的一种思想状态，具有很大的主观性。

（4）休闲本身是一种生活方式或一种终极目标，即休闲不从属于劳动或工作，而是一种自我表现或自我实现。

（5）休闲是一种人们在活动中找到的乐趣，即通常所说的经验或经历质量（quality of experience），或者说是人们在工作中找到的乐趣。这种理解不把工作和休闲看成是绝对对立的。

（6）休闲是在闲暇时间里开展的任何有益身心健康的活动。

在这些意义上，游憩主要用来指代那些（通常是对人体，包括大脑）具有"修复"（restoration）或"恢复"（recovery）作用的活动，如户外活动、体育运动等。在历史上，北美的游憩是伴随着他们的国家公园制度而出现的。在北美地区，每位纳税的市民、居民有权在国家公园、省立公园、市立公园里享受各种娱乐活动，他们不需要购买门票，因为这些公园就是为他们而建造的。当人们离开自己的居住所在地到别处的省立、市立公园去享受娱乐活动时，这些户外活动便具备了游憩的特征。旅游的概念出现以后，依照离开居住地距离的远近（虽然世界旅游组织有比较划一的标准，这个距离因国甚至因省市而不同），游憩在很多情况下就是国民开展的国内旅游。

（二）休闲在中国文化中的含义

在我国，"休"，以木而休，强调人与自然的和谐；"闲"，娴静，思想的纯洁与安宁。从词意的组合上，休闲二字具有特有的文化内涵和价值意义。我国自古以来所记录的休闲文化的内容也十分丰富，从《诗经》《楚辞》《汉赋》《唐诗》《宋词》《元曲》和清代文人小品，直到衣食住行、琴棋书画，都是休闲文化的创造物。

中国的休闲观念始自老子，人要活得自然自在，心性要悠然散淡；孔子则积极进取，却又视富贵如浮云，"从心所欲不逾矩"；诸葛亮一生追求"淡泊明志，宁静致远"的境界，真正是：流水之声可以养耳，青禾绿草可以养目，观书绎理可以养心，弹琴学字可以养脑，逍遥杖履可以养足，静坐调息可养筋骸；陶渊明的"采菊东篱下，悠然见南山"，道出了中式休闲的境界：人之自我与自然的交流与融合，人在其中，身心宁静而放松，故可用心感知生命的美好、自然的生机、万物的神奇。先贤们常将休闲与自然哲学、人格修养、审美情趣、文学艺术、养生延年紧密结合起来，于是出现了垂钓、猜谜、楹联、诗社、书院、风筝、打拳、舞剑、云游、品茗、园林、曲艺、国画、丝竹、书法等丰富多彩的休闲形式；休闲，是中国人心灵的驿站，人人可借此驱除劳顿、净化灵魂、提升人格。休闲不仅是人与自然的和谐，是人与社会关系的和谐，而且是人自身肉体和灵魂的和谐。

(三) 不同学科对休闲的理解

1. 社会学对休闲的理解

社会学将"休闲"看成一种社会建构以及人的生活方式和生活态度，是发展人的个性的场所。用社会学的理论和方法对有闲阶层和休闲时间的行为进行研究，使休闲成为社会学的重要分支。近一个世纪以来，社会学家针对休闲的研究取得了丰硕的成果。诸如：休闲时间数理与结构的调查；经济趋势和休闲的关系；各阶层对休闲时间的利用；休闲对社会生活各方面（如工作、家庭、社会治安）的影响；未来社会人们对休闲价值的认识及其对社会的影响；休闲生活的设计和休闲文化的发展，用以指导人们对休闲行为做出价值判断和选择；评价休闲活动、确定休闲行为的目的和标准等方面的能力，以及对合理使用休闲时间的重要性的认识。这些研究旨在使人的知识、信念、态度、行为、技能等方面的能力不断得到提高。

2. 经济学对休闲的理解

经济学家考察休闲侧重于休闲与经济的内在关系，根据休闲时间的长短制定新的经济政策和促进不同方面的消费，调整产业结构，建立新的市场。在西方发达国家，休闲产业是国民经济收入的重要来源，是政府部门制定相关政策必须考虑的因素。休闲产业的发展促进了产业格局的变化，在休闲产业就业的人数占整个就业人数的比重相当大。休闲产业的发展不仅能够解决失业和就业问题，而且能够促进和改善服务，增强人的休闲欲望，促进社会经济的良性循环。

3. 哲学对休闲的理解

哲学对休闲的研究从来都把休闲与人的本质相联系。休闲之所以重要，是因为它与实现人的自我价值和"心灵的永恒性"密切相关。休闲在人的一生中是一个持久的、重要的、发展的舞台，是一个完成个人与社会发展任务的重要的思考空间，即一种社会系统所必需的创造性和批判性的思考空间。休闲作为一种现实存在，首先通过人的外在形式表现出来，并由特定历史时期的人们对其所面临的生活历程和所抱有的生活理想而确立起来的文化样式和生活方式、价值取向所决定；它的价值不在于提供物质财富或实用性工具与技术，而是为人类构建一个有意义的世界，守护精神的家园，使一个人的心灵有所安顿、有所归依；它还以特有的价值追求赋予人的行为以真实的意义，使其与社会中占主导地位的政治、经济或科技力量保持一定的距离或具有独立性，形成真正的人格力量。

4. 文化学对休闲的理解

从文化学的角度来研究休闲是将休闲上升到文化的范畴，是指人在完成社会必要劳动后，为不断满足自身的多方面需要所处的一种文化创造、文化欣赏、文化建构的生命状态和行为方式。休闲的价值不在于实用，而在于文化。它使人在精神的自由中历经审美的、道德的、创造的、超越的生活方式。它是有意义的、非功利性的，它给人们一种文化的底蕴，支撑人们的精神。因而，休闲被誉为一种文化基础，是一种精神状态，是灵魂存在的条件。休闲是一种对社会发展进程具有校正、平衡、弥补功能的文化精神力量，它包括情感、理智、意志、生理、价值、文化及所有组成行动感知领域的一切，也包括价值观、语言、思维方式、角色定位、世界观、艺术、组织，等等。休闲取决于每个个体的经济条件、社会角色、宗教信仰、文化知识背景及类似的因素。

5. 美学对休闲的理解

从美学的角度来看，休闲可以愉悦人的身心。建立于闲暇基础之上的行为情趣，或是休息、娱乐，或是学习交往，它们都有一个共同的特点，即获得一种愉悦的心理体验，产生美好感。人与自然的接触铸造人坚韧、豁达、开朗、坦荡、虚怀若谷的品格。人与人的交往会因此变得真诚、友善、和谐、美好。休闲还能促进人的理性的进步，从而产生许多睿智的哲学思想，如天人合一、生态哲学、可持续发展；人类科学的发现、技术的发明创造都与休闲紧密相连。休闲还为满足当代人生活方式中的许多要求创造了条件，人们通过欣赏艺术、从事科学研究、享受大自然，不仅锻炼了体魄，激发了创新的灵感，更重要的是丰富了感情世界，坚定了追求真善美的信念，表达和体现出了高尚与美好的气质。

三、旅游的定义

旅游是旅游学研究的最基本概念，人们日常生活中经常提到的"旅游"与"旅游活动"是同一个概念。本节所讨论的"旅游"，是指作为旅游学研究对象的具有科学意义的、抽象的"旅游"的概念。

各国旅游学者和不同的国际旅游组织出于不同的需要均对旅游的概念进行过解释，从这些解释的发展过程来看，大多是从与"旅游活动"含义相同的"旅游"的解释逐渐过渡到作为旅游学研究对象的科学的概念。国外旅游学学者和有关国际组织对旅游的认识归纳起来主要有以下几种：

1. 艾斯特（IASET）定义

瑞士学者汉泽克尔和克拉普夫（Henniker and Krapf）1942年合著了一本名为《普通旅游学纲要》的著作，其中给旅游下的定义是："旅游是非定居者的旅行和暂时居留而引起的现象和关系的总和。这些人不会永久居留，并且不从事任何赚钱的活动。"这个定义指出了旅游活动和旅游活动所引起的各种现象，将旅游活动的过程分为"非定居者"（实际是指"旅游者"）的"旅行"和"暂时居留"（目的地的逗留）及其所引起的"现象和关系的总和"。这一定义并不是把旅游看作单纯的旅游活动，而是概括指出了旅游的本质是一种社会现象；旅游关联着社会的各个方面，即旅游者和其他旅游者、旅游地、旅游地居民、旅游企业等之间既存在着经济联系，又发生相应的社会关系，是"各种现象和关系总和"，并限定旅游者不是从事固定职业或经济活动的人，而是离开常住地到另一个地方旅行。这一定义指出了旅游的"异地性""非定居性""非就业性""综合性"等特点，为旅游学的研究奠定了科学的基础。

这一定义在20世纪70年代被"旅游科学专家国际联合会"（International Association of Scientific Experts in Tourism，IASET）所采用，所以也被称为"艾斯特（IASET）定义"或国际定义。

2. 交往定义

1927年，以蒙根、罗特为代表的德国学者在其出版的《国家科学词典》中对旅游的定义是："狭义的理解是那些暂时离开自己的住地，为了满足生活和文化的需求或个人各种各样的愿望，而作为经济和文化商品的消费者逗留在异地的人的交往。"在德语中，旅游是由"陌生者"和"交往"两个词复合而成的。这一定义认为旅游是一种交往活动。这个定义中突出了"人的交往"的意思，故取名为"交往定义"。

这一定义指出了旅游的目的，但没有指出旅游活动的影响，所以这一定义仍然是一种旅游活动的定义。

3. 目的定义

20世纪50年代，奥地利的维也纳经济大学旅游研究所对旅游所下的定义是："旅游可以理解成暂时在异地的人的空余时间的活动，主要是出于休养目的；其次是出于受教育、扩大知识和交际的原因的旅行；再是参加这样或那样的组织活动，以及改变有关的关系和作用。"这一定义把各种旅游的目的都综合在一起做了通俗而浅显的说明，故成为"目的定义"，也有学者称之为"综合定义"。

这一定义偏重于旅游的目的，仍然是一种旅游活动的定义。

4. 动机定义

1966年，法国学者让·梅扎森（J. Madecin）对旅游所下的定义是："所谓旅游，是为了使人消遣、得到休息，能让人活动在新的环境中和接触未知的自然风景，加深经验和教养而进行的旅行或离开常住地到外地逗留的一项休假活动"。梅扎森的定义将旅游看成逃避欲求、恢复人的本来欲望，看到的多是广泛的文化活动方面，说明了旅游的动机，故称为"动机定义"。

这一定义指出了旅游的部分动机是旅游可以获取知识并提高人的教养，说明了旅游的精神享受。这是这一定义的独到之处。

5. 流动定义

1972年，英国萨里大学的伯卡特和梅特利克认为："旅游发生于人们前往和逗留在各个旅游地的流动，是人们离开自己平时居住和工作的地方，短期暂时前往一个旅游目的地运动和逗留在该地的各种活动。"这一定义指出了旅游最本质的特征——人的流动。故称为"流动定义"。

6. 综合定义

1979年，美国通用大西洋集团有限公司的马丁·普雷博士前往中国讲学时说："旅游是为消遣而进行旅行，在某一国家逗留的时间至少超过24小时。"1980年，美国密执安大学罗伯特·麦金托什和夏希肯特格·波特两位教授在《旅游学——要素、实践、基本原理》一书中指出："旅游可定义为在吸引和接待旅游及其访问者的过程中，由于游客、旅游企业与东道国政府及东道国各地区的居民的相互作用而产生的一切现象和关系的总和。"

这一定义实际上是对艾斯特定义的补充和发挥。

7. 狭义和广义定义

日本学者铃木忠义主编的《现代观光论》对旅游做了如下定义：狭义旅游是指：①人离开日常生活圈；②预定再次回来；③以非营利为目的；④欣赏自然风物。所谓广义旅游，就是由这种行为而产生的社会现象的总体。这一定义对旅游做了广义和狭义的区别，既指出了旅游者的特点，又指出了旅游的本质。

8. 世界旅游组织定义

1991年6月25日至28日，世界旅游组织在加拿大渥太华召开了"旅游统计国际大会"。经过4天议程，形成了"旅游统计国际大会建议书"，其中对旅游的概念做出了重新定义：旅游是指一个人旅行到他或她通常环境以外的地方，时间少于一段指定的时段，主要目的不是在所访问的地区获得经济效益的活动，其中，"通常环境"是为了排除那些在居住地以内的旅行和日常的旅行；"少于一段"是指定的时段，是为了排除长久的移民活动。这包括了三种基本类型的旅游：

（1）境内旅游：包括国内旅游和入境旅游。其中，国内旅游是指一国居民在本国内的旅游。入境旅游指外国居民在本国内的旅游。

（2）国民旅游：包括国内旅游和出境旅游。其中，出境旅游是指本国居民到其他国家旅游。

（3）国际旅游：包括入境旅游和出境旅游。

"旅游统计国际大会"会后，世界旅游组织又成立了由政府、国际组织和旅游行业代表组成的指导委员会，负责制订具体贯彻渥太华会议建议的计划，并于1993年2月在纽约召开的联合国统计委员会第27次会议上通过了世界旅游组织的报告《对旅游统计的建议》。该报告内容包括有关旅游统计标准的建议和执行这些标准的工作计划。其中一项计划要求世界旅游组织制定一系列的技术手册及指南，以帮助各国执行有关旅游统计中包含的概念、定义和分类的建议。根据该报告，世界旅游组织制定了五本技术手册。该报告对旅游做了明确的定义："旅游是指人们为了休闲、商务或其他目的离开他们惯常的环境，到某些地方并停留在那里，但连续不超过一年的活动。"

综合人们对旅游定义的不同表述，可以看到人们至少在以下三方面已经取得共识：

（1）旅游是人们离开自己的定居地，去异国他乡访问的活动。这一点反映了旅游活动的异地性。

（2）旅游是人们前往旅游目的地，并在那里进行短暂停留的访问活动。这种短期停留有别于移民性的永久居留。这一点反映了旅游活动的暂时性。

（3）旅游是人们的旅行和暂时居住而引起的各种现象和关系的总和。它不仅包括旅游者的活动，还包括设计这些活动在客观上所产生的一切现象和关系。这一点反映了旅游现象的综合性。

但是以上这些定义对于以工商事务及出席会议代表的差旅型外出是否为旅游或者是否应该纳入旅游的概念，并未形成统计上的共识。而事实上，商务旅游和会议旅游已是现代旅游发展的一个新趋势。因此，我国有学者提出了以下旅游的定义：

王洪滨主编的《旅游学概论》对旅游的定义是：旅游是人们离开常住地到异国他乡访问的旅行和暂时停留所引起的各种现象和关系的总和。

孙文昌主编的《旅游学导论》一书给旅游的定义是：旅游是在不定期的社会经济条件下产生的一种社会经济现象，以满足人们休息、消遣和文化需要为主要目的，非定居者旅行和暂时居留所引起的一切现象和关系的总和。这一概念强调了旅游是一种社会经济现象。

我国学者对旅游的定义实际上是一种广义的定义。

综合以上定义，可以看出对旅游的定义主要有两种，一种是将旅游作为一种旅游活动，因此旅游的定义为"旅游活动"，给出旅游活动的原因（目的或动机）以及活动方式和类型（如定义2～5和定义7）；一种指出了旅游是一种旅游活动，同时旅游也是旅游活动引起的各种现象和关系的总和（定义1和定义6），而世界旅游组织也对旅游进行了较为详尽的定义（定义8）。

四、旅游的本质

学者们对旅游的定义众说纷纭，也涉及对旅游本质的理解。不同的学者对旅游本质的理解并不相同。文化学家认为"旅游是为了寻找文化差异所进行的一种暂时性文化空间的跨越的行为过程"[一]，信息学家认为旅游的本质是摄取信息，美学家认为旅游的本质是一种审美活动。那么，旅游的本质到底是什么？我们认为应从以下几个方面来考虑：

1. 旅游的社会属性

旅游是一种综合性的社会活动，是社会经济发展到一定历史阶段的产物。

远古时代，生产力低下，由于缺乏劳动剩余物，人类既无旅行的物质基础，也无外出旅行的主观愿望。就整个世界而言，人类有意识的外出旅行活动应始于原始社会末期，并在奴隶制社会时期得到了一定的发展，但这种活动主要不是消遣和度假活动，而是由产品或商品交换而促发的一种经济活动，生产力和社会经济的发展推动了产品交换，从而推动了人们对旅行的需要。

到了封建社会，由于经济和交通的发展为封建时期的旅行发展提供了必要的经济基础和物质条件，但旅游仍只是少数特权阶层和富有者的享乐活动。中国的传统看法是，旅游是王公贵族和文人墨客的风流韵事。在西方，旅行也只是限于外交、经商和宗教朝圣。

随着生产力的进一步发展，交通条件不断改善，社会分工逐步深化，民众生活水平不断提高，特别是20世纪的产业革命，既是生产技术的巨大革命，又是生产关系的深刻变革，促进了社会经济的巨大发展和变革，使近代旅游随之兴起，旅游活动的主体也发生了变化，普通民众成为旅游活动的主体。到了现代社会，人均收入不断提高，劳动时间日益缩短，旅游活动才有可能得到普及和发展。所以，旅游的本质是社会经济发展到一定历史阶段的必然产物。

2. 旅游的休闲性

旅游是一种积极的、健康的休闲活动。随着工业化水平的提高，生活节奏的加快，城市化程度的加速，人口日渐密集，人们自由生活的空间越来越小，再加上都市的喧嚣与污染，人们迫切需要在紧张的工作之余放松一下身心，呼吸新鲜空气，以消除日复一日的紧张与疲劳。正是鉴于这种情况，世界许多国家的政府都通过法律赋予人们休息的权利。早在20世纪30年代中期，国际劳工组织的一次年会上就正式承认了劳动者享有带薪假期的权利。第二次世界大战后，西方一些国家先后普遍实行1年2~3周带薪假期的制度，加上每周工作时间缩短为40小时，使得劳动者享受休息的权利得到了切实的保障。随着收入水平的提高，劳动者利用这些休息时间出外旅游和度假成为可能。在旅游休闲中，人们走向大自然，或游览秀丽的风光和名胜古迹，或参加体育娱乐活动，饱尝工作之余的乐趣，不仅实现了全身心的放松，有益于消除疲劳和紧张，增强了体魄，还通过旅游了解和学习了新的知识，使精神更加充实和饱满，能够更好地投入工作。所以，旅游作为一种积极、健康的休闲活动，受到了不同年龄、性别、职业和社会各阶层人们的欢迎。

3. 旅游的审美属性

由于旅游活动在现代商品社会中极易显现出经济意义，因此许多人倾向于从经济的角度去分析旅游的本质这个问题，但是旅游作为一项经济活动是19世纪以后的事，而在此之前，非经济的旅游现象早已出现了。

从对旅游的发生与历史发展的分析中可以看出，旅游最初是作为一个专门用于满足人们审美需求的非功利性的审美活动而出现的，旅游活动中的这种审美关系是旅游出现的契机，

[一] 李天元. 旅游学 [M]. 北京：高等教育出版社，2002.

也是旅游能够从人类生产实践中独立出来并不断发展的根本原因。审美关系是旅游活动中最内在、最本质的关系，是旅游活动存在的基础，没有这种审美关系，就没有旅游现象。所以旅游活动中的本质关系就是一种非功利性的审美关系，旅游者出于非功利目的，在旅游活动中体验到一种审美愉悦，从而满足自己的审美需求。所以，"旅游，从本质上说，就是一种审美活动，旅游涉及审美的一切领域，涉及审美的一切形态，旅游活动就是审美活动。"（叶朗，1988）

4. 旅游的消费属性

旅游的本质是一种以精神享受为主体的高级消费活动，并逐渐发展成为人们生活中的一种基本需要。

人们在生活中有多种多样的需要，既有对为延续和发展自己的生命所必需的物质的需要，也有对发展智力、道德、审美等方面的精神需要，而且随着社会的发展，人们对物质需要和精神需要的层次也在不断提高。

按照马斯洛的需要层次论，人的需要可分为生理需要、安全需要、社交需要、受尊重需要和自我实现需要。上述需要的五个层次是逐级上升的，当低的一级需要得到相对满足以后，追求高一级的需要就成为继续奋进的动力。旅游需要是人的总体需要的一个组成部分，当人们在满足日常生活的衣、食、住、行等基本需要之后，便自然地追求更高层次的享受，产生旅游的需要。旅游需要是社交需要、受尊重需要和自我实现需要，是一种较高层次的需要，所以，旅游实质上是一种人类的以精神享受为主体的高级消费活动。

对旅游本质的认识框架如图 1-2 所示。

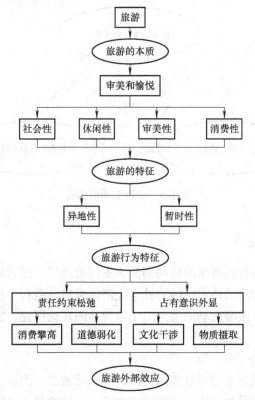

图 1-2　旅游本质的认识框架（谢彦君，1999）

第二节 旅游活动的概念及其基本要素

一、旅游活动的概念

在上节所介绍的旅游的几种定义中,第2、3、4、5种定义实际上就是旅游活动的定义。旅游活动主要是指旅游者的活动。旅游活动就是指旅游者离开常住地到外地的一种消遣性的活动。

二、旅游活动的基本要素

旅游者的旅游活动的过程中涉及食、住、行、游、购、娱等环节,旅游活动要借助一定的交通工具才能实现空间上的移动,旅游的过程中要有食宿、参观和游览,此外还要购物和娱乐,这样才能构成完整的旅游活动。因此,食、住、行、游、购、娱通常被称为旅游活动"六要素"。

旅游活动的六要素又可归纳为三个基本要素。首先,旅游活动是指人的活动,所以旅游活动的主体是旅游者;其次,旅游活动的对象,即旅游活动的客体是旅游资源;旅游活动的媒介或媒体,也是旅游活动实现的手段,是旅游业。因此,旅游活动由旅游主体(旅游者)、旅游客体(旅游资源)和旅游媒体(旅游业)这三个基本的要素组成,三者缺一不可,相互作用、相互联系、相互制约,构成完整的旅游活动(见图1-3)。

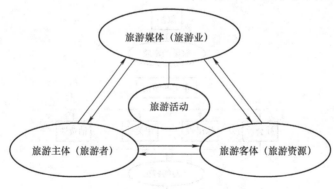

图1-3　旅游活动的构成

三、旅游活动的类型

根据旅游活动的某些特点将旅游活动划分为不同的类型,称为旅游活动的类型。不同的旅游活动类型具有不同的需求特点。随着社会经济的发展,消费个性化的增强,旅游活动的类型越来越多。科学划分旅游活动的类型对于旅游学的理论研究、旅游管理和旅游业的营销等具有十分重要的作用。

1. 按照地理范围划分

旅游活动类型按照地理范围可分为国内旅游、国际旅游、洲际旅游、环球旅游等。

国内旅游是指人们在居住国境内开展的旅游活动,通常是一个国家的居民离开自己的常住地到本国境内其他地方进行的旅游活动。

国际旅游是指跨越国境开展的旅游活动，即一个国家的居民跨越国境到另一个或几个国家的旅游活动。

洲际旅游是指跨越国境在大洲境内的其他国家所进行的旅游活动。

环球旅游是指沿着一定的线路进行的环绕地球的旅游活动。

2. 按组织形式划分

旅游活动类型按组织形式可分为团体旅游和散客旅游。

团体旅游是指人数达到一定规模的有组织的集体旅游活动，旅游活动的组织者可以是本单位，也可以是旅行社。我们通常所指的团体旅游是指有组织地接受旅行社安排旅游活动的旅游。按照国际惯例，团体是指参加旅游的旅游者至少为15人的旅游团。

散客旅游是指相对于团体而言，是人数较少不通过旅行社组织，或者旅游者通常只委托旅行社购买单项旅游产品或旅游线路产品中的部分项目的旅游活动。旅行社所接待的散客主要是个人、家庭及15人以下的自行结伴者。

3. 按费用来源划分

旅游活动类型按费用来源可分为自费旅游和公费旅游。

自费旅游是指旅游费用由旅游者自己负担的旅游活动。

公费旅游是指旅游费用主要由旅游者所在单位或者邀请单位负担的旅游活动，一般的商务旅游和公务旅游均为公费旅游。

4. 按旅游动机划分

旅游活动类型按旅游动机可分为文化旅游、康体健身旅游、修学旅游、观光旅游等。

文化旅游是指以文化景观的欣赏、考察或文化体验为主的旅游活动。

康体健身旅游是指以康体健身为目的的旅游活动。

修学旅游是指以知识的学习、体验为目的的旅游活动。

观光旅游是指以自然景观和人文景观的欣赏为主的旅游活动。观光旅游的特点是旅游者的参与性不强，以静态的观赏为主。

5. 按行为层次划分

旅游活动类型按旅游者的旅游行为层次可分为观光游、度假游、娱乐游、购物游、会议游、美食游等，如图1-4所示。

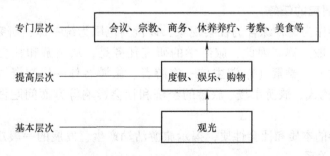

图1-4 旅游活动行为层次框架图

此外，旅游活动类型按旅行方式可分为航空旅游、铁路旅游、汽车旅游、游船旅游；按旅游活动的内容可分为观光旅游、民俗旅游、考古旅游、会议旅游、文化旅游及形形色色的专项旅游和特殊兴趣旅游等。

第三节 旅游学的研究对象与主要内容

一、旅游学的研究对象

任何一门学科都有其特定的研究领域和研究对象，旅游学是一门新兴的学科，它的研究对象也引导人们从不同的角度进行思考和探索。

1. 旅游学是研究旅游者的科学

旅游活动最早呈现出来的现象是个体的人对自然和社会生活的一种生活体验，一种追求美和欢愉的生活需求。旅游者动机、旅游目的地选择、旅游感受以及旅游中的人际关系，自然会引起人们的思考并产生为数不少但零星而不系统的游记、传记以及社会学、人类学和历史学著作。旅游学就是研究旅游者的旅游动机、旅游者的行为规律、旅游者的空间活动规律等的科学。

2. 旅游学是研究旅游业的科学

现代旅游业的发展，鲜明而强烈地表现出了旅游活动中的经济关系，使人们去研究它，探明其中的经济活动规律，从而产生了旅游经济学、旅游管理学、旅游市场营销学等，这些都是这方面研究发展的产物。

3. 旅游学是研究旅游对目的地的经济社会及环境等方面影响的科学

上述这些观点都从不同的方面提示了旅游学研究的对象，都有其合理和积极的内容。但是旅游是一种综合性的现象，要明确旅游学的研究对象，应该从本质和总体上去把握和揭示其最广泛、最一般的规律。

4. 旅游学是以旅游综合体为研究对象的科学

这一综合体由旅游主体（旅游者）、旅游客体（旅游资源）和旅游媒体（旅游业，即旅游设施、旅游管理和服务）三部分构成。旅游学就是研究这三部分的产生、发展及其相互关系的最一般规律的科学。

二、旅游学研究的主要内容

（一）旅游学研究的任务

旅游学将旅游作为一种综合的社会现象，以世界范围为统一体，研究旅游的产生、发展及其活动的最一般规律。因此，旅游学的研究任务是，从旅游和社会经济发展的关系出发，对旅游活动的三要素（旅游主体—旅游者、旅游客体—旅游资源、旅游媒体—旅游业）、旅游业的构成、旅游市场、旅游的经济和社会影响等方面问题做出比较科学、系统的阐述。

(1) 阐明旅游的本质和社会性质，揭示旅游活动产生、发展的一般规律及其与社会政治、经济和文化的关系。

(2) 阐明旅游组成的基本要素及各要素间的关系。

(3) 阐述旅游活动的内容、种类和表现形式。

(4) 阐明旅游业的性质、结构和组织。

(5) 阐明旅游活动的社会、经济、文化效应。
(6) 阐明旅游行政组织和旅游政策。
(7) 探讨中国式的旅游发展道路。

(二) 旅游学研究的具体内容

1. 中国学者关于旅游学研究的具体内容

旅游活动是一种综合性的活动，因此，旅游学研究的内容十分广泛。就目前我国旅游学的研究来看，旅游学的研究内容主要有以下几方面⊖：

(1) 阐明旅游的本质和社会性质，揭示旅游活动的产生、发展与社会政治、经济和文化发展的关系。

(2) 研究旅游综合体中各要素之间的关系。旅游综合体主要包括旅游者、旅游资源、旅游业三大要素相互作用、相互联系形成的综合体，它们分别是旅游活动的主体、客体和媒体。旅游主体与旅游客体之间通过旅游媒体（旅游业）联系起来，从而保证了旅游活动的顺利进行。

(3) 研究旅游活动产生的各种社会效果。旅游活动的各种社会效果主要体现在社会经济、文化及环境等方面。

旅游活动对经济的效应，有促进作用也有不利的方面。对经济的促进作用主要包括增加外汇收入，平衡国际收支，回笼货币，增加目的地经济收入，增加政府税收，增加就业机会，带动相关行业发展，平衡地区经济发展等；不利方面包括可能引起物价上涨，导致产业结构发生不利变化，导致国民经济因过分依赖旅游产业而不够稳定等。

旅游活动对社会文化的效应，积极的方面包括有利于提高国民素质，增进各国间的了解，促进民族文化的保护与发展，推动科学技术的交流与发展，促进目的地生活环境的改善等；消极的方面包括旅游者对当地居民的不良示范效应，干扰目的地居民的生活，目的地文化被不正当商品化等。

旅游活动对目的地的环境效应，积极的方面有使当地历史建筑和古迹遗址得到维护、恢复和修整，休闲娱乐场所及相关设施数量增加，道路、交通运输服务等基础设施得以改善，旅游接待区的环境保护和绿化工作得到重视和维护；消极的方面有使当地水质和空气质量下降，噪声增加，人口密度增大，交通堵塞，居民生活空间变小，历史古迹的原始风貌受到威胁，生态系统受到威胁和破坏等。

(4) 阐明旅游行政组织和旅游政策的主要意义。我国旅游业实行政府主导型的发展战略，所以旅游行政组织是指负责管理旅游事务的行政部门，包括文化和旅游部，省、自治区和直辖市的文化和旅游厅，省级以下的地方旅游行政机构等。旅游行政组织通过实施旅游政策等手段管理旅游业。

旅游行政组织及旅游政策对于旅游业的意义主要有以下几个方面：①行业协调方面。旅游业涉及范围的广泛性及旅游业构成的综合性使得各有关方面不存在自动的协调，很多问题只能经由政府干预才有可能得到解决，特别是在整个目的地的协调开发和协调营销方面更是如此。②旅游目的地的形象塑造方面。作为一个旅游目的地，一个国家在国际上以何种形象出现以及这种形象的建设和确立，并非某一旅游企业所能及，因此需要政府的参与和决策。

⊖ 史密斯. 旅游决策分析方法 [M]. 李天元，徐虹，黄晶，译. 天津：南开大学出版社，2006.

③在保护旅游者权益及防止旅游企业不公平竞争等方面，政府有责任对旅游业加以管束。④作为旅游行业发展的重要保障的基础设施及其他公共产品需要政府提供。⑤为了维持社会安定，政府有必要规范社会行为。⑥出于保护环境和旅游资源及可持续发展的需要，政府有必要对旅游业进行管理。

2. 西方学者关于旅游学研究的具体内容

加拿大学者斯蒂芬·史密斯在《旅游决策分析方法》一书中认为，旅游学的研究范围可通过从若干方面考察旅游的性质来确认，即作为一种人类经历、一种社会行为、一种地理现象、一种财富来源、一种商业活动和一个行业来进行考察。从旅游者的活动规律和旅游产业运行规律的角度进行研究，旅游研究的主要内容有：

（1）旅游作为一种人类经历。旅游是人们所进行的并时常从中感到乐趣的一种活动。要想较深入地了解旅游现象，就必须了解人的行为，即旅游者和潜在旅游者的心理。设计和检验那些帮助解释人类行为的各种模型，是旅游学一个重要的优先研究重点。这类信息资料在设计新的旅游产品和制订推销计划时都具有特殊的价值。人们面对各种可供选择的产品如何做出决定、他们利用何种信息源、他们如何评价这些信息，以及他们如何在自己的各种经历之间形成有机关系，有关这些方面的知识均可为实际业务和对旅游经历的总体理解提供重要的帮助。

旅游者与旅游目的地之间相互作用的另一个方面是对"身临其境"的期望。从这个意义上说，"身临其境"是指一个人觉得自己正在体验另一种文化的精华特质的主观感受。对于创造身临其境感的条件，不仅旅游业的从业者感兴趣，寻求从理论上更好地理解人类动机与知觉的学者也感兴趣。更概括地讲，心理学和社会心理学的各种理论观点在旅游研究的发展上会大有作为。因而，旅游可为社会科学工作者提供一个考察存在于人类常规经历形式之外的，特殊而重要的人类经历形式的机会。

（2）旅游作为一种社会行为。尽管旅游是一种属于个人的人类经历，但却时常与他人分享。即使旅游者独自旅行时，也会与其他人和其他社会团体相接触。许多与旅游经历相关的决定既受到个人心理特性的影响，又受到其社会化经历和对自我社会角色的意识的影响。旅游者前往一个新的地方，在那里既会与当地居民又会与其他旅游者相遇。这类邂逅的方式既有互不知名的最短暂和最偶然的相遇，又有情真意切的人际交往，其结果可能产生友谊，也可能发生冲突。如果旅游者大量前来并带来前所未有的收入，表现出与当地居民所习惯的形式决然不同的公共行为，可能就会在无意中加剧当地社会结构的变化。

旅游者可能会成为犯罪行为的牺牲品，或者可能自己做出于社会所不能接受的行为。了解旅游者之间及其与当地居民和当地团体机构之间的相互作用，有助于缓和潜在的冲突或可能增强我们对于社会行为及不同社会的结构和运转状况的理解。

旅游也会造成许多经济问题。个人和家庭根据自己的经济状况来做出度假的计划。而一个社区则要通过与将同样的公共资金用于其他用途相比较，来衡量为当地投入更多资金以吸引更多旅游者的好处。旅游经营商则要考虑扩大和提升自己业务有何潜在风险和收益。经济学的研究就是对在相互竞争的用途之间分配资源的研究。这些决策的做出过程还涉及个人的心理学问题或行业和政策决策，等等。但无论如何，这些决策都具有社会意义。在一次度假中，个人费用的分配和使用情况可使分析研究人员了解有关某个家庭在社会价值方面的某些问题。一个社区对旅游开发给予更大支持的决策，表明该社区对于经济增长所赋予的社会价值。企业家的决策反映了他对于影响其产品需求的社会趋势的知觉。

（3）旅游作为一种地理现象。从客源地到旅游目的地的旅行是旅游的一个固有的区别性特征。地方和区域性旅游行业常按地理界线分布、形成。旅游目的地常常依赖自己在广告推销中所宣传的良好地区形象。比如，海滩的种种景象、当地各种文化吸引物、地平线上多姿多彩的城市轮廓，或者宁静的山区景致等，都是推销旅游目的地时常用的地理描述。地理学研究有助于确认和分析旅游功能区域的不同，预测客源地和旅游目的地之间的旅游流量是地理研究的另一个重要领域。对旅游区域、度假区和旅游走廊进行形态学分析，对于旅游规划也很重要。从更普遍意义上说，地理学领域为从事旅游研究的工作者提供了一个重要的用武之地。

（4）旅游作为一种财富来源。许多地区对于本地旅游企业的发展很感兴趣，因为这个行业具有从其他地区吸引资金收入而又对环境产生最小影响的潜力。旅游业也可成为保护当地重要遗址、节庆活动和文化活动的积极力量。美国弗吉尼亚州的历史名城威廉斯堡从游客身上所获的旅游收入就在很大程度上担负着为不断修整这座殖民时期弗吉尼亚州首府提供资金的责任。当游客被当地社会的独有特性吸引而来时，无论这些特性是属于环境方面、历史方面还是文化方面，都可借助旅游业来帮助保护和增强这些特性。

当然，成功地吸引旅游者来欣赏和维持当地重要特色的同时，也带来了破坏这种特色的隐患。成千上万的游客每天到达永久居住人口只有几千人的地区，可能会很快将原先吸引旅游者的那些真正的特性淹没掉。当政府面对旅游成本与收益的矛盾时，一般有三种惯常的反应方式：一种是可能采取"放任自流"的方法，无视所存在的问题，指望这些问题会"自行消失"；第二种是撤销对旅游业的支持扶助，也许还会试图阻止民间以营利为目的的旅游业活动；第三种则是反复考察旅游业在当地社会中的作用，以便使其发展合理化，控制其成本和消极影响，从而促进其收益增加。从长远看，最明智的行为方式是力争使环境、商业活动、管理和社会问题等达到一种平衡，从而使旅游业被看成是虽然具有潜在的危险，但也具有潜在价值的财富源泉。

（5）旅游作为一种商业活动。对于在旅游业从事工作的大多数人来说，旅游业是他们就业与收入的源泉。这些人士，或者他们的雇主，通过研究如下问题可能会有所收益：①企业结构和管理效率的提高；②应付该行业固有的风险和不稳定性的各种策略的改进；③为市场推销活动提供坚实的基础；④为管理雇员、培训新的工作人员和提高雇员业务水平，提供更加完善的指导方针。

旅游业特别容易受到外部因素的影响。如某个国家或地区存在政治不稳定和恐怖主义等问题，就会阻碍旅游者到该国或该地区的旅行，也会为可替代该国或该地区的旅游目的地带来意想不到的收益。流行病、自然灾害、气候问题、货币汇率变化、新的税收立法规定或出入境手续的变化，都可能很快使互相竞争的各个旅游目的地的相对吸引力发生戏剧性的变化。旅游经营者通常依赖个人的经验和与其他经营商的联系来了解、预计和应付这些问题。对于旅游经营商所面临的问题，既需要进行实用性旅游研究，又需要进一步开展基础性学术研究。

（6）旅游作为一个行业。旅游业是若干相关行业的集合体，包括交通、住宿、餐饮服务、各种吸引物和活动项目，以及零售经营活动等。旅游业是一个劳动密集型产业，一定的收入水平在旅游业中所维持的就业机会要远比相同的收入水平的其他行业多。旅游业也是地区间和国际现金流动的重要推手，各国各地的政府都鼓励旅游业的发展，因为它能够带来新的财富并创造新的就业机会。

为了估计旅游业对各个地区的影响，指导在互相抵触的诉求之间有效地分配资源，需要对旅游业开展研究。在许多地区，旅游业固然具有促进经济发展的潜力，但这种潜力并非总是像各地方热心支持者所希望的那么大。对新的或进一步扩大的旅游开发活动的潜力进行评估，有助于以可能提供的预算来使政府获得最多的就业机会和收入来源。

第四节 旅游学的学科性质和学科体系

一、旅游学的学科性质

在旅游学研究过程中，人们对旅游学学科性质的认识，一般只笼统地认为它是一门"交叉学科"，或者认为它是一门"综合性的社会学科"，甚至在许多旅游学论著中干脆回避了这一问题。这说明，我国对于旅游学科性质的研究还很不充分，也从一个侧面证明了旅游学的学科体系尚不成熟，理论建设尚不完善。从发展旅游学学科体系、完善旅游学理论的角度来看，明确旅游学的学科性质是十分必要的。这一问题又关系到旅游学的学科归属，因而从某种意义上甚至可以认为这是一个关系到旅游学学科命运的重大问题。

根据旅游学产生的条件和它包括的内容，准确地说，它应是一门综合性的边缘学科。科学理论认为：边缘学科的产生一般要具备三个条件：一是社会上有一个特殊的领域，这个领域里的问题是现有的学科理论解决不了的；二是这个领域的周围或与这一领域有关的相邻学科是成熟的，都能或多或少地给这一领域里问题的解决提供理论和方法的借鉴；三是当这一领域里的问题、矛盾尖锐到非解决不可的时候，人们开始关注这一领域，并为解决领域里的问题而进行不懈的探索。回顾世界旅游研究的历史，我们能很清楚地认识到，人们最初是从经济学的角度来认识旅游现象和旅游学的。这与社会的发展、历史的演进和当时社会的经济水准有密切关系。但人们在从经济学的角度来分析旅游现象的过程中又发现，旅游并不仅仅是一种经济现象：对旅游地来讲可以从经济上来理解；但站在旅游者的角度，旅游活动则更多地表现为一种社会文化现象，并且这种社会活动与其他社会活动是不一样的。旅游活动的内容所涉及的范围之广是以往许多社会活动所不可比拟的，它是一种十分复杂的综合社会现象。于是，随着研究工作的深入，人们对旅游现象的研究逐渐由经济研究转向把旅游作为一种综合现象来进行研究，从而使旅游学研究走出了单纯经济研究的狭窄领域，也开阔了人们的视野，逐渐找到了解释"旅游现象"、解决"旅游问题"的途径，并逐步构建起了旅游学理论的基本框架。

旅游活动作为一种综合的社会现象，它所涉及的范围十分广泛，而要解决由此而引发的各种社会问题，也必然涉及许多社会领域和相关学科，如社会学、心理学、经济学、管理学、地理学、文化学、历史学、资源与环境科学、建筑学、统计学等。这些学科的理论和方法都能为上述问题的解决提供一定的借鉴和帮助，但其中的任何一门学科都不可能单独解决旅游现象所发生的全部问题和矛盾，只能在综合上述学科的某些理论和方法的基础上寻求一个新的途径，即形成一个新的学科——旅游学。由此可见，旅游学的产生完全符合边缘学科产生的条件。

从学科的分化与综合来看，旅游活动内部固有的矛盾使其与社会各个领域、各个学科存在广泛的关联，分化出许多解决旅游学中的某些具体问题的分支学科，如旅游学与社会学结合分化出旅游社会学，旅游学与历史学结合分化出旅游发展史，旅游学与管理学结合分化出旅游管理学，旅游学与地理学结合分化出旅游地理学，此外还有旅游心理学、旅游美学、旅游市场学、旅游经济学等，都是各个相关学科渗透进入旅游领域研究的结果。这种渗透不仅表现在思维方式上，还表现在研究手段上。如管理学家凭借自身丰富的管理学知识和经验来研究旅游企业发展中的各种管理问题，形成了旅游管理学；经济学者利用深厚的经济学背景、理论和数理方法研究旅游活动过程中的各类经济现象，形成了旅游经济学；建筑设计师将环境景观规划与设计的理念引入到旅游景区的开发或旅游饭店的内外部建筑设计中，形成了旅游景观设计学；人们将统计学的原理和方法应用到旅游发展规模的统计上，就产生了旅游统计学，等等。

综上所述，旅游学是一门由多种学科理论和知识交叉产生的边缘性应用学科。

二、旅游学的学科体系

（一）旅游学与其他相关学科的关系

根据本学科的对象和内容，旅游学同许多相邻学科都有密不可分、相互补充的关系。旅游学是研究旅游现象的学科，而旅游现象是一种综合性的社会、文化和经济现象，不同的学科对旅游现象的认识都是从本学科的角度出发的，比如：

哲学：旅游活动是人类的一种休闲和生活方式以及生存状态。

美学：旅游活动是一种高级审美愉悦活动。

社会学：旅游活动是综合性的社会现象，是人类一定社会经济历史阶段的产物。

人类学：旅游活动是旅游者的活动。

文化学：旅游活动是一种综合性的文化活动。

经济学：旅游活动是综合性的消费活动。

地理学：旅游活动是一种地理空间的活动。

管理学：旅游活动是一种管理控制过程的活动。

1. 与经济学科的关系

虽然从旅游者的角度来讲，旅游活动是一种愉悦的、放松的审美活动，但是其活动的过程涉及诸多经济现象，存在着旅游活动的经济供求关系，是一种消费关系，因而与经济学科就有了非常密切的关系。尤其是我国旅游业正处在发展时期，国家和地方政府都十分重视旅游的经济作用，旅游业具有产业上的关联效应。2009年，国务院印发《关于加快发展旅游业的意见》，其中指出："把旅游业培育成为国民经济的战略性支柱产业和人民群众更加满意的现代服务业。"因而研究旅游活动中的供求关系是旅游经济学的主要内容。经济学家将旅游看成一种经济现象和消费现象。我国政府也将旅游业作为国民经济新的增长点。由于旅游在国内外经济中具有同等的重要性，因此许多经济学家都对此进行了细致的研究。他们着重研究供给、需求、国际收支、外汇、就业、消费、发展和其他经济要素。这种方法对分析旅游以及旅游对国民经济发展所做的贡献提供了框架。经济学方法也有其不利的一面：虽然旅游是一种重要的经济现象，但它同时也能产生非经济方面的影响。经济学方法通常在环境、文化、心理、社会问题和人文方法上没有给予足够的重视。各地政府和旅游景区对于旅游对区域经济的促进作用的片面追求，已经造成很多地方的环境破坏、资源破坏以及民俗文化的丧失和消亡。

2. 与管理学科的关系

旅游活动的过程中需要众多旅游服务的提供者，旅游企业是旅游产品和旅游服务的提供者，随着我国社会主义市场经济的发展，旅游企业管理越来越受到重视，所以旅游学科与管理学科的关系越来越密切。管理学是以企业为出发点，重点考虑经营一个企业所从事的管理活动，比如决策、计划、领导、激励、定价、控制等。管理学科的研究方法在酒店经营管理、餐饮经营管理、旅行社经营管理、景区经营管理等旅游企业管理中应用广泛。

3. 与地理学的关系

地理学是一门古老的学科，与旅游学科的联系最为密切和久远，旅游地理学即是旅游学科和地理学科之间的交叉学科，是旅游学科中发展得最为成熟的分支学科之一。地理学家在促进旅游学科的发展中起到了很重要的作用，地理学家介入旅游学研究也较早。地理学是一门非常广泛的学科，地理学家对旅游及其空间方面产生兴趣。他们专门研究位置、环境、气候、自然风光及其经济。通过研究旅游，可以阐明旅游区的最佳位置，解释什么样的旅游地点能够吸引人们前往，指出随着旅游设施的完善、旅游项目的拓展、对大自然的利用，以及经济、社会和文化问题等旅游因素给自然风景所带来的变化。由于旅游在许多方面触及地理学，因此地理学家对这个领域的研究比其他学科的学者更彻底。他们的研究包罗万象，包括土地使用、经济问题、人口问题和文化问题。

4. 与社会学的关系

旅游同时又是一种社会活动，因此引起了社会学家的重视，他们注重研究个人和群体的旅游行为以及旅游对社会的影响。社会学方法研究社会阶层、习惯、主人与客人的习俗。休闲社会学是一门相对不够完善的学科，但它将会迅速发展并得到更广泛的运用。旅游活动和旅游项目涉及企业、政府、旅游者、当地居民的关系，旅游活动的开展对当地居民的民俗习惯和民俗文化会有所影响，旅游活动可能带来的人际关系的冲突等，都是人类学研究的课题。随着旅游对社会产生的巨大影响，人们将越来越多地从社会学和人类文化学的角度来研究旅游现象。

5. 与其他学科的关系

旅游活动涉及的内容极其广泛，旅游学的研究会涉及很多其他学科的知识，如园林学、建筑学、经济学、环境学、交通运输学、社会学、民俗学、人类学、考古学、历史学、民族学、宗教学、古典文学、美学、心理学等。

（二）旅游学学科体系

旅游学既是一门综合性的边缘学科，也是一门新兴的科学。目前，旅游学在我国正处于形成和建设阶段，尚未形成完整的学科体系。就目前我国旅游学研究和发展的实践来看，旅游学的学科体系正在形成主要以四条主线交织而成的学科体系。

（1）旅游经济学系列：旅游学与经济学相互作用产生了一些旅游学分支学科，主要是旅游经济学和旅游市场营销学。

（2）旅游管理学系列：这是旅游学与管理学的交叉学科，主要包括旅游业务管理（旅游计划管理、旅游劳动、旅游价格、旅游市场、旅游财务管理）和旅游部门管理（旅行社管理、旅游饭店管理、旅游交通运输管理、旅游景区管理、旅游商店管理、旅游文物管理、旅游出入境管理、旅游法学）等。

（3）旅游社会学系列：旅游与相关社会学科产生了一些分支学科，主要包括旅游文化学、旅游文学、旅游美学、旅游心理学、旅游社会学、旅游教育学、旅游培训学、导游学、旅游史学等。

（4）旅游地理学系列：主要包括旅游地理学、旅游资源学、旅游规划学、旅游开发学、旅游地学、旅游景观设计等。

随着相关学科的发展，旅游学的学科体系还会不断丰富，新的分支学科也会不断出现。

就我国现阶段的旅游学研究实践来看，发展较成熟的学科主要有旅游地理学、旅游经济学、旅游市场营销学、旅游心理学、旅游美学、旅游管理学、旅游地学等。

第五节 旅游学的研究方法

旅游活动和旅游现象具有综合性和复杂性的特点，因而其研究方法具有跨学科的一般特征。由于旅游学科是一门综合性的学科，有其独特的研究方法，同时还要借鉴其他学科的研究方法。其研究方法借鉴自然科学和社会科学中的许多方法，这些方法包括定量研究、定性研究以及定性与定量相结合的综合研究。在各种具体的研究方法中，数学方法与系统论、控制论、信息论等科学方法都渗透进来。它们是对科学结构各个层次的横向扩展。数学作为一门十分古老的学科，在研究客观世界空间形式和数量关系方面，已经积累了丰硕的成果。数学的研究方法具有最一般的特征。运用数学概念、方法和技巧对所要研究的对象进行量的分析、描述、计算和推导，从而找出能以数学形式表达事物的量的规律性的方法，因此具有一般方法论的特征。

作为横断学科的系统论、信息论和控制论等学科，也具有很多共同点和结合点。它们不是以客观世界某一种运动形式或某一种物质结构、物质形态作为研究对象，而是以许多不同的运动形式或是以许多不同的物质结构、物质形态在某些特定方面的共同点作为研究对象，这就决定了横断科学作为理论和方法向各门学科渗透的广泛性。概括起来，旅游学科的研究方法主要有以下几种方法：

一、田野工作与社区研究

这是在文化人类学、社会学和环境科学中广泛使用的研究方法，也是一种实证性的研究方法。

田野工作与社区研究都强调直接的观察、访问、记录和测量等方法和手段，因此在旅游研究中有着广泛的应用，尤其在对旅游的社会文化影响（效应）方面的研究，这种方法常常是最重要的方法。V. L. Smith 在 1977 年出版的著作《主人与客人：旅游人类学》中所运用的研究方法，就有这种方法。运用田野工作与社区研究，对我们研究旅游发展与社会文化变迁、环境演变、传统技艺复兴或衰败、经济发展、社会结构变革、政治与宗教特征、艺术生活等方面的关系都有很大的帮助，实际上也是获得这些方面的认识和知识的基本渠道。由于我国受时间条件和经费条件的限制，因此田野工作与社区研究的研究方法目前应用不多，但随着我国旅游人类学的发展，这一研究方法会是今后旅游学科越来越注重的研究方法。

二、统计分析

统计分析方法是借助统计工具，运用统计资料，对旅游现象进行研究的一种常见的旅游研究方法。旅游统计资料是旅游活动最客观、最真实的反映，它对于旅游活动规律性的研究具有重要的作用。

统计分析中常用的统计工具有 Excel 和 SPSS 等统计分析软件。一般的统计工具大部分是用来进行量化资料分析的，包括第一手资料和第二手资料。统计可以从取得第一手资料开始，经过构筑分析假设、检验假设、理论分析等过程，最终形成研究结论，也可以对第二手资料进行分析。统计工具不仅可以用来进行历史性的时间数据序列分析以预测现象的发展趋势，还可以运用统计资料建立各种定量预测模型。如在旅游学研究中，经常使用历史数据来预测旅游收入和旅游接待人次数，还可以将历史数据用于同步分析，以研究现象的空间关系，描述现象的分布格局与结构，如可以通过统计资料分析地方旅游业的现状、产业结构、增长速度、旅游者的各种构成、旅游设施构成等。因此，统计分析事实上构成旅游学研究方法中的最重要部分。在旅游学的各个分支学科中，统计学也得到了最为广泛的运用。

三、模式分析

模式分析方法能够找出复杂问题的一般规律，找出问题的一般性和本质性的东西。模式是一种趋向于定式化思维的研究方法，试图用单纯的文字叙述、图像描述、数学公式等形式重构、解释和预测复杂的现象。模式还是一种描述性分析工具，用于刻画所研究现象的结构、形态、关系和流程。一个模式总是试图表明任何结构或过程的主要组成部分以及这些部分之间的相互关系。对于复杂的现象，模式分析可以通过图像形式进行简单描述。

模式具有构造功能，能揭示出系统之间的次序及其相互关系，从而使我们对事物有一个整体的印象。模式具有解释和启发功能，它能用简洁的方式提供如果用其方法则可能相当复杂或含糊的信息。由于模式能引导学生或研究者关注某一过程或系统的核心环节，这又使得模式具有启发功能。模式具有预测功能，有可能对事件的进程或者结果进行预测，至少能够为估算各种不同结果可能发生的概率提供基本依据，研究者因而可以据此建立其假设。

由于旅游现象包含复杂的时间运动过程及空间关系，旅游现象本身的结构复杂，旅游现象与各种其他社会经济现象间存在着复杂的联系方式，因此如果不借助某种概括的方式就很难把握现象的本质，因此，模式分析在旅游现象研究中就有了广泛的应用。在斯蒂芬·史密斯的《旅游决策分析方法》一书中，大量地介绍了一些为旅游学研究人员常用的模式。

但正是由于旅游现象的复杂性，模式本身客观上有一个适宜性的问题，模式不可避免地具有不完整、过分简单以及含有某些未被阐明的假设等缺陷，因而不可避免地会带来一些问题。重要的是，要针对自己的目的去选择正确的模式。过分依赖模式分析方法，会使模式的设计者和使用者的视野局限在相当狭小的范围内，从而越来越倾向于防御而非抨击。这种倾向会阻碍一个学科的发展。

四、科学实验

这一种研究方法是自然科学常用的方法，在社会心理学研究中也常常使用。这种研究方法主要用于研究具有因果关系的问题。

旅游现象中包含着的因果关系以及现象本身的自然或社会规律性，有时难以直接观察或及时观察得到。实验作为一种在精心控制的条件下研究因果关系的古典科学技术，在提供有关因果关系方面的知识上具有其独特的优势，因此它也是旅游学研究的一种重要方法。

实验的过程要求在科学的设计和严格的控制条件下进行。实验者必须考虑三个变量：一个是自变量，即实验者安排的刺激情境或实验情境；另一个是反应变量，即因变量，它是实验者预定要观察、测量和记录的变量，是实验者要研究的真正对象；还有一个变量称为控制变量，即实验变量之外的可能影响实验结果的其他变量，虽然实验者的目的不是研究它们，但为了避免它们对结果造成影响，仍需设法予以控制。

用实验法研究旅游现象，主要用于旅游者心理研究、旅游者旅游体验、旅游环境效应研究等领域。虽然其他一些与旅游相关的社会问题也可以在经过精心设计之后采取实验法进行研究，但在条件控制方面的困难阻碍了这种方法的应用。

对于一些复杂的旅游现象，由于其中的因果关系比较复杂，特别是有反馈关系的旅游现象，再加上科学实验中有些影响因素具有不可控性，因而会影响研究的结论。

五、跨学科研究的方法

旅游涉及社会的方方面面。文化旅游和传统旅游要求使用人文的方法。由于人们的行为方式不同，旅行的原因也不同，所以有必要运用心理方法确定促销旅游产品的最佳方案。游客需要政府发给护照和签证方可穿越国界，而大多数国家的旅游发展部门属于政府管辖的机构，因此政治机构的参与就要求运用政治学方法。任何行业一旦成为经济巨头，就会影响很多人的生活，它不仅会引起社会学家、地理学家、经济学家和人文学家的重视，还会引起立法机构的重视。由于立法机构为旅游业制定法律和法规、创造法律环境，因此又产生了法律方法。交通极为重要，这表明乘客运输也可作为一种方法。总而言之，旅游的范围如此广大、复杂、包罗万象，因此人们有必要运用许多方法来研究该领域，不同的方法适用于不同目的的旅游研究。

第六节 休闲与旅游学研究进展

一、休闲学研究进展

（一）国外休闲学研究概况

西方国家基于雄厚的经济基础、先进的生产方式、完善的社会福利、特有的消费观念，其国民休闲消费的历史较长，休闲活动类型多样，休闲产业相对发达，休闲经济在整个国民经济中所占的比例较高。在此背景下，相关研究也起步较早、涉猎广泛、体系完善，探究较深。

人类对于休闲的认识有着悠久的历史。在西方，最早可以追溯到古希腊的亚里士多德，他认为休闲"是一切事物环绕的中心""是科学和哲学诞生的基本条件之一""只有休闲的人才是幸福的"。这一思想已成为西方文化的一部分，深刻影响着西方文明的演化与发展。然而从现代意义上讲，休闲及休闲研究的大发展始于工业革命。19世纪末20世纪初近代工业的发展，一方面使人们的闲暇时间普遍增多，人们在拥有了物质财富之后，开始向往并且也有可能实现精神生活的满足；另一方面，现代社会也对人们生活的全面丰富性造成了空前的压抑。为此，思想家们试图通过休闲来重新思考人的生存状态和发展形式。这时的休闲研究主要是从哲学、社会学、伦理学的角度来探索休闲与人的价值，以及与社会进步、人类文明的相互关系。

美国学者认为，休闲学在美国的诞生是以1899年凡勃伦发表的《有闲阶级论》为标志的。《有闲阶级论》从经济学和社会学角度出发，认为休闲是一种社会建制和生活方式、行为方式，并尖锐地批判了它的奢华和贵族倾向，并首次从经济学角度分析了休闲与消费的联系，开休闲经济学研究之先河。继凡勃伦之后，许多学者加入了休闲研究的行列，大批严肃的休闲学研究著作不断问世。

德国人约瑟夫·皮珀所著的《闲暇：文化的基础》一书，被誉为西方休闲学研究的经典之作。皮珀指出休闲有三个特征：第一，休闲是一种精神的态度，它意味着人所保持的平和、宁静的状态；第二，休闲是一种为了使自己沉浸在"整个创造过程中"的机会和能力；第三，休闲是上帝给予人类的"赠品"。皮珀认为，人享受休闲并不是因为拥有了驾驭世界的力量，而是由于心态的平和而使自己感到生命的快乐，否则我们就将毁灭自己。《闲暇：文化的基础》一书自问世以来，不仅对西方休闲学研究产生了深远的影响，还成了西方哲学思想的一面旗帜和西方休闲研究者的"圣经"。

在哲学方面，美国20世纪最杰出的教育家、哲学家、芝加哥大学的创始人之一莫德默·阿德勒警告人们必须牢记亚里士多德的教导，以休闲求幸福、宁静与美德，呼吁人们珍惜休闲、善待休闲。荷兰学者赫伊津哈所著《游戏的人》进一步论述了游戏的人性本真、自由和创造性本质。

在休闲经济学研究方面，加里·斯坦利·贝克尔（1965）和斯塔芬·林德（1970）进一步推进了休闲的经济学研究，贝克尔用消费者效用最大化原理说明，人们不是在工作与休闲之间进行选择，而是在不同的消费活动之间进行选择；市场活动时间（工作）与非市场活动时间（休闲）的最佳组合使消费者获得最大效用。林德则从经济学的效用理论出发，使用经济数量模型得出了一个与时间密度有关的休闲悖论，即从效用最大化原则出发，在时间的相对稀缺性日益增长的情况下，理性的行动者越来越不幸，因为人们将那些耗时多而耗费商品和劳务少的沉思式活动弃之如敝屣，而对那些商品和劳务耗费甚多但可在短时间内完成的活动则趋之若鹜。

在社会学研究方面，布赖特贝尔（1960）认为，在社会结构和生活方式的转变过程中，人们的休闲生活面临着众多挑战。而杜马兹德尔（1967）则乐观地认为，整个人类社会将进入一个新的休闲时代。

美国学者艾泽欧－阿荷拉（1980）在《休闲社会心理学》一书中认为，休闲就是人们自由选择的实现自我、获得"心流"或"心醉神迷"（ecstasy）的心灵体验。美国心理学家契克森米哈赖（1990）在著作《心流：最优体验心理学》中，将"心流"（flow）作为休闲活动的心理学本质和标准，认为只要能够获得"心流"的内在心理体验，并且有益于个人健康发展，就是休闲。美国休闲教育学家查尔斯·K. 布莱特比尔（Charles K. Brightbill）提出了休闲伦理和休闲教育问题，主张我们应该改变价值观，普及休闲教育，使人们都能以欣然之态做心爱之事。

近二三十年来，一大批有建树的进行休闲研究的学者脱颖而出。云南人民出版社翻译出版的《休闲研究译丛》[注]共五本书的作者们，就是其中的佼佼者。在这五本书中，《人类思想史中的休闲》通过对西方的休闲从在雅典城邦的出现直到其在当代的发展状况进行考察，探索了休闲在人类思想史中的演变及其价值问题，提出了"探索与思考衡量人类进步的标准和人类生存的真正目标的问题"。

另外，其他学者还分别从管理学、休闲的历史、一般理论等角度对休闲进行了研究。

国外休闲研究的发展离不开众多研究机构所做的贡献，如美国休闲与娱乐协会（American Association for Leisure and Recreation，非政府组织，创建于1957年）、加拿大休闲研究协会（Canadian Association for Leisure Studies，非正式组织，创建于1981年）、世界休闲组织（World Leisure and Recreation Association，联合国咨询机构，创建于1962年）、欧洲旅游与休闲教育协会（European Association for Tourism and Leisure Education，创建于1991年）、澳大利亚和新西兰休闲研究协会（Australia and New Zealand Association，跨国性的非政府组织，创建于1991年）、英国谢菲尔德大学休闲研究中心（1996）等。

除了上述机构外，在西方国家，很多大学都设有休闲专业或休闲系，甚至是休闲学院，其中部分学校还授予相应的硕士和博士学位，为相关的企业、院校、科研单位培养了大批专业人才。

作为休闲研究的交流平台和宣传阵地，20世纪六七十年代以来，尤其是80年代后期，国外出版了众多的以休闲为主要内容的学术刊物，除上述刊物外，《旅游研究期刊》（*Journal of Travel Research*）、《旅游研究年刊》（*Annals of Tourism Research*）、《旅游管理》（*Tourism Management*）等研究刊物上也常常刊登一些休闲研究文章。

随着休闲研究的发展，各类相关著作越来越多，角度越来越全面，分工越来越细致。以近20年为例，所出版的著作涵盖了哲学、社会学、休闲史学、运动学、研究方法、政治和公共政策、法律等方面，形成了一个完整的休闲学科体系。

到目前为止，国外（以西方发达国家为主）已建立了包括休闲哲学、休闲社会学、休闲行为学、休闲经济学、休闲心理学、休闲美学、休闲政治、休闲运动、休闲人类学在内的完善的休闲学学科体系。

（二）我国休闲学研究的兴起与发展

我国对休闲学的研究开始于20世纪80年代，率先提出休闲学研究的学者是于光远先生。于光远先生极富预见性地指出，要重视休闲研究。早在1983年他就指出："我国对体育竞赛是很重视的，但对体育之外的竞赛和游戏研究得很不够。在中国的高等院校中没有一门研究游戏的课程，没有一个游戏专业，没有一名研究游戏的学者。这不是什么优点，而是弱点。"1994年，他又进一步指出："玩是人类基本需要之一，要玩得有文化，要有玩的文化，要研究玩的学术，要掌握玩的技术，要发展玩的艺术。"1995年，在于光远先生的大力倡导下，北京六合休闲文化研究策划中心成立，成为我国最早从文化哲学角度研究休闲的民间学术机构。1996年，于光远先生又发表了《论普遍有闲的社会》。在他和龚育之、成思危等学界泰斗以及我国知名休闲研究学者马惠娣等人的推动下，中国文化研究所休闲文化研究中心、中国艺术研究院休闲文化研究中心、中国软科学研究会休闲研究专业委员会等学术机构

[注] 进一步的详细情况可参见：宋瑞. 国内外休闲研究扫描——兼谈建立我国休闲学科体系的设想 [J]. 旅游学刊，2004，(3)：48-49.

也相继成立，随之有一大批学者进入了休闲文化研究领域，发表了一批研究成果。

1981年，商务印书馆出版了托斯丹·本德·凡勃伦的著作《有闲阶级论：基于制度的经济研究》，开始将国外的休闲研究介绍到我国。但我国的旅游业当时尚处在发展的初期，休闲研究没有引起学术界和社会的重视，直到20世纪80年代末期，我国才有学者开始涉足闲暇研究，比如由王雅林、董鸿扬主编的《闲暇社会学》于1988年由黑龙江人民出版社正式出版发行。"尽管该项研究在理论和方法上主要借鉴苏联和东欧国家的研究思路，视角虽限于社会学，对北美的理论成果引介不多，但毕竟开启了中国休闲学研究的先河。"（马惠娣，2000）

1991年，德国皮珀的休闲方面的著作《节庆、休闲与文化》被译为中文由三联书店在我国出版发行。

1996年，在第四届世界休闲大会上，马惠娣提交了《文化精神领域的休闲理论》（*On Leisure Theory in The Field lf Cultural Spirit*）一文，引起了国外学者的关注。随后，在1996年中国软科学第一届学术年会上，她又提交了一篇相关论文，标志着休闲研究在我国的萌芽和传播。

1996年年初，于光远先生以"论普遍有闲社会"为题发表了一次谈话，指出"闲是生产的根本目的之一。闲暇时间的长短与人类文明是同步的。从现在看将来，如果闲的时间能够随着生产力的发展进一步增多，闲的地位还可以进一步提高。这是未来社会高速发展的道路之一"⊖。

20世纪90年代以来，特别是1992年我国国家旅游局向海外市场整体推出中国旅游业的第一个主题旅游年，以后每年推出一个旅游主题，我国的旅游业得到了大力的发展。

1995年5月，我国开始实行五天工作制。同年7月，在于光远先生的倡导下，北京六合休闲文化研究策划中心成立，但学术界依然只是研究人们外出的旅游行为，对休闲的研究仍没有引起学界和业界的重视。对休闲的研究仍然是以哲学和社会学界为主（马惠娣，1996，1998，1999；郑日金，1999），同时翻译和介绍国外的相关研究（刘红，1996；姜依群，1996），从文化学和精神文明的角度研究休闲问题（刘晨华，1996，1998）；少数地理学者也参与研究（柴彦威，1998、1999；张捷等，1998；李峥嵘、柴彦威，1999；赵振武，1999），有些学者从游憩的角度来看待休闲研究（吴必虎等，1999），或从经济学和产业的角度进行研究（范子文1998；汤乐毅，1999；王勇，1999），或从休闲体育方面进行研究（刘一民，1996）。

1999年，我国开始实施春节、"五一""十一"这三个长假日，具体是将"五一""十一"法定休假日各增至3天，加上元旦和春节，使全国的法定节假日由原来的7天增加到10天。这样一年的假日时间有114天，我们已经有1/3的时间是在休闲中度过的。这一时期，我国的休闲学研究得到了学术界和业界的普遍重视，媒体对休闲学术问题的关注，都对休闲学的研究与发展起到了很大的推动作用。

2000年后，学术界对休闲的研究逐渐重视，研究队伍不断壮大，我国的休闲学研究也进入了一个新的时期。

2000年，"国外休闲研究译丛"翻译出版：《人类思想史中的休闲》《走向自由——休闲

⊖ 杨新周. 中国呼唤休闲学［N］. 人民日报网络版，1999-11-09.

社会学新论》《女性休闲：女性主义的视角》《21世纪的休闲与休闲服务》《你生命中的休闲》。该译丛全面介绍了北美休闲学研究的最新成果，填补了我国学术界在这方面的空白，对进一步促进休闲学在我国的研究有积极的影响。同时，该译丛也得到了国家课题基金的资助。

2000年8月24日，"中国休闲产业国际研讨会"首次在北京召开，关于此课题的学术讨论会在我国还是第一次，成为我国休闲研究的一个里程碑，对我国休闲产业21世纪的发展具有重要的意义。与会代表围绕"休闲产业——新的经济增长点"这个中心议题，就休闲产业在中国，休闲组织的变化及服务管理，女性、青少年、老年休闲项目的开发与创新，休闲产业与发展，假日旅游等问题展开了充分探讨。

2001年11月，由国家旅游局和杭州市政府合办，杭州宋城集团协办的"中国休闲经济国际论坛"邀请了众多国内外学者，就休闲经济在中国的发展进行了深入讨论。

2002年中国软科学研究会、《自然辩证法研究》编辑部、中国艺术研究院休闲文化研究中心合举办的"2002——中国：休闲与社会进步学术研讨会"于10月27日至30日在北京召开。研讨会的主题是：休闲——一个新的社会文化经济现象。会议就"休闲产业与经济结构、产业结构、消费政策、劳动时间的关系及对策""转型期城乡（社区）居民休闲时间的利用、特点及存在问题""2008年奥运会与中国休闲产业发展""休闲产业相关社会条件支持系统在我国的现状、特点及发展趋势""休闲的文化价值与对人文关怀的意义""休闲旅游与自然文化遗产的保护""休闲与教育以及休闲政策的考察"等一系列有关问题进行了讨论。这是我国学术界首次聚焦休闲理论问题研究。有来自不同国家和地区的80多位学者参加了讨论会，初步形成了一支休闲研究队伍。于光远在会上发言，径直提出"人之初，性本玩"的命题，引起了强烈反响。研讨会分"休闲经济""休闲文化""休闲理论"三个组进行了讨论，这次会议是我国学术界首次系统探讨休闲学的理论与实践的学术研讨会，研讨会取得了较多的成果，其成果体现在会后发表的会议综述性的文章中。

一些休闲研究机构纷纷成立。中国社会科学院旅游研究中心更名为旅游与休闲研究中心。2002年，北京联合大学旅游学院设立休闲管理系。同年，中山大学在重新组建地理与规划学院时，也在旅游发展与规划中心的基础上，成立了旅游与休闲学系。东北财经大学旅游与酒店管理学院成立了休闲研究中心。

我国的高等院校中开始了休闲方面的教育，少数院校开设了休闲学课程。如华侨大学旅游学院旅游管理本科专业中开设"休闲与娱乐管理"课程，浙江工商大学旅游学院、北京联合大学旅游学院、东北财经大学旅游与酒店管理学院等，都已经把休闲学课程纳入了旅游管理专业的本科课程之中，在相关专业的研究生课程中也渗透了休闲学的内容。

但我国的休闲教育仍没有进入专门人才培养阶段，目前还没有院校开设休闲学专业，休闲学的相关课程大都是选修课程。

作为休闲研究的基础性工作，部分学者从介绍国外休闲研究入手，分析了休闲的概念、休闲研究的一般内容，以及国外休闲研究的基本情况，为建立我国自己的休闲研究体系提供了一个参考背景。

休闲是一个综合的社会现象，从理论研究角度看，其多重性、复杂性、交叉性特征尤为明显，对此，我国研究者分别从经济学、社会学、哲学、文化学等角度对休闲的价值、特点等进行了分析。

有关休闲产业和休闲经济的讨论是整个休闲研究中的热点之一，很多学者探讨了休闲的特点、休闲经济的成因、休闲经济的作用、休闲产业的概念、休闲产业在国民经济中的地位等。总体来说，认为发展休闲产业和休闲经济是适应社会经济发展变化的必然，不仅能够促进经济发展，解决就业问题，而且有利于国民素质的提高和社会的全面发展。

马惠娣（2001）、徐峰（2002）等学者在介绍国外休闲产业发展的基础上，探讨了如何推动我国休闲产业的发展等问题。而对于休闲经济在我国的发展，大部分研究者给予了最多的关注，研究者们分析了休闲经济在我国蓬勃发展的原因、作用，目前存在的问题，制约发展的因素，以及未来发展的对策。研究者普遍认为，科技进步、经济发展引起的消费结构变化、居民收入水平和教育水平的提高、闲暇时间的增多以及休闲在全球的发展等因素促进了休闲在我国的发展。而发展休闲产业对于扩大内需，促进消费，加快城市化进程，解决就业问题，改善投资环境，促进地区经济增长，缩小地区和城乡差距等方面均具有重要意义。同时，我国休闲产业的发展也面临着诸多制约因素，如没有正式的产业体系，难以制定相应的政策和产业标准对其进行扶持和管理；政府有关部门对休闲产业发展势头准备不足，缺乏统一规划和协调；观念意识落后等。对此，学者们从不同角度提出了各种建议。

在市场经济条件下，如何衡量休闲消费的规模，了解其需求特点，对于更好地满足广大人民休闲需求十分重要。我国目前没有一个独立的休闲统计体系，因此对某个地区、城市居民的休闲生活和休闲消费进行调查，就显得尤为重要。在这方面，有些研究者已做出了有益的尝试，分别对天津、深圳、成都等城市居民的休闲生活进行了调查和分析。

此外，部分研究者还就休闲与假日经济、休闲的组织管理、休闲产业发展与城市、休闲与体育、休闲与区域发展、休闲与产业结构等进行了探讨，进一步丰富了我国休闲研究的内容。

经过近十余年的努力，我国休闲研究已有所起步，并有了一定的发展，对一些基本问题进行了初步分析，但在研究方法、研究内容、研究体系等方面还存在很多问题。

在研究方法上，以定性研究为主，量化方法应用很少；没有成体系的方法论，不同研究者之间的研究成果缺乏连贯性、可比性和对接性。

在研究内容上，比较粗浅，大部分停留在基本概念解释、国外理论介绍阶段，对休闲发展的本质、规律、机理的探讨不多。其中不少研究仅就休闲的表面现象进行描述，尚未深入到经济、社会、伦理分析的内核，简单粗浅的理论解释性文献多、深邃系统的理论研究成果少；在学科分布上，大部分研究者为哲学、社会学等理论学科背景，经济学、管理学、统计学、市场学等应用学科领域研究者的介入不够，数量经济和数理模式分析、实证性的探讨、实验性的经验研究等在文献数量和篇幅上微乎其微，从而使得研究成果说理多于数据，概念多于操作。

在研究体系上，目前的休闲研究在概念术语上尚未统一，缺乏系统的研究框架和方法论，学科层次结构及相互关系没有得到充分的论析，肤浅、交叉、雷同问题较为普遍，因此，目前休闲学研究至多只是一个日渐熙攘的研究领域。

二、旅游学研究进展

旅游学研究源于西方世界，在我国仅有数十年的历史，这种时间上的悬殊差距也意味着研究水平上的差距。因此，探讨或评价旅游学研究的历史和现状，自然要从对国外旅游学研究历程的评价开始。

（一）国外旅游学研究

南开大学旅游学系申葆嘉教授（1996）在《旅游学刊》上撰文，系统地考察了国外旅游研究的历史发展过程。这篇文章应该说是我国开展旅游学研究以来，以全方位的视角审视国外旅游学研究的历程和水平的非常重要的文献。张立生（2003）以发表在 Annals of Research 上的研究文献为样本，分析了国外旅游学研究的进展情况，基本可以反映国外旅游发展的大概情况。

"旅游现象作为一种社会科学范围内的研究对象，国外对它的研究通常分别在学术性和业务性两个范围内进行。学术研究一般较多地通过理论途径，在不同角度和层面上对旅游现象的性质、形态、结构、特征、运行机理及其与社会的各种关系和影响，做宏观或微观两方面的探讨，以阐明其意义，判明其演变，分析其态势，提出对应的见解。"[一]

国外学者对旅游现象的研究在第二次世界大战以前就开始了，但仅仅限于局部学科和少数学者。旅游学理论的萌芽最早发端于19世纪末，一般认为1899年意大利政府统计局的鲍迪奥（L. Bodio）发表的《在意大利外国旅游者的流动及其消费的金钱》一文，是从学术的角度研究旅游现象的最早的一篇研究文章，拉开了旅游学研究的序幕。之后另一位意大利经济学家马里奥蒂（A. Mahotti）出版了第一部真正具有理论意义的专著《旅游经济学讲义》。此后，意大利、德国、瑞士和奥地利等国家相继出现了一些从事旅游研究的学者，其中葛留克斯曼（R. Glucksmann）、鲍尔曼（A. Bormann）以及汉泽克尔（W. Hunziker）与克拉普夫（K. Krapf）等人在旅游研究中分别进行了许多开创性的工作，取得了不少有意义的成果，对今天的旅游学研究仍有着重要的影响。在此后的十几年里，德国、美国、日本等国相继出现了旅游学研究的热潮，各种理论著作和文章层出不穷，并逐渐构建起了旅游学理论的基本框架[二]。

但真正大规模、多学科加入到旅游学的研究中来还是第二次世界大战以后的事情。国外的旅游研究起源于欧洲，第二次世界大战以后旅游研究的中心逐渐转入北美、澳大利亚等地区。研究内容主要涉及旅游地理学、旅游人类学、旅游社会学、旅游心理学、旅游发展史、旅游经济学、旅游地规划及景观设计等方面。

这一时期，一些重要的学科如经济学、社会学、人类学、心理学，以及人文地理学、环境科学和生态学等学科的学者们逐渐参与了旅游现象的研究。这一趋势一方面反映了人们开始注意到了旅游现象的复杂内涵，另一方面也反映了现代学术研究崇尚采用跨学科研究的方法的一种观念折射。这种研究趋势在20世纪60年代以后构成了旅游学研究的主流，并集中反映在对旅游影响（效应）的研究方面。到1991年国际上最为著名和权威的旅游学术研究刊物《旅游研究年刊》（Annals of Tourism Research）在当年的第一期刊出了题为"旅游社会科学"（Tourism Social Science）专辑，专辑中包括了经济学、人类学、生态学等10个学科分支并着意体现了多学科综合研究的主题。这一趋势预示着学科的研究向着成熟化的方向迈进。

（二）我国旅游学研究概况

我国旅游学的研究与我国旅游业发展的实践历程和旅游高等教育的发展历程是一致的。

[一] 王德刚. 试论旅游学的学科性质 [J]. 旅游学刊, 1998（2）: 47-49.
[二] 谢彦君. 旅游与接待业研究：中国与外国的比较 [J]. 旅游学刊, 2003（5）.

随着1978年我国实行改革开放政策，我国的旅游业开始得到发展。为了适应这一迅速发展的形势，我国的旅游教育和科研活动也蓬勃兴起。

中国的旅游教育开始于20世纪70年代末80年代初。与中国的旅游业发展同时起步。1980年前后，在国家旅游局的支持下和直接指导下，上海旅游高等专科学校、北京联合大学旅游学院、杭州大学（现并入浙江大学）旅游经济系、南开大学旅游系纷纷建立，开始了我国的高等旅游教育。同时，西北大学、华侨大学等也设立了旅游系（专业）。20世纪90年代初由于高考取消地理科目，使得很多院校地理专业改为旅游专业，旅游院校纷纷成立，旅游教育得到大发展，体现了教育产业化和办学专业设置市场化趋向。国内的旅游研究起步较晚，然而在这短暂的20余年里，学科研究发展快、变化大，研究队伍成倍地扩大，旅游院校和旅游研究机构迅速增加，旅游人才培养形成了博士研究生、硕士研究生、本科、专科（含高职）、中等专业教育等多层次的学历教育体系，旅游高等院校和旅游研究机构层出不穷，专门的旅游学研究刊物和出版机构陆续出现，国家和地方政府资助旅游研究项目的力度不断增大，跨学科、跨行业关注旅游的人也越来越多。与之相应地，旅游研究成果数量与日俱增，尤其是近年来呈层出不穷之势。

经过20世纪90年代的发展，我国的旅游教育和学术研究取得了突破性进展，专业旅游院校的设置和旅游研究机构的建立为学科发展和旅游学基础理论的研究奠定了良好的基础。旅游学术研究的领域不断拓宽，学者们从地理、人文、历史、经济、管理、建筑、生态等诸多学科背景出发，充分利用和借鉴这些学科发展所取得的成果、理论和方法研究旅游实践中的若干问题，研究内容涉及旅游业发展的政策、法律、规划、开发、建设、旅游企业管理、旅游服务规范及标准化问题、旅游社区发展等各个方面，为我国旅游学科的构架和基础理论的深入提供了多学科的背景知识和理论储备。近几十年来，我国旅游专业的高等教育和旅游研究团体均走过了从无到有、从少到多、从零散到系统的演变过程，旅游学术队伍的发展日益成熟，学术交流活动从国内走向国外，研究手段从传统的经验研究和实践总结到现代高新技术手段的应用和多学科理论的融合。总之，我国的旅游学术研究正如旅游实践活动一样，正处于高度的繁荣时期，这将极大地促进我国旅游学科理论向前推进。

旅游研究与社会发展的实践是分不开的，旅游学科是一门实践性较强的学科，随着我国双休日和假日黄金周带来的旅游业的迅速发展，旅游业的经济作用越来越明显，也促进了旅游研究的繁荣，我国双休日和假日黄金周引起的旅游安全问题，以及2003年"非典"给我国旅游业带来的沉重的打击，旅游界开始旅游安全和旅游业危机管理的研究。

旅游业的发展带来越来越多的负面效应，旅游界开始进行旅游人类学和旅游社会学的研究。

目前我国的旅游研究缺乏站在综合研究和基本理论的层次，缺乏较高的理论视野和深刻的实证研究。从学术论文发表的数量来看，国内的旅游学研究尽管表面上看起来十分繁荣，但实际上主要是对旅游发展实践过程中一系列现象的解释，很多研究不能从深层次的理论深度去对旅游发生、发展和运动规律进行揭示。旅游学研究的主要问题表现在：大量的研究停留在感性认识阶段，对旅游发展本质和规律的理性探讨较少，肤浅、交叉、雷同问题较为普遍；由于缺乏强烈的主体意识和体制化建设思想，旅游学科体系的发育远欠成熟，学科层次结构及相互关系没有得到充分的论析，旅游理论和方法贫瘠，有关旅游理论和方法体系的总结、探索、研究工作更为薄弱，导致学科内外的许多人士认为旅游学充其量不过是个普通的研究领域，算不得科学。由于存在上述现象，旅游学科在当代科学之林中的地位得不到确认，学科价值即科研对实践的指导意义不能得到足够的显现，旅游实践多有盲目，高等旅游教育不免自感茫然，专业方向与课程设置比较杂乱，人才培养效果和教育效益相对低下。谢彦君（2003）通过实证分析认为："与国外同行的研究水平相比，我国的旅游研究还存在一定的差距，表现在：学术期刊及旅游研究的文献的数量远不及英语国家；我国的旅游学术界往往追逐热门话题而进行研究；在学术研究上由于缺乏充分的跟踪研究，使得有价值的学术积累非常单薄，我国的旅游学还很难成为一门独立的学科"[⊖]。

这将是我国旅游学科建设中一项长期而艰巨的任务。

第七节 本书的学习方法

学习方法在学科知识的掌握中是十分重要的，为了更好地学好课程，我们应注意以下的学习方法：

1. 掌握学科的理论构架

"休闲与旅游学概论"是一门关于休闲学和旅游学的综合性、概论性的课程。其涉及面广、包含的内容多，是整个旅游管理专业的先导课程。本门课程是一门专业基础课，其他课程均是本门课程的后续课程，因此学好本门课程对后续课程的学习至关重要。

"休闲和旅游学概论"是关于休闲和旅游学的基本理论、基本方法和基本内容的课程，它包含了有关休闲和旅游学的研究内容，包含了休闲与旅游学的学科构成、分支学科的基本研究内容，由于旅游学概论中的相关内容还将形成专门的后续课程，如旅游饭店管理、餐饮管理、旅游景区管理、旅行社经营管理、旅游心理学等，因此我们在本门课程中主要要求掌握学科的基本内容，重点要掌握学科的理论架构和学科体系，为后续课程的学习打下基础。

掌握旅游学科的基本构架，要从旅游活动现象的本质入手，旅游活动是一种旅游消费的经济活动、是一种文化活动、是一种社会活动、是一种审美活动、是一种空间的位移活动，因而旅游学要从管理学、经济学、社会学、文化学、地理学、美学等学科的角度进行研究，旅游学与这些学科之间形成交叉学科，也就形成了旅游学的分支学科。

2. 学会树立全局的观点、跨学科综合研究的方法研究旅游现象

旅游现象具有十分特殊的形态，就其形成功能来说，各部门各机构之间存在一定的业务纽带联系，具有一个社会实体所应具有的整体性；但从其结构来看，是由社会各有关方面各种不同功能、形态、结构和性质的部门与机构形成，相互之间并无组织上的联系。这种功能和结构上的矛盾，使人们对旅游现象的结构和形态产生认识上的迷惑，以致在考虑旅游现象中的某些局部问题时难以和这个现象的整体形象联系起来，而陷于就事论事之中。旅游现象的这种特征，使得在研究旅游现象中的个别问题时，必须将之放到旅游现象的整体背景中去考虑，从整体出发，以全局观点考察局部问题，才能弄清其关系和实质，使问题得到正确的解决。先宏观后微观。当旅游活动作为社会现象进行旅游学研究时，就出现了研究工作的程序问题。对于旅游学科来说，先要研究旅游学科的宏观问题，特别是其中的学科基础理论问题，然后才是微观问题的研究——先宏观，后微观。按照社会科学学术研究的惯例来看，多数学科的学术研究先在社会现象的微观范围内开始，然后在宏观范围内做出理论概括，建构

⊖ 方百寿. 中国旅游史研究之我见 [J]. 旅游学刊，2000（2）.

理论体系。这类学科在其宏观和微观范围之间存在着对应的关系，即宏观与微观范围内现象的形态、结构、性质和特征具有相似性，可以相互比较论证；但旅游活动的宏观现象和微观现象之间不存在这种可比关系，因此在旅游活动微观现象的研究中，常常不能概括出旅游宏观理论概念，而与旅游学科的基础理论的概括差距更大。例如，接待业中的住宿业、交通业等微观范围内的服务行业，仅仅是旅游宏观范围内的局部现象，可以概括为经济现象或经济性质，但不能因此而将宏观现象的旅游活动也概括为经济现象或经济性质。这种事实的存在，意味着在旅游学术研究中应该先进行宏观现象的研究，而旅游微观现象的研究将以宏观研究概括所得的基础理论和基本原理作为其理论指导基础。

由于旅游现象的综合性的特点，因此在旅游研究中要学会跨学科和综合性的研究方法，要站在更广泛的学科背景之下，借助相关学科的理论与方法对休闲和旅游现象进行研究。

3. 充分利用文献资料

培养查阅和检索中外文献资料的能力，是科学研究的主要素质之一。要充分利用文献资料进行学习，这些文献资料包括著作、期刊和报纸等，有关的旅游类的中文期刊包括：《旅游学刊》《旅游导刊》《旅游论坛》《旅游科学》以及地理类的很多刊物中旅游类的专栏，如《经济地理》《人文地理》《地理学报》《地理科学进展》等，有关的社会学、经济学、管理学方面的刊物也常常发表旅游类的研究文章。比较著名的外文期刊有 *Annals of Tourism Research*、*Tourism Management* 等。一般高校中都有丰富的图书资料，在校学生要珍惜机会充分利用好这一学习资源。

4. 充分利用网上资源

互联网时代有丰富的网络资源可供我们利用，因此要学会充分利用网络检索和查阅需要的资料，进行自学。

(1) 数字期刊和数字图书。数字期刊和数字图书就是将期刊和图书的电子文本，供读者查阅、下载。主要的数字期刊如：中国知网（www.cnki.net）（CNKI 数字图书馆）；中国人民大学复印报刊资料全文数据库；万方数据库；维普资讯等。

比较有名的数字图书有读秀知识库（www.duxiu.com）和超星电子书（www.sslibrary.com）。一般的院校都购买这些资料的数据建立镜像站点，在校园网内可免费使用。

(2) 学术机构。有一些学术机构建立了一些学术网站，上面有些理论性和探讨性的文章，对我们学习有一些帮助，如北京大学旅游研究与规划中心（http://www.cotsa.com）、中山大学旅游发展与规划中心、土人景观（http://www.turenscape.com）等。

(3) 相关行业和政府部门网站。相关行业的网站如中国旅游协会网站（http://www.chinata.com.cn）、中国旅游新闻网（www.ctnews.com）、中国世界遗产网（http://www.cnwh.org）等，政府部门的网站如文化和旅游部网站（https://www.mct.gov.cn）、国家统计局网站（http://www.stats.gov.cn）、住房和城乡建设部网站（http://www.mohurd.gov.cn）（有关风景名胜区的内容）、生态环境部网站（http://www.mee.gov.cn）（有关政策内容）、国家林业和草原局网站（http://www.forestry.gov.cn）（有关国家森林公园、自然保护区和国家公园等方面的内容）、水利部网站（http://www.mwr.gov.cn）（有关国家水利风景区内容）。此外还有各地方的旅游网站，如福建省文化和旅游厅网站（http://wlt.fujian.gov.cn）、杭州市文化广电和旅游局网站（http://wgly.hangzhou.gov.cn）等。

(4) 企业网站。还可以浏览有关的学者型企业网站，如国智景元旅游顾问有限公司的中国规划策划网（http://www.aatrip.com）、达沃斯巅峰旅游网（http://www.davost.com）、中国旅游投融资网（http://www.cntif.com）、旅游经理人（http://www.starwww.com）、大地风景旅游景观规划设计研究院（http://www.beltourism.com）等上常常有旅游方面的文章以及旅游规划和营销的案例、免费的电子期刊，是我们学习的好素材。旅游酒店、旅行社、航空公司、旅游景区等企业网站也为我们学习提供了大量的学习素材。

（5）著名的搜索引擎。通过百度学术、搜狐、新浪、3721等搜索工具，利用中文关键词，往往能搜索到相关的内容，或者文章，或者相关的新闻，或者相关的评论等。

5. 积极关注社会热点问题

随着社会的进步、人们生活水平的提高，休闲与旅游活动与我们每个人的日常生活的关系越来越密切，旅游学科是一门实践性较强的学科，它的发展与旅游的发展史是分不开的，因此，我们在学习本门课程时要理论联系实际，要关注社会热点问题，如我国的双休日的休闲与旅游、我国黄金周的休闲与旅游、新冠肺炎疫情对我国旅游业的影响以及旅游业危机管理问题，我国乡村振兴战略与旅游业的发展、文旅融合下的旅游业的发展、"一带一路"倡议下旅游业的发展，以及我国"十四五"时期旅游业的高质量发展问题，等等。

6. 充分培养自学能力

要充分利用校内图书馆和校园网上的资讯，关注我们日常生活中的休闲与旅游现象，培养分析问题、解决问题以及自学的能力。

【关键术语】

休闲　旅游　闲暇　游憩

【问题及讨论】

1. 简述国外旅游学研究的现状。
2. 简述我国旅游学研究的现状。
3. 旅游学的研究对象是什么？
4. 旅游学的研究内容有哪些？
5. 如何理解旅游学的学科性质？
6. 旅游学有哪些相关学科？
7. 你认为应该如何建立旅游学的学科体系？
8. 旅游学有哪些研究方法？
9. 旅游可持续发展的含义是什么？
10. 社区研究方法在旅游学研究中的具体应用有哪些？
11. 如何理解旅游学的系统性？
12. 简述旅游学与相关学科的关系。

【参考文献】

[1] VEBLEN T. The Theory of the Leisure Class [M]. 2nd ed. New York：New American Library，1953.
[2] KAPLAN M. Leisure：Theory and Policy [M]. New York：John Wiley，1975.

[3] KELLY J. Leisure [M]. 3rd ed. Boston：Allyn & Bacon，1996.

[4] KELLY J, GODBEY G. The Sociology of Leisure [M]. Philadelphia：Venture Publishing, 1992.

[5] 潘力勇，等．审美与休闲：和谐社会的生活品质与生存境界研究 [M]．杭州：浙江大学出版社，2019.

[6] 李仲广，卢昌崇．基础休闲学 [M]．北京：社会科学文献出版社，2004.

[7] 戈尔德耐，里奇，麦金托什．旅游业教程：旅游业原理、方法和实践 [M]．贾秀海，译．大连：大连理工大学出版社，2003.

[8] 库珀，等．旅游学：原理与实践 [M]．张俐俐，蔡利平，译．北京：高等教育出版社，2004.

[9] 史密斯．旅游决策与分析方法 [M]．南开大学旅游系，译．北京：中国旅游出版社，1991.

[10] 肖洪根．谈对旅游学科理论体系研究的几点认识 [J]．旅游学刊，1998（6）：41-45.

[11] 戴斌．旅游中的经济现象与经济学视角下的旅游活动：论旅游经济学学科体系的构建 [J]．旅游学刊，2001（4）：22-24.

[12] 明庆忠．旅游学理论研究的几个问题 [J]．云南师范大学学报（自然科学版），1997（1）：132-137.

[13] 卢善庆．构建旅游美学交叉学科体系之我见 [J]．学术月刊，1997（2）：46.

[14] 肖洪根．对旅游社会学理论体系研究的认识：兼评国外旅游社会学研究动态 上 [J]．旅游学刊，2001，16（6）：16-26.

[15] 肖洪根．对旅游社会学理论体系研究的认识：兼评国外旅游社会学研究动态 下 [J]．旅游学刊，2002，17（1）：59-68.

[16] 申葆嘉．国外旅游研究进展 [J]．旅游学刊，1996（1）：1-5.

[17] 申葆嘉．论旅游学基础理论研究与方法论 [J]．旅游学刊，1999（S1）：7-12.

[18] 申葆嘉．论旅游现象的基础研究 [J]．旅游学刊，1999（3）：58-61.

[19] 王宁．旅游、现代性与"好恶交织"：旅游社会学的理论探索 [J]．社会学研究，1999（6）：93-101.

[20] 谢彦君．基础旅游学 [M]．4 版．北京：商务印书馆，2015.

[21] 申葆嘉，刘住．旅游学原理 [M]．上海：学林出版社，1999.

[22] 傅广海．旅游概论 [M]．北京：科学出版社，2019.

[23] 李天元．旅游学概论 [M]．7 版．天津：南开大学出版社，2015.

[24] ARAMBERRI J，谢彦君．旅游学研究：尚不可靠的理论基础 [J]．旅游学刊，2003（2）：24-29.

[25] 利克里什，詹金斯．旅游学通论 [M]．程尽能，等译．北京：中国旅游出版社，2002.

[26] 瑟厄波德．全球旅游新论 [M]．张广瑞，等译．北京：中国旅游出版社，2001.

[27] 风笑天．社会学研究方法 [M]．北京：中国人民大学出版社，2001.

[28] 黄安民，李洪波．文化生态旅游初探 [J]．桂林旅游高等专科学校学报，2000（3）：56-58.

[29] 李洪波，黄安民．国外生态旅游研究进展综述 [J]．襄樊学院学报，2001，22（2）：10-15.

[30] 张进福, 肖洪根. 旅游社会学研究初探 [J]. 旅游学刊, 2000, 15 (1): 53-58.

[31] 张进福. 关于国内旅游研究文献的分析与思考 [J]. 华侨大学学报 (哲学社会科学版), 2002 (1): 52-58.

[32] 黄福才, 张进福. 旅游社会学研究的理论流派 [J]. 厦门大学学报 (哲学社会科学版), 2002 (6): 62-70.

[33] 宋瑞. 国内外休闲研究扫描: 兼论建立我国休闲学科体系的设想 [J]. 旅游学刊, 2004, 19 (3): 46-54.

[34] 杜江, 张凌云. 解构与重构: 旅游学科发展的新思维 [J]. 旅游学刊, 2004, 19 (3): 19-26.

[35] 庞学铨, 程翔. 休闲学在西方的发展: 反思与启示 [J]. 浙江社会科学, 2019 (4): 80-86.

[36] 彭菲. 从社会关系视角解读休闲核心要素: 论休闲与认同之间的关系建构 [J]. 浙江社会科学, 2019 (4): 87-94.

[37] 马惠娣, 刘耳. 西方休闲学研究述评 [J]. 自然辩证法研究, 2001, 17 (5): 45-49.

[38] 古德尔, 戈比. 人类思想史中的休闲 [M]. 成素梅, 等译. 昆明: 云南人民出版社, 2000.

[39] 戈比. 你生命中的休闲 [M]. 田松, 等译. 昆明: 云南人民出版社, 2000.

[40] 凯利. 走向自由: 休闲社会学新论 [M]. 赵冉, 译. 昆明: 云南人民出版社, 2000.

[41] 亨德森, 等. 女性休闲: 女性主义的视角 [M]. 刘耳, 等译. 昆明: 云南人民出版社, 2000.

[42] 戈比. 21世纪的休闲与休闲服务 [M]. 张春波, 等译. 昆明: 云南人民出版社, 2000.

【参考网站】

1. 中国知网 (www.cnki.net)
2. 中国人民大学复印资料数据库 (ipub.exuezhe.com/index.html)
3. 万方数据库 (www.wanfangdata.com.cn)
4. 维普资讯 (www.tydata.com)
5. 超星数读秀知识库 (www.duxiu.com)
6. 百度学术 (xueshu.baidu.com)
7. 中国旅游新闻网 (www.ctnews.com.cn)
8. 中华人民共和国住房和城乡建设部 (www.mohurd.gov.cn)
9. 国家林业和草原局 (www.forestry.gov.cn)
10. 中国旅游研究院 (www.ctaweb.org)
11. 中华人民共和国文化和旅游部 (www.mct.gov.cn)
12. 中华人民共和国自源资源部 (www.mnr.gov.cn)
13. Social Science Citation Index (社会科学引文索引) (webofknowledge.com)
14. 中华人民共和国水利部 (www.mwr.gov.cn)

第二章 旅游发展史

【学习目的与要求】

了解旅游活动产生和发展的一般过程;掌握旅游活动历史分期的标志及各发展阶段的特征;掌握世界旅游发展的简要历史、发展阶段及各阶段的特征;掌握中国旅游发展的历史阶段及其各阶段的特征;培养学生辩证唯物主义的史学观念和史学研究方法,历史地看待和分析世界旅游和中国旅游的发展历程;了解本章学习和研究的基本参考文献和参考网站。

◆【主要内容框架】

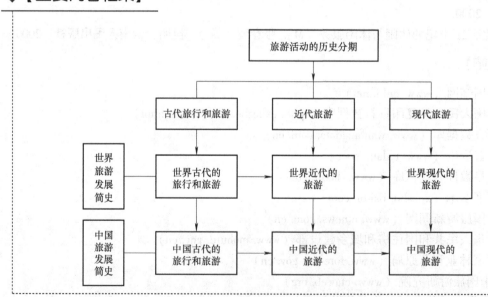

旅游作为一种社会活动和现象,涉及政治、经济、交通、习俗、行为特征、饮食、休闲观念、家庭结构等因素,因此旅游史必然涉及相关学科的诸多内容,除了文化史、建筑园林史、交通史之外,还涉及饮食史、美学史、法制史、科技史、历史地理、礼仪史、心理学史、经济史等学科的内容。本章从时空两个角度分析旅游活动的发展轨迹,从世界和中国两个空间角度,古代、近代和现代三个时间角度分析旅游活动的发展,基本目的是要确定人类

旅行活动的出行动机和主要形态，理解这些现象在人类历史发展中的作用，从社会、文化、宗教、经济等层面深入理解现代旅游业发展的规律与发展趋势。从历史发展的角度进一步理解旅游产生和发展的规律，理解社会生产力的发展是旅游发展的根本动力的科学论断。通过分析各个时期旅游发展的性质、特点和原因，以及与现代旅游活动的联系和区别，掌握今后旅游活动和旅游产业发展趋势的观察方法。

人类旅游活动的起源是旅游史的基本问题，学术界目前对此大体持两种意见：一种意见认为"旅游的历史与人类的历史相始终"；另一种意见则认为人类旅游活动产生于原始社会末期，是当时第三次社会大分工和商品经济的产物。针对前一种意见，后者提出，原始人类从一地到另一地的迁徙都是因自然因素或特定人为因素而被迫进行的，是出于生存的需要，原始人类迁徙活动的被迫性和求生性都说明它们不属于现今意义上的旅行或旅游⊖。本书沿用后一种意见，即把旅游视作为人类社会经济发展到一定阶段的产物。

严格地说，旅游与旅行是有区别的。旅行的重点在"行"字，人们是要通过"行"来进行政治、宗教、学术、商务等活动，游览并不是它的主要目的，如晋代的法显、唐代的玄奘、明代的郑和等；而旅游的重点则是在"游"字上，游览就是它的最终目的，如晋代的谢灵运、明代的唐伯虎、清代的袁枚等。但另一方面，旅行和旅游又有着密不可分的关系：既要"游"，又要"行"，不经过一定的"行"是无法达到游览的目的的；而即使旅行是为了达到政治、宗教、商务等目的，也总免不了在跋涉旅行中沿途游览一番。人们往往很难明确地将旅游和旅行这两者严格区分开来⊖。因此，本书在旅游史论述中只是在行文中对两者略加区别：记叙人们的某些行为时用"旅行"一词，更多的则使用"旅游"一词。

纵观世界旅游的发展史，根据旅游活动的产生原因、参与主体及活动规模等方面的特征，世界旅游的发展大致可以分为三个时期，即古代旅游（19世纪40年代以前）、近代旅游（19世纪40年代至第二次世界大战结束）和现代旅游（第二次世界大战以后至今）。

第一节　世界旅游发展简史

一、世界古代的旅行和旅游

（一）世界古代的旅行和旅游发展概况

旅行和旅游首先是在世界最早进入文明时代的中国、古埃及、古巴比伦、古印度以及古希腊、古罗马发展起来的。古代奴隶制经济、政治和文化的发展，为古代旅行和旅游奠定了基础，并在古希腊、古罗马时期达到了全盛。

早在公元前一千多年前，古埃及就是闻名世界的旅游胜地，来自世界各地的游客前来观赏金字塔这一人类文明的历史奇观。贵族们乘着小船，顺着尼罗河而下；陆路而来的则是坐着轿子或是乘着马车。

四千年前统治着乌尔的巴比伦国王舒尔基发誓，他要为那些尊贵的游客们保护道路、修建花园和庭院。

⊖ 陈愉秉. 从西方经济史看旅游起源若干问题 [J]. 旅游学刊, 2000 (1).
⊜ WTO. Tourism Highlights: Edition 2003. http://www.hospitalitynet.org/organization.

古希腊有一个时期，人们盛行乘坐小船进行短程航海。但是到了伊阿宋和传说中的亚尔古英雄时期，人们则认为旅游要比正常生活更有趣味，于是，他们修造了大船去追求金羊毛。在荷马所著的《奥德赛》一书中，就记述了赫洛多斯不畏艰难，游历了腓尼基、埃及、昔兰尼加、希腊和黑海。这位不知疲倦的旅行家，以他那敏锐的眼光和孩童般的好奇心探索着历史、风土人情以及医学宝库。哲学家泰勒斯、毕达哥拉斯和柏拉图都游历过埃及；亚里士多德在建立学园之前，曾经访问过小亚细亚。不知疲倦的旅行者还有牙科医生、外科医生，他们走乡串镇，到处为病人治病。

埃及的宗教旅行很发达，每年都要举行几次宗教节日集会活动，其中规模最大的是隆重的"布巴斯提斯市的阿尔铁米司祭"，前往参加盛会的男男女女乘坐着大型游艇，妇女打着手板，男子吹着笛子，还有些人唱歌和拍手，途经临河的镇、市都要靠岸表演。到达布巴斯提斯市时还要贡上丰盛的祭品。

宗教旅行最鼎盛的时期是在古希腊时代。古希腊的提洛岛、德尔斐和奥林匹斯山是当时世界著名的宗教圣地。在建有宙斯神庙的奥林匹亚，奥林匹亚节是最负盛名的盛典，宙斯神大祭之日，前来参加者不绝于道。节庆期间，举行赛马、赛车、赛跑、角斗等体育活动。这种活动一直延续至今，发展成了现代的奥林匹克运动会。当时的奥林匹亚庆典纯属一种宗教活动，但它却促进了周边剧院的创立和宗教旅行的发展。后来，宗教旅行逐渐遍及全球，成为一种世界性的旅行活动。

早在公元前 3000 年时就出现了商业旅行。被称为"海上民族"的腓尼基很早就有发达的商业和手工业，造船工业也领先于世界，为商业旅行提供了条件。因此，腓尼基最早出现了商业旅行，旅行者西越直布罗陀海峡，北至波罗的海沿岸，东达波斯湾、印度。波斯帝国也是较早兴起商务旅行的国家。在公元前 6 世纪中叶，波斯帝国就兴建了两条"御道"，第一条东起帝国首都苏萨（今伊朗胡齐斯坦省油兹富尔城西南），穿越美索不达米亚平原中心地区和小亚细亚，直抵地中海的以弗所，全长约 2400km，沿途设有驿站和旅舍 110 座。另一条道路起自巴比伦城，横贯伊朗高原，直达大夏（中亚和南亚次大陆西北部的古国名）和印度边境。这条路成为以后"丝绸之路"西段的基础。这两条道路的修建，为商业旅行的兴起和发展起到了巨大的推动作用。

古罗马时代是世界古代旅行的全盛时期，很多的公路网都以罗马为中心，分段由当地部门管理，并由军队保护，社会治安也逐渐好转。由于这些空间移动的基本条件越来越完备，因此一部分特权阶级开始以寻求乐趣为目的的闲暇性旅行。旅行越过了商务、宗教信仰，出现了鉴赏艺术、疗养、徒步行走、观览庙宇、欣赏建筑、游览古迹等不同目的的旅行。

这一时期还出现了最早的自然观光旅行。例如，英国北部灿若明珠的湖泊、希腊北部雄峻的顿泊河谷，以及作为文化标志的尼罗河、莱茵河和小亚细亚地区蜿蜒曲折的河流，都成了极富魅力的旅游吸引地。普鲁塔施说："世界的涉足者将他们一生中最宝贵的时间都花在旅馆和船上了。"为适应旅行的发展，古罗马在去那不勒斯的道路沿途，还建起了豪华别致的别墅，供旅行者享用。

罗马帝国后期，基督教取得合法地位，朝拜圣地的宗教旅行随之兴起。公元七八世纪，地跨亚非欧三洲的阿拉伯帝国处于发展的顶峰时期。阿拉伯帝国以首都巴格达为中心，广修驿道，密置驿站，交通运输得到空前发展，驿道四通八达。驿站备有马、骡和骆驼。当时，伊斯兰教已取得合法地位，并规定了朝觐制度，这使每一个有能力的穆斯林平生都要进行一次长途旅行。朝觐期间，各地穆斯林云集麦加，商人、艺术家也云集于此做生意或献艺。

罗马人喜欢四处观光游览，他们使用导游手册，甚至雇佣导游，购买旅游纪念品。一个叫帕萨尼亚斯（Pausanias）的希腊人写了一本《希腊道里志》（《希腊志》），介绍了古典时代有丰富文物的希腊各重要城邦，如雅典和伯罗奔尼撒半岛诸城邦。《希腊道里志》仿佛是一本游览指南，向游客介绍某一地的名胜古迹和其他旅游资源，如雕塑、建筑、传说、神话、历史事件以及希腊城市中所收藏的艺术品等。《希腊道里志》是迄今为止最古老的导游手册，此书写于公元160—180年，堪称"旅游史上的里程碑"。

阿拉伯帝国时期，开始出现以求知求学为主要目的的旅行。阿拉伯人是为寻求知识而爱好旅行的突出代表。例如，阿拉伯的旅行家和历史学家马苏第，被称为阿拉伯的希罗多德，曾游历埃及、巴勒斯坦、印度、锡兰（今斯里兰卡）和中国等地。他在遗著《金色的草原》中多处提到中国，推崇中国人的手工技巧，认为中国人是世界上最聪明的人，擅长塑像及其他技艺。白图特约在1345—1346年曾到中国，他在外旅行长达38年之久，著有《亚洲非洲旅行记》，记载了中国的城市、商埠、物产和风俗。13世纪以后，欧洲开始复兴，外交、贸易旅行发展起来。在这一时期，第一个到东方旅行的人大概要算图德拉的本杰明了。他是一位犹太学者，在他所写的游记中记载了自己13年中在欧洲、波斯和印度的经历，还记载了犹太人与其他各族人的来往和自己所到之处的地理状况。

意大利旅行家马可·波罗（1254—1324）为了经商随其父、叔经两河流域，越伊朗高原和帕米尔高原来到东方，1275年至上都（今内蒙古自治区多化县西北），得到元世祖忽必烈的信任，忽必烈曾安排他到中国各地和一些邻近国家进行游览和访问。1292年，马可·波罗离开中国，从海路经苏门答腊、印度等地返国。《马可·波罗游记》一书记述了中亚、西亚、东南亚等地区许多国家的情况，特别着重叙述了中国。

15世纪，西方产业革命兴起，引起了对外扩张和对黄金的需求。《马可·波罗游记》盛赞东方的富庶，驱使欧洲的商人、航海家、封建主开始出海远航。例如居于葡萄牙的著名意大利航海家哥伦布（1452—1506），屡向葡萄牙国王建议向西环海航行以探索通往印度和中国的海上航线，但始终未被采纳。哥伦布后移居西班牙，1492年奉西班牙王室之命，携带致中国皇帝的国书，横渡大西洋，到达巴哈马群岛和古巴、海地等地。在以后的三次航行中，又到达了中美、南美大陆沿岸地带，发现了新大陆，开辟了由欧洲到美洲的新航线。1498年，又有葡萄牙人瓦斯科·达·伽马发现了绕过非洲南端的好望角通往印度的新航线。1519—1522年，麦哲伦绕地球一周，证明了地圆说，对科学的发展及人类对宇宙的认知都具有重大意义。这一时期的航海旅行兼有探险、考察旅行的性质。

18世纪中叶，世界上第一次出现了真正自觉的、有特定目的的自然观光旅游。当时正值资本主义初期，资产阶级提出了个性解放的口号，以冲破中世纪宗教对人性的束缚。在资产阶级的浪漫主义代表人物卢梭、歌德、海涅等人的影响下，掀起了"回归大自然"的热潮。一些大文豪、画家、音乐家酷爱大自然，用文学作品、画卷和音乐鼓励人们到大自然中去，为自己的创作寻觅源泉。这种酷爱自然、崇尚自然、回归自然的浪漫主义时代精神，成为后来旅游业大发展的思想基础。

18世纪中叶还出现了科学考察旅行和带有掠夺性质的探险旅行。英国为掠夺殖民地，组织了多次探险旅行队，其中包括自然科学工作者，从事航海路线、动物、植物和地质的研究。例如以库克船长为首的探险队，曾于1768—1771年、1772—1775年、1776—1779年进行了三次环球航行。达尔文在航行过程中，通过对各地的实地考察，找到了物种起源的科学解释，创立了伟大的进化论学说。这一时期具有科学意义的旅行对人类社会的进步有着重要影响。

（二）世界古代旅游的特点

在漫长的古代历史时期中，人类社会经历了奴隶社会、封建社会、资本主义社会前期等几个不同的社会形态，生产力水平在不断提高。从旅游活动的内容和方式来看，这一阶段具有以下特点：

（1）交通工具比较落后。社会生产力的发展还没有引起交通工具的重大变化，交通仍不发达，主要是依靠以自然力、人力、畜力为主的船、车等。人们外出旅游都是步行，乘木船、风帆船或骑马等，即使到了19世纪上半叶，最高级的交通工具还是四轮马车和大型船只。人们出行的距离、花费、舒适程度与此联系紧密。

（2）参与旅游活动的主体数量少。在这一时期参加旅游的人多半是皇室、贵族、僧侣等特权阶层。这些人社会地位特殊，人数有限，但拥有旅游所必需的时间和多余的钱财，具备参加旅游活动的客观条件。而一般劳动者都在为生存而忙碌，他们被排除在旅游的行列之外。

（3）旅游活动的范围很小，规模有限。交通工具不发达限制了人们的出行，人们很难到很远的地方去旅游，类似于今天的洲际旅游和国际旅游在古代是很难实现的。只有极个别的人，出于探险、经商等目的，用毕生的精力和生命才创下了那个时期长途旅游的历史。

二、世界近代的旅游

（一）产业革命与世界近代旅游发展概况

到19世纪中叶，无论是国内旅游还是国际旅游都有了突破性的发展，这和产业革命的影响是密不可分的。

（1）产业革命带来了社会经济的繁荣，使更多的人开始有了外出旅游的经济能力。

（2）工人阶级要求休假的不懈斗争逐渐迫使资本家做出一定程度的让步，至少先是赢得了在某些传统节日休假的权利。

（3）产业革命加速了城市化的进程，并且使人们工作和生活的重心从农村转移到工业城市，还改变了人们的工作性质，原先那种随农时变化而忙闲有序的多样性农业劳动开始为枯燥、重复的单一性大机器工业劳动所取代，这一变化导致人们需要适时逃避节奏紧张的城市生活和拥挤嘈杂的环境压力，产生了对返回自由、宁静的大自然环境中去的追求。这使得人们产生了强烈的假日要求。

（4）产业革命促进了交通运输工具的发展，特别是蒸汽技术在交通运输上的应用，使得近代旅游业迅速发展起来。19世纪以后，以蒸汽为动力的轮船迅速普及和发展。1807年，美国"克莱蒙特"号轮船已在哈德逊河上开始了定期航线载人运货。1838年，英国蒸汽轮船"西留斯"号首次横渡大西洋的成功更是大大缩小了欧美之间通行的时间和距离。但是，对当时旅游发展影响最大的还是铁路运输。进入近代旅游的标志特征之一便是交通工具的改进。1825年，英国享有"铁路之父"之称的乔治·史蒂文森建造的斯托克顿至达林顿的铁路正式投入运营。此后，各地的铁路也开始建设起来。被公认为第一个真正的旅行代理商的英国人托马斯·库克，第一次组织旅行所采用的交通工具就是火车。所有这些情况的发展都为更多的人有机会外出旅游提供了新的条件。

(二) 托马斯·库克与近代旅游业发展

1841年7月，英国人托马斯·库克凭语言艺术和满腔热情，说服了540名主张戒酒的人，从莱斯特乘火车经12km到拉夫巴罗参加戒酒大会。这是第一次集体打折扣的包租列车旅行。这次活动普遍被认为是世界上第一次团体火车旅游，并被认为是近代旅游业开端的标志。

人们之所以普遍认为托马斯·库克的这次活动是近代旅游业的开端，是因为这次活动的组织较之前有着以下一些不同之处：

(1) 这次活动的参加者具有广泛的公众性。其参加者来自各行各业，并且包括青少年和家庭妇女。他们为了参加这次活动而聚到一起，活动结束后便解散离去，不再有什么经常性的联系。这一情况同现代旅行社组织的旅行团的情况基本相同。而此前的团体旅行或旅游活动则都是为自己的专业团体或者为本公司的员工组织的。

(2) 托马斯·库克本人不仅发起、筹备和组织这一活动，而且在整个旅程活动中从始至终随团陪同照顾，这一点可以说是现代旅行社全程陪同的最早体现。而此前的团体旅行或旅游活动只是有人负责筹备和安排交通，却无人在旅途中负责陪同和照顾。在早期铁路时代，由于乘客，甚至包括铁路公司的列车乘务人员在内，都缺乏火车旅行经验，安全事故经常发生。况且托马斯·库克这次包租的火车实行的是三等票价，其车况并不是今天的那种客车车厢，而是既无顶棚也无座位的平板车，其危险性可想而知。托马斯·库克在完成这次活动后，将540人安全无恙地带回了莱斯特城，这在当时也被看作是非常了不起的事情。因此，托马斯·库克的随团照顾工作显然具有非常重要的意义。

(3) 这次活动参加人数的规模之大不仅在当时是空前的，在其后也是非常罕见的。

(4) 这次活动为后来托马斯·库克旅行社的建立奠定了基础且提供了经验。由于托马斯·库克组织这次活动的目的是参加禁酒大会，并非单纯的消遣性旅游，而且他对这次活动的组织也不是出于商业性目的，而是他自己所说的"业余活动"，所以我们说这次活动的组织实际上只是为其日后创办旅行社打下了基础。

库克本想宣传禁酒主义，但意外地体验了旅游引起的反响和带来的效果，于是他在1841年正式创办了世界上第一家旅行社——通济隆旅行社，专门经营旅游业务，通济隆旅行社的成立，标志着近代旅游业的出现。后来，委托托马斯·库克筹备旅行的人增多，他成了短途旅游的组织者。1846年，他又成功地设置了旅游向导，这是历史上最早的导游。1851年，库克组织了约16.5万人参加在"伦敦水晶宫"举行的首届"世界博览会"。1872年，库克组织了一次10人的环球旅行，历时220天。后来这一活动被写成小说并拍成电影，从此，托马斯·库克的名字成了旅游的代名词，在欧洲、美洲尽人皆知。因此，托马斯·库克被誉为近代旅游业的创始者。截至1939年，托马斯·库克创办的通济隆旅行社在世界各地设立了350余处分社；其在1872年创办的旅行支票，可在世界各大城市通行。通济隆旅行社还编印了世界上最早的旅行杂志 Travels Gazette 曾被译成7国文字，再版达17次之多，这些活动都对旅游产生了重大影响。

托马斯·库克并不是最早进行有组织旅游并且有经营头脑的人，但无疑他在当时是最成功的。1845年夏，他首次组织了团体消遣旅游。这次旅游是从莱斯特出发，最终目的地是利物浦，为期一周。托马斯库克的这次旅游具有如下特点：

（1）这次旅游已不再是过去的"业余活动"，而是出于纯商业性目的，从中能获取利益的活动。

（2）托马斯·库克此前组织的旅游活动都是当日往返的一日游，而此次之后则发展为在外过夜的多日长途旅游，使旅游的概念更加接近现代旅游的含义。

（3）组织这次活动之前，托马斯·库克沿途做了大量的先期考察，以便确定沿途要停留的参观游览点和游览内容，特别是了解了当地是否有足够数量的廉价住宿设施。这在当时来说至关重要。

（4）托马斯·库克本身是一位印刷和出版商，于是在进行旅游活动组织时编写出版了世界上第一本旅游指南《利物浦之行手册》。该手册介绍了有关这次活动的出发时间、集合方式、沿途停留的地点、参观和游览的项目、住宿设施安排以及其他有关活动须知的内容。

（5）托马斯·库克不仅本人担任旅行团的陪同和导游，而且在沿途一些地方还聘请了地方导游。这可能是组团旅行社聘用地方导游的先例。相当于现代旅行社中的"全陪"和"地陪"。

显而易见，同1841年组织的那次旅游活动相比，1845年的这次旅游活动有很多不同之处，主要表现在：

（1）两次组织工作性质不同，前者是非营利性质的"业余活动"或者社会活动，后者则是有意识的商业活动。

（2）两次旅游活动参与者的旅游目的不同，前者是为了出席禁酒大会，后者则纯粹是为了观光消遣。

（3）两次组织工作的内容不同，前者是托马斯·库克只负责组织和护送；后者则是安排和组织线路，全程担任陪同和导游，并雇佣地方导游。总之，托马斯·库克组织的这次活动从考察线路、组织产品、宣传广告、销售组团，直至陪同和导游，体现了旅行社的基本业务，开创了现代旅行社业务的基本模式。因此，这次活动在旅游业发展史上有着重要的意义。1845年，托马斯·库克旅游公司的正式成立也标志着近代旅游业的诞生。

托马斯·库克在世界旅游业发展史中具有重要地位，被誉为旅游业的先驱。他在开展旅游业务方面的很多首创都对后来的旅游相关业务的经营，特别是对旅行社业务的经营，产生了很大的影响。例如，1855年，托马斯·库克组团去法国巴黎参观博览会，参加者在巴黎停留游览4天，全程实行一次性包机，其中包括在巴黎停留期间的住宿和往返交通费，总费用为36先令。当时的《曼彻斯特卫报》称此举是"铁路旅游史上的创举"。事实上，这也是世界上首次包机和包价出国游。

在经营旅游业务过程中，托马斯·库克还创造出一种代金券。旅游者持此券可在同托马斯·库克旅行社有合同关系的交通运输公司和旅游接待企业中代替现金用于支付，并可用此券在指定的银行兑取现金。托马斯·库克推出的这一代金券便是当今旅行支票的最早雏形，实际上也可以说是最早的旅行支票。这一早期旅行支票的推出不仅方便了顾客，增加了外出旅游的安全度，而且开创了旅行支票这一金融业务的先河。

1872年，托马斯·库克首次组织了环球旅游。由于这种旅行团前所未有而格外引人关注，所以在该团的环球旅游过程中，《泰晤士报》以当时最快的速度进行了全程追踪报道。在这次环球旅游过程中，该旅行团到访了中国的上海。

总之，托马斯·库克在组织旅游业务方面的开创精神和通济隆旅行社的成功经营在世各地都产生了很大的影响,托马斯·库克的名字几乎成了旅游的代名词,特别是在欧美国家中,更是家喻户晓,尽人皆知。这说明人们对旅游的需求已经成熟,旅游需求市场已经开始形成。托马斯·库克创办旅行社的活动标志着近代旅游业的诞生。

19世纪下半叶,许多类似的旅游组织在欧洲大陆上纷纷成立。1857年,英国成立了登山俱乐部,1885年又成立了帐篷俱乐部;1887年,法国、德国也成立了观光俱乐部。到20世纪初,美国"运通公司"和以比利时为主的"铁路卧车公司"成了与托马斯·库克公司齐名的世界三大旅行代理公司。

2019年9月23日,全球历史最悠久的旅行公司之一、英国的托马斯·库克集团宣布破产。英国广播公司新闻网称,托马斯·库克集团称得上是英国人的"共同记忆",被誉为是该国"旅游业的鼻祖"。托马斯·库克集团拥有178年历史,其官网介绍,该集团拥有2.1万员工,在16个国家经营酒店、度假村、航空公司和游轮业务,每年接待游客1900万人次。但步入21世纪后,互联网预订和廉价航空公司的兴起开始改变大众旅客的消费习惯。托马斯·库克集团的利润空间遭到挤压。

(三) 近代世界旅游的特点

18世纪中叶发生在英国的工业革命,使世界经济和社会结构发生了巨大的变化,同时也改变了世界范围内旅行和旅游的发展方向。这一阶段有如下几个特点:

(1) 旅游者流动的空间范围和规模增大。科学技术的进步,特别是交通运输的大力发展,提高了运输能力,缩短了运输时间,使大规模的人员流动成为可能。瓦特发明的蒸汽机技术很快就被应用于新的交通工具的制造,18世纪末蒸汽机轮船就已问世。但对于近代旅游的诞生影响最大和最直接的还应当数铁路运输技术的发展。1825年,享有"铁路之父"之称的英国人乔治·史蒂文森负责建造的斯托克顿至达林顿的铁路正式投入运营。此后,各地的铁路开始建设起来,并向更远的地区延伸。同时,轮船的大型化和高速化,也极大地便利了海上旅行。

(2) 中产阶级加入到旅游者的行列。随着生产力的迅速发展和社会财富的急剧增加,有产阶级的规模日趋扩大,他们具备了旅游的经济条件。工业革命以前,只有地主和贵族才有金钱从事非经济目的的消遣性旅游活动。产业革命使中产阶级取代了原来的贵族,财富不断增加,他们也产生了享受乐趣的要求,其中就包括旅游。有财力外出旅游的人数因而有所增加。

(3) 出现了作为经济行业的旅游业。火车的出现使得参加旅游的人数增多,英国人托马斯·库克最先有组织地带领人们外出旅游,受到普遍欢迎。他于1845年创立了世界上第一家旅行社,此后在欧洲各地出现了许多类似的组织。一些专门服务旅游者的旅游服务设施随后也陆续出现。托马斯·库克开始的旅行代理业逐渐确立了市场地位,成为旅游事业中的重要环节,旅行和旅游这项古老的社会活动,开始变成一项经济活动。

(4) 旅游景点和旅游设施得到了迅速发展。紧靠城市的山地风景区和海滨逐渐建设起了具有先进娱乐设备和宜人环境的综合设施,那些原有的专供上层社会享受游玩的风景区和海滨浴场变成了常年开放的旅游点。

近代以来,虽然旅行、旅游活动已有了很大的发展,但还未发展到能称之为独立的经济行业——旅游业的地步,从整个时代来看,它只是一种在局部地区个别人经营的旅游代理业。

旅游业的出现和蓬勃发展充分显示了其强大的经济功能，特别是旅游业的高度关联性和显著的经济效益，对国民经济的发展产生了巨大而持久的推动作用。

三、世界现代的旅游

现代旅游是指第二次世界大战以后的世界旅游。在旅游研究中，现代旅游通常是指第二次世界大战结束后，特别是20世纪60年代以来，迅速普及于世界各地的社会化旅游活动。人类的旅游活动历史悠久，但在第二次世界大战以前，无论是旅游者的人数、参加的阶层、旅程的距离还是旅游消费都受到较大局限。直到第二次世界大战以后，世界经济得到迅速恢复和发展，人民生活水平普遍提高，旅游作为群体性的活动才普遍开展起来，从而促进和加速了现代旅游业的腾飞，并形成了一个完整独立的旅游经济体系，成为各国国民经济的一个重要组成部分。

第二次世界大战以后至今，世界总体上处于缓和与发展的环境之中。随着现代科学技术的发展和生产自动化程度的提高，世界经济得到了迅猛的发展，特别是发达国家，在20世纪五六十年代经历了一个经济上的所谓"黄金时期"，不仅人们收入增加、支付能力提高，而且闲暇时间越来越多，交通条件也有所发展，为第二次世界大战后旅游行业的发展提供了必要的前提和保证。与此同时，旅游业在回笼货币、增加外汇收入、促进产业结构合理化和扩大就业等方面的作用越来越大，因而世界各国都致力于发展旅游业，旅游设施日益完善，接待水平不断提高。第二次世界大战后数十年来，正是世界旅游需求与供给的这种互为因果、相互促进的关系，使得世界旅游业一直保持着持续发展的势头，成为一枝独秀的新兴产业部门。

（一）现代世界旅游发展概况

从1950年到现在，国际旅游业的发展过程大体经历了五个阶段：

（1）起步阶段。1950—1959年为起步阶段，其特征是高速低效。旅游人数和旅游收入年平均增长率分别为10.6%和12.6%。但旅游业劳动生产率较低，即游客人均消费水平平均只有99美元。在这一阶段、国际旅游收入和人数两项指标的年平均增长率都较高，且两项增长率之间差距不大，直观人均花费增长也不大，作为起步阶段，仍处于萌芽状态，人均花费额也显示出旅游仍为少数人的近距离活动。

（2）增长阶段 1960—1969年为增长阶段。其特征是中速中效。旅游人数和旅游收入年平均增长率分别为8.7%和10.1%，而游客人均消费水平增加到112美元。在这一阶段总体特点与第一阶段大体相同，但两项指标的增长率比上一阶段均略有下降，作为一个承上启下、持续发展的阶段，也具有数量型发展的绝对特征。

（3）发展阶段 1970—1979年为发展阶段，其特征是高速高效。旅游人数和旅游收入年平均增长率分别为5.9%和19%，国际旅游收入高速增长。游客人均消费由112美元增加到359美元，10年时间内增长3倍。在这一阶段，国际旅游收入大幅度上升，达到年均19%的超速发展，显示出第二次世界大战后国际旅游已经起步，平缓发展20年之后的腾飞。与之相应，直观人均花费也大幅度上升，收入增长率与人数增长率相距13.1个百分点，显示了效益型发展的绝对特征。

（4）成熟阶段 1980—1989年为成熟阶段，其特征是低速高效。旅游人数和旅游收入年平均增长率分别为3.8%和8.5%，虽然总的增长速度比前三个阶段都低，但是在这一时期内旅游收入的增长快于旅游人数的增加,同时,旅客人均消费达554美元,并继续攀升,反映了国际旅游已由数量增长型向效益型转换,成为趋向成熟发展的产业。在这一阶段,增长速度达到第二次世界大战后最低点,但增长量却达到最大,旅游业成为世界经济中的重要产业,为今后的长远发展提供了更雄厚、更成熟的基础。

在50余年高速发展的总过程中,又出现了四次发展高峰,1964—1966年,年均增长11.5%;1971—1973年,年均增长20.2%;1977—1980年,年均增长23.2%;1986—1988年,年均增长19.1%。这四次发展高峰,也是四次发展良机,许多国家的旅游业因时乘势,纷纷崛起,如20世纪60年代的西班牙,70年代的墨西哥,80年代的韩国。

(5) 持续发展阶段。自20世纪90年代到进入21世纪,世界虽然受到了国际恐怖主义和SARS疫情的严重威胁,但国际旅游业的发展势头依然十分强劲,根据世界旅游组织(UNWTO)发表的《旅游报告精华2003版》[一]对2002年世界旅游状况的分析,相对于2001年由于受"9·11"事件的影响,出游总数比2000年下滑了0.5%,而2002年有所回升,国际出游总数增长了2.7%,首次超过了7亿人次,达到7.026亿人次,旅游收入达到4740亿美元。世界旅游组织发布的数据显示,2019年国际旅游人数达到15亿人,游客数量增速降至4.0%,而2016—2018年,国际游客数量增速分别为6.0%、7.0%、4.0%。虽然2019年增速不快,但总体来看仍处于持续发展阶段。

(二) 现代国际旅游迅速发展的原因

(1) 第二次世界大战后,世界经济的迅猛发展,几乎所有的国家国民经济增长大大超过战前。世界市场经济国家国民收入按人均计,1960年为520美元,1979年增到2690美元,20年内增长了5.7倍。经济的发展使得众多国家的人均收入,或者更确切地说,使得众多国家的家庭平均收入迅速增加,在那些原先经济基础就较雄厚的西方国家中更是如此。到20世纪60年代,这些国家开始形成所谓的"富裕社会"。人们收入的增加和支付能力的提高,对旅游的迅速发展和普及无疑起到了极其重要的刺激作用。

(2) 现代科技革命的成功极大地提高了劳动生产率,工人阶级的个人收入普遍有所增加。人们对精神文化生活的要求也有了明显变化。另一方面,生产、生活节奏加快,城市环境条件变差,闲暇时间消除疲乏的最好办法莫过于离开城市外出旅游,以寻求新鲜空气和幽静环境。这一切都使人们的旅游愿望变得十分强烈。

(3) 第二次世界大战后,世界人口迅速增加。在第二次世界大战后的初期,全世界人口仅约25亿人。到20世纪60年代,已增加到36亿人。在短短的20年中,世界人口增加了44%。世界人口基数的扩大成为第二次世界大战后大众旅游人数增加的基础。

(4) 由于生产单个产品的社会必要劳动时间大大减少,从而增加了社会闲暇时间。特别是到20世纪60年代以后,很多国家都在不同程度上规定了带薪假期制度,这些变化使人们的闲暇活动得以更多地开展。据统计,1840年,美英等国的工人每周劳动70小时;现在则劳动35小时,家务劳动时间也因家庭用品的现代化而大大缩减。40年代,每位美国家庭主妇准备一日三餐要花360分钟,现在只要90分钟;5%的日本主妇在30分钟内能做出一席丰盛的晚餐。人们出外旅游有了时间上的保证。参加旅游活动的人数迅速增加,并且出游的距离和在外逗留的时间也大大加长。

[一] 杰弗瑞·戈比. 21世纪的休闲与休闲服务 [M]. 张春波,译. 昆明:云南人民出版社,2000.

(5) 交通运输工具的进步缩短了旅行的时间距离。第二次世界大战结束以后，在经济发达的工业化国家中，拥有小汽车的家庭的比例不断增大，私人小汽车逐渐成为内陆旅游的主要交通方式。铁路和公共道路运输已经渐渐失去了其原有的重要地位。与此同时，航空运输发展迅猛，使人们有机会在较短的时间内进行长距离旅行。航空旅行成为人们最重要的远距离旅行方式。现代化交通运输工具不断出现，使追求和开拓国际和洲际远距离旅游空间运输成为普通人也能享用的快速、安全、廉价的工具，也使旅游活动的空间在全人类和全世界范围内迅速发展起来，这是使旅游活动趋向群众性的基本物质条件。

影响第二次世界大战后旅游迅速发展的其他因素当然还有很多。上述这些只是从需求方面观察而归纳出来的主要推动因素。实际上，第二次世界大战后旅游的迅速发展是需求和供给两方面因素共同推动和促成的结果。如果从供给方面继续进行分析，那么至少还有两项重要因素推动了第二次世界大战后旅游的蓬勃发展：其一是廉价团体包价旅游的发展；其二是很多国家的政府为了发展本国的旅游业，特别是为了吸引和便利国际旅游者来访而采取的支持态度和鼓励措施，例如支持和参与旅游资源的开发、放宽出入境限制、支持和组织旅游宣传等。

（三）现代旅游的特点

第二次世界大战以后，世界的政治形势呈现出相对稳定的状态，社会生产力的迅速恢复和发展推动了旅游业的发展。这一阶段的特点是：

1. 旅游活动的普及性

随着科学技术和社会经济的迅速发展。满足人们旅游需求的外部条件日益成熟，旅游消费和需求日益大众化、生活化，现代旅游活动也因此表现出普及性的特点。主要表现为大众旅游的迅速发展，社会旅游的出现，奖励旅游的出现，休闲旅游度假人群的增多几个方面。

（1）大众旅游的迅速发展。现代旅游活动的普及性首先表现为旅游正成为人类社会的基本需求，大众旅游的兴起成为现代旅游活动发展的一大特点。尽管旅游作为一种活动的历史十分悠久，但普通民众大规模参与旅游还只是第二次世界大战以后的事情，确切地说，真正的大众旅游活动从20世纪60年代才开始。所谓大众旅游，首先是指旅游活动参加者的范围已扩展到普通的劳动大众。大众旅游有三层含义，一是指参与旅游的人员广泛，即旅游活动不仅是上层社会高收入阶层的休闲方式，也是普通百姓享受生活的一种方式，其参加者不仅包括达官显贵，也包括大量的平民百姓，旅游已经成为普通百姓享有的基本权利；二是旅游活动的组织方式大众化；大众旅游的另外一个含义是指现代旅游活动形成的以有组织的团体包价旅游为代表的规范化旅游模式，这也已成为旅游业占支配地位的旅游形式。这种规范化的旅游，是指旅游者在旅行社的组织和安排下，借助各类旅游企业提供产品和服务，按照预定的时间、线路和活动内容，有计划地完成全程旅游活动。由于这种旅游形式已经普及，因此称之为大众旅游。这种方式将旅游所遇到的不确定性降到了最低，克服了出外旅游的顾虑。"全球的旅游业绝大多数仍是流水作业的旅游业，全程由旅行社、旅馆、标准化的旅行套装、住宿和串联其中的交通往返构成。在这种过程中，旅游者无法走出自己的文化圈子。"⊖从经济意义上考察，由于旅行社可以凭借团队的优势大批量地购买游客沿线所需的产

⊖ AGARWAL S. Restructuring and Local Economic Development：Implications for Resort Regeneration in Southwest Britain [J]. Tourism Management，1999（20）：511-522.

品和服务，其价格也因此大大降低，这反过来又进一步刺激了旅游者的购买欲。首先，海滨旅游或著名景点的观光旅游成为大众旅游的最普通的方式。在第二次世界大战后相当长的一段时间里，这种旅游形式在旅业发展中起到了不可替代的作用。其次，一些旅行社还在这种旅游形式的基础上推出了诸如观看世界杯和奥运会等体育比赛、企业奖励旅游、迪士尼乐园等主题公园旅游、交流修学旅游、会议公务旅游等多种新的旅游形式。再次，从人们的旅游意识来看，旅游已经成为现代社会经济生活中的一种生活方式，每个人只要具备旅游的闲暇时间、可供自由支配的收入就可能产生旅游的动机，并成为潜在的旅游者。旅游已经成为一种大众化的需求，成为广大民众的一种基本生活需求。

（2）社会旅游的出现。旅游活动越来越构成人们日常生活的一部分的另一个动力是政府的推动。在有些经济发达的国家，对于收入过低而无力支付旅游度假开支的贫困家庭，会采取由国家、地方政府、工作单位、工会或户主所属的其他组织团体提供资助或补助的办法组织他们外出旅游。这就是所谓的社会旅游，也称社会补贴旅游。所谓提供资助或补助，各国的做法不尽相同：有的是向员工发放度假补贴；有的则凭借国家、地方以及公司团体的资助兴建度假中心，对这类度假者实行收费减免；有的则组织度假储金会。例如在法国、比利时和澳大利亚，有些工会便举办这种储金会，会员按规定投入存款，到度假时一次性取出，同时给予适量补贴。社会旅游通常都是有组织地进行，一般都在本国境内选择目的地，有时也根据距离情况选择前往邻国旅游。虽然这种旅游者的消费水平较低，但说明旅游作为人们生活的必要组成部分，已被提到了社会发展的工作日程上来。虽然目前旅游的发展程度受到社会经济水平的影响而各国不一，但这只是时间性的问题，因为实践表明这一发展趋势已经形成定局。

（3）奖励旅游的出现。现代旅游活动的普及性还表现在奖励旅游的迅速发展。近年来，旅游作为一种休闲方式，越来越多地被很多国家的企业和组织机构作为激励员工的手段，这便是所谓的奖励旅游。奖励旅游始自20世纪60年代的美国，是一种特殊的高级旅游形式：①奖励旅游一般都由企业的领导出面作陪，这对于参加者来说无疑是一种殊荣；②奖励旅游的目的地都经过特别挑选，一般为本国人不易前往，而且是必须耗费大量资金才有可能前往的地方；③奖励旅游的活动内容也由有关旅游企业特别安排，并且在旅游期间，企业领导往往还组织受奖者共商公司发展大计，因而这种经历是非受奖者无论如何也难以获得的。正是由于奖励旅游的这些特点，一些研究管理的心理学家在经过大量的调查和分析后发现，把旅游作为奖品来奖励员工时，所产生的激励作用比金钱和物质奖品的激励作用效果要好得多。他们得出的结论为，从时效上说，金钱和物质奖品的刺激作用较短，用不了多久就会被人遗忘；而旅游则不然，一次非同一般的旅游经历甚至可以使人终生难忘，所以其激励作用远比金钱和物质奖品的激励作用持久。从激励对象方面讲，金钱和物质奖品只能使受奖者本人受到鼓励，对其他人不会有多大触动；而把旅游用作奖品则会起到奖励几个人、激励一群人的效果。这是因为，对人们来说，特别是在社会比较富裕的情况下，金钱和物质已不再那么吸引人了。就作为奖品的物品而言，如果人们感到自己需要，那么只要花钱便可买到。因此，以这些东西作为奖品时，除受奖者之外，其他人不大会从中受到激励。而奖励旅游作为一种特殊的经历，是非受奖者无论如何也难以获得的。对于未受奖励的人来说，他们一方面对受奖者投以羡慕，另一方面则为自己未能获得这样的荣誉和经历而感到羞愧，因而便会在今后的工作中努力奋发向上，争取获得这样的奖励。因此，奖励旅游作为一种有效的激励手段，在出现以后就迅速发展起来，日益为各种组织所效仿，不但企业如此，其他非营利机构和团体对工作成绩突出的成员也都越来越多地采用这种奖励办法。现在，奖励旅游已经形成高级旅游市场的一部分，并且仍在迅速发展。

（4）休闲旅游度假人群的增多。20世纪60年代中期以后，劳动阶层真正成了旅游大军的主力，旅游度假已经发展成为普通大众人人享有的权利。世界旅游组织（UNWTO）在1980年发表的《马尼拉宣言》中明确提出，旅游也是人类社会的基本需要之一，为了使旅游同其他社会基本需要协调发展，各国应将旅游纳入国家发展的内容之一，使旅游度假真正成为人人享有的权利。旅游度假正在成为人们现代生活的必要组成部分。据统计，英国平均每年度假外出3~4次的人约占全国人口的45%；近几年，英国每年出国旅游的人次近乎达到了全国人口的半数。在法国，平均每年外出3~4次的人也占到全国人口的45%。在瑞典，这一比例更高，已达到75%。

2. 旅游活动的个性化

进入20世纪90年代后，旅游业的专业化程度越来越高，于是，许多专业化的旅游产品，如生态旅游、古迹旅游、体育旅游和探险旅游出现了。由于各自的行为、角色、需求、想法和期望不同，以及如年龄、性别、受教育程度、收入和婚姻状况等个人背景不同，旅游者在选择这些旅游产品时，会有很大的差异。吉普森（Gibson，2002）等人将旅游者的角色分为15种：阳光热爱者、活动追求者、人类学爱好者、考古学爱好者、有组织的大众旅游者、刺激旅游者、探险旅游者、富翁环球旅游者、发现者、独立大众旅游者、高档旅游者、漂泊者、逃避者、积极运动旅游者和教育旅游者。旅游业要想健康发展，了解旅游者的个性化需要是非常重要的。

在个性化时代，首先受到打击的就是最早的大众旅游方式——海滨旅游。20世纪六七十年代"海滨旅游"继续成为新兴中产阶级的主要旅游方式，但20世纪70年代之后，海滨迅速成为大众旅游目的地。20世纪90年代是旅游业面临严重经济危机的时期，伴随着从大众旅游向个性化旅游的转变，意味着规模经济的"福特制"向生产的定制化和个性化的"后福特制"的转变。考虑到旅游业全球化和国际化的效应以及后现代旅游业的趋势，经济重组造成了一些海滨地区大众旅游的衰落。这一衰落影响了这些依赖大众旅游地区的经济。英国传统的海滨旅游和一些北海、地中海沿岸国家的海滨和度假地旅游都不同程度地受到了影响[1]。海滨旅游方面普遍存在的问题有：过度的商业化，俗气的形象，环境退化，由于过度依赖包价旅游（其特征是大批量、低产出）而导致的投资缺乏。为了解决这些问题，一些主要的海滨旅游地所采取的策略包括：开发新景点、提高接待质量、开发遗产潜力、开发海水资源潜力、改善通信设施、改善环境质量、采用专业化手段、提供培训和支持、扩大市场营销活动和开展研究与调查工作。那些严重依靠山地旅游的国家（如瑞士）由于接待了大量旅游者，也出现了严重的环境问题。这些传统的山地旅游地也正在尝试各种方式来创新旅游产品，以适应新的个性化旅游方式。

但随着旅游者旅行经验的积累和消费概念的日益成熟，现代旅游者越来越倾向于那些更能展现个性的新的旅游方式。早在20世纪六七十年代，欧美国家的年轻人就在追求个性的亚文化的熏陶下，开始所谓的"背包旅行"，以对抗包价旅游方式越来越浓的商业气息。一

---

[1] MURPHY L. Exploring Social Interactions. of Backpackers [J]. Annals. of Tourism Research, 2001, 28（1）：50-67.

般来说，在包价旅游中，旅游者与当地居民接触的机会比较少，而那些个性化旅游者则有较多机会亲近当地文化和自然。背包旅游者是指那些年轻的、有节约意识的旅游者，他们偏好经济的接待设施，强调在旅游中与别人（本地人和外地人）接触，独立安排具有灵活性的旅游线路、较长的而非短的假期、非正式的具有参与性的娱乐活动。"⊖

　　背包旅游者通过相互联系建立非正式交流系统，他们将自己在旅游目的地的经历写成游记、表达个人感受的文章或者以口头传播的方式告诉其他人，以帮助那些后来的人建立起对旅游目的地的心理预期。分享在旅游目的地的各种感受成为年轻人重要的社交方式，并因此形成了他们共同的文化认同性。当然，目的地的各种旅游接待设施也经常利用这种背包旅行者的非正式的系统，以口碑效应的形式传播自身的优质服务。其他一些在年轻人中流行的旅行方式包括：与音乐体育有关的旅游、生态旅游和探险旅游。1969年在纽约郊外的伍兹托克农场举办的摇滚音乐节，有50万来自欧美各地的带着各种音乐风格和思想主张的年轻人参与，将这种个性化的反传统旅游推向了极致。随着互联网在旅游预订中的普及，在可以预测的将来，个性化旅游将日益成为21世纪旅游的趋势，更多的个性化旅游项目将为人们逃避后现代生活的单调提供选择。

　　3. 旅游活动的季节性

　　旅游行为的产生受多种因素的影响。其中，旅游者的闲暇时间和旅游地气候条件的变化和重大节事活动的召开时间等是影响人们出游时间决策的重要因子。在旅游经营活动中，人们把一段时间内（通常为一年）游客数量明显较多的时期或出游人数明显较多的时期称为旺季，明显较少的时期成为淡季，其他时期成为平季。旅游活动在时间上的这种变化不仅在一年内十分明显，即使在一个月或者一周内也是十分明显的，尤其是我国近些年来每年实施两个长假，为人们出游提供了时间上的保证，使各地旅游的旺季表现得更为显著，不少旅游地的游客量变化均出现了这种波动性。另外，随着近程休闲度假活动的逐步兴起，各旅游地周末休闲及度假旅游活动更加集中，使许多旅游地的经营过分依赖于周末。

　　4. 旅游的地理空间集聚性

　　旅游活动具有明显的地理空间集聚性，这一点从世界各地旅游接待所占的市场份额中能够体现出来。20世纪后50年代，世界国际旅游接待人次所占的份额主要集中于欧洲和美洲，到1998年，欧洲和美洲所占世界市场份额仍然分别达到60%和19.3%；但同一时期，这种市场份额过分集中于欧洲和美洲的市场格局也在逐渐变化，主要表现为欧美所占比重明显下降，其他地区逐步上升。1950年，欧洲仍占全球66.4%的份额，美洲占29.6%的份额，可以说是垄断着世界旅游市场。而到1998年，尽管欧美仍占世界接待人数的79.35%，占有绝对优势，但从其他地区的增长率和增长份额来看，已经向欧美这两个世界旅游大区的地位提出了挑战。其中，东亚地区的增长尤为引人注目，已经由1950年占0.85%增加到了1998年的13.6%，增长速度远远超过其他地区，跃居世界第三。自20世纪90年代以来，美国一直是世界上最大的出国旅游市场，在旅游人数和旅游支出方面均居世界首位，也是我国最大的远程国际旅游客源之一。20世纪90年代以来，欧洲、美洲在国际接待市场中的份额缓慢减少，其余地区均有所增加，但增长缓慢。其中，东亚地区增长最明显，其次是非洲、中东和南亚。由此看来，欧美在国际市场中的绝对优势仍未改变，依然是世界上最大的

　　⊖ 旅游开发研究论集[M]. 北京：旅游教育出版社，1990.

两个目的地。

从国内旅游者的流动规律来看，游客的这种空间集聚性也十分明显，这与我国旅游资源分布的不平衡性有关。从旅游接待人次来分析，我国国内旅游者的空间分布往往流向那些旅游资源丰富、经济相对较发达的地区。

第二节　中国旅游发展简史

一、中国古代的旅行和旅游

（一）中国古代的旅行和旅游发展概况

中国古代的旅行和旅游可以追溯到遥远的远古时代，有文字记载的旅游活动也可以追溯到公元前2250年以前。随着朝代的更迭，社会经济、政治、科技、文化的发展变化，旅游活动也经历着兴衰起伏的发展变化过程。在这绵延数千年的旅游史中，有几个特别重要的时期，分别是秦汉、魏晋、唐以及晚清。秦汉称得上是中国古代旅行与旅游的第一个高潮期，其主要特征是大规模的帝王巡游与前所未有的使节远游。

夏、商、周的旅游主要是帝王巡游、政治旅行和商旅活动。帝王巡游，如西周时代的周穆王，"欲肆其心，周形于天下，将皆必有车辙马迹"的远游理想使他"西征"成功，开了中国通往西部、密切长安与西部各国关系的先河。到了东周，礼崩乐坏，王纲解体，爆发了各大诸侯国进行"挟天子以令诸侯"的争霸战争，大批周天子身旁的文化人也纷纷投奔诸侯，从此，中国出现了"士"阶层。由于诸侯争霸，知识分子也朝秦暮楚、奔走不暇，而时代也给没落贵族和普通平民（主要是知识分子）提供了"朝为布衣、夕成卿相"的社会条件，因此，出现了人数众多的市民阶层的旅游队伍。当然，这一时期的旅游主要不是为了游览审美、欣赏娱乐，而是为了审时度势、致身卿相。这一时期的商旅活动也十分活跃。商代是中国奴隶制社会经济繁荣时期，商人的足迹"已经走遍了他们所知道的世界"（翦伯赞《中国史纲要》）。到了春秋时期，商贸已被统治者正式纳入"四民"（士、农、工、商）之一，远程贸易的商务旅行逐渐盛行。

秦、汉时期是中国统一中央集权封建国家建立和发展的时期。秦始皇统一中国之前，东南沿海的齐、燕等诸侯国已出现寻仙求药的"方士"阶层。秦始皇统一中国之后，也迷上"长生术"。为了得到长生不老之药，他不但派出许多方士、大臣四处考察，前往名山大川举行祭祀活动，而且多次亲自巡游，初用当时以咸阳为中心的四通八达的公路交通网，五次出巡，周游全国，成为中国封建社会帝王巡游的第一个重要代表。

到了汉武帝时代，由于匈奴长期进犯，战事不断，人民渴望和平的愿望强烈，因此，汉武帝在加强中央集权统治的同时，三次攻打匈奴，两次派遣张骞出使西域，建立了与西域各国的友好关系。许多求学之士为创万世之业，既"读万卷书"，又"行万里路"，拓展视野，增广见闻，施展才华。西汉时期的伟大史学家、文学家司马迁，就是学术考察旅行最早、最杰出的代表。而汉武帝本人也执迷"长生术"，热衷于泰山封禅和祭祀活动。探险旅行、学术考察和封禅活动扩大了这一时期旅游活动的领域，加深了人们对自然山水的认识，提高了对社会的认识评价能力。

魏晋南北朝时期对山水诗歌、游记等旅游文学创作的兴起和我国的旅游历史都有着特殊的意义。西晋末年，王朝黑暗，天下大乱，民族矛盾和阶级矛盾尖锐复杂，是我国封建社会大分裂和民族大融合时期。残酷的政治权力斗争导致一些上层人物不得不考虑保全自身、远离是非的问题。大部分知识分子也产生了消极遁世的思想，无心仕途，而把注意力转向大自然，走上寄情山水、饱览自然风光，以追求适意娱情的漫游道路。魏晋时期，嵇康、阮籍等七人因不满时政而纵酒悠游于竹林之中。东晋末年的陶渊明主动辞官而退隐田园，并写出了《桃花源记》。南朝谢灵运被罢官以后也"壮志郁不用""泄为山水诗"，从此愤然遨游山水，并注重对山水做审美评价，成为我国山水诗的鼻祖之一。这一时期，因天下分裂、南北对峙而使交通受阻，绝大多数是短途旅游，但也有不畏艰险的远游旅行家，如为了到印度学佛求法陆去海返的东晋僧人法显，为朝廷考察水道的郦道元，即是著名的代表人物。法显所著《佛国经》和郦道元所著《水经注》都是千古不朽的名著，对于以后的旅游文学创作的繁荣起到了先导作用。

隋唐时期是中国封建社会的鼎盛时期。随着隋朝统一南北、唐朝昌盛兴隆，中国的经济、文化的发展已居于世界前茅。在这一时期，大运河成功开凿，成为我国南北水路交通大动脉，陆路则以都城为中心形成四通八达的交通网；通往国外的交通道路向西可达波斯（伊朗）、大食（阿拉伯）和地中海之滨，向南可达南洋群岛、印度、红海沿岸。国内外发达的交通为这一时期国内外旅游活动的兴盛奠定了物质基础。隋朝历史虽然短暂，但隋炀帝却"开创了中国旅游史上帝王舟游的新篇章"。唐朝沿袭隋制，实行科举取士制度，极大地调动了中下层知识分子从政的热情，因而士人远游成风，并出现了像李白、杜甫、岑参、张籍等众多杰出的诗人和旅行家。这一时期的宗教活动得到朝廷的重视和资助，道教、佛教因而都有很大的发展。尤其是佛教，从北魏奉佛教为国教以后，至隋唐已进入鼎盛阶段，先后出现了许多宗教派别。中国同印度、日本等国的宗教往来频繁，并出现了像玄奘和鉴真这样杰出的僧人。隋唐时期的国际旅游也极为活跃，来华的外国使者、商人、学者、僧侣也络绎不绝，如日本曾先后16次遣使者来唐学习文化。唐代与阿拉伯国家的交往也十分频繁，他们主要用香料来换取中国的茶、瓷器和丝织品，其中最著名的人物是苏拉曼。总之，士人漫游成风、宗教旅行盛行、国际旅游活跃和旅游文学创作繁荣是这一时期的旅游特点。

宋元时期是我国封建社会继续发展的时期，科学技术、文学、医学都有显著的成就。尤其是指南针的发明并应用于航海，继而传至西方，对促进各国航海事业的发展和以后的"海上丝绸之路"的开辟，加强与西方各国的贸易、旅游交往做出了重大贡献。元朝著名航海家汪大渊亲自考察了南海诸国，并著《岛夷志铭》一书，为研究元朝南海交通史提供了可靠的资料。宋、元时期，在旅游文学和旅游理论方面都有了比唐代更大的发展，出现了许多著名旅行家，如范仲淹、苏轼、陆游和范成大等，他们写的《岳阳楼记》《石钟山记》《赤壁赋》《入蜀记》《吴船录》等都是千古流传的旅游名著。

明清（鸦片战争以前）时期是中国封建社会走向衰落、资本主义萌芽的时期。这一时期的旅游活动兴旺不衰、持续发展，较之唐、宋时期更普遍重视对自然山水景观的鉴赏和旅游经验的总结，尤其是明朝的国内科学考察旅行极盛，学术著作成就不凡。最杰出的旅行家郑和、徐霞客以及医药学家李时珍分别留下了宝贵的航海资料、千古不朽的游记和医药名著。明朝中叶以后，由于西方资本主义国家的经济侵略，到清代闭关锁国的格局被打破，西方文化的侵入，使中国人的旅游观念逐渐发生了深刻的变化，旅游的空间也得到了进一步的拓展。

（二）中国古代的旅行和旅游形式

中国古代的旅游活动，既有持续发展的国内旅游，又有名扬古今中外的国际旅游交往。按旅游性质划分，国内旅游可分为帝王巡游、士人漫游和学术考察旅行等具体形式；而国际旅游主要是外交旅行、宗教旅行两种形式。各种形式的旅游都有杰出的代表人物。

1. 帝王巡游

帝王巡游是指历代最高统治者对自己的国家或领土所进行的巡视游览活动。历代帝王大都有巡游活动，有的是出于政治、军事目的，有的是纯游览性的。周穆王（约公元前1001—公元前947年）是最早出游的帝王之一，其行迹在我国西北地区。秦始皇在公元前220年—公元前210年的10年中，曾五次巡游，游历了大半个中原地区。同时，古代中国的帝王巡游还有一个突出的特点就是热衷于封禅和祭祀活动。据记载，历代有72位君王曾到过泰山进行封禅和祭祀。周穆王、秦始皇、隋炀帝、康熙、乾隆都是帝王巡游的代表人物。

2. 士人漫游

士人漫游主要是指文人学士为了各种目的而进行的旅行游览活动。士人漫游起始于先秦，各个时期士人漫游的目的又各有侧重，其形式和内容也有相应的变化。如先秦时期的士人漫游主要是从政，故游说之士较多。魏晋南北朝主要是政治上不得志而追求适意娱情、消遣排忧，故多走上寄情山水、啸傲风月的漫游道路。唐以后因科举制度调动了中下层知识分子从政的热情，因而"宦游"（即为谋取官职的旅游）和"游学"（即考察旅游）十分盛行。他们一方面欣赏山水，验证史书的正误；另一方面广结朋友，切磋诗艺，以求学问的提高。值得一提的是，在其中不乏气质高雅的大名士，他们有志济世但不慕荣禄，自负才智而不愿科试，但又不消极隐逸，也常远游。其中，"托物言志"就是一种层次较高的旅游活动形式。所谓托物言志，就是在通过对自然风光、山川景物的游览观赏中，赋予山川景物以理想性格，从而寄托自己的志向和情怀即通过对自然界中事物拟人的描写，间接表白或赞美某一种品质和节操。陶渊明、李白、杜甫、柳宗元、欧阳修、陆游、苏轼等人便是杰出的代表人物。

3. 学术考察旅行

学术考察旅行主要是指一些专家、学者或矢志求学之士为了考证先贤遗著的正误或探索客观世界的奥秘、开创一门新学科而进行的治学与旅游相结合的实践活动，它是中国文化的重要组成部分之一。许多矢志求学之士崇尚实学或深知"尽信书则不如无书"的道理，或为了获得"读万卷书"所无法获得的知识信息，都热衷于"行万里路"，以补"读万卷书"之不足。他们通过长期艰苦的实地考察旅行，在取得学术和科学上的伟大成就的同时，也成为著名的旅行家。司马迁在他20～40岁的20年中，游览考察了江、浙、皖、湘、鲁、鄂等地，收集了大量的历史、地理以及文献资料等，为他以后编写《史记》奠定了基础。徐霞客以四海为家、以山水为伴，游历34年，先后到达江、浙、赣、湘、桂等地，写下了大量学术考察著作。另外，李时珍、顾炎武等也是这方面的代表人物。

4. 外交旅行

外交旅行是为了达到某种政治目的，肩负国家使命而进行的一种旅行。先秦时期的外交旅行，突出地表现为各诸侯的外交活动和说士的游说。吴国季札北上"观周乐"就是这种旅行的代表。另一个著名的外交家是西汉时期的张骞，他两次出使西域，到达大宛、康居、月氏、大夏、安息等国，并把各国使节带回汉朝。汉武帝又连年派很多使官去这些国家，打开了中国通往西域的道路，中国丝绸也经这条道路源源不断地运往西方，因而这条路被称为"丝绸之路"。明代的郑和受明成祖委派，于1405—1433年，七次下西洋，航行5万余公里，到达东南亚、南亚、阿拉伯地区和东非的30多个国家和地区。此外，三国时期的朱应、康泰，唐代的杜环，元代的汪大渊，都是中国古代外交旅行的杰出代表。

5. 宗教旅行

宗教旅行是以朝拜、寻仙、取经、求法、布道为目的的一种古老的旅游活动形式，至今仍然有很大的吸引力。但古代中国的国际性宗教旅游，主要是佛教徒以朝拜、学佛、传法为目的的旅行活动。唐代的玄奘、鉴真是其中最著名的代表。玄奘于贞观元年（627年；也有说法为贞观三年）从长安出发，西出玉门关和阳关而去印度，历时十余年，行程5万余里，在贞观十九年（645年）回到长安。根据他的口述和记载，其弟子写成了《大唐西域记》，记述了他在28个国家的所见所闻。鉴真于唐玄宗天宝元年（742年）东渡日本，历尽艰辛，前5次均遭失败。天宝十二年（753年）与弟子34人第六次东渡成功，于第三年抵达日本京都、奈良。

二、中国近代的旅游

中国近代的旅游是指1840年鸦片战争以后到中华人民共和国诞生前这段时期的旅游。这个时期中国由独立的封建国家逐渐沦为半殖民地半封建国家，社会各个领域、各个方面都发生了深刻的变化。旅游也不例外，它的变化具有自身的特点：一是由于西方文化的入侵，使中国人的旅游观念发生了深刻的变化，平民阶层开始步入旅游队伍。二是随着现代化交通的发展，旅游的空间形式也得到进一步拓展，参加旅游的人数越来越多，去地方越来越远，国际旅游交往频繁。三是为了适应这种旅游形势的发展，为旅客服务的民间旅游组织逐渐形成了一个独立的行业。

1840年以后，帝国主义用坚船利炮打开了中国封建锁国的大门，西方的商人、传教士、学者和一些冒险家纷纷来到中国，有的还在中国的名胜地区，例如北戴河海滨、庐山等地建造房舍，作为居住区，中国几乎成了外国冒险家的乐园。所以，这一时期外国人来华的旅行和旅游，与帝国主义的殖民侵略活动是密不可分的。

与此同时，中国人出国旅行的人数也大大增加，其中有的是出国考察游历的旅行者，有的是出国求学的留学生，等等。他们中许多人的共同目的是到外国寻找救国救民的真理。

鸦片战争后，清朝统治阶级中的抵抗派，如林则徐、魏源等，提出"师夷之长以制夷"的主张，并著书介绍西方的地理、历史、政治、科学技术等，魏源的《海国图志》是一部使闭关锁国、坐井观天的中国开始知道世界之大的启蒙著作，使"先进的中国人"产生了走向世界的要求。从19世纪40年代开始，有不少人到欧美、日本去学习、游历和出使，他们还把自己的观感写成游记，介绍西方的经济、政治、科学技术等，这对于开拓中国人的眼界、解放思想做出了一定贡献。

中国旅游业形成的标志是中国旅行经营机构的建立。虽然旅行和旅游在我国自古有之，但是作为一项经济事业的旅游业是20世纪20年代才开始出现的。1923年，中国第一家旅行社——中国旅行社（当时是上海商业储蓄银行的旅行部）创立，开始作为企业开展旅行代理业务，当时旅行部的任务是"导客以应人之事，助人以必需之便。如舟车舱之代订，旅舍卧铺之预定，团体旅行之计划，调查游览之人手，以致轮船进出日期，火车往来时间，在为旅游所急需者。"（凡吉：《交通与旅行社》，见《旅行杂志》1927年春季号）还办理留学生出国手续，并对留学生出国应注意的事项给予必要的指导；组织短程游览团体、如上海春季游杭专车，秋季浙江海宁观潮专车；后又组织赴日观樱团，参加者很踊跃。旅行社创立前，出国者多托外国在华的旅行机构，如英国通济隆旅行社、美国运通银行旅行部办理，有诸多不便。外国来华的旅游者也由外国在华旅游机构接待，由于它们不熟悉中国情况，不能正确地引导和介绍，以致外国来华旅行者对中国的名胜、古迹、历史、风尚、物产、文化艺术不能有适当的接触，甚至产生误解，影响中国的旅游事业。因此，该旅行部的成立很受国内外人士的欢迎，发展得很快。为适应发展的需要，中国旅行社建立后，把国内国际旅游事业的管理纳入了有组织、有领导的企业经营范畴，成为一种新兴的企业，并能"有补于国民经济"（唐渭滨《中旅二十三年》，见《旅行杂志》1946年1期）。到1927年7月，陈光甫将附设在上海商业储蓄银行内的旅行部独立出来，正式成立了中国旅行社。该旅行社也是中国第一家旅行社。

三、中国现代的旅游

中国现代的旅游是指中华人民共和国成立以来的旅游历史。新中国旅游事业的发展，大体经过了六个阶段。

1. **外事接待阶段**（新中国成立后至1978年）

新中国成立初期，国民经济迅速恢复和发展，国际威望也与日俱增，不仅有许多外国人想来看看中国的新面貌，而且广大侨胞也想回国探亲访友。因此，创办旅行社、开展旅行业务很快就被提到国家对外事务的议事日程上来。根据周恩来总理的指示，1954年4月15日，我国在北京、上海、西安、桂林等14个城市成立了中国国际旅行社，负责访华外宾的食、住、行、游等接待事务，这是新中国经营国际旅游业务的第一家全国性旅行社。

在此之前的1949年10月17日，以接待海外华侨为主旨的厦门华侨服务社成立，这是新中国的第一家旅行社，为海外华侨架起了一座连接侨居地与新中国的桥梁。继之，泉州、深圳、汕头、拱北、广州等地也成立了华侨服务社。开始形成了我国旅行社的框架体系。1957年4月24日，我国成立了中国华侨旅行服务总社，统一领导和协调华侨、港澳同胞探亲旅游的接待服务。

为了加强对全国旅游工作的统一领导，1964年，中共中央决定成立中国旅行游览事业管理局，并明确了发展旅游事业的方针政策是"扩大对外政治影响""为国家吸收自由外汇"，中国旅游事业开始发展。此时，我国的旅游管理机构与中国国际旅行社总社为一体。

在此期间，外国旅游者有所增多，配合了外交工作需要，产生了一定的政治效应，对于宣传中国的建设成就、加强国际友好往来发挥了积极作用。

2. **现代中国旅游业起步阶段**（1978—1980年）

1978年12月，党的十一届三中全会确定工作重点向社会主义现代化建设转移，我国旅游业也因此进入了新的发展时期。1978年10月—1979年7月，邓小平同志5次专门讲话，要求尽快发展旅游业。按照邓小平同志的指示，国务院成立以主管副总理为首的旅游工作领导小组，各地政府也相继成立领导小组。开放态势和高层决策大大推动了我国旅游业发展的步伐。

1978年3月，中共中央批转《关于发展旅游事业的请示报告》，提出将中国旅行游览事业管理局改为直属国务院的管理总局，各有关省、自治区、直辖市成立旅游局，成立旅游事业领导小组等意见。1978年7月，国务院据此做了批复。国务院还相继批复了国家旅游局《关于开创旅游工作新局面几个问题的报告》《关于当前旅游体制改革几个问题的报告》，全国旅游工作出现了全新的局面。

1978年，来华旅游入境人数180.9万人次，位居世界第48位，其中外国人23万人次；旅游创汇2.63亿美元，位居世界第41位。

1979年5月，国务院批准北京等四个城市利用侨资、外资建造六座旅游饭店。同年9月召开的全国旅游工作会议，提出旅游工作要从"政治接待型"转变为"经济经营型"，会议并就旅游住宿和旅行社外联权等做了重要决定。

这一时期旅游产业的主要特点是总体规模较小，结构也比较单一，但旅游接待开始转向旅游经营，旅游业开始朝真正意义上的新产业迈进。

3. 旅游业快速发展阶段（1981—1989年）

1981年3月，中共中央书记处和国务院常务会议听取旅游工作会议汇报，提出今后一个时期发展旅游事业方针："积极发展，量力而行，稳步前进"；旅游管理体制原则："统一领导，分散经营"；并决定旅游总局要与国旅总社分开，国务院成立旅游工作领导小组。

1984年是中国经济体制改革深入发展的一年，国务院在向六届人大二次会议提交的《政府工作报告》中提出，今后一个时期，要着力抓好体制改革和对外开放两件大事，这也是关系到旅游事业发展前途的大事。7月27日，中共中央书记处、国务院批准国家旅游局《关于开创旅游工作新局面几个问题的报告》，提出了加快旅游基础设施的建设要采取国家、地方、部门、集体和个人一起上，自力更生和利用外资一起上的方针和旅游行政部门简政放权等措施。1985年1月31日，国务院批转国家旅游局《关于当前旅游体制改革几个问题的报告》，提出了旅游管理体制实行"政企分开，统一领导，分级管理，分散经营，统一对外"的原则，向各省、自治区、直辖市下放外联权的签证通知权，从而解决了6年来旅游系统普遍关心的问题。1985年5月11日，国务院发布了《旅行社管理暂行条例》。这是我国旅游产业第一部行政法规。1985年12月20日，国务院举行第92次常务会议，原则上批准《全国旅游事业发展规划（1986—2000）》，会议决定把旅游事业发展规划列入国家的"七五"计划，并增加投资；同时，国务院决定成立旅游协调小组。

1986年，"七五"计划中把旅游业列在第三十七章之内，"要大力发展旅游业，增加外汇收入，促进各国人民之间的友好往来"。这是旅游业第一次在我国的国家计划中出现，旅游的产业地位首次得到了明确，是旅游产业发展的一个重要标志。

1987年11月14日，国务院批准发布了《导游人员管理暂行条例》，这是第二部旅游管理的行政法规。1988年6月，国家旅游局发布《旅行社管理暂行条例施行办法》，总结3年来贯彻实施《旅行社管理暂行条例》的经验，贯穿了强化管理、严格旅行社管理、支持骨干旅行社发展、鼓励有条件的单位开办旅行社的指导思想。8月，发布《中华人民共和国评定旅游涉外饭店星级的规定》，决定在全国旅游涉外饭店中施行星级评定制度。12月，国务院转发旅游管理体制改革的总体方案，形成了旅游业行业管理的基本框架，进一步明确行业管理范围权限，明确旅游部门在这些管理范围内实行分级管理。

上述文件法规的积极贯彻执行，极大地调动了各方面发展旅游的积极性，旅游工作开始实现四个转变：一是从过去主要搞旅游接待，转变为开发建设旅游资源与接待并举；二是从只抓入境旅游，转变为入境旅游、国内旅游一起抓，相互促进；三是从以国家投资为主建设旅游基础设施，转变为国家、地方、部门、集体和个人一起上，自力更生与利用外资一起上；四是旅游经营单位由事业单位转变为企业化经营。

本阶段的主要特点是旅游产业规模和产业业绩有比较明显的提高。入境旅游继续发展，国内旅游开始起步，尤其是入境旅游接待设施有很大发展，为旅游业的发展奠定了基础。总体看，旅游业的发展水平不高，在世界旅游业中所占的比例还是很低。1985年，我国国内旅游收入仅占全球旅游总收入的1.14%，与我国拥有的丰富旅游资源相比很不相称。

4. 旅游业调整阶段（1990—1995年）

1990年4月，全国开展了清理整顿旅行社市场的活动。1991年年初，国务院批准国家旅游局《关于加强旅游行业管理若干问题的请示》，提出了对各地建立正常的、规范的旅游行业管理秩序的总要求；继续进行治理整顿旅行社的工作；进一步整顿旅游价格市场。同年5月，国家旅游局与国家物价局联合制定《旅游涉外饭店客房租价最低限价的规定》。1992年6月，国务院发布《关于加快发展第三产业的决定》，进一步明确旅游业是第三产业的重点，各级政府及各有关部门相继把旅游业列入国民经济和社会发展计划，大多数省、自治区、直辖市已明确提出把旅游业作为支柱产业、重点产业或先导产业来发展。同年，国务院批准设立12个国家旅游度假区，国家旅游局制定《旅游行业对客人服务的基本标准》。1993年，为了加强对国内旅游业的指导和管理，国务院办公厅批准了国家旅游局《关于发展国内旅游业的意见》，将"搞活市场，正确引导，加强管理，提高质量"作为今后一个时期的国内旅游发展方针。同年，成立中国国内旅游协会。1994年，对国有企业进行了股份制试点，部分旅游企业集团获得了国有资产管理局授予的国有资产管理权；还批准了16家饭店管理公司。1995年，继续大力发展国内旅游；对旅行社实行质量保证金制度；成立"全国旅游标准化基础委员会"，发布一个国家标准和两个行业标准；部署旅游市场专项治理工作。

经过这一时期对旅游产业的调整，国际旅游业上了新台阶，创汇进入世界前十名，国内旅游迅猛崛起，旅游产品更加丰富多彩，旅游促销形成系列工程，如1992年的友好观光年，1993年的山水风光年，1994年的文物古迹游，1995年的民俗风情游等。把旅游业主要当作经济产业来办，多方面探索旅游经济发展的客观规律，旅游部门根据旅游市场需要一定提前量、一定规模和声势的客观规律，提出了1993—1997年"五年促销计划"，使市场促销工作增强了计划性和主动性，也有力地促进了主题旅游产品的开发建设，国内旅游迅猛发展，形成了相当的规模。中国公民出境游开始兴起。

5. 旅游业持续发展阶段（1996—2012年）

1996年10月15日，国务院第205号令发布《旅行社管理条例》。1997年，根据《旅行社管理条例》，顺利实现由一、二、三类旅行社向国际旅行社、国内旅行社的转变，实行了一系列新的管理制度。

1998年，国家旅游局制定《中国优秀旅游城市》检查标准，对自1995年以来开展创建中国优秀旅游城市工作的75个城市进行了验收，其中54个城市荣获第一批"中国优秀旅游城市"称号。创优工作改善了我国旅游业的发展环境，促进了我国城市向国际化、现代化方向发展，为旅游业跨世纪腾飞积蓄了后劲。

1999年，对外经济贸易部和国家旅游局联合发布《中外合资旅行社试点暂行办法》，进一步开放旅行社市场。

2003年，颁布实施5项国家标准：《旅游景区质量等级的划分与评定》（GB/T 17775—2003）、《旅游规划通则》（GB/T 18971—2003）、《旅游资源分类、调查与评价》（GB/T 18972—2003）、《旅游厕所质量等级的划分与评定》（GB/T 18973—2003）、《旅游饭店星级的划分与评定》（GB/T 14308—2003），起到了规范我国旅游业发展的作用。

这一时期，入境旅游、国内旅游和出境旅游三个市场平衡发展的局面逐渐形成。2002年（注：2003年发生"非典"疫情，旅游业受影响较严重），来华旅游人数达9791万人次，继续居世界前列；旅游（外汇）收入203.9亿美元。国内旅游出游人数达8.78亿人次，国内旅游收入达3878亿元人民币。中国公民出境人数达1660.23万人次，是20年前所无法比拟的。

2004年，我国入境旅游全面恢复振兴并有新的突破性大发展。全年入境旅游人数达1.09亿人次，比2003年增长18.96%，比2002年增长11.37%；其中，外国人1693.25万人次，比上年增长48.49%，比2002年增长25.99%。

2007年，国务院发布了《关于加快发展服务业的若干意见》，国家旅游局发布了《关于进一步促进旅游业发展的意见》和《关于大力发展入境旅游的指导意见》，为我国实现旅游业发展的长远目标奠定了基础。

2009年，《旅行社条例》和《旅行社条例实施细则》正式实施，国务院发布《关于加快发展旅游业的意见》（国发〔2009〕41号），提出要把旅游业培育成国民经济的战略性支柱产业和人民群众更加满意的现代服务业。

这十年来，我国的出境旅游人次也有明显增长，形成了国内旅游为主体，入境和出境为两翼的"三足鼎立"格局。2005年，我国旅游业保持较快增长，入境旅游和国内旅游恢复到2003年"非典"之前的增长轨迹，2006年、2007年，三大市场保持全面的稳定增长。2008年、2009年出现了回落现象，全年接待入境游客的增长率分别是-1.4%、-2.7%。2010年，我国旅游业明显复苏，全年保持较快增长。2011年，全国旅游总收入2.25万亿元，增长20.8%。旅游入境人数1.35亿人次，比上年增长1%；旅游外汇收入470亿美元，增长2.5%；出境旅游人数6900万人次，增长20%。这一格局的形成，极大地提升了我国旅游的国际地位。以入境旅游指标判断，我国旅游在世界上的位次在1979年为第41位，1990年上升到第31位，2000年上升到第5位，到2011年已经居于第3位。如果以三大市场综合判断，中国已经是世界第1位的旅游体。

2011年5月9日，是首个"中国旅游日"，这是来源于《徐霞客游记》的开篇之日。

2012年，我国旅游业政策围绕《旅游法》的制定和推动《国民休闲纲要》出台而进行。旅游业在国民经济中的作用有了显著增强，我国旅游业的国际地位也不断上升，旅游政策不断规范和完善，这都为我国旅游业的进一步发展提供了有利条件。

6. 依法发展阶段（2013年至今）

《国民旅游休闲纲要（2013—2020年）》由国务院办公厅颁布实施，以此为扩大旅游消费的新契机，将进一步推动带薪休假制度的落实，推动有条件的地方制定鼓励居民旅游休闲消费的政策措施，进而提升旅游消费水平。

《国民旅游休闲纲要（2013—2020年）》提出了国民旅游休闲发展目标：到2020年，职工带薪休假制度基本得到落实，城乡居民旅游休闲消费水平大幅增长，国民休闲质量显著提高，与小康社会相适应的现代国民旅游休闲体系基本形成。国家发改委相关部门负责人在新闻通气会上表示，纲要重点体现了提倡绿色旅游休闲理念、保障国民旅游休闲时间、鼓励国民旅游休闲消费、丰富国民旅游休闲产品、提升国民旅游休闲品质五大亮点。

《中华人民共和国旅游法》经2013年4月25日十二届全国人大常委会第二次会议通过，2013年4月25日中华人民共和国主席令第3号公布。《旅游法》分总则、旅游者、旅游规划和促进、旅游经营、旅游服务合同、旅游安全、旅游监督管理、旅游纠纷处理、法律责任、附则共10章112条，自2013年10月1日起施行。这标志着我国旅游发展进入法制化规范发展阶段。

2016年1月19日，国家旅游局相关领导在全国旅游工作会议上提出：中国旅游要从"景点旅游"到"全域旅游"转变。所谓"全域旅游"，是指将一个区域作为旅游目的地来建设和运作，实现区域资源有机整合、产业融合发展、社会共建共享，以旅游业带动和促进经济社会协调发展。突破行业、部门、区域局限，把旅游业放到推进新型工业化、城镇化、信息化和农业现代化的大格局中来谋划，促进旅游业与生态、文化、体育等产业深度融合，形成多点支撑的大旅游发展格局。在2017年的《政府工作报告》中，李克强总理提到了"全域旅游"这一"两会"热词。报告指出，要完善旅游设施和服务，大力发展乡村、休闲、全域旅游。这是"全域旅游"第一次被写入政府工作报告，引起了公众的广泛关注。2018年3月，国务院办公厅印发《关于促进全域旅游发展的指导意见》，就加快推动旅游业转型升级、提质增效，全面优化旅游发展环境，走全域旅游发展的新路子做出了部署。

2016年7月1日，住建部、国家发展改革委、财政部联合发布通知，决定在全国范围开展特色小镇培育工作，提出到2020年培育1000个左右各具特色、富有活力的以休闲旅游、商贸物流、现代制造、教育科技、传统文化、美丽宜居等为特色的小镇。推进特色小镇规划建设，有利于增强小城镇发展能力，加快城镇化进程；有利于改善城镇发展面貌，提高人民群众生活质量；有利于挖掘优势资源，发展壮大特色产业；有利于统筹城乡发展，破解"三农"难题。

2017年2月5日，"田园综合体"作为乡村新型产业发展的亮点措施被写进中央一号文件。田园综合体是集现代农业、休闲旅游、田园社区为一体的乡村综合发展模式，目的是通过旅游助力农业发展、促进三产融合的一种可持续性模式。田园综合体是在城乡一体格局下，顺应农村供给侧结构改革、新型产业发展，结合农村产权制度改革，实现中国乡村现代化、新型城镇化、社会经济全面发展的一种可持续性模式。

2018年，我国国内出游达55.4亿人次，比上年增长10.8%；国内旅游收入51 278亿元，增长12.3%。入境游客14 120万人次，增长1.2%。其中，外国人3054万人次，增长4.7%；香港、澳门和台湾同胞11 066万人次，增长0.3%。在入境游客中，过夜游客6290万人次，增长3.6%。国际旅游收入1271亿美元，增长3.0%。国内居民出境16 199万人次，增长13.5%。其中，因私出境15 502万人次，增长14.1%；赴港澳台出境9919万人次，增长14.0%。国内旅游收入4.57万亿元，较上年同期增长15.9%。旅游业在国民经济中的作用有了明显增强，特别是国内旅游在扩大内需、活跃市场方面起到了显著作用，旅游业成为国民经济的新增长点已成为社会共识。

2019年，我国的国内旅游市场和出境旅游市场稳步增长，入境旅游市场基础更加牢固。

全年国内旅游人数60.06亿人次，比上年同期增长8.4%；入境旅游人数14 531万人次，比上年同期增长2.9%；出境旅游人数15 463万人次，比上年同期增长3.3%；全年实现旅游总收入6.63万亿元，同比增长11.1%（见表2-1）。

表2-1　2011—2019年旅游业主要发展指标

年份	国内旅游人次（亿人次）	国内旅游收入（亿元）	入境旅游人次（万人次）	入境旅游收入（亿美元）	出境旅游人次（万人次）	旅游总收入（万亿元）
2011年	26.41	19 305	13 542	484.64	7025	2.25
2012年	29.57	22 706	13 241	500.28	8318	2.59
2013年	32.62	26 276	12 908	516.64	9819	2.95
2014年	36.11	30 312	12 850	1053.80	10 728	3.73
2015年	39.90	34 195	13 382	1136.50	11 689	4.13
2016年	44.35	39 390	13 844	1200.00	12 203	4.69
2017年	50.01	45 661	13 948	1234.17	13 051	5.40
2018年	55.39	51 278	14 120	1271.03	14 972	5.97
2019年	60.06	57 251	14 531	1313.00	15 463	6.63

（资料来源：文化和旅游部2019年文化和旅游发展统计公报［R/OL］.（2020-06-20）［2020-09-17］. https：//www.mct.gov.cn/whzx/ggtz/202006/t20200620_872735.htm.）

原文化部和原国家旅游局合并组建为文化和旅游部后，积极推动文化和旅游的融合发展工作。2019年，文化和旅游部制订《中华文化资源普查工程实施方案》，协调推进文物、非物质文化遗产、古籍、美术馆藏品、地方戏曲剧种、传统器乐乐种的全国普查；印发《旅游资源普查工作技术规程》，开展旅游资源普查试点工作；稳步推进国家文化公园建设，制定并组织编制《长城国家文化公园建设保护规划》；协同推进资源开发和市场开发，举办"心灵四季·美丽中国"夏季、冬季旅游推广活动；举办第十四届中国义乌文化产品交易博览会、第十一届中国国际旅游商品博览会；印发实施《国家全域旅游示范区验收、认定和管理实施办法（试行）》《国家全域旅游示范区验收标准（试行）》，公布首批71家国家全域旅游示范区。全国5A级旅游景区新增22家；加强旅游景区动态管理，开展旅游景区整改提质专项行动，全年复核景区总数超过5000家，对7家5A级旅游景区、1186家4A级及以下等级景区做出处理；新认定4家国家级旅游度假区，形成以30个国家级旅游度假区为引领、453家省级旅游度假区为基础的度假旅游发展格局；印发《国家级旅游度假区管理办法》，开展国家级旅游度假区提质升级工作，对首批17家国家旅游度假区进行复核并限期整改。

党的十九大正式提出，我国经济已由高速增长阶段转向高质量发展阶段。习近平总书记多次强调高质量发展对于党和国家工作全局的重要意义，明确指出推动高质量发展是当前和今后一个时期确定发展思路、制定经济政策、实施宏观调控的根本要求。中央经济工作会议也明确提出，"要推动旅游业高质量发展"，这为旅游业发展提供了依据，也提出了要求。可以说，高质量发展是未来一个时期旅游业发展的主题、主旋律，是贯穿整个旅游行业的总要求。旅游工作要围绕这个中心展开，旅游研究也应围绕这个中心展开。要讲清楚旅游业高质量发展的内涵和外延是什么，具体要求有哪些；讲清楚推动旅游业高质量发展的路径是什么，政策需求有哪些；讲清楚实现旅游业高质量发展的指标体系、统计体系、标准体系如何构建；还要讲清楚如何以应对疫情冲击为契机，推动旅游业转型升级、提质增效，实现高质量发展。这些问题都需要大家一起来研究、解答。

在2020中国旅游科学年会上，文化和旅游部时任部长雒树刚提出了今后旅游研究的"一个主题"和"五个兼顾"。其中，"五个兼顾"包括兼顾当前和长远、兼顾文化和旅游、兼顾理论和应用、兼顾国内和国际、兼顾人文和科技。

（1）第一个"兼顾"是兼顾当前和长远，就是既要看眼前、着力研究当前旅游业发展亟待解决的问题，又要谋长远，着力开展战略性前瞻性研究。就当下而言，最重要的是抓好疫情应对研究和"十四五"规划编制研究。此次新冠肺炎疫情对旅游业造成了巨大冲击，专家学者们应对此加以科学的评估，不仅要讲清楚疫情对旅游业到底造成了哪些影响，还要讲清楚常态化疫情防控机制下旅游业如何健康发展，疫情结束后如何促进旅游业恢复发展，以及未来如何建立旅游业危机应对机制等。在积极应对眼前疫情冲击的同时，还要认真研究"十四五"时期旅游业发展战略，讲清楚社会主要矛盾发生变化后人民群众的旅游需求有哪些不同，全面建成小康社会、开启全面建设社会主义现代化国家新征程赋予旅游业哪些新任务，以及国家治理体系和治理能力现代化建设步入快车道对旅游管理提出了哪些新要求。在此基础上，还要研究提出"十四五"时期旅游业改革发展的总体思路、主要任务、实现路径，谋划设计重大工程、重大项目和重大政策，为实现旅游业的高质量发展勾画蓝图。

（2）第二个"兼顾"是兼顾文化和旅游。就是既要专注研究旅游，又要适当了解文化，在术业有专攻的基础上拓展研究视野，成为文旅兼修的跨学科研究人才，如此才能在文化和旅游融合发展的视野下看待文化或旅游问题，也才能更好地推动文化和旅游融合研究理论创新。文化和旅游融合正逐渐发展成为文化和旅游研究的焦点，专家学者们开展了大量卓有成效的研究，形成了一批优秀成果，各级文化和旅游行政部门、各类文化和旅游企业也开展了一系列实践探索，取得了积极进展。可以说，文化和旅游融合发展已经成功破题，"宜融则融、能融尽融""以文促旅、以旅彰文"已经成为行业共识。但我们也要看到，文化和旅游融合发展的体制、机制还不明确，政策法规体系还不够健全，融合的力度、广度和深度都还不足，这些都需要专家学者们进一步深入研究，从而为更好地推动文化和旅游融合发展提供理论支持和政策建议。

（3）第三个"兼顾"是兼顾理论和应用。就是既要重视理论研究、着力构建中国特色旅游理论体系，又要重视应用研究、着力服务旅游业发展的现实需要。要始终坚持以马克思主义的立场、观点、方法研究旅游理论，认真学习和领会习近平总书记关于旅游工作重要论述精神，总结好中国旅游业蓬勃发展的实践经验，构建既符合旅游自身发展规律又适应中国国情的旅游理论体系，形成旅游理论研究领域的中国学派。要按照习近平总书记"一切有价值、有意义的文艺创作和学术研究，都应该反映现实、观照现实……"的要求，加强应用性研究，急行业之所急、想行业之所想，聚焦旅游业发展面临的各类问题开展针对性研究，更好地服务政府决策、服务行业发展。这两年，中国旅游研究院开展的"文化和旅游宏观决策课题""文化和旅游优秀研究成果遴选"均兼顾理论研究和应用研究，很好地体现了这一导向。

（4）第四个"兼顾"是兼顾国内和国际。就是既要扎根本土、研究国内旅游，又要放眼世界、关注国际旅游，取长补短、为我所用。比如，经过多年快速发展，我国旅游业的产业规模持续扩大、生产要素全面发展、产业体系不断完善，但也存在着产业结构与市场需求不匹配、适应群众需求的景点景区等旅游产品还不够丰富，国内旅游的便利度、舒适性和体验感有待提升，旅游宣传推广效果不佳、传播力不够，入境旅游有待发展等一系列突出问题。这些问题既需要从自身出发寻求解决路径，又需要充分借鉴国外的成功经验，力求事半功倍；还要坚持开门搞研究、加强国际学术交流，用好各种交流平台，讲好中国旅游故事，发出中国旅游声音，让世界了解中国旅游，也为世界旅游发展提供中国方案、贡献中国智慧。

（5）第五个"兼顾"是兼顾人文和科技。就是既要注重从人文社会科学的角度研究旅游，又要注重从科技的角度研究旅游，努力构建更加完备的研究体系，让人文与科技为旅游业腾飞添置双引擎。就目前来看，旅游研究还是以人文社科角度为主，从科技角度研究的氛围还不够浓、成果还不够多。2019 年，我在中国旅游集团论坛上专门强调了推动旅游业与科技融合发展问题，提出要用科技改变旅游。在运用科技创新推动旅游发展方面，我们还有很长的路要走。比如，如何利用 5G、人工智能等新技术发展智慧旅游、推进旅游服务便利化？如何利用大数据、区块链等技术加强旅游市场监管、提升旅游服务质量？如何利用互联网、数字化等技术手段发展线上旅游新业态、推动旅游业态多元化？疫情期间，一些在线旅游企业推出"云旅游"项目，一些景区推出"云赏花""云踏青"等项目，效果相当不错。这些都为旅游研究提供了更加丰富的土壤和更加广阔的空间。

2019 年，国家实施文化和旅游科技创新工程项目，全年共有 19 个研究和培育项目进入了储备库并委托实施；发布文化行业标准 11 项，旅游行业标准 9 项，推动文化和旅游领域国家标准立项 12 项，遴选"文化和旅游装备提升优秀案例"29 项；组织优秀科普作品、微视频和讲解大赛推荐工作，其中《故宫光影——御花园》入选 2018 年全国优秀科普微视频作品；通过"国家社科基金艺术学项目课题指南""国家社科基金艺术学重大项目招标选题""文化和旅游研究项目选题"等发挥对相关领域研究的引领作用，全年共受理各类项目申报近 4000 项，资助国家社科基金艺术学重大项目 27 项、年度项目 214 项、后期资助项目 57 项；推动"互联网+"、大数据、云计算、人工智能、5G 等信息新技术在文化和旅游领域的创新应用，组织开展 15 个信息化发展专项研究项目；持续推动文化艺术和旅游领域新型智库培育，共资助"文化和旅游智库项目"27 个，设立 9 家企业联系点；举办全国职业院校技能大赛文化和旅游专项赛项，其中包括高职声乐、导游、中职戏曲、酒店和中华优秀传统文化、刺绣、雕刻、陶艺等 7 个国家级比赛项目，完成第十二届全国"桃李杯"舞蹈教育教学成果展示活动、举办全国艺术职业院校"立德树人"校本剧（节）目创作巡演活动；制定社会艺术水平考级机构评估标准（试行），全面启用社会艺术水平考级管理系统，推进社会艺术水平考级信息公开。

【关键术语】

古代旅游　近代旅游　现代旅游　旅游的高质量发展

【问题及讨论】

1. 简述旅游发展的历史分期及其不同发展阶段的主要特点。

2. 简述中国古代旅游的主要形式及其代表性的人物。

3. 为什么人们将托马斯·库克尊为旅游业先驱？

4. 简述我国旅游业发展的阶段以及各阶段的主要特点。

5. 试分析第二次世界大战结束后现代旅游业迅速发展的原因。认识这些原因的意义何在？

【参考文献】

[1] 方百寿．中国旅游史研究之我见［J］．旅游学刊，2000（2）：70-73．

[2] 陈愉秉．从西方经济史看旅游起源若干问题［J］．旅游学刊，2000（1）：68-75．

[3] 郑焱．旅游的定义与中国古代旅游的起源［J］．湖南师范大学学报（社会科学版），1999（4）：65-70．

[4] 麦金托什，等．旅游学：要素·实践·原理［M］．蒲红，等译．上海：上海文化出版社，1985．

[5] 戈尔德耐，等．旅游业教程［M］．贾秀梅，译．大连：大连理工大学出版社，2003．

[6] 伯卡特，等．西方旅游业［M］．张践，等译．上海：同济大学出版社，1990．

[7] 章必功．中国旅游史：上卷［M］．北京：商务印书馆，2016．

[8] 章必功．中国旅游史：下卷［M］．北京：商务印书馆，2016．

[9] 王永志．西方旅游史［M］．南京：东南大学出版社，2004．

[10] 何光暐．中国旅游业50年［M］．北京：中国旅游出版社，1999．

[11] 谢贵安．中国旅游史［M］．武汉：武汉大学出版社，2012．

[12] 王淑良，张天来．中国旅游史：近现代史部分［M］．北京：旅游教育出版社，1998．

[13] 王淑良．中国旅游史：古代史部分［M］．北京：旅游教育出版社，1998．

[14] 李天元．旅游学概论［M］．7版．天津：南开大学出版社，2015．

[15] 格德纳，里奇．旅游学［M］．李天元，徐虹，黄晶，译．北京：中国人民大学出版社，2008．

[16] 邵琪伟．中国旅游大辞典［M］．上海：上海辞书出版社，2012．

[17] 国家旅游局规划财务司．2017全域旅游发展报告［R］．2017-08-04．

[18] 国家旅游局．中国旅游发展报告（2016）［R］．2017-06-13．

【参考网站】

1. 中华人民共和国文化和旅游部（http://www.mct.gov.cn）

2. 中国旅游研究院（http://www.ctaweb.org/index.html）

第三章 旅游者

【学习目的与要求】

掌握旅游者的概念，熟悉旅游者形成的条件；了解影响旅游者决策的因素，能按照一定的划分标准对旅游者进行分类；了解一般旅游者和我国旅游者的基本特点；了解本章学习和研究的基本参考文献和参考网站。

◆【主要内容框架】

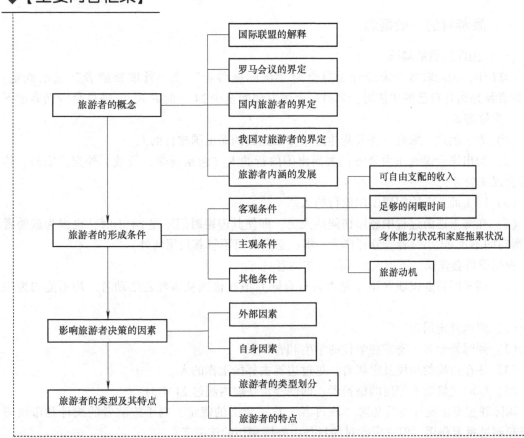

旅游活动作为人类社会实践活动的一部分，是由于旅游者的参与，规模才不断扩大，并逐渐成为一种社会现象，从而形成具有一定规模的市场，造就出可借为经营的商业机会，一切接待服务工作也无一不是针对和围绕旅游者的需要而提供的。也就是说，没有旅游者，便没有旅游活动，更不能使旅游成为社会现象，从而也就不会有旅游业。所以作为旅游者的人是旅游活动的主体，也是旅游学的首要研究对象。

第一节 旅游者的概念

由于人们进行旅游活动的动机、目的、内容等不同，旅游形式多样，而且各国从本国旅游业的实际情况出发，制定适合于本国的旅游统计标准，因此各国对旅游者的界定也有所不同。简单而言，旅游者是离家外出到异国他乡旅行和访问的人。在英文中，旅游者写为"tourist"，其最早出现于1800年出版的《牛津字典》中，是指以观光游览为目的的外来旅客。对于旅游业以及关心旅游业发展问题的各国有关政府部门来说，所需要的仍是对旅游者的技术性的定义，即将旅游者定义标准化和定量化，大多数有关旅游和旅游者的定义都是人们从不同学科角度出发，为了适应各自的工作或研究目的而提出来的，因此很难统一。这在一定程度上限制了旅游学作为一门独立学科的发展。不过，对于旅游者的定义问题多年来一直被一些权威机构所重视。各国际组织以及各国的旅游组织和研究机构，都对旅游者的界定问题做了大量的研究工作。对于国际旅游者的定义，目前世界各国在原则上已取得统一的认识。

一、旅游者的一般概念

（一）国际联盟的解释

1937年，国际联盟专家统计委员会对"国际旅游者"或"外国旅游者"做出规定："旅游者就是离开自己的居住国，到另一个国家访问至少24小时的人。"委员会特别界定下列人员为旅游者：

（1）为了消遣、家庭事务及身体健康方面的目的而出国旅行的人。

（2）为出席会议或作为公务代表而出国旅行的人（包括科学、行政、外交、宗教、体育等会议或公务）。

（3）因工商业务原因而出国旅行的人。

（4）在海上巡游过程中登岸访问的人员，即使其停留时间不足24小时，也视为旅游者（停留时间不足24小时者应分开作为一类，必要时可不管其长居何处）。

根据委员会建议，下列人员不属于旅游者：

（1）到某国就业谋职（不管是否订有合同）或在该国从事经营活动者，均不能列为旅游者。

（2）到国外定居者。

（3）到国外学习，寄宿在学校的学生和青年。

（4）住在边境的居民及定居者，越过边界去邻国工作的人。

（5）临时过境而不停留的旅行者，即使停留在境内超过24小时。

国际联盟专家统计委员会对"旅行者"这一定义的规定，对于旅游者的统计和市场研究都起到过重要作用，但它所针对的只是由外国来访的旅游者。

(二) 罗马会议的界定

1963年，联合国在罗马举行的旅行和旅游会议（又称罗马会议）上，在国际联盟的定义的基础上，为了统计工作的需要，对旅行者的定义做了补充和修改。会上提出，采用"游客"（visitor）这一总体概念，然后把游客划分为两大类，一类是过夜旅游者（tourist），另一类是不过夜的当日往返旅游者（excursionist）。其具体定义分别如下：

游客是指除了获得有报酬职业外，基于任何原因到一个不是自己常住的国家或地区去访问的任何人。根据该定义，游客包括：

（1）旅游者，即到一个国家进行短期访问至少逗留24小时的游客。其旅行目的可属下列之一：

1）消遣（包括娱乐、度假、疗养、保健、学习、宗教、体育活动）。

2）工商业务、家庭事务、公务出差、出席会议。

（2）当日往返旅游者，即到一个国家进行短暂访问、逗留不足24小时的游客（包括海上巡游过程中的来访者）。

这一定义不包括那些在法律定义上并未进入所在国的过境旅客（例如没有离开机场中转区域的航空旅客）。

罗马会议结束后，联合国统计委员会于1968年正式确认和通过了这一定义。同年，国际官方旅游组织联盟（UNWTO的前身）也通过了这一定义。1970年，经济合作与发展组织（OECD）旅游委员会也采纳了这一定义。世界旅游组织（UNWTO）成立之后，也将这一定义作为本组织上对应纳入旅游统计人员的解释，因此在现今的国际旅游学术界，人们也将这一定义内容称为世界旅游组织的解释。

这一定义的基本特点有：

（1）将所有纳入旅游统计的来访人员统称为"游客"。

（2）根据来访者的停留时间，将其划分为过夜旅游者和当日往返旅游者，这两种不同类型的游客需要分别进行统计。

（3）此定义根据来访者的定居地，而不是根据其所属国籍来区分是否属于旅游者，从而与旅游的异地性相吻合。

（4）根据来访者的旅行目的来界定其是否属于应纳入旅游统计中的游客。

（5）由于这一定义明确将非消遣目的的旅行者纳入旅游者的范畴，因此它的采纳使得旅游（tourism）和旅行（travel）这两个含义原本不同的术语很快成为人们常用以互代的同义词。

根据这一定义，旅游业的收入乃是在为各类游客提供旅游服务过程中所获取的全部收入，而不应仅指接待狭义的"过夜旅游者"所获得的营业收入。

当然，作为旅游者的定义，这个定义仍有其不足之处，因为它本身所指的旅游者乃是国际旅游者，而没有将国内旅游者考虑在内。

（三）国内旅游者的界定

对于国内旅游者的范围划定或定义问题，人们的看法远远没有统一。

加拿大政府部门在划分国内旅游者时使用的定义是：旅游者是指到离开其所居社区边界至少50mile（1mile=1.609km）以外的地方去旅行的人。这个定义同美国劳工统计局（US-BLS）在其"消费者开支调查"中所使用的国内旅游者的概念基本一致。美国劳工统计局在调查研究中所使用的旅游者定义虽然没有明确规定离家外出的距离，但也强调了这些人的外出食宿消费必须是在"自己所定居的城市境外"的地方进行。

在美国使用较广泛的国内旅游者的定义是1973年美国国家旅游资源评审委员会提出的定义，即旅游者为了出差、消遣、个人事务或者出于工作上下班之外的其他任何原因而离家外出旅行至少50miles（单程）的人，而不管其在外过夜还是当日返回。美国调查统计局（US Census Bureau）在其每五年一度的"国民旅游调查"（National Travel Survey）中也规定，一次旅游是指"一个人外出到某地，其往返路程至少为100miles"。美国旅游资料中心（USTDC）在其调研工作中也使用了外出往返距离至少100miles这一规定。美国调查统计局和旅游资料中心都还规定，下述情况不能列为旅游：

（1）火车、飞机、货运卡车、长途汽车和船舶的驾驶及乘务人员的工作旅行。
（2）因上下班而往返于某地的旅行。
（3）学生上学或放学的日常旅行。

上述这些对国内旅游者进行定义的突出特点是以外出路程为标准区分是否为旅游者，而不论其是否在外过夜。在一般情况下，外出单程50miles的旅行都已超出一个人居家所在的社区或者城市。这样，其外出期间的消费便会发生在其他地区。当然，这一规定标准也有其不足之处。假定一个人居住在某城市的边缘区域，那么他很可能无须旅行50miles便已越出其常住地的行政区界。在这种情况下，即使他在50miles之内的目的地停留一周，甚至一个月，也不会被列为旅游者。所以按照这种定义去统计旅游人次，难免会使结果低于实际数字。

同美国的情况相反，英国在国内旅游统计方面所强调的是必须在外过夜，而不管旅行距离如何。英格兰旅游局在其每月一度的英国旅游调查（British Tourism Survey）中对国内旅游者的定义是：基于上下班以外的任何原因，离开居住地外出旅行过夜至少一次的人。至于外出旅行的距离则未做任何明确规定。这一定义的可取之处在于，以它为标准统计国内旅游人次基本可以较全面地反映真实情况。因为在通常情况下，一个人外出旅行的路程如果没有超出足够远的距离或者说没有超出自己居家所在地区的范围，他一般是不会在外过夜的。因而这个定义虽然没有明确提到旅行距离问题，但关于必须在外过夜的规定实际上间接地涉及了旅行距离问题。在另一方面，如果一个人外出旅行的距离很远，远远超出了其居家所在地区的行政边界，但如果他并不在外过夜，而是当日返回，那么其住宿消费便不会在其他地区进行，因而他便被列为"短程游览者"或当日往返的游客。所以，这一定义的再一可取之处便是，它同罗马会议及世界旅游组织针对国际旅游者所下的定义要旨基本一致。

1984年，世界旅游组织又对国内旅游者做了下列规定："任何以消遣、闲暇、度假、体育、商务、公务、会议、疗养、学习和宗教等为目的，而在某居住国，不论国籍如何，所进行24小时以上，一年之内旅行的人，均视为国内旅行者。"该规定说明了国内旅游并不是以国籍和各族为划分标准的，不论国籍如何，只要在其居住国（1年以上）所进行的24小时以上、一年之内的旅游均属国内旅游。这个规定只除去国际特征，完全符合世界公认的关于旅游者的原则。因此，要纠正这样一种看法，即凡是外国人在另一个国家旅游的都是国际旅游者。

综上所述，对旅游者定义的理解要从两个角度出发：一是技术性定义，目的是便于统计，以开展定量研究和预测；另一是概念性定义。研究旅游者的本质，以便对旅游学新理论进一步发掘，目前的研究对前者的认识分歧较大，而对后者的认识差异较小。对于旅游者本质的认识，可从旅游者与一般社会人群的区别加以分析：旅游者与当地居民相比，是非定居者暂时居留，其目的不是就业、谋取职业和报酬，而是获得物质上和精神上的享受。因此，对旅游者可做如下定义:"为了满足物质与精神享受的需要,暂时离开常住地,在异国异地暂时停留而做旅行的人。"具体而言,这个定义有四方面含义:

(1) 旅游者定义的提出应和旅游及旅游活动的定义相一致,不能相互矛盾或脱节。

(2) 基于以上认识,旅游者首先必须是一名旅行者,其所进行的不同目的的活动是在异国异地,而不是常住地。

(3) 旅游者不等同于旅行者,这是以一定的目的而规范,即其活动的目的不是移民或就业,而主要是游览、了解自然或社会、完善自我等。

(4) 该定义包括国际旅游者和国内旅游者,而两者的根本区别在于其活动区域是否跨越国界。

对游客的分类如图3-1所示。

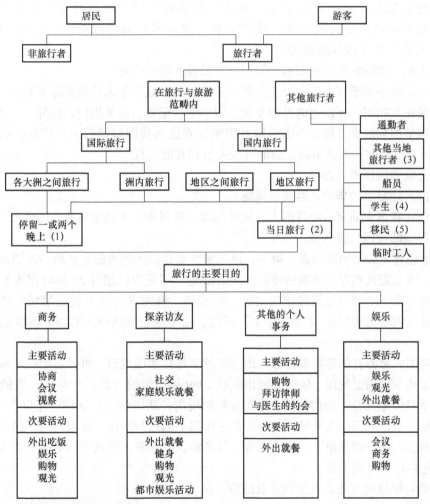

(1) 国际技术定义中的游客。
(2) 国际技术定义中的游览者。
(3) 旅途距离短、称不上旅游的旅行者,比如离家不足80km。
(4) 仅在家和学校之间旅行的学生——学生的其他旅行在旅行与旅游范畴之内。
(5) 所有去往新的居住场所者,包括所有单程旅行者,如移民、难民、民工和游牧民。

图3-1 对游客的分类

二、我国对旅游者的界定

我国的旅游业起步较晚，真正兴起并具有一定规模是1978年之后的事，又由于统计机构在1979年以前缺乏一套完整的旅游统计方法与手段，所以对旅游者的规定不明确，统计资料不完整。从1978年以来，随着我国对外开放政策的实施，大批海外游客来华旅游，我国的国际旅游业迅速发展。随着改革开放和国民经济的进一步深入快速发展以及人民生活水平的提高，国内旅游业也出现了方兴未艾的局面。在这种形势下，1979年我国统计局根据我国实际情况，从统计工作的需要出发，对国际旅游者做了如下界定："国际旅游者是指来我国探亲访友、度假、观光、参加会议或从事经济、文化、体育、宗教等活动的外国人、华侨、港澳台同胞。"其中，外国人是指具有外国国籍的人，包括加入外国国籍的华人；华侨是指持有中国护照但侨居外国的中国同胞；港澳台同胞是指居住在我国香港、澳门特别行政区和台湾地区的中国同胞。同时规定下列八种人员不属于国际旅游者：

（1）应邀来访问的外国政府部长级以上官员及其随从人员。

（2）外国驻华领事馆人员、外交人员以及随行的家庭服务人员和受赠养者。

（3）居住在我国一年以上的外国专家、留学生、记者、商务机构人员等。

（4）乘坐国际航班过境，不需要通过护照检查进入我国口岸的中转旅客、机组人员和在口岸逗留不过夜的铁路员工以及船舶驾驶人员和其他人员。

（5）边境地区往来的边民。

（6）回大陆定居的华侨、港澳台同胞。

（7）已在我国大陆定居的外国人和原已出境又返回我国大陆定居的外国侨民。

（8）归国的我国出国人员。

对于上述界定必须明确两点：第一，该规定主要是以入境者的定居地和来访目的加以划分；第二，该规定虽然没有明确的停留时间的限定，即是否以超过24小时作为旅游者的标准，但是因为除了个别与港澳接壤的地区（如深圳、珠海等）及其他边境城镇外，绝大多数来访者进入内地都要逗留24小时以上。因此，这个规定和国际上对国际游客的定义内容基本相符。

我国对国内旅游者的界定没有像对国际旅游者那样明确规定，世界旅游组织对国内旅游者的规定也基本适用于我国。陕西人民出版社1989年出版的《旅游学词典》中的"国内旅游者"条目具体定义是：国内旅游者是指在我国境内长期居住（指居住一年以上），暂时离开自己的居住地，到国内其他地方进行为期一年以下的旅行游览、参观访问、探亲访友、就医疗养、参加会议、调查研究、学术交流、贸易洽谈、体育、宗教等活动的一切人员。国内旅游者不包括以下七类人员：

（1）到各地巡视工作的各级领导及随行人员。

（2）驻外地办事机构的工作人员。

（3）调遣的武装人员。

（4）离家到外地工作或长期学习的人员。

（5）到基层锻炼的干部。

（6）到其他地区定居的人员。

(7) 无固定居住地的无业游民。

我国在对国内旅游者的规定方面，同世界旅游组织的建议基本上是吻合的。但是，同我国在国际旅游者界定方面一样，国内旅游统计中并未将在亲友家中过夜的国内旅游者包括进去，从而导致我国关于国内游客人次的统计数字低于实际规模。不过，随着我国国内旅游业的发展和规范化，国家旅游局和统计局将会对国内旅游者和非国内旅游者限定范围有新的规定，以促进我国旅游业整体有序的发展。

三、旅游者内涵的发展

从字面意思而言，旅游者是指旅行和游览的主体，即旅游活动的主体。随着社会生产力的发展和人类的进步，旅游者的内涵也在发展变化之中。从古代旅游者人数的有限性到现代旅游活动的大众化，从旅游目的单一化到多样化和综合化，从旅游交通工具的简陋单一化到方便舒适豪华化，从旅游区域的本地性到全球性和宇宙性，从旅游者只拥有享受旅游的权利到与拥有保护生态环境的特殊义务并存等，都深刻反映了旅游者内涵的发展。

(1) 旅游活动由少数富裕阶层的特享活动发展成为大众化活动。古代的旅游活动是一种权力、地位、身份的象征，旅游者非常有限，旅游活动的形式主要是帝王巡游、官吏宦游、买卖商游、宗教云游、佳节庆游；而现代的旅游形式多样化，旅游主体包括不同年龄、不同性别、不同职业、不同阶层的旅游者，即旅游主体大众化。

(2) 由区域性旅游向全球性和宇宙性旅游转化，即旅游者旅游的时空选择更加自由。旅游者的足迹已是"无处不在"，边远地域的旅游局限性正在消失，即使像南极、月球、太空等，也都在逐渐成为旅游目的地。

(3) 旅游者享有更大的权利自由选择旅游活动的形式，旅游活动的内容由单一性向多样性发展。从旅游组织形式而言，有团体旅游、散客旅游等；从交通方式而言，有航空旅游、汽车旅游、火车旅游、游船旅游、自行车旅游、徒步旅游等；从旅游目的和活动内容而言，有观光旅游、探亲旅游、健身旅游、文化旅游等；从消费水平而言，有经济旅游、标准旅游、豪华旅游等。

(4) 传统型旅游者享有更多的"权利"，很少或没有"义务"，在旅游活动中，他们被称为"上帝""朋友""亲人"等。旅游企业的经营管理者以旅游者为中心开展各项旅游活动，以给予旅游者更多的"权利"而获取相应的经济效益。而现代旅游给予旅游者的不仅仅是"权利"，更多是强调旅游者在旅游过程中必须履行相应的"义务"，即发展旅游业必须在坚持生态效益、经济效益、社会效益三位一体的原则下，走可持续发展的道路，经营和管理者要教育和引导旅游者，提高旅游者的生态环保意识，使旅游者自觉履行保护生态环境的义务。例如，发展生态旅游对旅游者就有特别的要求和规定，即在参观一个地方之前，要了解当地的自然和文化特点；尊重访问目的地的文化，不要将自己的文化强加于人，尊重当地的风俗习惯；不接近、不追逐、不投喂、不搂抱、不恐吓动物；自觉做到不踩踏贵重植物，不采集受保护和濒危的动植物样品；不购买、不携带被保护生物及制品；不丢弃垃圾、不污染水土，去特殊地区要自备用具，将垃圾带回并进行统一处理；积极参加保护自然生态环境的各种有益活动；通过旅游实践，了解自然对人类的要求，对人类的日常生活对环境的影响有更清楚的认识。

第二节　旅游者的形成条件

研究旅游者的产生既是一个社会经济问题，又是一个个人的心理问题，必须从社会经济条件和人们在社会环境中所处的状况及其反映出来的心理状态方面来研究探讨。一个人要成为旅游者，只有在一定的物质条件和主观需求下才能发生。产生旅游者的条件甚多，可分为两大类：一是旅游需求方面所具备的条件，即旅游者自身的主客观条件和因素；二是旅游供给方面的影响因素，即旅游目的地的接待条件和可进入性等。两者相辅相成，缺一不可。

一、旅游者产生的客观条件

（一）可自由支配的收入

一个人的收入水平和富裕程度决定着其能否实现旅游及其消费水平的高低。国际上有这样的经验统计：当一个国家人均国内生产总值或人均国民生产总值达到800～1000美元时，居民将普遍产生旅游动机；达到4000～10 000美元时，将产生出国旅游动机；超过10 000美元时，将产生洲际旅游动机。美国和德国的人均国民生产总值居世界前列，每年的出国人数都在4000万人次以上。日本人均国民生产总值25 146美元，出国人数超过1000万人次，已成为世界五大客源输出国之一。近年来，我国旅游业发展迅速，国内旅游者和出境旅游者增长较快，这与我国宏观经济的快速稳步发展有着密切关系（据统计，我国2003年的人均国内生产总值已达到1000美元，这标志着我国开始步入较高层次的消费阶段，而具有享受型消费特点的旅游消费已成为人们消费的重要组成部分）。所以经济越发达，人均国民收入越高，旅游的条件越充分，尤其是国际旅游更是如此。相反地，人均国民生产总值低于800美元的国家则主要发展入境旅游。然而，人均国民生产总值是对一般规律而言。由于一个国家或一个地区的消费水平不同，收入水平还不是影响一个人能否成为旅游者的决定因素，一个人能否实现旅游愿望以及旅游的时间长短、目的地路程的远近、旅游的消费水平高低和消费结构的组成，最终取决于他的可自由支配收入状况。

可自由支配收入是指个人或家庭收入中扣除全部纳税和社会消费（如老年退休金和失业补贴等），以及日常生活必须消费的部分（衣、食、住、行等费用）之后所剩余的收入部分。这部分剩余越多，产生旅游者的可能性就越大，旅游消费也就越高；反之，则向相反的方向发展。这方面的数据对分析旅游客源市场意义重大。例如，近十年来，美国和日本未婚且有工作的女青年（20～29岁）都属高收入阶层。然而，由于她们的生活方式、生活习惯和消费水平不同，其可自由支配的收入水平也不同。美国青年男女在18岁以后，一般能独立生活，住公寓、用餐、汽车、社交等支出很大。而日本这一阶层的女青年在结婚之前大多与父母一起生活，花费较少，因此，可自由支配收入高于美国女青年。在日本，女青年被认为是国民中最富有、最自由的阶层，被称为"青年贵族"。澳大利亚、新西兰、美国的夏威夷州以及东南亚、西欧各国纷纷看好日本女青年旅游市场，加大宣传促销力度，开发相应的旅游产品，以吸引日本女青年到该地旅游。

总而言之，收入水平意味着支付能力，而可自由支配收入的水平则决定着一个人的旅游支付能力，影响着一个人能否成为旅游者，影响着旅游者的消费水平及其消费结构，影响着旅游者外出逗留的时间长短，还会影响到旅游者对旅游目的地及旅行方式的选择等。因此，可自由支配收入是决定一个人旅游需求的最重要的经济因素，当然其并非个人旅游需求的唯一决定因素，而只是经济条件方面的影响因素，是一个人能否成为旅游者的必要物质条件。

（二）足够的闲暇时间

一个人若具备了足够的经济支付能力，又有强烈的旅游愿望，但是缺少足够的闲暇时间，也就暂时无法进行旅游活动，无法成为现实的旅游者，因此，闲暇时间是旅游者产生的另一个必备条件。何为闲暇时间？这首先要从人生的时间构成谈起。在现代社会生活中，人生时间可由以下五个部分组成：

（1）法定的就业工作时间。

（2）必需的附加工作时间。

（3）用于满足生理需要的生活时间。

（4）必需的社会活动时间。

（5）闲暇时间，也称自由时间或可随意支配的时间。

根据上述时间构成，我们可以将全部时间划分为两大类，即工作时间和非工作时间（见表3-1）。同时，也可以将人在这些不同时间内的活动划分为必需的限制性活动以及自由或随意活动两大类。

表 3-1　时间划分

时间	活动分类	
	限制性活动	自由活动
工作时间	法定就业劳动，附加劳动	（工间休息）
非工作时间	生理生存活动，必需的社会活动	休闲活动

以上分析说明从事休闲活动的闲暇时间虽然属于非工作时间，但并不等于非工作时间，而只是其中的一部分。所以，闲暇时间并非通常所说的8小时以外的时间。就时间而论，闲暇是指人生中除谋生和自我生存所需时间以外的时间，是用于追求闲情逸致的自由时间。闲暇时间同娱乐时间远远不是同义词，而是在满足了工作、睡觉、吃饭及必要的日常琐事的需要之后所剩余的时间。因此，闲暇时间并非是只可用于娱乐的时间，而是可由个人随心所欲地"自由支配的时间"。因此，可以认为闲暇时间就是在日常工作、学习、生活及其他必需时间之外，可用以自由支配，从事休闲娱乐或自己乐于从事的任何其他事情的时间。

闲暇时间可分为四种：

（1）每日闲暇，指平均每日工作、家务、社交等的剩余时间，很零散，可用于娱乐和休息，但很难用于旅游。

（2）每周闲暇，即每周五日工作制，周末假为2~3天，可进行郊游和短程旅游。

（3）公共假日，即通常所说的节假日。各国的公共假日多少不等，大都与各国民族传统节日有关。我国的公共假日包括元旦、春节、清明节、五一劳动节、端午节、中秋节和国庆节。西方国家最典型的节日是圣诞节和复活节。若与每周闲暇连在一起，这段时间往往是短期旅游度假的高峰期。例如，我国的五一和国庆假期期间就是旅游黄金时间。

（4）带薪假期，带薪休假是世界各国公民生活和权利的一项基本要求。1948年12月，联合国大会通过的《世界人权宣言》第24条提出："人人享受休息和闲暇的权利，包括工作时间有合理限制和定期带薪休假的权利。"1980年颁布的《马尼拉世界旅游宣言》提出职工享有带薪休假的权利，目的是"使旅游从原来有限的富人的活动，转变为一种广泛与社会、经济生活相联系的活动"。1982年世界旅游大会通过的《阿卡普尔科文件》强调，"普遍承认社会各阶层公民的休息和娱乐活动的权利，特别是职工带薪休假的权利"。1985年世界旅游组织通过的《旅游权利法案》第三条规定，各国应该努力采取一切措施，特别是通过更好地分配工作和娱乐时间、建立和改善年度带薪休假制度和调开休假日期。目前，经济发达的工业化国家中大都规定对就业人员实行带薪休假制度，这是产业革命后工人阶级不断斗争的结果。法国是1936年第一个以立法形式规定就业人员每年享受至少6天带薪假期的国家。现在，世界各国实行带薪假期的情况也有差异，例如，瑞典是每年5~8周，美国一般为2~4周，西欧各国平均为每年4周。我国教育部门每年的寒暑假10周，离家在外的单身职工和夫妻分居的探亲假为每年3~4周，已婚职工4年享受一次探亲假，先进人物有不定期旅游假期作为奖励，还有许多部门实行职工不定期带薪休疗养假期等。

在几种闲暇时间中，第1类只能用于就地或在家中休息、消遣，不足以用来进行旅游活动。第2、3类能进行短距离的旅游活动，特别是欧洲、北美一些国家的交通条件较为方便，不少人常利用闲暇时间外出旅游度假。第4类是人们进行旅游活动的最佳时期，产生了大量的中、远距离的旅游者。作为旅游经营者应当重点研究第2、3、4类的闲暇时间，特别是第3、4类闲暇时间，以开拓旅游市场和发展不同类型的旅游项目。当然，这里所谈的闲暇时间针对的是已经就业的人员，至于其他人员，尤其是退休人员的闲暇时间问题，则应根据实际情况另做分析。对于商务、公务旅游者和部分奖励活动而言，由于其旅游是工作的需要，因此无须考虑有无闲暇时间，主要由其所在的组织视情况而定。

（三）身体能力状况和家庭拖累状况

一个人能否成为旅游者，除受收入与时间限制外，还要受到许多社会经济因素及个人因素的影响和制约。英国一家旅游咨询公司在研究了影响旅游需求的因素之后，得出结论认为，旅游倾向同某些经济因素和个人因素之间存在着下述关系，见表3-2。

表3-2 社会经济因素和个人因素对旅游倾向的影响

社会经济因素和个人因素	对旅游倾向的影响
收入	积极影响
家庭户主学历	积极影响
家庭户主职业	积极影响（就职业的社会地位而言）
带薪假期	积极影响
户主年龄	消极影响
生命周期	消极影响（就婴幼儿拖累而言）
性别	男性比女性积极

由表3-2可知，旅游者的产生除受收入和时间影响外，还受其他诸多因素的影响。一个人的身体能力状况直接关系到旅游活动能否真正实现。若一个人身体欠佳，那么，旅游对其而言就只能是心有余而力不足。老年人，特别是65岁以上的外出旅游者在老年人中所占的比例的确较低，但其年龄并非造成这一状况的根本原因，老年人外出旅游比例小的真正原因之一是伴随年龄增长而来的身体状况变差。许多老年人不能参加旅游活动是因为体力不支，

这才是实质性的影响因素。随着人们生活水平的提高以及医疗和保健技术的发展，人类的平均寿命也在增长。当今，老年人的身体健康状况已经有了相当大的提高，尤其是进入20世纪90年代以来，老年人参加旅游活动的比例不断增大，并形成了令旅游行业瞩目的重要市场。

综上所述，一个人拥有一定的可自由支配收入、足够的闲暇时间、良好的身体能力状况、较少的家庭拖累，就基本上具备了成为旅游者的客观条件。

二、旅游者形成的主观条件

当人们具备了进行旅游活动的经济和时间等条件之后，并不一定能成为旅游者，如果没有外出旅游活动的愿望和兴趣，旅游活动同样不能实现。因此，旅游者的产生还需要具备一定的主观条件，即旅游者的产生必须有促成旅游活动的心理因素——旅游动机。

动机是激励人们去行动以达到一定目的的内在原因和心理倾向，是促进和维持人的活动的重要因素。动机是在需要的基础上形成和发展起来的，其作为一种内在因素直接影响一个人的行动。有了动机，进而寻找和选择目标。当目标确定之后，随之就为了满足需要与消除紧张而进行一系列的活动，直到达到目的为止，然后又产生新的需要，从而引起第二次行为，这是一个连续的过程。

旅游动机是指激励人们产生旅游活动意向以及到何处去并进行何种旅游的内部动力。旅游动机研究的理论基础是人类需求层次学说。这一学说的创始人是美国著名的心理学家亚伯拉罕·马斯洛（Abraham Maslow）。他认为人的需要是由低层次和基本需要向高层次和专项需要层次方向发展，即由物质需要向精神需要发展。他提出人有五个层次的需要，具体如下：

（1）基本的生理需要：食物、饮水、氧气等。
（2）安全需要：治安、稳定、秩序和受保护等。
（3）社会需要：感情的需要、爱的需要、归属感的需要等。
（4）受尊重的需要：自尊、声望、成功、成就等。
（5）自我实现的需要：对人生的看法、实现自己的愿望和理想等。

从马斯洛的需要层次理论可知，五个层次需要是逐级上升的，只有当低层次的需要得到满足后，才会去追求高一层次的需要。当然，在某一时刻可能同时存在几类需要，但各类需要的强度不同。旅游活动是人们满足自我需要后，为追求更高层次的需要，改变生活方式，获取知识，完善自己，获得社会尊重，满足精神和物质上的需求而进行的一种社会活动。按马斯洛的需要层次理论分析，人们外出旅游与第三个层次以上的需求有联系，而旅游的目的主要是为了实现第四个和第五个层次的需要。然而，单靠马斯洛的需要层次理论不能解释所有旅游者外出旅游的动机，例如：旅游者探新求异的需要和逃避紧张现实的需要，从本质而言都是人的精神上的需要。

旅游动机虽然千差万别，但大致可以分为以下几种类型：①观光型旅游动机；②保健型旅游动机；③文化型旅游动机；④社会关系型旅游动机；⑤经济型旅游动机等。

旅游动机的形成受多种因素的影响。影响旅游动机形成的主要因素有个性心理类型、个人的文化与修养以及年龄和性别、客观外界因素（社会历史条件、个人社会环境、家庭及个人的经济状况等）等。

应当说明的是，人们外出旅游很少出于一个方面的旅游动机，而是诸多因素综合作用的结果，其中某一方面是主导动机，其他方面则为辅助动机；有的方面被人们意识到了，有的方面则没有被意识到。

陈传康（1998）根据旅游者的旅游动机，将旅游者的旅游活动分为三个层次（见图3-2）。

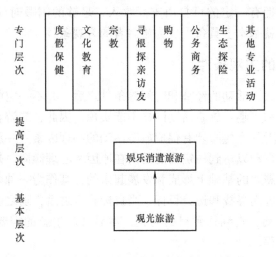

图3-2　旅游行为层次与旅游动机的关系

三、旅游者形成的其他条件

在现实生活中，旅游者的产生除了具备以上的条件外，还有其他影响和制约旅游者产生的条件，主要包括：

（一）科学技术状况

社会生产力的发展，机械化、自动化、电气化程度的提高，使得人们的劳动时间缩短，也使交通工具不断发展。交通工具的革命缩短了人们空间转移的时间，并使人们的外出旅行更为安全、舒适。例如，发达的航空事业对国际旅游者的产生具有重大的促进作用，它使人们在费用合理的情况下能到达世界任何地点。航空的发展也使传统的交通工具（如火车、汽车、轮船等）也不得不在速度、舒适性和价格方面展开竞争，为旅游创造条件。

（二）政府和社会团体的重视与鼓励

许多国家的政府均日益重视发展旅游业，相继采取措施加强国家对旅游业的领导与管理，将旅游方面的投资列入国家重点计划，采取补助、直接投资、减免税、集资等方法修建旅游设施、度假中心、休养场所。许多国家为旅游者出入境提供便利，开辟绿色通道，包括简化签证及其他管理手续。有的国家还为旅游企业、旅游者提供免费旅游信息，鼓励和引导国民的花费和闲暇消费趋向旅游。工会、企业等组织为职工、管理人员等组织奖励旅游等。这些出于各种目的的政策、措施和奖励办法，为旅游者的产生和扩大创造了有利的条件。

（三）旅游业的发达程度

旅游活动是一个人离开自己所熟悉的环境到异地进行活动的过程，人们不但希望事先对陌生的旅游目的地有所了解，又需要旅游企业在旅程中提供各种服务。因此，旅游业越发达，可以为旅游者提供的服务就越方便、周全，旅游者外出活动就越放心、舒适。由于旅游业的发展，旅游市场上竞争的激烈，旅游业采取越来越多的方便付款和给予优惠价格的办法。旅游价格的变化、旅游费用的降低，对于旅游者的产生具有相当的刺激作用。可见，旅游业本身的发达程度为旅游者的产生创造了有利条件。

（四）都市化

大都市是旅游者产生的重要基地。一般而言，大都市家庭平均收入高，家务劳动社会化程度高，受教育程度高的人口比例大，再加上大都市人口拥挤、喧闹，居民生活紧张，迫切要求通过旅游增加阅历，消除身心疲劳。例如：在法国居民数2万以下的城镇中，度假者占居民的36%，巴黎则占77%；意大利居民数2万以下的城镇度假者占18%，25万居民以上的城镇度假者则占38%；加拿大农业区旅游者占居民的30%，城市则为59%；西班牙农业人口中旅游者占4%，非农业人口中旅游者占39%。

（五）政治环境状况

一个国家或地区处在战争与政治动乱之中，旅游者往往由于缺乏安全感而不愿涉足这些地方。两国或两个民族间因政治外交等出现紧张关系，也必然影响旅游者的往来。

（六）气象气候等自然条件

气象气候和旅游者关系密切，气候优劣是旅游者能否产生的条件之一，也是旅游者选择浏览目的地和路线的重要因素，特别是那些夏季避暑和冬季避寒胜地，因为任何旅游活动都是在一定的气候条件和自然环境中进行的，而且任何旅游地总处在一定的气象气候条件下。一方面，旅游目的地的水文、土壤、生物等地理因素共同形成了一定的区域自然景观，影响自然景观的季节变化，也影响到游客对一些景物的观赏效果；另一方面，良好的气象气候、适宜的温度、明媚的阳光使旅游者身心舒畅、精力充沛、兴趣倍增；反之，则使人疲倦、对旅游活动感到乏味。一些旅游地能成为旅游热点地区，除了旅游资源丰富、旅游设施良好等原因外，还有气候因素，这些地方大都气候宜人、风光明媚，对旅游者有极大的吸引力。例如：地中海沿岸、加勒比海一带，以及我国的五岳等风景名胜。总之，由于气象气候因素的影响，各国各地范围内都出现了一些旅游热点热线，同时也出现了一些冷点冷线，还使一些景观产生了季相变化。也正是这个因素的影响，旅游业因旅游者数量的变化出现了旺季和淡季。

（七）文化信息传播条件

人们通过报刊、广播、电视、电影、互联网、旅游宣传材料等信息中介，了解常住地以外的各种情况。人们知道得越多，就越希望有更多样化的感受，这使人们对陌生事物的好奇心加强，从而也增强了人们外出旅游的愿望。

（八）生活观念和生活方式的改变

伴随着科技进步和经济发展，人们的价值观念与消费模式发生了变化，越来越多的人把旅游看作是生活中不可缺少的一部分，是一项权利。经济发展的状况和世界局势的变化，更多的是影响消费者的旅游动向或旅游方式，而不是取消旅游。特别引人注目的是，越来越多的中青年视海外度假为充电，是个人人生成功的重要表现。在紧张的工作之余，外出度假可寻求身心的放松，丰富人生的阅历。

综上可知，可自由支配收入、闲暇时间、身体能力状况、家庭拖累状况是旅游者产生的客观条件；旅游动机是旅游者产生的主观条件，其他条件只是作为促进或限制旅游者产生的因素而存在。

四、有关旅游者统计的主要指标

目前，各国有关旅游者的统计指标有一定的差异性，主要统计指标有：旅游人数、过夜旅游者人数、入境旅游人数、出境旅游人数、旅游者基本信息（按年龄、性别、职业、国别分类）、旅游者出游率、旅游者人均花费等。

入境旅游人数是指报告期内来我国观光、度假、探亲访友、就医疗养、购物、参加会议或从事经济、文化、体育、宗教活动的外国人、港澳台同胞等入境游客的人数。统计时，外国人、港澳台同胞每入境一次统计1人次，即入境旅游人数。入境旅游人数包括入境（过夜）旅游者和入境一日游游客。

入境（过夜）旅游者是指入境游客中，在我国旅游住宿设施内至少停留一夜的外国人、华侨、港澳台同胞。

入境一日游游客是指入境游客中，未在我国旅游住宿设施内过夜的外国人、华侨、港澳台同胞。入境一日游游客应包括乘坐游船、游艇、火车、汽车来华旅游，在车（船）上过夜的游客和机、车、船的乘务人员，但不包括在境外（内）居住而在境内（外）工作且当天往返的港澳同胞和周边国家的边民。

出境旅游人数是指我国（大陆）公民因公或因私出境前往其他国家或地区观光、度假、探亲访友、就医疗养、购物、参加会议或从事经济、文化、体育、宗教活动的人数（即出境游客人数）。统计时，出境游客按每出境一次统计1人次。出境游客包括出境（过夜）旅游者和出境一日游游客。

出境（过夜）旅游者是指我国大陆居民出境旅游，并在境外其他国家或地区的旅游住宿设施至少停留一夜的游客。

出境一日游游客是指我国大陆居民出境旅游，在境外停留时间不超过24小时，且未在境外其他国家或地区的旅游住宿设施内过夜的游客。

国内游客是指报告期内在国内观光游览、度假、探亲访友、就医疗养、购物、参加会议或从事经济、文化、体育、宗教活动的本国居民，其出游的目的不是通过所从事的活动谋取报酬。统计时，国内游客按每出游一次统计1人次。国内游客包括国内（过夜）旅游者和国内一日游游客。

国内（过夜）旅游者是指国内居民离开惯常居住地在境内其他地方的旅游住宿设施内至少停留一夜，最长不超过12个月的国内游客。国内旅游者应包括在我国境内常住一年以上的外国人、港澳台同胞但不包括到各地巡视工作的部级以上领导、驻外地办事机构的临时工作人员、调遣的武装人员、到外地学习的学生、到基层锻炼的干部、到境内其他地区定居的人员和无固定居住地的无业游民。

国内一日游游客是指国内居民离开惯常居住地10km以上，出游时间超过6小时、不足24小时，并未在境内其他地方的旅游住宿设施过夜的国内游客。

第三节　影响旅游者决策的因素

旅游者在外出旅游之前，必须对旅游目的地、旅游总支出、旅游产品的选择等进行决策，由于旅游消费属于较高层次的消费，旅游者一般经过综合考虑之后才会做出相应的决策。尽管影响旅游者决策的因素很多，但总体而言，主要有外部因素和自身因素两部分。

一、外部因素

（一）社会因素

任何一位旅游者都是处在特定社会之中的人，而社会通过社会结构中的社会集团（如家庭和经济组织等）和特定的控制机制（如社会化、阶层划分、规定社会成员的角色和地位）等来组织和规范社会成员之间的相互作用，维持必要的社会秩序。因此，社会结构以及相适应于特定社会结构的控制机制就必然深刻地影响着社会每名成员的决策行为，使个人的需要与社会需要相互协调起来。对旅游者决策影响较大的社会因素主要有：社会阶层、社会集团（包括相关群体、家庭）以及社会地位与角色。

（二）文化因素

任何一位旅游者都处在特定的社会之中，而组成社会的则是一定的地理范围、人群及特定的文化等因素。文化具有相对的独立性，并深深地影响着数代人的行为。文化是一个复合体，其作为一个社会所有成员共有的东西，并且可以通过接受者的学习过程得以传承下去，文化中的价值观、伦理观、风俗习惯及信仰等直接影响旅游者的决策。

（三）经济环境因素

经济环境因素直接影响旅游者的收入水平。一个人的收入水平由宏观经济状况和职业两方面因素共同决定。当宏观经济处于衰退时，人们的收入水平一般会有不同程度的下降，这就不可避免地限制了人们的外出旅游活动。另外，如果宏观经济中出现了较高的通货膨胀水平，那么人们的实际收入水平也会有所下降，最终限制旅游活动。利息率和通货膨胀率共同决定着一个人的储蓄水平，从而也间接地影响着旅游者的可自由支配收入。经济发展水平及产业结构的调整和变化在很大程度上影响着未来人们的收入及职业，并在更深层次上影响着整个社会结构的变化及文化的变迁，从而间接影响旅游者的决策。

（四）旅游目的地的可进入性

作为一个旅游目的地，要吸引旅游者，就必须具有一定的旅游资源、较为完善的设施条件和较高的可进入性。由于旅游目的地的可进入性与旅游人数成正比（旅游目的地的可进入性高，旅游人数相对较多，反之亦然），因此，旅游目的地的可进入性直接影响旅游者的决策。

（五）旅游产品的价格

由于不同的旅游目的地的经济发展水平存在差异，因此旅游产品的价格具有明显的区域性。一般而言，经济欠发达地区的旅游产品价格要低于经济发达地区旅游产品的价格。作为旅游者，在购买旅游产品时，总是希望以同样的支出实现尽可能多的效用，又由于旅游产品具有较强的需求弹性，因此，旅游产品价格的调整会直接影响旅游者的决策。

二、自身因素

旅游者的决策除了受社会、文化、经济等外部因素的影响外，还直接受旅游者自身因素的影响。自身因素主要包括旅游者的人口统计因素和旅游者的心理因素，其中，旅游者的人口统计因素主要有：年龄、健康状况、性别、职业、常住地等；旅游者的心理因素主要有：动机、知觉、学习、态度、人格等。

第四节 旅游者的类型及其特点

一、旅游者的类型划分

关于旅游者基本类型的划分，目前尚无统一的划分标准。由于人们研究问题的角度、方法、目的不同，因此采用的划分标准也不同，因而划分出来的旅游者类型自然会不同。不过，对旅游者的类型无论进行何种划分，都只是手段而已，都是为一定的研究目的服务的。许多学者和专家常常把旅游者类型的划分与旅游的类型划分联系在一起，比较常见的划分标准有：

（一）按世界旅游组织的规定

可将旅游者分为纳入旅游统计者和不纳入旅游统计者两部分。纳入旅游统计者通称为游客（visitors），游客下分两类：一类是旅游者（tourist），即在访问目的地至少过夜一次的游客；另一类是短程旅游者，即在访问目的地不过夜的游客。不纳入旅游统计者包括：边民过境上班者、游牧民、停留时间不足24小时的中转过境旅客、难民、往来于本国与就任地之间的军人（包括家属和随从人员）和领事代表、往来于本国与就任地之间的外交人员、临时移民、永久移民（见图3-3）。

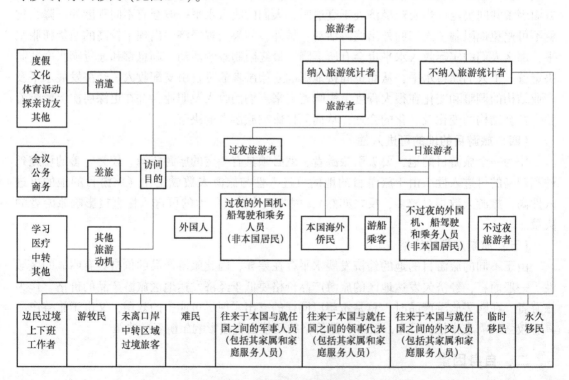

图 3-3　国际旅行者分类图
[资料来源：世界旅游组织（UNWTO）]

（二）按旅游目的划分

按旅游目的划分，可将旅游者分为四种基本类型，即消遣型旅游者、差旅型旅游者、家庭及个人事务型旅游者、特种旅游者。

(三) 按地理范围划分

按地理范围划分,可将旅游者分为国内旅游者、国际旅游者、洲际旅游者、环球旅游者等。

(四) 按费用来源划分

按费用来源划分,可将旅游者分为自费旅游者、公费旅游者、社会旅游者、奖励旅游者等。

(五) 按组织形式划分

按组织形式划分,可将旅游者分为团体旅游者、散客旅游者、包价旅游者等。

(六) 按经济程度划分

按经济程度划分,可将旅游者分为豪华型消费旅游者、大众型消费旅游者、经济型消费旅游者。

(七) 按旅游方式划分

按旅游方式划分,可将旅游者分为航空旅游者、铁路旅游者、汽车旅游者等。

(八) 按旅游活动内容划分

按旅游活动内容划分,可将旅游者分为文化旅游者、观光旅游者、考古旅游者、度假旅游者、会议旅游者、疗养旅游者、生态旅游者以及形形色色的专项旅游者。

(九) 按旅行距离划分

按旅行距离划分,可将旅游者分为短程旅游者、远程旅游者等。

(十) 按客源地划分

按客源地划分,可将旅游者分为东南亚旅游者、北美旅游者、西亚旅游者、欧洲旅游者等。

二、旅游者的特点

根据前述按旅游目的划分,将旅游者分为四种基本类型:消遣型旅游者、差旅型旅游者、家庭及个人事务型旅游者、特种旅游者。如此划分,主要是为了分析和研究不同类型的旅游者的需求特点。

(一) 消遣型旅游者

这类旅游者所占比例大小是旅游发展得成熟与否的重要标志之一。消遣型旅游主要是为了改换环境,调剂生活,以娱乐、消遣求得精神松弛和愉快。除此之外,并不要求达到某种专门目的,也不受文化教育程度的限制。因此,消遣型旅游适合不同层次的旅游者。在闲暇活动中,消遣型旅游十分普遍,形式多样,如登山旅游、野营旅游、骑车旅游、蜜月旅游等。消遣型旅游者的特点是:

(1) 这种类型的旅游者在全部外出旅游人数中所占的比例最大。目前,我国旅游部分接待的来华游客中绝大多数都是消遣型旅游者,而其他部门(包括中央各部委、群众团体及其他企事业单位)接待的来华旅游者大都为差旅型旅游者。从历年中国旅游统计年鉴公布的数字可看出,在全国有组织接待的旅游者中,前者所占的比重远远大于后者。就整个世界旅游情况而言,消遣型旅游者在全部旅游者中所占的比重更大。

(2) 在旅游过程中,旅游者的参与愿望可以得到满足,旅游者是观赏者,又是被观赏者。

（3）消遣型旅游者外出旅游的季节性很强。除退休者外，所有在职人员几乎都是利用带薪假期外出旅游。此外，旅游目的地的气候条件、不安全因素、产品质量、价格问题也是促进消遣型旅游者季节性来访的重要因素。

（4）由于多是自费旅游，对价格比较敏感，因而要求物有所值。如果其认为某旅游目的地的旅游产品过于昂贵，旅游者就会拒绝前往而选择别处。

（5）由于消遣型旅游项目的内容较多，旅游者一般停留时间较长，少则1~2天，多则4~5天或更长，因此旅游者的消费额相当可观。

（6）消遣型旅游者在对旅游目的地和旅行方式的选择以及对出发时间的选择方面，拥有较大程度的自由度。

（二）差旅型旅游者

这类旅游者是旅游业中的一个重要市场，其以公务、商务旅行为主要目的，在旅行活动中产生的旅游行为主要有商务旅游、会议旅游和奖励旅游等形式，旅游地点一般都选择在旅游胜地或风景文化名城，以便在完成公务和商务的同时进行观光游览活动。随着世界经济的发展，各国、各地区的贸易活动日益增多，友好交往日渐频繁，因而差旅型旅游者众多。

奖励旅游具有特殊的地位，它是被当作差旅型旅游，但通常作为奖励，奖给工作有成就的企业员工或代理人，全部费用由公司负责。世界上比较出名的奖励旅游目的地是巴黎、阿姆斯特丹、香港、新加坡、伦敦、曼谷、迪拜、纽约、伊斯坦布尔等。差旅型旅游者的特点是：

（1）旅游者在人数上虽然相对较少，但是在出行次数上却较为频繁。例如就全航空客运市场而言，差旅型旅游者在其中所占的比重就达50%；在全球饭店业所接待的客人中，差旅型旅游者也占相当高的比例，特别是在四五星级的饭店中，差旅型旅游者在客人中所占的比例更是高达60%（Hampton，1989）。

（2）旅游者的身份或社会地位较高，出席会议能提高所在国和城市的知名度，是最有说服力的旅游宣传。

（3）由于旅游者所需的费用是由所在的公司或者由单位支付的，对旅游目的地的选择性较小，因而旅游者对价格不大敏感。

（4）由于旅游者的出行是出于工作或业务的需要，因而旅游的季节性较小，旅游目的地和出行时间几乎没有选择余地，是非自主性旅游。

（5）旅游者对活动安排要求有较强的计划性，要求设施（会议场地、通信设备和交通条件）先进，服务质量高，比较强调方便和舒适，因而消费较高，但在目的地停留天数较少。例如，为了旅行便利，这类旅行者宁可花钱，也不会去购买附有限制条件的廉价机票；为了方便和舒适，同时为了展示本公司的形象，他们通常都会入住高档住宿设施。

（6）旅游者需要一些特殊要求。例如：为商务旅游者专门开辟楼层，提供快速住离店服务，客房内装有先进的办公和通信设备，有的还配有简单的健身设备、熨衣设备等。如今，随着职业妇女人数的增加，商务旅游者中女性的比例越来越大，她们的需要大部分与男性相同；但是，女性的确有一些额外的需要，最重要的有两条：一是她们更加注重卫生条件，二是她们更需要有安全感。许多极力吸引女性商务旅游者的酒店往往会在这些方面采取特别措施。

(三) 家庭及个人事务型旅游者

这类旅游者主要是以家庭或个人事务为出游目的的旅游者。家庭及个人事务型旅游者与前两类旅游者相比较,在需求方面既有共性,又有其自身的特性。

(1) 旅游季节性较少。虽然有不少人利用带薪假期探亲访友,且相当多的人都选择传统节假日外出探亲,但各国各地区的传统节假日不尽统一。此外,很多家庭及个人事务,如出席婚礼、参加毕业典礼等日期限制较紧。因此总的而言,这类旅游者的出行季节性较少,他们在这方面类似差旅型旅游者的特点。

(2) 旅游目的地选择自由度较小。在对旅游目的地的选择方面,由于受事务发生地的限制,此类旅游者没有选择旅游目的地的自由。这点也是与差旅型旅游者相同的。

(3) 旅游者对价格较敏感。家庭及个人事务型旅游同样是自费型旅游,就对价格的敏感度而言,此类旅游者与消遣型旅游者的需求特点相像,对旅游价格较为敏感。

所以对这类旅游者只能根据具体情况进行具体分析,难以一概而论。

(四) 特种旅游者

特种旅游者是近年来新兴的旅游市场。随着人们物质生活和精神生活的日益提高与丰富,导致旅游活动更趋于多样化和个性化,旅游者崇尚和追求新、奇、险,不再满足于对旅游客体的观光、游览,而是产生了强烈的主体参与意识。目前,主要的特种旅游者有:生态旅游者、探险旅游者、志愿者旅游者、农业旅游者、海底旅游者等。这类旅游者的基本特点是:

(1) 特种旅游者选择的旅游环境,包括自然环境和文化环境,都必须具有浓郁的原始自然性,即要保持"原汁原味"。通常游历的地区都为边(边疆)、古(古老悠久文明)、荒(沙漠或人迹罕到之处)、奇(地形地貌奇特)、险(地势险峻)、少(少数民族)地区。

(2) 特种旅游者在旅行过程中感知和体验外部世界,通过冒险、感官刺激或面对一个全新环境来得到一种精神上的享受与满足,对旅程的安排和组织都有较高的自主性、能动性和适应性。

(3) 由于特种旅游是一种高层次、富有文化内涵的旅游,因而对参加者的要求相应较高,需有一定的知识修养和良好的素质,同时必须拥有健壮体魄和坚强的意志与毅力。又由于特种旅游者以自己有限的生命躯壳去感受那种发现自然、融于自然,最后战胜自然的乐趣。

(4) 由于特种旅游者通常去的目的地多为保持原始自然和人文风貌的地区,这就在客观上要求旅游者和导游必须具有较强的环境保护意识和法规意识,要有可持续发展的观念,既要防止在旅行中发生破坏生态环境和旅游资源的行为与事件,又要使自己尽兴。

(5) 特种旅游者所需的服务具有明显的多样化与个性化。

【关键术语】

旅游者　入境旅游者　国内旅游者　消遣型旅游者　差旅型旅游者　家庭及个人事务型旅游者　特种旅游者

【问题及讨论】

1. 试评述未来旅游者的"权利和义务"。

2. 目前，我国农村旅游市场发展迅速，农村居民的出游人数与出游率逐年上升，其基本特点是：旅游消费水平低（甚至是零消费）、近程旅游者居多、出游时间的随机性较强、以三五人一组的出游形式为主，请结合旅游者形成的条件对我国农村居民旅游者进行分析与评价。

【参考文献】

［1］戈尔德耐，里奇，麦金托什．旅游业教程：旅游业原理、方法和实践［M］．贾秀海，译．大连：大连理工大学出版社，2003．

［2］库珀，等．旅游学：原理与实践［M］．张俐俐，蔡利平，译．北京：高等教育出版社，2004．

［3］李天元．旅游学概论［M］．7版．天津：南开大学出版社，2015．

［4］中华人民共和国国家旅游局．中国旅游统计年鉴2018［R］．北京：中国旅游出版社，2018．

［5］邵琪伟．中国旅游大辞典［M］．上海：上海辞书出版社，2012．

［6］谢彦君．基础旅游学［M］．北京：中国旅游出版社，2011．

［7］郭亚军．旅游者决策行为研究［M］．北京：中国经济出版社，2012．

［8］程萍，严艳．旅游微博新媒介对旅游者的吸引力研究：基于对艺龙旅行网新浪微博的网络文本分析［J］．旅游论坛，2012，5（3）：22-26．

［9］厄里，拉森．游客的凝视［M］．王婉瑜，译．上海：格致出版社，2016．

［10］白凯．旅游者行为学［M］．北京：科学出版社，2015．

［11］王怀採，等．旅游者碳足迹［M］．北京：中国林业出版社，2011．

［12］余志远．成己之路：背包旅游者旅游体验研究［M］．北京：旅游教育出版社，2016．

［13］张广宇．行为经济学视角下的旅游者购买决策研究［M］．北京：旅游教育出版社，2016．

【参考网站】

1. 中国旅游新闻网（www.ctnews.com.cn）
2. 中华人民共和国文化和旅游部（www.mct.gov.cn）
3. 国家统计局（www.stats.gov.cn）

第四章 旅游资源

【学习目的与要求】

掌握旅游资源的概念、旅游资源的特点和分类方法；了解旅游资源调查方法和旅游资源的评价方法；掌握旅游资源开发的原则和开发内容，通过本章的学习，树立大学生在旅游活动中的环保意识和在未来的旅游资源开发利用中的可持续利用的科学发展观；培养学生的绿色环保意识；了解本章学习和研究的基本参考文献和参考网站。

◆【主要内容框架】

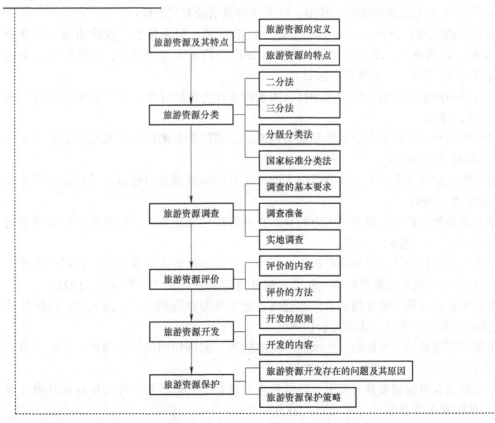

旅游资源是旅游业发展的物质基础，是旅游开发的依据，在一定的条件下，旅游资源的类型、规模、品质及其所处的区位条件是一个地区旅游业发展的关键，往往决定着地方旅游发展的方向、规模和速度。特别是远离大城市的区域，其区位条件一般不佳，远离目标客源市场，其旅游资源状况决定着地方旅游发展的方向和开发模式。因此，在旅游规划中对旅游资源进行合理的分类以及科学、全面的评价，有利于加深对旅游资源属性的认识，对旅游开发模式的确定以及旅游市场定位等方面也有重要的意义。

第一节 旅游资源及其特点

旅游资源是旅游活动的客体。某一国家或地区旅游资源的特色、丰度、分布状况以及开发和保护水平，直接影响着该国或该地区旅游客流的流量和流向、旅游业的经营规模和效益及其发展前景。从这个意义上讲，旅游资源是旅游学研究中的一个基本概念。然而，直到目前为止，在旅游学术界，由于对旅游这一核心概念的泛化理解，使得人们对旅游资源的概念尚未形成一个统一的认识，导致了在旅游资源开发过程中的"泛资源论"和"唯资源论"，这两种倾向都对旅游资源开发具有极大的误导作用。到底什么是旅游资源，旅游资源具有哪些基本特征，这是我们必须清楚的基本问题。

一、旅游资源的定义

对于什么是旅游资源（tourism resources），由于学术背景、研究角度的不同，不同的学者提出不同的关于旅游资源的界定。其中，以下几种说法较有代表性：

"凡能为旅游者提供观光游览、知识乐趣、度假疗养、娱乐休息、探险猎奇、考察研究、寻根访祖、宗教朝拜、商务交往以及人民友好往来的客体与劳务等，并具有开发价值者，均可称为旅游资源。"（郭来喜，1982）

"凡是足以构成吸引旅游者的自然和社会因素均统称为旅游资源。"（《旅游学概论》，天津人民出版社，1982）

"凡是足以构成吸引旅游者的自然和社会因素，亦即旅游者的旅游对象或目的物都是旅游资源。"（邓观利，1983）

"旅游资源是在现实条件下，能够吸引人们产生旅游动机并进行旅游活动的各种因素的总和。"（陈传康，1990）

"旅游资源是指对旅游者具有吸引力的自然存在和历史文化遗产，以及直接用于旅游目的的人工创造物。"（保继刚，1992）

"自然界和人类社会凡能对另一种产生吸引力，可以为旅游业开发利用，并可产生经济效益、社会效益和环境效益的各种事物和因素都可视为旅游资源。"（尹泽生，1992）

"旅游资源是指凡是能激发旅游者旅游动机，能为旅游业所利用，并由此产生经济价值和社会效益的因素和条件。"（张凌云，1988）

"旅游资源即自然的、文化的、艺术的、历史的或工艺等作用的旅游遗产，它吸引着旅游者，刺激着他去旅游。"（罗贝尔·朗加尔，1995）

"凡是能够造就对旅游者具有吸引力环境的自然事物、文化事物、社会事物或其他任何客观事物，都构成旅游资源。"（李天元，2000）

"自然界和人类社会凡能对旅游者产生吸引力，可以为旅游业开发利用，并可产生经济效益、社会效益和环境效益的各种事物和因素。"（国家标准《旅游资源分类、调查与评价》，2017）

分析以上定义可以看出，虽然它们各自的出发点和强调的重点有所不同，但就资源的基本属性而言，大体是一致的，都强调了旅游资源的可利用性和对旅游者的吸引性，把握这些基本属性对于理解旅游资源的概念至为关键。

首先，旅游资源具有激发旅游者动机的吸引性。这是旅游资源最大的特点，也是旅游资源理论的核心。旅游资源因可以向旅游者提供难忘和愉悦的经历而对旅游者具有某种吸引力，不具有这种吸引力的任何资源形式都不是、也不会成为旅游资源。

其次，旅游资源与其他资源一样，是一种客观存在，是旅游业发展的物质基础。无论是水色山光、植物动物、变幻天象，还是文物古迹、古今建筑、民族风情等，都是物质的。对于诗词曲赋、神话传说、寓言故事等无形的、不易感知和触摸的非物质的意识现象，也应将其归入旅游资源的范畴。它们产生于物质基础，并依附于物质基础而存在。

再次，旅游资源必须依托于一定的地域空间，是绝对不能移动的。这一点既决定于旅游资源本身的内涵，又根源于作为前提的旅游这一功能所具有的特征。在旅游开发中，有两种情况往往被误认为是"旅游资源移动"现象，一种是人们模拟旅游资源而在异地所做的开发，而旅游资源的本体并未在原地消失，这根本不是旅游资源移动，仅仅是旅游产品在异地的创制与生产，并且这种产品与旅游资源本体在价值上是不一样的；另一种情况是，人们将原始旅游资源整体迁往异地（即移向客源地），原地不再有旅游资源本体，这种情况虽然属于真正意义上的资源迁移而非产品生产，但旅游资源一经如此迁移后便不再是原来的旅游资源了，因为旅游资源需要依赖一定的环境。

基于以上的认识，我们认为应将旅游资源定义为：客观存在于一定地域空间中，并对旅游者具有吸引力的一切自然存在、历史文化遗产或社会现象。

二、旅游资源的特点

旅游资源是一种特殊的资源类型，它具有以下几个特征：

1. 对旅游者的吸引性

旅游资源的核心特点是对旅游者具有巨大的吸引力，而这种吸引力是通过给旅游者提供审美和愉悦的心理体验过程而实现的。通过这种体验过程，不同的旅游者得以分别或同时满足三个层次的心理需求，即在美感陶醉中获得精神愉悦、在广闻博见中得到充实自我的精神满足、在移情和寄情中释放情感的欲望。不管是哪种旅游资源，都应该具有这样的基本功能。旅游资源的美学特征越突出、观赏性越强，对旅游者的吸引力就越大。

2. 多样性和综合性

旅游资源是一个内涵非常广泛的集合概念，任何能够对旅游者具有吸引力的因素都可以成为旅游资源。旅游资源在表现形式上也具有多样性的特点，不仅包括地质地貌、气象气候、陆地海洋、动植物等自然旅游资源，而且还涉及经济、文化、宗教、民族、工农业等人文资源。

任何类型旅游资源都不是孤立存在的，而是与其他旅游资源相互依存、相互作用并共同形成一个和谐的有机整体。存在于特定地域上的各种各样的旅游资源，正是以一个有机整体来发挥旅游吸引力,实现其旅游价值的,这就是旅游资源的综合性。一般来讲,一个地区的旅游资源的种类越多,联系越紧密,其生命力就越强,地区的整体景观效果就越好,综合开发利用的潜力也就越大。

3. 区域性

旅游资源总是分布于一定的地域空间中,正是由于旅游资源在区域上的差异分布,使得一地的旅游资源会对另一地的旅游者形成吸引力,从而造成旅游者的空间流动,也就产生了旅游现象。旅游资源的区域分布是受自然地理和人类社会活动的一般规律所决定的,并由此形成了在不同纬度和经度上旅游资源的地带性分布特性,以及在相同经纬度上可能表现出的垂直地带性分布特性。如中国北方与南方地理环境的差异,造成自然景观、人文景观南北特色迥然不同。北方山水浑厚,建筑体型巨大,人的性格粗犷、豪放;南方山清水秀,建筑玲珑剔透,人的性格细腻、灵秀。

4. 时代性

旅游资源的本原在于它具有的可以满足人们旅游审美愉悦和旅游世俗愉悦需要的功能。由于人类的审美能力和愉悦要求是随着社会实践的发展而逐步形成、发展和丰富起来的,因此,在不同的时代,人们对自然和社会的现实存在能否构成旅游资源的价值判断就会表现出极大的差异。旅游资源的时代性的特点概括起来有四点:一是旅游资源随时代的需求而产生、发展,品种数量正在成倍增长;二是随着时代的发展,古代的部分旅游资源已被淘汰或消失;三是旅游资源因时代的差异而评价不同;四是因时代不同,旅游资源的功能也不同。

5. 不可转移性

无论是历史遗产还是天然旅游资源,都具有地理上不可移动的特性。在现代社会和技术条件下,在其他地方仿造一些著名的景观,这种仿制品脱离了历史和环境,从而失去了意义和魅力。如埃及的金字塔只有在埃及特有的自然环境和历史沉淀中才具有其作为旅游资源的价值;而我国的长城也只有以我国源远流长的历史长河为背景,才能体现出它的雄伟壮美。

6. 永续性和不可再生性

永续性是指旅游资源具有可以重复利用的特点。与矿产资源、森林等资源随着人类的不断开发利用会不断减少不同,旅游产品是一种无形产品,旅游者付出一定的金钱所购买到的只是一种经历和感受,而不是旅游资源本身。因此,从理论上讲,旅游资源可以长期永续地利用下去。但是,正如自然生态平衡和文化遗产容易受到破坏一样,旅游资源使用不当也会遭到破坏,而且绝大多数旅游资源都具有易于破坏、难以再生的特点。正是在这个意义上,越来越多的人把旅游业称为"资源密集型产业",意在呼唤旅游开发者、旅游者以及当地社区的资源保护意识,向旅游资源的永续利用迈进。

第二节 旅游资源分类

旅游资源的分类方法有很多,根据人们对旅游资源的认识和旅游发展的过程,旅游资源的分类主要有二分法、三分法、分级分类法和国家标准分类法等。

一、旅游资源分类的二分法

"二分法"是指把旅游资源分为自然旅游资源与人文旅游资源两大系列的一种分类系统，是一种最基本的旅游资源分类方案。该分类系统共包括两大类、14个基本类型、63个类型，见表4-1。

表4-1 旅游资源分类表（二分法）

大类	基本类型	类型	大类	基本类型	类型
自然旅游资源	地质	岩石、化石、地层、构造遗迹、地震灾害遗迹	人文旅游资源	历史古迹	古人类遗址、古战场遗址、名人遗址、重要史迹、其他古迹
	地貌	山地、峡谷、风蚀风积景观、冰川遗迹、火山熔岩、黄土景观、丹霞地貌、海岸与岛礁、其他地貌		古建筑	防御工程、宫殿、水利工程、交通工程、瞭望观赏建筑、起居建筑、其他建筑
	水体	河川、湖泊、瀑布、泉、海洋、其他水体		陵墓	帝王陵墓、名人陵墓、其他陵墓
	气象气候与天象	气象、气候、天象		园林	皇家园林、私家园林、寺观园林、公共游憩园林
	动植物	植物、动物、动植物园		宗教文化	佛教文化、道教文化、伊斯兰文化、基督教文化
	综合景观	自然保护区、田园风光、其他综合景观		城镇	历史文化名城、现代都市、特色城镇
				社会风情	民俗、购物
				文学艺术	游记诗词、楹联题刻、神话传说、影视戏曲、书法绘画

二、旅游资源分类的三分法

此分类方法是中国科学院遥感应用研究所阎守邕等人于1986年利用IBM PC/AT微机建立的中国旅游资源信息系统，此系统可编成旅游资源分类编码体系表，将我国旅游资源分成三大类和三级。其中三大类为自然风光、人文景观和人文产品；三级，确定为一级3类，二级27类，三级145类[1]，见表4-2。

---

[1] 杨振之. 旅游资源开发 [M]. 成都：四川人民出版社，1996.

表 4-2　旅游资源分类表（三分法）

一级类型	二级类型	三级类型
自然风光	山　岳	雪峰、冰川、名山、火山、怪石
	岩　溶	石林、峰林、峰丛、溶洞、地下河
	江　河	峡谷、瀑布、急流、险滩、江岸石矶、江心洲、岛屿
	湖　泊	湖滩、湖心岛、湖堤
	泉　水	冷泉、温泉、热泉、沸泉
	海　洋	海滩、海岸、礁石、海岛、海港、海湾
	黄　土	黄土塬、黄土沟壑、黄土丘
	生　物	森林、草原、花卉、动物
	沙　漠	沙丘、响沙、戈壁
	奇　观	日出、日落、日食、月食、海市蜃楼、佛光、圣灯
	自然保护区	植物保护区、动物保护区、地质剖面保护区、典型地貌保护区
	气　候	日照、气温、积雪、风力、降水
人文景观	历史古迹	古人类遗址、古文化遗址、古城遗址、古冶窑遗址、皇帝陵墓、古代墓群、宫殿建筑、寺庙建筑、园林建筑、纪念性建筑、亭台楼阁、书院学堂、名人故居、牌坊、宫阙、长城关隘、古代道路、古运河、古堰塘、古桥梁、石窟、古塔、碑刻、壁画、影壁、造像、经幢
	近代史迹	革命遗址、烈士陵园、纪念性建筑
	园林艺术	帝宫园林、宅第园林、公共园林
	社会风情	民族节日、民族服饰、民族习俗
	文化艺术	绘画、书法、音乐、文学、戏剧、曲艺、电影、杂志、体育、博物馆
	城乡风貌	街道、大楼、商场、乡村、田园、牧场、梯田、农场
	现代工程	水库、水坝、隧道、船闸、湖闸、大堤、桥梁、矿井、钻井台、大型企业、铁塔
	科学技术	试验场地、科技成果
	旅游设施	饭店、酒店、车队、购物中心、索道、游船
	交通设施	地铁、码头、机场、车站、停车场
	游乐场所	公园、游乐场、文化宫、俱乐部、动物园、植物园、主题公园（仿古建筑、微缩园等）
	运动场地	体育场、体育馆、海滨浴场、滑雪场、狩猎场、高尔夫球场、跑马场
人文产品	工艺产品	雕刻、景泰蓝、瓷器、漆器、刺绣、织锦、编织、地毯、剪纸、泥塑、手工艺品
	土特产品	茶叶、名酒、药材、果品、土产
	名菜佳肴	小吃、名菜、名点

（资料来源：杨振之. 旅游资源开发 [M]. 成都：四川人民出版社，1996.）

三、旅游资源分类的分级分类法

在《中国旅游资源普查分类法（试行稿）》的基础上，郭来喜、吴必虎（2000）提出了新的旅游资源分类方法，并称之为分级分类法。此种分类方法将旅游资源分类分为三个层次：景系（serial）、景类（type）、景型（pattern）。景系为第一层次，景类为第二层次，景型为第三层次。第三层次的景型是最基本的层次称为基类。这种分类方法将服务和有关设施作为一种旅游资源纳入分类系统，增加了一个服务景系。它与自然景系、人文景系处于并列地位。分级分类法确定的分类系统中共有 3 个景系、10 个景类、98 类景型，见表 4-3。

表 4-3　中国旅游资源分级分类系统

景系	景　类	景　型
自然景系	地文景观景类	①地质现象景型；②山岳景区景型；③探险山地景型；④火山景型；⑤丹霞景型；⑥地表岩溶景型；⑦峡谷景型；⑧土林/沙林景型；⑨黄土景型；⑩雅丹景型；⑪沙地/砾地景型；⑫海岸景型；⑬岛屿景型；⑭洞穴景型；⑮探险/徒步旅游地景型；⑯自然灾变遗迹景型
	水文景观景类	①海面景型；②非峡谷风景河流景型；③湖泊/水库景型；④河口潮汐景型；⑤瀑布景型；⑥泉景型；⑦现代冰川景型
	气候生物景类	①天文/气象景观景型；②日照景型；③空气景型；④冰雪景型；⑤雾/雾凇景型；⑥气候景型；⑦原始植物群落景型；⑧风景林景型；⑨风景草原/草甸景型；⑩观赏花草景型；⑪野生动物栖息地景型；⑫游憩性渔猎地景型；⑬构景地表土壤景型
	其他自然景类	①其他自然景观景型
人文景系	历史遗产景类	①人类文化遗址；②社会经济文化遗址；③军事防御体系遗址；④古城与古城遗址；⑤帝陵与名人陵墓；⑥皇室/官署建筑群；⑦宗教/礼制建筑群；⑧殿堂；⑨格阁；⑩古塔；⑪牌坊/门楼；⑫碑碣；⑬传统建筑小品；⑭古典园林；⑮近代西洋建筑；⑯名桥；⑰传统聚落/田园；⑱古井；⑲古民居；⑳石窟/摩崖石刻；㉑古代水利/交通工程；㉒历史街区；㉓历史纪念地；㉔革命纪念地
	现代人文吸引物景类	①产业旅游地景型；②现代水工建筑景型；③现代大型桥梁景型；④特色聚落/平日活动景型；⑤城市现代建筑景型；⑥城市广场/客流集散地景型；⑦现代城市公园景型；⑧植物园景型；⑨主题公园/人造景观景型；⑩购物旅游地景型；⑪疗养度假地景型；⑫科学教育设施景型；⑬博物馆/展览馆景型；⑭体育/军体设施景型；⑮健身康体设施景型；⑯节庆活动景型；⑰景观建筑景型；⑱人工喷泉景型；⑲土特产品/工艺美术品景型；⑳娱乐设施/表演团体景型；㉑雕塑景型
	抽象人文吸引物景类	①民间传说景型；②山水文学作品景型；③名胜志/地方志景型；④戏曲/民间文艺景型；⑤少数民族文化景型；⑥特色民俗景型；⑦历史寻踪景型
	其他人文景类	①其他人文景观景型
服务景系	旅游服务景类	①旅游住宿设施景型；②旅游餐饮场所景型；③旅行社景型；④旅游交通设施/机构景型；⑤旅游教育/科研机构景型；⑥旅游管理机构景型；⑦特种劳务/服务场所景型
	其他服务景类	①其他服务景型

四、旅游资源分类的国家标准分类法

国家旅游局资源开发司和中国科学院地理研究所（1992）共同编著了《中国旅游资源普查分类》（试行稿），在这一分类方法中，资源分类分为两级：类与基本类型。类是若干属性相同或相近的基本类型的归并，不开展实际调查，而旅游资源基本类型是普查的具体对象。全部类型共有 74 种，归为 6 类。1999 年 6 月 14 日，国家质量技术监督局批准实施的《旅游区（点）质量等级划分标准》（该标准后被标准 GB/T 17775—2003 替代）中的旅游资源类型基本采用了这一分类方法。2003年2月24日，国家质量监督检验检疫总局发布了国家标准《旅游资源分类、调查与评价》（GB/T 18972—2003），该国家标准将旅游资源分为8个主类、31个亚类、155个基本类型。在此基础上，2017年12月29日国家质量监督检验检疫总局与国家标准化管理委员会共同发布的《旅游资源分类、调查与评价》（GB/T 18972-2017）对上一版进行了继承性编辑，分类的层次和类型进行了简化，旅游资源主类的排序和名称做了调整，旅游资源亚类减少为23个，见表4-4。

表4-4　旅游资源分类表

主类	亚类	基本类型
A 地文景观	AA 自然景观综合体	AAA 山丘型景观，AAB 台地型景观，AAC 沟谷型景观，AAD 滩地型景观
	AB 地质与构造形迹	ABA 断层景观，ABB 褶曲景观，ABC 地层剖面，ABD 生物化石点
	AC 地表形态	ACA 台丘状地景，ACB 峰柱状地景，ACC 垄岗状地景，ACD 沟壑与洞穴，ACE 奇特与象形山石，ACF 岩土圈灾变遗迹
	AD 自然标记与自然现象	ADA 奇异自然现象，ADB 自然标志地，ADC 垂直自然带
B 水域景观	BA 河系	BAA 游憩河段，BAB 瀑布，BAC 古河道段落
	BB 湖沼	BBA 游憩湖区，BBB 潭池，BBC 湿地
	BC 地下水	BCA 泉，BCB 埋藏水体
	BD 冰雪地	BDA 积雪地，BDB 现代冰川
	BE 海面	BEA 游憩海域，BEB 涌潮与击浪现象，BEC 小型岛礁
C 生物景观	CA 植被景观	CAA 林地，CAB 独树与丛树，CAC 草地，CAD 花卉地
	CB 野生动物栖息地	CBA 水生动物栖息地，CBB 陆地动物栖息地，CBC 鸟类栖息地，CBD 蝶类栖息地
D 天象与气候景观	DA 天象景观	DAA 太空景观赏地，DAB 地表光现象
	DB 天气与气候现象	DBA 云雾多发区，DBB 极端与特殊气候显示地，DBC 物候景象
E 建筑与设施	EA 人文景观综合体	EAA 社会与商贸活动场所，EAB 军事遗址和古战场，EAC 教学科研实验场所，EAD 建筑工程与生产地，EAE 文化活动场所，EAF 康体游乐休闲度假地，EAG 宗教与祭祀活动场所，EAH 交通运输场站，EAI 纪念地与纪念活动场所
	EB 实用建筑与核心建设	EBA 特色街区，EBB 特性屋舍，EBC 独立厅、室、馆，EBD 独立场、所，EBE 桥梁，EBF 渠道、运河段落，EBG 堤坝段落，EBH 港口、渡口与码头，EBI 洞窟，EBJ 陵墓，EBK 景观农田，EBL 景观牧场，EBM 景观林场，EBN 景观养殖场，EBO 特色店铺，EBP 特色市场
	EC 景观与小品建筑	ECA 形象标志物，ECB 观景点，ECC 亭、台、楼、阁，ECD 书画作，ECE 雕塑，ECF 碑碣、碑林、经幢，ECG 牌坊牌楼、影壁，ECH 门廊、廊道，ECI 塔形建筑，ECJ 景观步道、甬路，ECK 花草坪，ECL 水井，ECM 喷泉，ECN 堆石

(续)

主类	亚类	基本类型
F 历史遗迹	FA 物质类文化遗存	FAA 建筑遗迹，FAB 可移动文物
	FB 非物质类文化遗存	FBA 民间文学艺术，FBB 地方习俗，FBC 传统服饰装饰，FBD 传统演艺，FBE 传统医药，FBF 传统体育赛事
G 旅游购品	GA 农业产品	GAA 种植业产品及制品，GAB 林业产品与制品，GAC 畜牧业产品与制品，GAD 水产品与制品，GAE 养殖业产品与制品
	GB 工业产品	GBA 日用工业品，GBB 旅游装备产品
	GC 手工工艺品	GCA 文房用品，GCB 织品、染织，GCC 家具，GCD 陶瓷，GCE 金石雕刻、雕塑制品，GCF 金石器，GCG 纸艺与灯艺，GCH 画作
H 人文活动	HA 人事活动记录	HAA 地方人物，HAB 地方事件
	HB 岁时节令	HBA 宗教活动与庙会，HBB 农时节日，HBC 现代节庆
数 量 统 计		
8 主类	23 亚类	110 基本类型

注：如果发现本分类没有包括的基本类型时，使用者可自行增加。增加的基本类型可归入相应亚类，置于最后，最多可增加 2 个。编号方式为：增加第 1 个基本类型时，该亚类 2 位汉语拼音字母 + Z；增加第 2 个基本类型时，该亚类 2 位汉语拼音字母 + Y。

第三节 旅游资源调查

国家标准《旅游资源分类、调查与评价》（GB/T 18972—2017）中制定了旅游资源调查的方法。

一、旅游资源调查的基本要求

（1）按照标准规定的内容和方法进行调查。

（2）应保证成果质量，强调整个运作过程的科学性、客观性和准确性，做到内容简洁和量化。

（3）充分利用与旅游资源有关的各种资料和研究成果，完成统计、填表和编写调查文件等工作。调查方式以收集、分析、转化、利用这些资料和成果为主，并逐个对旅游资源单体进行现场调查核实，包括访问、现场观察、测量、记录、绘图、摄影，必要时进行采样和室内分析。

（4）旅游资源调查分为"旅游资源详查"和"旅游资源概查"两个档次，其调查方式和精度要求不同。

二、旅游资源调查准备

1. 成立调查组

（1）调查组成员应具备与该调查区旅游环境、旅游资源、旅游开发有关的专业知识，一般应包括旅游、环境保护、地学、生物学、建筑园林、历史文化等方面的专业人员。

（2）根据有关要求进行技术培训。

（3）准备实地调查所需的设备，如定位仪器、简易测量仪器、影像设备等。

（4）准备多份"旅游资源单体调查表"。

2. 资料收集

（1）收集与旅游资源调查单体及其赋存环境有关的各类文字描述资料，包括地方志、乡土教材、旅游区与旅游点介绍、规划与专题报告等。

（2）收集与旅游资源调查区有关的各类图形资料，重点是反映旅游环境与旅游资源的专题地图。

（3）收集与旅游资源调查区和旅游资源单体有关的各种照片和音像资料。

3. 准备工作底图

（1）一般为等高线地形图。比例尺视调查区域的大小而定：较大面积的调查区域为 1∶200 000～1∶5000，较小面积的调查区域为 1∶25 000～1∶5000，特殊情况下为更大比例尺。

（2）调查区域的行政区地图。

三、实地调查

1. 程序与方法

（1）确定调查小区和调查线路。将整个调查区分为"调查小区"。调查小区一般按行政区划分（如省级一级的调查区，可将地区一级的行政区划分为调查小区；地区一级的调查区，可将县级一级的行政区划分为调查小区；县级一级的调查区，可将乡镇一级的行政区划分为调查小区），也可按现有的或规划中的旅游区域划分。调查线路按实际要求设置，应贯穿调查区内所有调查小区和主要旅游资源单体所在的地点。

（2）选定调查对象。调查对象包括：具有旅游开发前景的，有明显经济、社会、文化价值的旅游资源单体；集合型旅游资源单体中具有代表性的部分；代表调查区形象的旅游资源单体。不调查对象包括：品位明显较低，不具有开发利用价值的；与国家现行法律、法规相违背的；开发后有损于社会形象的或可能造成环境问题的；影响国计民生的；某些位于特定区域内的旅游资源单体。

（3）填写"旅游资源单体调查表"。

（4）编绘"旅游资源分布图"。在事先准备好的工作底图上，按实际位置点绘主要旅游资源单体，并标绘调查小区和调查线路。

2. 调查成果汇编

在实地调查工作结束后，要对调查的资料和成果进行分析和整理，填制各种分析和汇总的表格。一般旅游规划中，特别是旅游发展规划中，往往将旅游资源调查和研究的成果撰写成《旅游资源调查报告》或《旅游资源专题研究报告》。《旅游资源调查报告》的篇目编写可参考国家标准《旅游资源分类、调查与评价》中的《旅游资源调查报告》篇目编写体例，包括：前言；第一章　调查区旅游环境；第二章　旅游资源开发历史和现状；第三章　旅游资源基本类型；第四章　旅游资源评价；第五章　旅游资源保护与开发建议；主要参考文献；附图：《旅游资源图》或《优良级旅游资源图》。

第四节　旅游资源评价

旅游资源评价，就是从合理开发、利用和保护旅游资源及取得最大的社会、经济、环境效益的角度出发，运用某种方法，对一定区域内旅游资源本身的价值及其外部开发条件等进行综合评判和鉴定的过程。旅游资源评价是在旅游资源调查的基础上所进行的更深入的研究工作。

一、旅游资源评价的内容

旅游资源评价是科学地开发和利用旅游资源的前提。通过对一定区域内的旅游资源进行评价，可以对旅游资源的品位、特质、开发条件等有一个全面而客观的认识，从而明确该旅游资源在同类旅游资源中或在所处区域中的地位，确定不同旅游资源的开发序位，为制订旅游开发规划等提供科学的判断标准或理论依据。

由于旅游资源涉及范围广泛、结构复杂，种类及性质又千差万别，因此，旅游资源评价是一项极其复杂而又重要的工作，很难有一个统一的评价标准。而且，不同民族、不同职业、不同文化背景、不同阶层的评价者往往有着不同的审美观。旅游资源的评价一般包括旅游资源价值评价（或本体评价）和旅游资源开发条件评价两个方面。

（一）旅游资源价值评价

旅游资源价值评价是对旅游资源自身品质和丰优程度的评价，主要包括以下七项指标：

1. *美学观赏性*

美学观赏性主要指旅游资源能提供给旅游者美感的种类及强度。旅游的基本形式是观光，观光是旅游者鉴赏美的活动，美的事物能使旅游者赏心悦目，从而陶冶其性情，具有很高的观赏价值。旅游资源的美是多种多样的：自然美主要是通过山体、河流、湖泊、草原、森林、日光、月影、云雾、雨雪等构景要素的总体特征来体现；人文美主要是通过寺庙、陵墓、殿堂、亭台楼阁、石窟造像、石刻、民俗风情等来体现。具体来说，旅游景观的美包括形态美、形式美、色彩美、韵律美、嗅味美、动态美和意境美等。

2. *历史文化性*

历史文化性主要是指旅游资源所包含的历史文化内涵。它一方面是指旅游资源是否与重大历史事件、历史人物有关，及其遗存文物古迹的数量与质量，如西安秦兵马俑、北京故宫、曲阜孔庙、南京雨花台；另一方面是指旅游资源是否具有或体现了某种文化特征，是否与某种文化活动有密切关系，是否有与之直接相关的文学艺术作品、神话传说等，如因"枫桥夜泊"而闻名的寒山寺、佛教四大名山等。

3. *科学性*

旅游资源的科学性主要是指旅游资源的某种研究功能，在自然科学、社会科学和教学科研方面所具有的特点，能为科学工作者、探索者和追求者提供的研究场所；这些场所通常是自然保护区、特殊的自然环境区域、博物馆、纪念地等。例如，陕西太白山自然保护区自然条件复杂独特，至今仍保留着千姿百态的第四纪冰川遗迹，被誉为第四纪冰川地貌的"天然博物馆"；同时它还是大熊猫、金丝猴、羚牛等珍稀动物的天然乐园，且植物的垂直分布规律表现得最为明显，是多种学科进行考察研究和教学实习的重要基地。

4. 奇特性

奇特性即旅游资源的特色、个性，也就是"与众不同""唯我独有""人有我优""人优我特"的特征。具体而言，它一方面是指旅游资源相对于非旅游资源的差异程度，表现为特异性；另一方面是指旅游景点唯我所有，有别于其他景点或不与其他景点重复，表现为新奇性。

5. 规模与组合状况

旅游资源的规模是指景观对象数量的多少、体积及占地面积的大小等。旅游资源的组合状况，一是指自然旅游资源与人文旅游资源的结合与补充情况；二是指各要素的组合及协调性；三是指景观的集聚程度。只有在一定区域内，旅游资源密度较大、类型丰富、搭配协调，并且形成了一定规模的旅游资源才具有较高的旅游价值。

6. 旅游功能

旅游资源的旅游功能是指旅游资源能够满足某种旅游活动需求的作用。如，美学观赏性强的旅游资源可用于开展观光旅游；文化、科学价值高的旅游资源适宜开展修学旅游、探险旅游等。一项旅游资源若兼有两种或两种以上的旅游功能，就能够吸引多个游客群，适宜开展多种旅游活动，那么其价值就较大。

7. 旅游环境容量

旅游环境容量是指在一定时间条件下，一定旅游资源的空间范围内的旅游活动能力，也就是在不致严重影响旅游资源特性、质量及旅游者体验的前提下，旅游资源的特质和空间规模所能连续维持的最高旅游利用水平，又称为旅游承载力或饱和度。它主要受旅游资源的自然特性、旅游功能、旅游活动方式及旅游者偏好等多种因素的影响，涉及旅游者心理需求、旅游资源保护、生态平衡、旅游社会经济效益等多方面的问题。在一定时间、旅游资源一定的条件下，如果接待的旅游者的数量超过了合理的旅游环境容量，就会损害旅游环境和旅游者的体验感。当然，在充分满足上述前提的条件下，旅游环境容量大者，旅游资源价值就高。

（二）旅游资源开发条件评价

旅游开发是旅游资源评价的最终目的，是一项涉及社会、经济、文化、环境等各部门、多领域的系统工程。旅游资源本身的条件固然非常重要，但旅游资源开发仍要受许多外部客观条件的影响和制约，这些条件主要包括以下六个方面：

1. 区位条件

旅游资源的区位条件主要是指旅游资源所在区域的地理位置、交通条件以及旅游资源与其所在区域内的其他旅游资源、周边区域旅游资源的关系等。旅游资源所在地的地理位置及其交通条件决定着游客的可进入性和旅游开发的经济合理性。一处旅游资源与其所在区域其他旅游资源、周边地区旅游资源之间，一般为互补关系或替代关系。为互补关系时，旅游资源之间可以互映互衬，产生集聚效应，从而更多地吸引旅游者；为替代关系时，它们之间会相互竞争、相互取代，引起游客分流。另外，一处旅游资源周围若有名山、名湖、名河、名泉、名岛、名城等，不但有利于旅游资源的成片规模开发，而且会对该旅游资源起到带动作用，产生规模效应。

2. 客源条件

一定数量的客源是维持旅游经济活动的必要条件，游客数量与旅游经济效益是直接相关的。旅游资源的客源条件可以从两方面进行分析：其一是在空间方面，分析旅游资源所能吸引的客源范围、最大辐射半径、吸引客源层次及特点；其二是在时间方面，分析客源季节变化可能形成的旅游淡旺季。这与旅游资源所在地的气候特征有一定关系。旅游资源的类型、等级不同，其客源市场指向也不同，评价时应实事求是地指出。评价客源条件需与旅游资源的价值、区位条件等因素结合起来综合考虑。

3. 自然环境

自然环境即旅游资源所在地的地质地貌、气象气候、水文、土壤、植被等要素，它对旅游资源的质量、时间节律和开发有着直接的影响。植被、水文、气象等本身是旅游资源不可分割的一部分，直接关系到旅游资源的品质。旅游资源所处的外部环境必须清洁雅静，令人赏心悦目。著名的自然风景区普遍植被保存良好，山清水秀，资源与环境有机地融成一体。宜人的气候是旅游的必要条件，并起着导向作用。水既是孕育景观的活跃因子，又为景区设施和旅游者生活所必需，而且水质如何，关系到旅游者的健康。大气环境和土壤元素构成中是否含有害物质，也会影响游客健康，进而影响旅游开发。另外，对旅游资源所在地地质地貌的分析亦很重要，如地质地貌环境是否脆弱，地震、滑坡、泥石流、洪水、水土流失等自然灾害发生的可能性大小等，都与旅游者的人身安全息息相关，直接影响到旅游者数量、旅游资源开发及其效益。

4. 经济环境

经济环境即旅游资源所在地的经济状况，主要是指投资、劳动力、物产和物资供应及基础设施等条件。资金是旅游资源开发的必要条件，特别是在经济尚不发达、资金比较匮乏的区域，评价投资条件更为重要。资金来源是否充裕，财力是否雄厚，直接关系到旅游开发的深度、广度、进度以及开发的可能性。基础设施条件指水、电、交通、邮政、通信等公共设施系统的完善程度、先进程度。如果这些设施不够完善或比较落后，会直接影响到旅游资源的可进入性和旅游服务质量，从而影响旅游资源开发程度和旅游经济效益的提高。

5. 社会文化条件

社会文化条件主要是指旅游资源所在地的政治局势、政策法令、社会治安、政府及当地居民对旅游业的态度、卫生保健状况、地方开放程度以及风俗习惯等。社会治安状况好的地方，旅游者会有安全感因而愿意前往旅游。如果政府领导重视，政策倾斜于旅游业，人们开发旅游的积极性就高，多方面的资金就会投向旅游业，从而使旅游经济效益更为显著。卫生保健状况较好的旅游地更能吸引旅游者前往。如果当地的文化传统比较开放，人民热情好客，对旅游业有正确的认识，就能使旅游者有宾至如归之感，进而会对旅游资源的开发及旅游业的发展有积极的促进作用。

6. 经济、社会、环境效益

旅游业是经济型产业，必须进行投入产出分析。对旅游资源开发后的经济效益进行评估，不仅要估算投资量、投资回收期等直接的经济指标，而且还应评估综合经济效益。旅游开发的社会效益包括正负两个方面：正面效益如开阔视野，增长知识，增强爱国主义与国际主义精神，打破地区封锁及保守落后的思想，利于同各国各地人民建立友好关系等；但是负面效应也会出现，影响到旅游地的社会风尚、伦理道德等，一些丑恶现象也会随着旅游地开放纷纷涌现，甚至泛滥成灾。因此，应对旅游业开发可能带来的社会影响进行分析，杜绝一切与我国社会主义精神文明背道而驰的旅游项目。旅游开发会给城市绿化、环境美化、交通顺畅、自然保护区建立、珍稀动植物保护等带来积极影响，但也会给环境带来不良影响，如景区超负荷接待导致的资源破坏，生态环境恶化。因此，对旅游资源开发的环境效益进行评价也十分必要。经济效益、社会效益、环境效益是相互关联、互相影响的，评价时应综合分析、权衡利弊，以得出科学的结论。

二、旅游资源评价的方法

旅游资源评价工作初期多采用凭直觉判断、以定性描述表达的经验法。目前的评价方法具有指标数量化、评价模型化、标准评定公众化三大特点。

（一）定性评价方法

定性评价是通过人们的感性认识，对旅游资源做出定性的评价或分级，一般无具体数量指标。

1. 黄辉实的"六字七标准"评价法

黄辉实提出，从资源本身和资源所处环境两个方面对旅游资源进行评价。对旅游资源本身的评价采用六字标准：①美：旅游资源给人的美感；②古：有悠久的历史；③名：具有名声或与名人有关的事物；④特：特有的、别处没有的或少见的稀缺资源；⑤奇：给人新奇之感；⑥用：有应用价值。

对旅游资源开发条件采用七项评价标准，即：①用季节性；②环境污染状况；③与其他旅游资源之间的联系性；④可进入性；⑤基础结构；⑥社会经济环境；⑦客源市场。另外，黄辉实还认为旅游资源开发的成本虽是属于开发问题，但在评价旅游资源时，对单位成本、机会成本、影子成本、社会定向成本等也要有大致的估计。

2. 卢云亭的"三三六"评价法

"三三六"评价法即"三大价值""三大效益""六大开发条件"评价体系。

"三大价值"是指旅游资源的历史文化价值、艺术观赏价值、科学考察价值。

"三大效益"是指旅游资源开发之后的经济效益、社会效益、环境效益。

"六大开发条件"是指旅游资源所在地的地理位置和交通条件、景象地域组合条件、旅游环境容量、旅游客源市场、投资能力、施工难易程度这六个方面。

3. "吸引力""开发条件""效益"三项评价方案

（1）吸引力评价包括观赏价值（美、独特、新奇程度等）、文化价值、科学价值、观赏内容、环境评价、季节要素、特殊价值（土特产品等）和环境容量这八个子项目。

（2）开发条件评价包括地区经济条件、可进入性、依托城市、通信条件、地方积极性和已有服务设施情况这六个子项目。

（3）效益评价包括投资与收入、客源预测、环境效益和社会效益。

4. 一般体验性评价

常用方式是旅游者在问卷上回答有关旅游资源（地）的优劣顺序，或由各方面专家讨论评价，或统计旅游资源（地）在旅游书籍、常见报刊上出现的频率，从而确定某一国或某一地区最优秀的旅游资源（地），其结果表明旅游资源（地）的整体质量和知名度。我国曾评选的"中国十大名胜""中国旅游胜地四十佳"，就是运用该方法得出的。但是，该方法不能用于评价一般的或尚未开发的旅游资源（地），仅限于评价少数知名度较高的旅游资源（地）。

5. 市场竞争与比较优势评价法

对区域内要开发的主题旅游资源进行市场竞争与比较优势分析和评价，从而分析旅游资源地在区域旅游中的市场竞争力和比较优势，做到知己知彼，以便科学地确定所规划区域在更大区域背景旅游中的地位和作用，制定旅游资源开发方向和应采取的开发战略。《赤壁市旅游发展总体规划》（2001—2020）[⊖]中，就对赤壁市的主题旅游资源三国遗迹在湖北省境内进行了相关资源的市场竞争分析和比较优势分析（见表4-5）。

表4-5 湖北省三国遗迹代表地区的对比

地 区	数量	最具特色的遗迹	特色遗迹的知名度	可进入性	遗迹组合情况
武汉地区	一般	孔明灯、鲁肃墓、孙吴故都鄂州	一般	好	一般
宜昌地区	较多	长坂坡、当阳桥、张飞擂鼓台等	较高	较好	一般
襄阳地区	较多	古隆中、凤林关、庞居洞、徐庶故里司马徽的水镜庄	较高	一般	一般
荆州地区	多	荆州古城墙、关羽春秋阁、公安孙夫人城、曹操败走的华容道等	较高	较好	一般
赤壁市	多	赤壁之战遗址、鲁肃粮城、陆逊营寨、黄盖湖、陆水湖等	高	好	好

（二）定量评价法

定量评价法是通过统计、分析、计算，用具体的数量来表示旅游资源及其环境等级的方法；数量化是现代科技发展的趋势。定量评价较之定性评价，结果更直观、简洁、准确，但在实际应用中，一般将定量评价与定性评价结合起来应用。

1. 技术性的单因子评价

技术性的单因子评价是评价者在进行旅游资源评价时，针对旅游资源的旅游功能，集中考虑某些起决定作用的关键因素，并对这些因素进行适宜性评价或优劣评判。这种评价的基本特点是运用了大量的技术性指标，一般只限于自然资源评价，对于开展专项旅游，如登山、滑雪、海水浴场等尤为适用。目前比较成熟的有湖泊评价、海滩评价、海水浴场评价、康乐气候分析、溶洞评价、滑雪旅游资源评价、地形适宜性评价等。表4-6至表4-8对海水浴场评价和滑雪旅游资源评价和森林旅游资源的空气负离子浓度评价做了介绍。

表4-6 海水浴场评价指标（日本）

序号	资源项目	符合要求的条件	附 注
1	海滨宽度	30~60m	实际总利用宽度50~100m
2	海底倾斜	1/60~1/10	倾斜度越低越好
3	海滩倾斜	1/50~1/10	倾斜度越低越好
4	流速	游泳对流速要求在0.2~0.3m/s，极限流速为0.5m/s	无离岸流之类的局部性海流

[⊖] 摘自吴楚材教授主持编制的《申报建立武夷山国家森林公园可行性研究报告》（2004年）。

(续)

序号	资源项目	符合要求的条件	附注
5	波高	0.6m 以下	符合游泳要求的波高为0.3m 以下
6	水温	23℃以上	不超过30℃，但越接近30℃越好
7	气温	23℃以上	—
8	风速	5m/s 以下	—
9	水质	透明度0.3m 以上，COD①2μg/g 以下，大肠菌数1000MPN/100mL 以下，肉眼难以辨明油膜	
10	地质粒径	没有泥和岩石	越细越好
11	有害生物	不能辨认程度	—
12	藻类	在游泳区域中不接触身体	—
13	危险物	无	—
14	浮游物	无	—

①Chemical Oxygen Demand，即化学需氧量。

表4-7 滑雪旅游资源的技术性评估（美国）

决定因素	评估标准与评分			
雪季长度	6个月（6）	5个月（5）	4个月（4）	3个月（2）
积雪深度	>1.22m（6）	0.92~1.22m（4）	0.61~0.92m（2）	0.305m 以下（1）
干　雪	3/4 季节时间（4）	1/2 季节时间（3）	1/4 季节时间（2）	0 季节时间（1）
海　拔	>762.5m（6）	457.5~762m（4）	152.5~157.5m（2）	45.75~152.5m（1）
坡　度	很好（4）	好（3）	一般（2）	差（1）
湿　度	>10℃（3）	-17.8~6.7℃（2）	<-17.8℃（2）	—
风　力	轻微（4）	偶尔变动（3）	偶尔偏高（2）	易变（1）

注：表中括号里的数字表示评分的赋分值。
　　分等：A=29~33　　B=21~28　　C=8~20
　　最理想的坡度须兼具下列三等坡度：
　　1. 初等坡度（10%~20%）占全区的15%~25%；
　　2. 中等坡度（20%~35%）占全区的25%~40%；
　　3. 高等坡度（35%~65%）占全区的30%~40%。

2. 综合性的多因子定量评价

该评价方法是在考虑多因子的基础上运用一些数学方法对旅游资源进行综合评价。这类评价方法也非常多，如层次分析法、指数表示法、综合评分法、模糊数学评价法、价值工程法、综合价值评价模型法、旅游地综合评估模型、国家标准综合评价法等。以下选择几种方法做简单介绍。

表 4-8　武夷山国家级风景名胜区空气负离子浓度测定结果　（单位：个/cm³）

编号	地点	环境	天气情况	日期	时间	离子		负离子		Q	CI
						均值	最大值	均值	最大值		
01	鸳鸯潭上潭	水潭	晴	12.22	14:45	480	490	1750	1800	0.274	6.387
02	鸳鸯瀑布	瀑布高5m	晴	12.22	14:55	350	360	600	8700	0.041	209.756
03	鸳鸯瀑布下	瀑布前5m	晴	12.22	15:00	490	400	2583	2650	0.190	13.947
04	翡翠谷	跌水	晴	12.22	15:20	790	800	6400	6700	0.123	52.032
05	翡翠谷	跌水	晴	12.22	15:46	977	1000	10 367	10 600	0.153	67.758
06	翡翠谷	水潭边	晴	12.22	15:50	750	800	2260	2300	0.332	6.807
07	盆景树	跌水	晴	12.23	9:40	680	690	5300	5400	0.128	41.412
08	大赤壁	跌水	晴	12.23	10:18	770	780	5400	5500	0.143	37.76

注：Q 为单极系数，Q = 正离子/负离子数；CI 为空气评价指数，CI = 负离子数/（1000Q）

空气负离子是一种重要的、高科技的、无形的旅游资源。它具有杀菌、降尘、清洁空气的功效，被誉为"空气维生数与生长素"，其浓度高低已经成为一个地方空气清洁程度的指标，也是评价森林生态旅游资源的重要指标。

(1) 指数表示法。其步骤分为三步：

第一步，对旅游资源开发利用现状、吸引能力及外部区域环境进行定量分析。

第二步，调查分析旅游需求，主要包括旅游需求量，旅游者人口构成，旅游者逗留时间，旅游花费趋向，旅游需求结构及节律性。

第三步，总评价的拟定，建立表达旅游资源特质、旅游需求与旅游资源之间关系的若干量化模型。公式为

$$E = \sum_{i=1}^{n} F_i M_i V_i \quad (4-1)$$

式中，E 为旅游资源评价指数；F_i 为第 i 项旅游资源在全体旅游资源中的权重；M_i 为第 i 项旅游资源的特质和规模指数；V_i 为旅游者对 i 项旅游资源的需求指数；n 为旅游资源总数。

南非弗朗哥·佛·费拉里奥在评价时，将需求指数形式与旅游者可利用程度（即供给）结合起来，把旅游点的潜在吸引力程度称作旅游资源潜力指数。公式为

$$I = \frac{A + B}{2} \quad (4-2)$$

式中，I 为旅游资源潜力指数；A 为旅游需求值；B 为旅游可得性值（即旅游供给）。

I 可表示一个旅游点的实际可利用程度，充分代表它具有的旅游吸引力，其中 B 的量化是根据人们的一般感受、观察和经验，选择季节性、可进入性、准许性、重要性、脆弱性和普及性六个反映旅游资源基本特性的标准，邀请专家学者对其判断评分，通过比较以数字形式决定六个标准的相对贡献值，并按好、中、差的等级排出其序位。

(2) 综合评分法。博采众家之长，计算灵活简便是它的特点，不足之处是主观性较强。魏小安曾是运用此方法较早的学者之一。他把评价对象分解成六个评价项目：旅游资源构成要素种类，各要素单项评价，要素组成情况，可能容纳的游客量，人文资源的比较，开发难易程度。给各项目评分时按以下两种方法进行：

第一种是等分制评分法，即将各项目视作同等重要，每一项目所占分数比重均为 1/6。每一项目又分解为若干因素，根据这些要素对该项目的满足程度，按 100 分、80 分、60 分、40 分、20 分五个等级打分，然后将六个项目的得分加总，总分或平均分越高，旅游资源价值越大。公式为

$$F\sum{}_i = \sum_{p=1}^{p} pF_{pi} \tag{4-3}$$

式中，$F\sum{}_i$ 为各项目得分总和；F 为各项目总平均分；F_{pi} 为每个项目得分；p 为被评价的项目数；i 为被评价的游览地数目。

第二种方法是差分制评分法，即根据各评价项目的相对重要性给出不同权重。评分时将各评价项目初始得分进行加权处理，求得各项目最终得分，加总后即得到各游览地总分，总分越高，旅游资源价值越大。公式为

$$F\sum{}_i = \sum_{p=1}^{p} X_p F_{pi} \tag{4-4}$$

式中，X_p 为各项目权重；其他符号同前。

路紫也曾提出过类似方法。不同之处是路紫首先将旅游资源分为风景天气气候景观、风景地质地貌景观、风景水域景观、风景动植物景观、革命纪念地和革命建筑景观、历史名胜古迹景观 7 个聚类，然后又细分为 68 个二级类。经分析依据统计原理提出与上述聚类组成形式相应的评价模型为

$$Z = \sum_{i=1}^{7} a_i$$

$$a_i = \frac{\sum_{j=1}^{k_i} b_{ij}}{K_i}$$

$$Z = \frac{\sum_{j=1}^{k_1} b_{1j}}{k_1} + \frac{\sum_{j=1}^{k_2} b_{2j}}{k_2} + \cdots + \frac{\sum_{j=1}^{k_7} b_{7j}}{k_7} \tag{4-5}$$

式中，Z 为旅游地综合评价结果值；a_i 为第 i 聚类景观类型量数，取值范围 0~10，$i=1,2,3,\cdots,7$；b_{ij} 为第 i 聚类景观类型中第 j 项景观要素的数量，取值范围 0~10；k_i 为第 i 聚类景观类型中景观要素的个数。

（3）旅游地综合评估模型。旅游地综合评估的理论基础是旅游者的消费决策和行为规律，其评估模型就是基于消费者决策模型，公式为

$$E = \sum_{i=1}^{n} Q_i P_i \tag{4-6}$$

式中，E 为旅游地综合评估结果值；Q_i 为第 i 个评价因子权重；P_i 为第 i 个评价因子的评估值；n 为评价因子数目。

各评价因子评估值的求取，也可采用相同形式的模型。对应于旅游地综合评估，通常还有一个定名量表，即可将定量的结果转化为确定的定性结论，使决策者能方便地利用评价结果。

目前，我国区域旅游规划实践中大都采用此模型。但不同区域因其社会经济发展水平不

同，区位条件、交通条件、资源条件不同，在评价时其指标选择和权重不一样。

总之，运用此模型时，只要取得评价因子权重值和评估的方法适当，其结果就往往具有很高的应用价值。

（4）国家标准综合评价法。本评价方法实际是一种定性与定量相结合的方法。国家标准《旅游资源分类、调查与评价》（GB/T 18972—2017）所使用的就是本方法。本标准依据"旅游资源共有因子综合评价系统"进行定量赋分。

本系统设"评价项目"和"评价因子"两个档次。

评价项目为"资源要素价值""资源影响力""附加值"。其中：

"资源要素价值"项目中含"观赏游憩使用价值""历史文化科学艺术价值""珍稀奇特程度""规模、丰度与概率""完整性"等五项评价因子。

"资源影响力"项目中含"知名度和影响力""适游期或使用范围"等两项评价因子。

"附加值"含"环境保护与环境安全"一项评价因子。

计分方法是：评价项目和评价因子用量值表示。

基本分值。资源要素价值和资源影响力总分值为100分，其中："资源要素价值"为85分，分配如下："观赏游憩使用价值"30分，"历史文化科学艺术价值"25分，"珍稀奇特程度"15分，"规模、丰度与概率"10分，"完整性"5分。

"资源影响力"为15分，其中："知名度和影响力"10分，"适游期或使用范围"5分。

"附加值"中"环境保护与环境安全"，分正分和负分。

每一评价因子分为4个档次，其因子分值相应分为4档。

旅游资源评价赋分标准见表4-9。

表4-9 旅游资源评价赋分标准

评价项目	评价因子	评价依据	赋值
资源要素价值（85分）	观赏游憩使用价值（30分）	全部或其中一项具有极高的观赏价值、游憩价值、使用价值	22~30
		全部或其中一项具有很高的观赏价值、游憩价值、使用价值	13~21
		全部或其中一项具有较高的观赏价值、游憩价值、使用价值	6~12
		全部或其中一项具有一般观赏价值、游憩价值、使用价值	1~5
	历史文化科学艺术价值（25分）	同时或其中一项具有世界意义的历史价值、文化价值、科学价值、艺术价值	20~25
		同时或其中一项具有全国意义的历史价值、文化价值、科学价值、艺术价值	13~19
		同时或其中一项具有省级意义的历史价值、文化价值、科学价值、艺术价值	6~12
		历史价值，或文化价值，或科学价值，或艺术价值具有地区意义	1~5
	珍稀奇特程度（15分）	有大量珍稀物种，或景观异常奇特，或此类现象在其他地区罕见	13~15
		有较多珍稀物种，或景观奇特，或此类现象在其他地区很少见	9~12
		有少量珍稀物种，或景观突出，或此类现象在其他地区少见	4~8
		有个别珍稀物种，或景观比较突出，或此类现象在其他地区较多见	1~3

(续)

评价项目	评价因子	评价依据	赋值
资源要素价值（85分）	规模、丰度与概率（10分）	独立型旅游资源单体规模、体量巨大；集合型旅游资源单体结构完美、疏密度优良级；自然景象和人文活动周期性发生或频率极高	8~10
		独立型旅游资源单体规模、体量较大；集合型旅游资源单体结构很和谐、疏密度良好；自然景象和人文活动周期性发生或频率很高	5~7
		独立型旅游资源单体规模、体量中等；集合型旅游资源单体结构和谐、疏密度较好；自然景象和人文活动周期性发生或频率较高	3~4
		独立型旅游资源单体规模、体量较小；集合型旅游资源单体结构较和谐、疏密度一般；自然景象和人文活动周期性发生或频率较小	1~2
	完整性（5分）	形态与结构保持完整	4~5
		形态与结构有少量变化，但不明显	3
		形态与结构有明显变化	2
		形态与结构有重大变化	1
资源影响力（15分）	知名度和影响力（10分）	在世界范围内知名，或构成世界承认的名牌	8~10
		在全国范围内知名，或构成全国性的名牌	5~7
		在本省范围内知名，或构成省内的名牌	3~4
		在本地区范围内知名，或构成本地区名牌	1~2
	适游期或使用范围（5分）	适宜游览的日期每年超过300天，或适宜所有游客使用和参与	4~5
		适宜游览的日期每年超过250天，或适宜80%左右游客使用和参与	3
		适宜游览的日期超过150天，或适宜60%左右游客使用和参与	2
		适宜游览的日期每年超过100天，或适宜40%左右游客使用和参与	1
附加值	环境保护与环境安全	已受到严重污染，或存在严重安全隐患	-5
		已受到中度污染，或存在明显安全隐患	-4
		已受到轻度污染，或存在一定安全隐患	-3
		已有工程保护措施，环境安全得到保证	3

计分与等级划分如下：

1）计分。根据对旅游资源单体的评价，得出该单体旅游资源共有综合因子评价赋分值。

2）旅游资源评价等级指标。依据旅游资源单体评价总分，将其分为5级，从高级到低级为：

五级旅游资源，得分值域≥90分。

四级旅游资源，得分值域≥75~89分。

三级旅游资源，得分值域≥60~74分。

二级旅游资源，得分值域≥45~59分。

一级旅游资源，得分值域≥30~44分。

此外还有：未获等级旅游资源，得分≤29分。

其中：五级旅游资源称为"特品级旅游资源"；

四级、三级旅游资源被通称为"优良级旅游资源"；

二级、一级旅游资源被通称为"普通级旅游资源"。

第五节 旅游资源开发

一、旅游资源开发的原则

旅游资源必须经过开发才能成为旅游吸引物，旅游资源开发正是把旅游资源加工改造成具有旅游功能的吸引物的技术经济过程。由于旅游资源本身的特性和存在的地域形式的不同，旅游开发的需求内容也不相同，使旅游资源的开发和利用具有多向性的特点。此外，不同的开发利用思想、目的和手段，会有不同的社会经济效果。因此，遵循科学规律、遵守一定的开发行为规范就显得尤为重要。在旅游资源开发实践中，一般应该坚持以下原则：

1. 独特性原则

独特性原则，要求在旅游资源开发中首先应把挖掘当地特有的旅游资源作为出发点，尽可能地突出旅游资源的特色，通过同区内、省内以及国内、全球范围内的旅游资源相比较，全面认识本地区的旅游资源优势，并通过开发措施强化其独特性，从而形成强大的吸引力和完整、独立的旅游形象。如西班牙就是由于认准了本国旅游资源在"3S"（即阳光、海洋、沙滩）方面的独特优势及对欧洲客源市场的强大吸引力，进而大力投资开发滨海旅游资源，从而取得了世界旅游强国的地位。

独特性原则还要求在旅游资源开发中突出民族特色，保持某些传统格调。旅游者前来游玩的目的之一就是要观新赏异、体验异乡风情。特定区域内的民族风情、民族习俗、民族文化，是旅游资源开发取之不尽、用之不竭的源泉。在开发过程中，要突出该地区的建筑风格、艺术品位、文化情趣、审美风格、民风民俗等要素的特色，从而形成鲜明的个性和较强的吸引力。

2. 市场导向原则

市场导向原则，是指旅游资源在开发之前一定要进行市场调查和市场预测，准确掌握市场需求及其变化规律，结合旅游资源特色，确定开发的主题、规模和层次。该原则要求旅游资源开发必须首先了解和掌握旅游市场的需求状况，包括需求的内容、满足程度、发展趋势及潜在需求状况和整个市场的规模、结构及支付能力，然后根据这些因素进行旅游资源开发的筹措工作。

进入20世纪90年代以后，我国旅游资源开发开始更加注重市场的意义，因为旅游资源开发的根本目的是发展旅游经济，促进地方经济发展。在这样一个大背景下，在旅游学界和旅游实业界逐渐出现了以市场为开发导向的思想。

由于旅游资源是一直十分脆弱的资源，市场承载力有限，一旦失去很难恢复，因此，一味地追逐市场需求，把满足市场需求作为旅游开发的唯一目标，而忽视旅游资源存在和再生的客观规律，无疑会出现破坏旅游资源或者摧毁传统文化的倾向，这对于旅游业来讲也可能是致命的。因此，只有很好地解决市场与自然环境、人文环境保护之间的矛盾，才能实现旅游资源的可持续利用。

3. 保护性开发的原则

旅游资源过度开发及此后旅游者的数量过度，将给旅游资源带来不利影响。旅游资源遭受破坏后，一部分会自然恢复，但需要很多的人力、物力及较长的时间，如植被的恢复；而另一部分则根本不可能恢复，如山体、洞穴、古生物化石及文物古迹，一旦遭到破坏，旅游资源乃至该区域的旅游业就将遭受致命的打击。因此必须坚持保护性开发的原则。在开发过程中，要将保护工作放在首要地位，切实加强保护措施，通过开发来有力地促进旅游资源的保护。

旅游资源的保护性开发，既体现在开发的工程建设阶段，又体现在后期的运行阶段。在工程建设阶段，要通过严格的环境效应评估（EIA），从可持续发展的高度对项目给环境、经济、社会文化带来的影响进行评价，以避免项目运行带来的环境破坏、资源损耗、社会震荡和文化颓败。在建设内容上，旅游资源的保护性开发原则要求，一方面不能过多增加足以改变资源价值结构的景观项目，应限制在附属设施上进行投资，以改变旅游资源的可进入性，并且这些功能性设施的建设，也要以不破坏旅游资源的审美和愉悦价值为前提；另一方面，在有限地增加一些景观时，也要谋求其内涵和形式与资源环境的整体协调、和谐。

当然，保护性开发并不是把保护绝对化。开发依然是目的，但保护是前提。不论自然旅游资源还是人文旅游资源，如果不妥善保护，最终都将丧失开发和经营赖以存在的基础。而旅游资源也只有在开发的同时才能实现有效的保护。

4. 游客参与原则

现代旅游业的发展，要求各项旅游开发工作不能局限于旅游客体——旅游资源上，还要将眼光放到消费者——旅游市场上，改变过去那种走马观花式的景点组合和旅游资源开发方式，把旅游市场与旅游资源融为一体进行考虑。

游客参与原则，要求在旅游资源开发过程中创造更多的空间和机会，便于游客自由活动。可以采用渗入、延伸或扩大视野等方法，将各种旅游服务设施设置于旅游资源所处的大环境中，使游客在整个游览娱乐活动过程中有广阔的自主活动空间、主动接触大自然的机会及充分展示自我意识的环境，真正拥有人与环境协调统一、和睦相处、融为一体的感受。

5. 经济效益、社会效益和环境效益相统一的原则

旅游资源开发的目的是发展旅游业，从而达到赚取外汇、回笼货币、解决就业、发展地区经济等目的，即实现一定的经济效益。这就需要对开发项目投资的规模、建设周期的长短、对游客的吸引力、回收期限及经济效益等方面，进行投入－产出分析。

但经济效益只是旅游资源开发所追求的目标之一，同时还要考虑开发活动不能超过社会和环境的限度，否则会造成资源破坏、环境质量下降、社会治安混乱等负面影响，不利于当地旅游业的持续发展。

因此，旅游资源开发必须遵循经济、社会、环境三效益相统一的原则。

二、旅游资源开发的内容

旅游资源开发的内容，不仅包含旅游资源本身的开发、利用，还包括旅游配套设施建设、相关外部条件的开发与改造、旅游环境的建设等。具体来说，包括以下七方面的内容。

1. 景点或风景区的规划和建设

任何一种旅游资源都要经过有意识的开发和建设，才能融入旅游业开展大规模的旅游接待活动。因此，这项工作是旅游资源开发的核心部分，也是整个旅游开发工作的出发点。不论自然景观还是人文景观旅游资源，都是在特定的自然、历史、社会背景下形成的，绝大多数资源本身是与旅游活动没有直接联系，因而缺乏旅游活动开展的基本条件，这就对旅游资源开发和建设提出了客观要求。这种建设，从内容、形式上说，既可以是对尚未利用的旅游资源的初次开发，又可以是对已经利用了的景观或旅游吸引物的深度开发，或进一步的功能发掘；既可以是对现实存在的旅游资源的归整和加工，又可以是从无到有的一个新景点的建造。从其性质来看，既可以是以开发建设为主的，又可以是以保护维护为主的开发活动。

2. 提高旅游资源所在地的可进入性

可进入性问题主要是指交通、通信条件，包括交通线路、交通设施、交通方式以及现代化的通信设施等。旅游者从所居住的地方到目的地，必须借助一定的交通条件。特别是在现代旅游业中，旅游的出游范围越来越广，远距离旅游已渐成规模。这对可进入性条件的具体指标，如交通线路的通达性、交通方式的舒适性与便捷性等，都提出了较高的要求。景区内部的交通状况同样重要，通常要求做到"进得来，散得开，出得去"。这样不仅可使游客来去方便，拥有完美的旅游经历，还可以使旅游资源的开发者在保障资源品质的同时，获得预定的各项效益。还要在满足现代旅游者需求的前提下，建设良好的通信设施。因此，重点解决可进入性问题，可使旅游资源开发的目标得到保障，使旅游者选择旅游地时没有顾虑。

3. 建设和完善旅游配套设施

旅游吸引物是旅游者到达旅游地后的主要目标，但在游览过程中，游客仍有基本生活需要，这就决定了旅游地必须要建设向旅游者提供相关服务所必需的旅游配套设施。旅游配套设施包括旅游服务设施和旅游基础设施两种。旅游服务设施主要是供外来旅游者使用的，一般包括住宿、餐饮、交通及其他服务设施，其中一部分也为本地居民的生活需要提供服务。旅游基础设施，是为了满足旅游地居民生产生活需要所提供给大家共同使用的设施，如水、电、热、气的供应系统，废物、废水、废气的排污处理系统，邮电通信系统，安全保卫系统等。旅游基础设施并不直接为旅游者服务，但在旅游经营中是直接向旅游者提供服务的部门和企业必不可少的设施。

总之，旅游配套设施的建设和完善，既配合了旅游资源的开发，满足了游客的多方位需要，又使旅游资源的开发与区域经济密切联系，得到有力的支持。但由于旅游配套设施一般投资大、建设周期长，因此对其建设规模、布局、数量必须严格论证和审批，做到适度超前发展，避免设施的不足和浪费，从而为旅游地创造良好的投资环境和开发条件。

4. 完善旅游服务

旅游服务是旅游产品的核心。旅游者购买并消费旅游产品，除了在餐馆和旅游生活中消耗少量有形物质产品外，大部分是接待和导游服务方面的消费。所以，旅游资源只是旅游活动的吸引物和开发旅游产品的基本条件，其开发必须注重旅游服务的完善。

从旅游供给的角度来看，旅游服务包括商业性的旅游服务和非商业性的旅游服务。前者一般是指当地旅行社的导游和翻译服务、交通部门的客运服务、饭店业的食宿服务、商业部门的购物服务，以及其他部门向旅游部门提供的营业性接待服务；后者一般包括当地为旅游者提供的旅游问询服务、出入境服务，以及当地居民为旅游者提供的其他义务服务。旅游服务是由各种单项服务组合而成的综合服务，提供服务的人是旅游业从业人员及当地群众，其服务质量的好坏直接取决于自身素质的高低，而这又影响到旅游地对旅游者的吸引力。因此，必须通过各种方式，根据客源市场的变化以及旅游业发展的要求，对从业人员不断进行提高性培训，以提高其服务水平和质量，达到完善旅游服务的目标。

5. 加强宣传促销，开拓客源市场

发展旅游业，就是开发旅游地本身所具有的旅游资源，即利用一切有利条件，满足市场的旅游需求，发展完善的产业结构，获得预期的经济效益和社会效益。因此，旅游资源的开发并不仅仅是简单地将目标集中于旅游资源本身进行景点开发和配套设施建设等，还必须进行市场开拓工作，二者相辅相成、缺一不可。

市场开拓工作，一方面是将景点建设及旅游活动的设置与旅游需求趋向联系起来，即根据旅游者消费行为特征，进行旅游资源开发的具体工作；另一方面则是通过多种媒介加强宣传推广，将旅游产品介绍给旅游者，不断开拓市场、扩大客源，实现旅游资源开发的目的。

6. 重视旅游资源的保护和可持续发展

旅游资源的开发者和经营者在经济效益的驱动下会积极地投资开发，但这种思路往往会忽视旅游资源的保护和可持续发展。那些因自然因素或人为因素被破坏或损害的旅游资源若不及时加以整治和修复，就会继续衰退，有些甚至会完全消失、无法恢复。因此，一方面要在旅游从业者和当地群众间树立资源保护的观念，把开发与保护并重的思路融入旅游地的每一个角落；另一方面，还要建立科学保护旅游资源的机制，运用旅游资源保护和监测的科技手段，定期进行检查和维护，及时发现问题并合理解决，从而有效地保护旅游资源，保证旅游资源开发工作的顺利进行。

7. 营造良好的旅游环境

旅游地的旅游环境，可以充分展示旅游资源的地域背景，包括一个国家或地区的旅游政策、出入境管理措施、政治动态或社会安定状况、社会治安、风俗习惯，以及当地居民的文化修养、思想观念、好客程度等，从而直接或间接地对旅游者产生吸引或排斥作用，进而影响旅游资源开发的效果。因此，营造良好的旅游环境既可突出本地旅游资源的特色，又可提高旅游者对旅游资源的认可度和满意程度。该项工作主要包括：制定有利于旅游业发展的旅游政策；制定方便外来旅游者出入境的管理措施；保持稳定的政治环境和安定的社会秩序；提高当地居民的文化修养，培养旅游观念，养成文明礼貌、热情好客的习惯等。

第六节 旅游资源保护

一、旅游资源开发存在的问题及其原因

开发、利用旅游资源的同时也会产生许多问题。例如，许多旅游景区的环境和旅游资源遭受污染、侵蚀和破坏，必须加强相关管理，否则，旅游景区的资源质量必将降低，旅游资源将逐渐失去原有的历史、文化、科学和观赏价值的本质特征，直接影响旅游资源的可持续开发和利用，危及旅游业的长期稳定和良性发展。本节以我国旅游资源开发为例进行说明。

(一) 旅游资源开发存在的问题

1. 环境污染严重

随着旅游不断在广度和深度上开发和发展，全国大多数旅游景区的环境都在不同程度地恶化，局部地区甚至达到了触目惊心的程度。

（1）水体污染严重。水体污染是我国旅游景区环境污染的主要问题之一，尤其是一些久负盛名的旅游景区水体富营养化和超富营养化，其色度、透明度、气味等指标均超过国家规定的旅游水体标准。长江三峡、昆明滇池、太湖、西湖、松花江、武汉东湖、桂林漓江等旅游区都有不同程度的水体污染。

（2）大气污染日益突出。随着旅游资源的开发和利用，汽车、飞机、轮船等各种交通工具大量投入运行，它们排泄的尾气和扬起的尘土，以及旅游景区内宾馆、饭店、招待所等生活锅炉排放的烟尘，使得景区内大气的悬浮微粒、二氧化硫含量大大超标，大气质量日趋恶化。

（3）固体废弃物污染相当普遍。旅游是一种高消费活动，游客在旅游过程中消费行为极为活跃，排放的废弃物大大增加。而旅游景区因接待过量游客往往产生大量生活垃圾，极易形成旅游区垃圾公害，从而破坏景观，影响植物生长，严重污染环境。

（4）一些旅游景区众多游人发出的声音和大量的交通工具带来的噪声，以及现代化娱乐场所播放的高分贝音乐带来的噪声污染，也搅乱了原本优美、宁静、和谐的游览环境，令人生厌、烦躁。

2. 生态恶化日趋加剧

旅游资源开发进程的不断加快和旅游活动规模的日益扩大，使旅游景区生态受到不同程度的影响和破坏。这种影响和破坏具体表现在以下几个方面：

（1）森林资源破坏严重。一些景区热衷于建设索道，从而毁坏了大量的森林。许多景区内的大体量建筑也毁坏了大量的森林。

（2）动植物资源不断减少。随着旅游活动规模的不断扩大，大量游人涌向旅游区，景区内的土地被踏实，土壤板结、密实，透气透水性能变差，在自然条件下形成的稳定落叶层和腐殖层遭到破坏，导致乔、灌、草、树木长势不佳，甚至死亡。一些游人的不文明行为，如随意采集花草、践踏草地、偷猎野生动物，不仅改变了动植物种群的结构，使旅游景区内生物多样性程度降低，而且导致旅游区生态系统的结构与功能发生变化，造成生态系统的稳定性和完整性下降。另外，旅游资源的不合理开发和利用，人为地改变了动植物的生态环境，使动植物的生活习性和繁殖条件受到影响。如黄山大小洋湖一带，树木丛生，地势平缓，原是苏门羚、梅花鹿等珍稀动物栖息、生存的良好场所，后改成茶园，对梅花鹿等野生动物构成严重威胁。而在黑龙江，当地有关部门和个人在扎龙自然保护区内兴建度假村，导致保护区内的核心保护动物丹顶鹤的生存环境遭到破坏。

（3）水土流失时有发生。旅游资源的掠夺性开发和不合理利用，导致旅游景区人为灾害增多。在旅游区，在对旅游资源的开发、利用过程中任意采石取土、大筑公路、违章建筑、砍树毁林、改变植被性质、长期过量开采深层地下水、破坏山体、改变地貌等不良行为都会诱发和加剧一些自然灾害的发生。水土流失更为严重，泥石流、滑坡、泄流等自然灾害在旅游区时有发生，这是景区生态恶化较为严重的后果。

3. 旅游景观破坏严重

由于盲目追求眼前利益，许多风景旅游区存在乱建滥建、大兴土木的"建设性破坏，破坏性建设"的现象，令人担忧。旅游景观的破坏包括景观本身的破坏和景观所处环境的破坏，破坏了景观的环境，也就破坏了景观的意境。这种破坏归纳起来主要有以下几个方面：

旅游辅助设施的建设不能与旅游景区相协调，造成资源、景观的破坏。近年来，在风景名胜区修建索道、缆车和公路蔚然成风，计划修建者更是不计其数，不仅破坏了旅游景区的原始风貌，而且破坏了旅游景区的和谐美以及旅游者对自然美的感受质量。

一些新建建筑日益侵蚀旅游区的土地资源，损害了旅游景观的和谐美。由于缺乏整体意识、全面观点和长远规划，一些地区和部门只顾眼前利益和短期效益，热衷于在风景较好、游人向往之处大兴土木，抢占地盘，这种做法实际上是对风景区宝贵的旅游资源的破坏和掠夺。高层建筑的耸立遮挡了游人视线，使游客难以领略旅游景观的整体美。一些旅游项目的开发和设立破坏了旅游景区的氛围，如在佛教旅游胜地兴建商业高楼，在寺庙附近开设海滨浴场，把海天佛国清净、庄严的意境破坏殆尽。

4. 传统文化逐渐变异

旅游资源的开发利用给旅游地带来文化促进和繁荣的同时，也对旅游地的传统文化产生了消极影响和负面效应，并随着开发利用程度的加深而增大。这些消极影响和负面效应归纳起来，有以下几点：

（1）地方传统文化被削弱和破坏。瓦利恩·史密斯对西方旅游者和旅游地居民之间的关系进行过类型分析，并评估了每一类型的旅游者对旅游地地方性规范的适应性。研究结果显示，旅游越是大众化，对地方传统文化的冲击就越深刻，每位游客对地方居民的适应性也就越差。

（2）旅游资源的开发利用向深度化、广度化推进。旅游者源源不断地进入旅游地，其带进的异地文化不断冲击着旅游地文化，导致旅游地传统文化因商品化而逐渐歪曲，失去价值。传统庆典活动和民间习俗不再按照传统规定的时间和地点举行，而是根据旅游者的需要随时搬上"舞台"，活动的内容也常根据旅游者的需要被随意压缩、删改、补充，活动的节奏也发生迎合性的变动。这些活动和习俗尽管被保留了下来，但在很大程度上已丧失了其传统的意义和价值。

（3）古代文化庸俗化。中国是世界文明古国，也是古文明发源地之一，许多旅游资源以历史悠久、文化古老而著称于世，对国内外游客有很大的吸引力。因而，全国各地掀起了一个大规模营造古代文化景点的热潮，尽管有些景点建设得比较有特色，但从整体上看，大多存在着发掘古代文化肤浅、表现手法平庸、品位不高等一系列问题。

（4）旅游资源开发利用中重仿古复古、轻地方文化是一个很值得注意的问题。以开发利用人造景观为例，每一处人造景观都应具备某种文化母体，这一母体或是该民族、该地区的经典，或是传统的人文积淀，或是世界通行的高科技、信息型、知识型的荟萃与浓缩。目前，我国不少人造景观的开发和利用陷入了盲目的复古、仿古、微缩，以及一味地从古典文学作品、历史人物中找出路的怪圈，很少思考当地的"文化脉络"特征，特别是很少思考当地的人文背景。

（5）民俗文化日益表演化和商业化。一些优秀的地方传统文化和民俗风情在商业利益的驱动下，日益沾染上商业气息和铜臭味，民俗风情日益表演化和商业化，如民俗服饰成为模特表演的道具。民俗文化的原真性日益丧失，原汁原味的民俗文化越来越少了。

（二）旅游资源开发存在问题的原因

1. 管理上政出多门，缺乏宏观调控与管理

目前，旅游资源管理政出多门，旅游区条块分割、部门分割的现象严重。众多管理部门都是代表国家行使相关的管理权力，但当风景名胜区或旅游区资源开发和环境保护牵涉到具体问题与其他部门发生利害冲突时，旅游区内多种管理机构便各行其是、难以协调。地方政府官员考核的经济指标导向导致了地方政府的短期行为和不正确的价值趋向。旅游资源过度、掠夺性开发，旅游景点近距离、低水平重复建设，旅游景区环境污染、恶化的现象仍然存在。旅游宏观调控与管理乏力是造成此现象出现的主要原因之一。

从现行的旅游管理体制看，我国的旅游管理虽然已经转向了行业管理，但既没有建设项目审批权，也没有企业登记管理权，缺乏宏观调控的权力和手段，很难从宏观上协调、平衡和控制旅游开发行为。同时，在制定旅游法规和产业政策等方面，既没有找到自己的角色定位，也没有建立行业领导权威。

2. 旅游资源开发缺乏科学规划或规划不能落实

首先，我国很多地方的旅游资源的开发缺乏科学的规划，管理部门对旅游资源的开发缺乏有效的监督和管理，导致旅游资源开发得越多，破坏越大。有些地方虽然制定了旅游规划，但往往没有落地实施，使得规划束之高阁。其次，存在地区性规划和国家总体发展规划相互脱节。再次，旅游规划质量低。有些旅游目的地制定旅游规划照搬城镇建设规划或土地使用规划，导致旅游景点商业化、旅游景区城市化。特别是近些年来，有些规划纸上谈兵，不符合地方的实际情况，规划没有可操作性。此外，一些旅游规划在实施过程中缺乏必要的保障措施，导致景观损毁、资源破坏等令人遗憾的现象时有发生。

3. 缺乏健全的信息支持

我国旅游资源开发利用过程中存在一种盲目和过滥的现象，旅游开发遍地开花，缺乏对市场的科学的论证，大量存在主题雷同，景点文化内涵低，特色不鲜明的现象。这一方面是由于在开发前缺少严密、科学的市场论证和市场评价，对全国同类市场缺乏认真细致的调查研究，对客源市场定位不准，匆匆上马，以至于开发的产品既没有特色，也没有持续长久的吸引力。另一方面，由于信息机制还没有完全建立起来，缺乏准确的信息引导开发投资投向，导致各地方或投资者们盲目地开发，造成经济效益低下和资源环境的破坏。

此外，资金的短缺，特别是用于旅游资源保护、旅游环境治理的专项经费和业务费用紧张，极大地困扰着我国旅游区的保护工作，这也是造成旅游景区内拥挤不堪、环境差、资源景观破坏不能被及时恢复的客观原因之一。

二、旅游资源保护策略

针对目前我国旅游资源开发存在的问题，管理部门提出了以下几点战略对策：

（1）在旅游资源开发中，坚持保护与开发并重、合理开发、优化利用的方针。对于良好的生态环境资源的永续利用是旅游业可持续发展的主要标志和基本目标。为达到这一目标，在旅游开发建设中，对旅游资源应注意在保护的前提下进行开发利用。兼顾保护和利用，并努力争取做到两者的相互促进与良性循环。对少数生态环境非常脆弱、敏感的地区实

行封闭式的保护管理，对多数旅游资源丰富且具备发展条件的地区，应通过积极发展旅游来促进资源的保护。

（2）加强旅游资源的科学管理，保障资源永续利用。积极开发符合可持续发展的生态旅游、绿色旅游、环保旅游和各种新型旅游产品。开展旅游资源普查和评价，对高品质的、稀缺的、脆弱的旅游资源实行严格的保护性开发。

（3）加强旅游生态环境敏感区的管理与科学利用，重视生物多样性保护。科学有序地引导生态旅游，加强自然保护区、生态环境敏感区的科学管理，将生物多样性保护作为旅游开发利用的重要前提。建立旅游项目立项的生态与景观环境影响的评估制度，以及相应的保护与修复资金的补偿机制。

（4）开展全社会旅游业可持续发展的宣传与教育。加强宣传、教育和科普工作，提高旅游者、旅游管理者的可持续发展的意识，逐步形成文明旅游、科学旅游、健康旅游的社会氛围。

（5）依靠科技进步，促进旅游业可持续发展。加强旅游基础科学研究，制定旅游科学技术政策体系，积极推广电子信息技术、清洁卫生技术、资源保护技术、规划评估技术和能源节约技术，加大旅游科技投入力度，使科学技术真正成为"兴旅强旅"的主要手段。

（6）完善保障旅游业可持续发展的政策、法规体系，建立高效运作的综合决策和协调管理机制，建立支持旅游业可持续发展的组织保证体系。充分发挥市场机制作用，运用行政、经济、法律手段，以政府为主导，协调各个方面的利益，形成共同参与、相互合作的组织保障体系和良好的伙伴关系。

（7）开展多种形式、多种内容的国际合作。开展广泛的双边、多边合作，扩大旅游业可持续发展的科学研究及学术交流；在教育培训、规划、项目开发、海外融资等领域加强联系与合作；发达国家对发展中国家提高旅游业可持续发展的能力提供优惠资金和技术帮助；研究解决各国共同关心的环境生态问题。

（8）开展可持续旅游的试点示范工作。树立生态旅游示范工程，积极推进旅游业可持续发展的实施。

良好的生态环境是旅游业可持续发展的基础。同时，通过发展旅游，可以实现对部分自然资源的永续利用，减少资源开发所造成的生态破坏；可以替代部分资源消耗大、污染严重的传统产业，达到减轻污染排放的目的；可以为环境建设提供必要的资金，促进环境质量的改善。通过旅游业的发展，促进生态环境的改善和文化传统的延续，是我国旅游业发展的基本任务之一。

此外，本书特别提出以下策略：

（1）理顺旅游资源开发管理体制。对旅游资源开发与管理体制进行改革，将旅游资源开发多头管理变为统一管理，特别是建议将国家级风景名胜区和各级风景名胜区的管理由各级建设行政管理部门转向由各级旅游行政管理部门进行统一的专业化管理。

（2）剥离旅游资源管理部门的经营职能。加强旅游景区经营权转让的改革和试点，转变旅游景区的行政管理部门的职能，将其经营职能剥离出来，使旅游资源管理部门专门履行对于旅游资源的开发和保护的管理和监督职能。保护旅游资源，维护国家和公众的利益。管理权和经营权的分离，各司其职。旅游景区做好管理权和经营权的分离，实现旅游景区的专业化管理和专业化经营是未来旅游资源开发的必经之路。

（3）转变管理部门干部考核指标体系。加强地方政府和旅游景区官员的考核和监督，改革相关官员的考核指标体系；将考核指标的经济指标转为考核绿色指标和环境指标。

（4）大力提高旅游资源管理部门的素质。大力提高旅游资源管理部门的素质，特别是要提高领导干部的专业素质，变政治化管理为专业化和科学化的管理。旅游资源管理干部的高素质必然带来人力资源的高素质。

（5）加强法制建设，依法治旅。进一步加强法制建设，依法治旅是我国旅游业健康发展的重要保证。

【关键术语】

旅游资源　定性评价方法　定量评价方法　旅游资源分类

【问题及讨论】

1. 谈谈对旅游资源概念的认识。
2. 旅游资源多样性和综合性的特点对于旅游开发有何意义？
3. 简述旅游资源分类的二分法分类和三分法分类的区别与联系。
4. 简述旅游资源的国家标准分类法及其特点。
5. 旅游资源实地调查前应做好哪些准备工作？
6. 旅游资源实地调查中主要要做哪些工作？
7. 以自己熟悉的地区为例，草拟一份《旅游资源调查报告》提纲。
8. 旅游资源的评价主要包括哪些内容？
9. 旅游资源定性评价方法和定量评价方法各有哪些？定性评价法和定量评价法之间有何区别与联系？
10. 旅游资源的永续性和不可再生性对于旅游开发有何意义？
11. 在旅游资源开发中如何体现市场导向原则？
12. 在旅游资源开发中如何体现游客参与原则？
13. 简述旅游资源开发的内容。
14. 1999年年底，武夷山风景区被联合国确认为世界自然遗产和世界文化遗产。为保护好人类遗产，武夷山市政府决定实施"环境生态封闭管理"，投资1.2亿元，对景区内自然与文化景观保护区、城村古汉城遗址保护区、生物多样性保护区和九曲溪核心区四个保护区，进行一次彻底的"体检整修"。根据封闭管理的要求，一条环景区公路正在兴建，将景区与非景区隔开。公路建成后，所有外来车辆将禁止进入核心保护区及主要景点，游客从交通站点改乘电动环保车进入景区游览。景区管委会还在九曲溪、东溪上游全面扩建近60万公顷生态公益林，禁止烧柴灶，推广沼气、太阳能、液化气等清洁能源，创建无烟景区。拆除、拆迁房屋建筑面积14万多m^2，迁移区内居民数百人。

请你结合这一现象，谈一谈对旅游资源保护性开发的认识。

【参考文献】

［1］保继刚，楚义芳．旅游地理［M］．3版．北京：高等教育出版社，2012．
［2］周进步，庞规荃，秦关民．现代中国旅游地理学［M］．青岛：青岛出版社，1998．

［3］何光暐．中国旅游业50年［M］．北京：中国旅游出版社，1999．

［4］赵黎明，黄安民，张立明．旅游景区管理学［M］．天津：南开大学出版社，2002．

［5］赵黎明，黄安民．县级旅游规划的理论与实践［M］．石家庄：河北教育出版社，2001．

［6］何希吾，姚建华．中国资源态势与开发方略［M］．武汉：湖北科学技术出版社，1997．

［7］赵黎明，黄安民．旅游规划教程［M］．北京：科学出版社，2005．

［8］国家旅游局规划财务司，中国科学院地理科学与资源研究所．旅游资源分类、调查和评价：GB/T 18972—2017［S］．北京：中国标准出版社，2017．

［9］樊信友．旅游资源规划与开发［M］．北京：人民交通出版社，2018．

［10］邓爱民，张大鹏．旅游资源开发与管理［M］．北京：中国旅游出版社，2016．

［11］郑耀星．旅游资源学［M］．北京：中国林业出版社，2009．

［12］吴必虎，俞曦．旅游规划原理［M］．北京：中国旅游出版社，2010．

［13］陈福义，范保宁．中国旅游资源学［M］．2版．北京：中国旅游出版社，2017．

［14］杨阿莉．旅游资源学［M］．北京：北京大学出版社，2016．

【参考网站】

1. 中国旅游新闻网（www.ctnews.com）
2. 中国世界遗产网（www.cnwh.org）
3. 国家标准化管理委员会（www.sac.gov.cn）
4. 国家文物局（www.ncha.gov.cn）
5. 中华人民共和国自然资源部（www.mnr.gov.cn）
6. 中华人民共和国水利部（www.mwr.gov.cn）
7. 国家林业和草原局（www.forestry.gov.cn）
8. 中华人民共和国生态环境部（www.mee.gov.cn）
9. 国家体育总局（www.sport.gov.cn）
10. 中国非物质文化遗产网（中国非物质文化遗产数字博物馆）（www.ihchina.cn）
11. 中华人民共和国文化和旅游部（www.mct.gov.cn）
12. 民族宗教事务委员会（www.neac.gov.cn）

第五章 旅游业

【学习目的与要求】

了解旅游业和传统产业在划定标准上的区别,熟悉旅游业的构成;了解旅游业在推动旅游活动发展中的作用,熟悉旅游业的一般特点,熟悉旅游业主要构成部门的基本常识,并掌握旅游产品的概念和特点;了解本章学习和研究的基本参考文献和参考网站。

◆【主要内容框架】

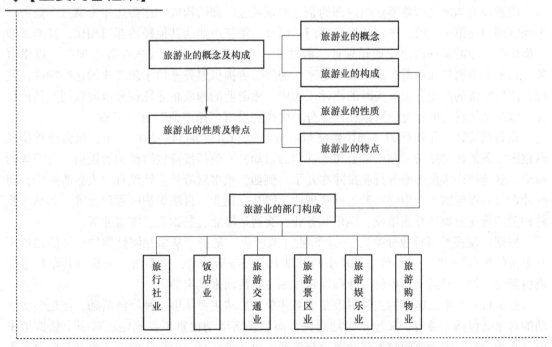

第一节 旅游业的概念及构成

旅游业是使旅游者完成旅游行动的重要保障,是旅游的三大要素之一,被誉为"朝阳产业"。随着经济的发展、人类社会的进步,旅游业将越来越壮大,越来越充满生机和活力。

一、旅游业的概念

旅游业是以旅游者为对象，为其旅游活动创造便利条件并提供其所需商品和服务的综合性产业，是连接旅游者（旅游主体）和旅游资源（旅游客体）的重要纽带。

人们的旅游活动主要包括（旅）行、游（览）、住（宿）、（饮）食、购（物）、娱（乐）六个环节，涉及社会的各个方面，需要许多相关的经济部门来提供相应的服务。在市场经济条件下，社会分工明确，为旅游者的旅游过程服务的相关经济部门就会在国民经济中形成旅游相关的产业，即为旅游业。由于旅游业与其他产业存在着交叉关系，所以旅游业的产业界限是模糊的。

传统的产业是由同类企业构成的。同其他传统的产业相比，旅游业的定义有两点明显的不同之处：一是旅游业的定义是需求取向的定义，而非供给取向的定义，旅游产品的提供是以旅游者为服务对象；其二是旅游业作为一项产业，其界定的标准是服务对象为旅游者，而不是业务或产品。

旅游业的定义可概括为：旅游业就是以旅游资源为凭借，以旅游设施为条件，以旅游者为对象，为旅游者的旅游活动、旅游消费创造便利条件并提供其所需商品和服务的综合性产业。

二、旅游业的构成

旅游业的构成是指旅游业的内部的企业类别或经济部门构成，旅游业作为第三产业的一个经济部门与第一、第二产业的经济部门，以及与第三产业的其他经济部门相比，其产品涉及面更广。旅游活动需要交通运输业、餐饮业、旅馆业、商业、娱乐业等多项产业提供服务，这些旅游服务在旅游产品中统一起来，为旅游者提供服务。由于旅游业的这些特性，使得在国民经济的产业分类和实际的统计工作中，旅游业的构成企业往往分散地被划归其他行业，以避免统计上的重复，所以在产业分类中往往没有"旅游业"这一名称。

在目前统计工作执行的《国民经济行业分类》（GB/T 4754—2017）中，旅游业仅指经营旅游业务的各类旅行社和旅游公司等部门的活动，不包括接待旅游活动的饭店、公园等的活动，这就把许多旅游服务行业排除在外了。例如，很多旅游景点就没有归入旅游业中，而统计在公共设施服务业中的风景名胜管理业、园林绿化业、自然保护区管理业等。其他与旅游相关的行业分类还有旅馆业、娱乐服务业、交通运输业、餐饮业、零售业等。

根据《国民经济行业分类》，一个行业（或产业）是指"从事相同性质的经济活动的所有单位的集合"。当一个单位对外从事两种以上的经济活动时，主要活动是指占其单位增加值份额最大的一种活动，单位行业归属是按照主要活动来确定的。

旅游行业和单位确定的主要困难在于某些单位虽然主要从事一种经济活动，但是经济活动的对象既包括旅游者，又包括当地居民，而且经济活动比重不易确定。对一个旅游地来说，几乎没有一个行业的收入完全源于旅游者，也几乎没有一个行业的收入根本与旅游者无关。统计制度中判断行业分类的出发点是生产/供给，而旅游业内判断旅游业出发点是需求/消费，两者并不完全契合。所以，在实际操作中存在比较大的困难，也出现了一些矛盾。

对于构成旅游业的各类企业，又可被划分为直接旅游企业和间接旅游企业。所谓直接旅游企业，是指有赖于旅游者的存在而生存的企业，其典型代表便是旅行社、交通客运企业和旅馆业；而那些虽然也为旅游者提供商品和服务，但其主要供应对象并非旅游者，或者说旅游者的存在与否并不危及其生存的企业可称之为间接旅游企业，餐馆和娱乐业便属此类。

而政府的一些相关部门既是执法者，又是经营者。实际上，政府公共部门常常是公路、港口、机场和其他基础设施的最大经营者。例如在美国，政府拥有和经营着一些世界上最大的国家公园，即使是在这些经营活动被私有化的地方，公共部门仍可以在很大程度上借助立法权来控制此类经营活动。公共部门还常是剧院、文化中心、会议和展览设施、休闲和体育中心的创始者、建设者和经营者。这类部门保护当地环境和文化遗产，还经营和维持着许多博物馆、美术馆、历史遗产，这些实际上也可以成为旅游目的地的景观、景点。

此外，各级旅游管理机构和旅游行业组织虽然不参与旅游业的经营，但他们进行着旅游业的组织、管理和旅游业形象推广与营销，对促进和扩大商业性经营部门的盈利起着重要的支持作用，它们也应该包括在旅游业的构成之中。

因此，对旅游业构成的一般看法是建立在直接旅游企业这一基础上的，而较为全面看法则既包括直接旅游企业，又包括间接旅游企业，同时还包括支持发展旅游的各级旅游组织。

根据联合国发布的《国际标准行业分类》，同时对从事旅游业务的具体部门加以分析。旅游业主要由三部分企业构成，即旅行社、交通客运部门和以旅馆为代表的住宿业部门，属于上述三个部分的企业因而也构成了三种类型的旅游企业。我国曾普遍将旅行社、住宿业和交通运输业称为旅游业的三大支柱。我国的旅游业目前主要包括以下六类企业：旅行社业，以饭店为代表的住宿业，交通运输业，旅游景区，娱乐行业，旅游用品和纪念品销售行业。

第二节 旅游业的性质及特点

一、旅游业的性质

对旅游业的性质进行深入认识，有助于制定旅游产业政策，从而促进旅游业的发展。旅游者旅游活动的实现需要众多的企业提供服务，包括旅行社、旅馆饭店、交通运输业、游览娱乐企业、商业企业等，这些企业都是以盈利为目的并进行独立核算的经济组织，追求的是利润的最大化。旅游资源的开发、旅游设施的建设都需要投资，都要考虑投入产出或投资回报，因此，旅游业主要由各种企业构成，是一种经济产业，所以经济性是旅游业的根本属性。改革开放之前，我们对旅游业性质在认识上存在误区，仅仅将旅游业看作是一项具有文化性质的事业，是我国外事工作的一部分，旅游业始终没有突破外事接待型的模式，对国家的经济贡献也微不足道。改革开放后，我们认识到旅游业的经济性质，很快实现了从外事接待型向经济创汇型的转变，旅游业也被列入国民经济和社会发展计划之中。目前，我国有20余个省、市、自治区将旅游业确定为本地区的支柱产业来培育，国家也将旅游业确定为新的经济增长点来促进发展。旅游业经济属性的定位，有力地促进了旅游产业的发展，同时也使旅游业的其他功能得到了很好的发挥。

二、旅游业的特点

与其他产业相比，特别是与制造业相比，旅游业具有以下一些基本特点：

1. 旅游业的综合性

旅游业的生产过程就是旅游企业为旅游者在旅行期间的食、住、行、游、购、娱等方面提供服务的过程，需要交通、住宿、餐饮、金融、通信、商业娱乐、景区等一系列的企业提供相应的服务。这些企业按照传统的产业划分标准，又分别属于若干独立的行业，它们是"为了满足旅游者的需要"这一原因而联系在一起，形成了一个集合体。因此，旅游业是一个综合性极强的产业，这种极强的综合性要求旅游业内部各相关企业之间必须紧密合作、相互协调，以充分发挥最大的供给能力，其内部任何一个环节出现问题都会影响整个旅游产品的完整性，从而影响整个旅游产业的发展。所以，每个旅游目的地对其旅游业都要进行全行业的管理。我国目前实施政府主导性的旅游发展战略的原因也基于此。

2. 旅游业的依托性

由于旅游业的综合性，旅游业的发展需要依托相关行业的发展，主要表现在四个方面：一是旅游业的生产和发展依托于旅游资源，一个地区旅游资源的种类、规模、结构和品质往往决定其旅游业的发展方向和规模；二是旅游业的发展依托其所处的区位条件，区位条件的优劣往往决定了其市场条件的优劣；三是旅游业的发展需要依托于区域经济的发展，经济发展程度决定着旅游开发实力和综合接待能力的强弱，并会在一定程度上影响服务质量；四是旅游业的发展要依托如交通运输、城市建设、商业服务、金融、邮电、园林等相关部门和行业的通力合作与协调发展。在旅游业的生产过程中，任何一个相关行业脱节，都会使旅游业的经营活动无法正常运行。一个城市的旅游业的发展要依托整个城市的建设和其环境；一个国家和地区来说，如果旅游资源开发和旅游交通、旅游饭店等相关部门不能协调发展，就会影响整个旅游业的健康发展。所以，旅游业是一项依托性较强的产业。

3. 旅游业的服务性和劳动密集性

旅游产品主要是为旅游者提供满足其需要的服务。虽然旅游产品中包含有某些有形的产品的因素，但就一次完整的旅游活动或旅游经历而言，旅游者对旅游的需求仍是一种为了满足精神上得到享受的需求。因此，旅游产品中除了有形的商品外，无形的服务更为重要。旅游者的旅游消费活动追求的是一种旅游的"经历"，无形的服务更加影响旅游者的经历，从而影响旅游产品的质量。比如，同样的一瓶啤酒在超市、大众餐馆、酒楼及星级饭店中的价格就有明显的不同，原因在于，除啤酒本身的有形价值外，不同的地方提供不同的环境，有不同的气氛和服务，给人不同的精神享受。从旅游产品的总体来看，其价值并非是物化于消费品之中的。旅游产品具有生产与消费的同步性，旅游业生产服务产品的过程，也就是提供服务的过程。因此，旅游业是一种服务性的行业，属于第三产业。

同时，旅游业又具有劳动密集型企业的特性，旅游业的劳动力密集性主要表现在旅游业的工资成本在其全部营业成本中所占的比例较高。旅游业的产品是以提供劳务为主的旅游服务，许多服务必须靠人工完成，并且生产和销售同步。与制造业相比，其工资成本在全部营业成本中占据了较高的比重。这决定了旅游业是一项劳动密集型行业。

4. 旅游业的环境密集性

自然环境和人文环境是旅游业发展的基础，也是旅游业可持续发展的保障，优雅的环境、清新的空气、洁净的水体其本身也是旅游资源和旅游吸引力的重要的构成部分。旅游环境影响游客的旅游体验水平和体验质量，从而也影响旅游产品的质量。因此，旅游业的发展对自然环境和人文环境都有苛刻的要求，因而需要投入大量的资金来改造环境。

5. 旅游业的敏感性

旅游业的敏感性是指旅游业的生产和发展对各种自然、政治、经济和社会等因素的变化反应明显，各种因素的微小变化都可能引起旅游业的波动。例如，某一地区如果发生洪水、地震、气候异常等自然灾害，前往旅游的人数必然减少。一个国家或地区的政局不稳定或者社会治安差，也会使前往旅游的人数减少。"9·11"事件后，全球民航机票预订率平均下跌了12%~15%，美国多家航空公司大幅裁员，北美洲、加勒比海沿岸地区、南美洲、中东和北非等地区的航空业、旅馆业和旅游业受到沉重打击。受此影响，游客流向也发生了很大变化，美国前往我国旅游的人数大幅度下降，而日本等客源市场原本打算赴美国的旅游客流由于受阻而转向中国。世界经济形势及外汇市场汇率的变化也会对旅游业产生影响，世界经济增长较快时期，国际旅游的游客就会增加。这些都说明旅游业对自然、政治、经济和社会等各种因素反应敏感。2003年"非典"疫情、2014年"12·31"上海外滩踩踏事件、2017年九寨沟地震等给中国旅游业均造成了重创。

6. 旅游业的涉外性

现代旅游是一种跨国界、跨地区的交往活动，不同的国家或地区有着不同的社会制度、社会文化和生活方式。因此，国际旅游具有很强的政策性。国际旅游既有人员、文化的交流，又有经济交往。经济交往中，要求旅游企业的经营管理活动要遵循国际交换惯例；在人员、文化的交流过程中，既要尊重各国的文化和生活方式，也要注重促进各国人民增加了解、增进友谊。

第三节　旅行社业

旅行社是为人们旅行提供服务的专门机构。在我国，旅行社是指有营利目的，从事旅游业务的企业。世界上最早的旅行社产生于19世纪40年代的英国，而我国最早的旅行社则产生于20世纪20年代的上海。随着旅游业在全球范围内不断发展和繁荣，旅行社现已发展成为世界旅游业的三大支柱之一，在我国旅游业的发展中也扮演着极为重要的角色。

一、旅行社的概念、性质和作用

1. 旅行社的概念

旅行社是旅行业务的组织部门，是旅游业的重要组成部分，是为人们旅行提供服务的专门机构。它在不同的国家和地区具有不尽相同的含义。

欧美地区的旅行社简单划分为旅游经营商（tour operator）和旅行代理商（travel agent）两类。国际官方旅游组织联盟（IUOTO）在其名为"现在和潜在销售渠道的研究"的报告中指出："旅游经营商（社）是一种销售企业。它们在消费者提出要求之前，事先准备好旅游活动和度假地，组织旅行交流，预订旅游目的地的各类客房，安排多种游览、娱乐活动，提供整套服务（包价旅游），并事先确定价格及出发和回归日期，即准备好旅游产品，由自己下属的销售处或旅行代理商将产品销售给团体或个体消费者。"而"旅行代理商（社）是服务性企业，它的职能是：①向公众提供有关旅行、住宿条件以及时间、费用和服务项目等信息，并出售产品；②受交通运输提供商、饭店、餐馆及供应商的委托，以合同规定的价格向旅游者出售他们的产品，销售合同（票据等）表明购买者和销售者是两相情愿的，旅行代理商只起中间人的作用；③接受它所代表的供应商的酬劳，代理商按售出旅游产品总金额的一定比例提取佣金"。

1996年10月，国务院正式颁布了《旅行社管理条例》。2009年2月20日，中华人民共和国国务院令第550号公布《旅行社条例》，后经过2016年和2017年两次修改。2017年3月1日国务院颁布的最新《旅行社条例》指出，旅行社是指"从事招徕、组织、接待旅游者等活动，为旅游者提供相关旅游服务，开展国内旅游业务、入境旅游业务或者出境旅游业务的企业法人"。根据2016年12月12日国家旅游局发布的《旅行社条例实施细则》，国内旅游业务是指旅行社招徕、组织和接待中国内地（大陆）居民在境内旅游的业务；入境旅游业务是指旅行社招徕、组织、接待外国旅游者来我国旅游，香港特别行政区、澳门特别行政区旅游者来内地旅游，台湾地区居民来大陆旅游，以及招徕、组织、接待在中国内地（大陆）的外国人，在内地的香港特别行政区、澳门特别行政区居民和在大陆的台湾地区居民在境内旅游的业务；出境旅游业务是指旅行社招徕、组织、接待中国内地（大陆）居民出国旅游，赴香港特别行政区、澳门特别行政区和台湾地区旅游，以及招徕、组织、接待在中国内地（大陆）的外国人，在内地的香港特别行政区、澳门特别行政区居民和在大陆的台湾地区居民出境旅游的业务。

2. 旅行社的性质

尽管不同国家和地区对旅行社的性质有不尽相同的规定，但其中都包含了以下两个共同特征：

（1）提供与旅行有关的服务是旅行社的主要职能。

（2）以营利为目的决定了旅行社的企业性质。

3. 旅行社的作用

旅行社在旅游业中犹如一个桥梁和纽带，把旅游过程中的食、宿、行、游、购、娱等环节联结起来，并通过旅游客源的组织和旅游产品的生产，将旅游业各个部门之间紧密地联系在一起，从而使旅游业内部形成一个相互依存、相互制约的有机整体。其在现代旅游业中有以下几个方面的作用：

（1）旅游活动的组织者。从旅游者需求的角度看，旅游者在旅游活动中，需要各种旅游服务，如交通、住宿、餐饮、游览、购物、娱乐等。而提供这些服务的部门和企业分别属于不同的行业，相互之间联系比较松散。旅行社在自己的经营活动中，从分属于不同部门的企业那里购买各种旅游服务产品，再把这些产品组合起来系统地提供给旅游者，使旅游者的旅游活动能够顺利开展。旅游企业之间的相互联系和衔接，有赖于旅行社的组织和协调。可见，旅行社不仅为旅游者组织旅游活动，还在旅游业各个组成部门之间起着组织和协调作用。旅行社既是旅游客源的组织者，又是旅游市场的开拓者。

（2）旅游产品的销售渠道。从旅游目的地的供给角度看，旅行社是旅游产品的销售渠道。与旅游活动有关的行业和部门，如交通运输部门、住宿业、酒楼餐馆、商业购物等部门，虽然也直接向旅游者出售自己的产品，但其大多数的产品是通过旅行社销售给旅游者的，旅行社通过其产品的生产将其他相关的行业和部门的产品也销售给旅游者，成为这些企业的旅游产品的销售渠道。

二、旅行社的分类

由于各国旅行社的行业发展水平和经营环境有所不同，因此世界各国旅行社行业分工的形成机制和具体分工状况存在着较大的差异,这种差异决定了各旅行社企业的经营范围是不同的。因此,人们往往需要将旅行社划分为不同的类型。

1. 按业务类型划分

按业务类型划分旅行社类型主要是欧美国家的旅行社的分类。在欧美国家中,人们根据旅行社所经营的业务类型,即是经营批发业务还是经营零售业务,将旅行社划分为旅游批发经营商和旅游代理商(旅游零售商)两大类。

(1)旅游批发经营商。旅游批发经营商即主要经营批发业务的旅行社或旅游公司。旅游批发经营商是指以组织和批发包价旅游产品为主要经营业务的旅行社,有的兼营旅游产品零售业务。旅游经营商在经营活动中,先同交通运输、饭店、旅游景点等环节的部门签订协议,以批量购买的价格订购各种单项旅游服务;然后,在对市场行情调查、分析和预测的基础上,将这些单项旅游服务包装、组合成包价旅游产品或其他旅游产品,再把这些旅游产品通过旅游代理商直接出售给旅游消费者。旅游经营商的规模一般都比较大,企业的数量相对较少。在组团来华旅游的欧美旅行社中,绝大多数都是旅游批发经营商。

(2)旅游零售商(旅游代理商)。旅游零售商即主要经营零售业务的旅行社。旅游零售商主要以旅行代理商为典型代表,当然也包括其他有关的代理预订机构。一般来讲,旅行代理商的角色是代表顾客向旅游批发经营商及各有关行、宿、游、娱方面的旅游企业购买其产品。同样,也可以说旅行代理商的业务是代理上述旅游企业向顾客销售其各自的产品。旅行代理商提供的服务是不向顾客收费的,其收入主要来自被代理企业支付的佣金。

20世纪初,旅行代理商主要服务于商务旅行市场,为其代理车船票务,代理商的数目较少,规模也不大。直到20世纪五六十年代,航空交通运输的发展促进了大众旅游的发展,由此旅行代理商开始大量出现和发展。旅行代理商数量的增加是和旅游批发商急欲扩大自己占有的市场份额而自身直接销售力量不足这一背景分不开的。随着时间的推移,很多旅游批发商和其他旅游企业不愿再因向旅行代理商支付佣金而削弱自己的产品在价格方面的竞争力,更重要的是,电子计算机和网络技术在旅游问询及预订方面的应用增强了他们自己直接销售的力量,这给旅行代理商的发展前景带来了一定的威胁。

2. 按经营范围划分

我国旅行社按经营范围可以划分为经营国内旅游业务和入境旅游业务的旅行社以及经营出境旅游业务的旅行社两种类型。根据国务院2017年3月1日发布施行的《旅行社条例》和2016年12月12日国家旅游局令第42号公布施行的《旅行社条例实施细则》,我国旅行社按其经营范围来划分有两种:一种是可以经营国内旅游业务和入境旅游业务的旅行社;另一种是经国家旅游局批准,在原有经营范围的基础上,增加经营出境旅游业务的旅行社。旅行社取得经营许可满两年,且未因侵害旅游者合法权益而受到行政机关罚款以上处罚的,可以申请经营出境旅游业务。

我国对旅行社类别的划分是出于国家对旅游业行使宏观管理、确保旅游接待质量的目的而做出的规定,而不是根据各旅行社在业务方面的自然分工所进行的归纳。实际上,除了在业务内容是否涉外方面有所不同外,各类旅行社的业务职能并无根本区别。同欧美国家的旅行社相比,我国的旅行社既经营"批发"业务,又经营零售行业。在批发业务方面,我国的旅行社同欧美国家的旅行社并无太大差异,都是设计和组织产品、形成旅游线路,并在产品成本的基础上适当加价推出销售。但在零售行业,特别是在代理预订方面,我国的旅行社同很多外国旅行社都有差异。主要表现在我国旅行社在代理这类业务中，除航空机票代理业务外多是向顾客收取手续费外，其他业务一般不向被代理企业收取代理佣金。

三、旅行社的基本业务

根据《旅行社条例实施细则》第二条规定，旅行社所承担的招徕、组织、接待旅游者提供的相关旅游服务，主要包括：①安排交通服务；②安排住宿服务；③安排餐饮服务；④安排观光游览、休闲度假等服务；⑤导游、领队服务；⑥旅游咨询、旅游活动设计服务。

旅行社还可以接受委托，提供下列旅游服务：

（1）接受旅游者的委托，代订交通客票、代订住宿和代办出境、入境、签证手续等。

（2）接受机关、事业单位和社会团体的委托，为其差旅、考察、会议、展览等公务活动代办交通、住宿、餐饮、会务等事务。

（3）接受企业委托，为其各类商务活动、奖励旅游等代办交通、住宿、餐饮、会务、观光游览、休闲度假等事务。

（4）其他旅游服务。

旅行社代办的出境、签证手续等服务，应当由具备出境旅游业务经营权的旅行社代办。

旅行社的基本业务如图5-1所示。

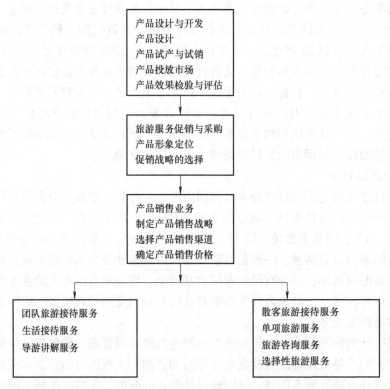

图5-1　旅行社的基本业务

旅游有各式各样的形式，为了与日益多样化的各种旅游形态相适应，我们把旅行社业务进行以下分类：

1. 承接各种与旅游有关的委托代办业务

委托代办业务主要是针对散客的需要开办的，旅行社与相关单位和企业有着良好的业务关系和从这些部门及企业得到廉价的合同价格和各项旅游服务，如客房、各类交通票等。代办业务根据游客的具体需要，提供多样化的服务，如代客订房、代办签证、代购车（船、机）票、代租汽车、接站送站等。

2. 设计、组织和促销旅游产品

根据不同的旅游市场设计不同的旅游线路，并通过向旅游提供服务的部门或企业，如交通、住宿、餐饮、娱乐、旅游景区（点）、保险等，购买旅游要素，或直接购买接待社的旅游产品，将其包装成旅游产品，并进行宣传、促销活动，出售给旅游者，这种产品的业务形式被称作为包价旅游，包价旅游一般以团体旅游者为主。

3. 接待服务

接待服务包括两个方面，团队旅游接待服务和散客旅游接待服务。团队旅游接待服务包括组团旅游业务和接团旅游业务。

（1）组团旅游业务，是指旅行社预先制订包括旅游目的地、日程、交通或住宿服务内容、旅游费用的旅游计划，通过广告等推销方式招徕旅游者，组织旅游团队，为旅游者办理签证、保险等手续，并通过接待计划的形式与接团旅游业务进行衔接。

（2）接团旅游业务，是指根据旅游接待计划安排，为旅游者在某一地方或某一区域提供翻译、导游服务，安排旅游者的旅行游览活动，并负责订房、订餐、订票、各旅游目的地的联络等，为旅游者提供满意的综合服务。

按照国际惯例，所谓团体，是指参加旅游的旅游者至少为15人。一般而言，团体旅游都选择包价形式的旅游产品。包价旅游的概念始于综合包价旅游，即我国旅行社所称的"全包价"。综合包价旅游指旅行社经过事先计划、组织和编排活动项目，向旅游大众推出的包揽一切有关服务工作的旅游形式。一般规定旅游的日程、目的地、交通、住宿、饮食、游览的具体地点及服务等级和各处旅游活动的内容安排，并以总价格的形式一次性地收取费用。在西方国家中，人们称这种综合包价旅游为"Package Tour"或"Inclusive Tour"。前者最初主要指有关旅游活动项目方面的集合包揽，后者则强调费用方面的全包价格。但目前这两种说法已经通用，不再有实际意义上的区别了。

随着时间的推移和市场需求的变化，包价旅游的概念和旅行社组织包价旅游的做法也有了新的发展。目前，在包价的内容方面，实际上并非所有的包价旅游都将旅游全程的食、宿、行、游等全部包括在内。例如，有的包价旅游只包交通和食宿，有的在每日餐食中只包其中的一餐，另外也有只包交通的情况，等等，这就是我国旅行业内人士所称的小包价旅游。

（3）接待安排散客旅游。旅行社除组织接待团体旅游外，还承办和接待散客旅游。所谓散客是相对于团体而言的，主要是指个人、家庭及15人以下的自行结伴旅游者。散客旅游者通常只委托旅行社购买单项旅游产品或旅游线路产品中的部分项目。但实际上，有些旅游散客也委托旅行社专门为其组织一套综合旅游产品。例如，有的散客也要求有关旅行社为其安排一整套全程旅游；有的则根据自己的意愿和兴趣提出自己的旅游线路、活动项目及食宿交通的方式和等级，要求旅行社据此协助安排；有的则要求旅行社提供部分服务，例如要求提供交通食宿安排，而不需要其他服务，等等。

接待散客旅游者人数的多少是一个旅游目的地成熟程度的重要标志，因为同团体游客相比，散客数量的增长通常要求该旅游目的地的接待条件更加完备、更加便利，否则该旅游目的地就不足以吸引大量散客前来旅游。近些年来，世界上散客旅游正呈现出一种逐渐增多的发展趋势，在来华旅游的海外游客中，散客的数量也有了很明显的增长。这主要是因为散客旅游在内容上选择余地较大，活动比较自由，不像随团体旅游那样受固定安排的限制，能满足旅游者的个性化需求。

四、我国旅行社业的发展

1. 我国旅行社发展进程

我国的旅行社起步于20世纪20年代，但旅行社成为一个具有一定规模的经济行业，却是改革开放之后的事情。1978年以前，我国仅有两家以政治接待为主的旅行社——中国国际旅行社和中国旅行社，它们既不足以构成一个行业，也不具备经济的性质。

在1990年以前，我国旅行社的发展中有两件具有重大意义的事件。一是1984年旅游外联权的下放，这是我国旅行社行业迅速发展的重要原因；二是1985年《旅行社管理暂行条例》的颁布，它标志着国家开始对旅行社实施相对独立的行业管理。到20世纪80年代末期，我国的旅行社才真正发展成为一个具有一定规模的经济行业，在旅游业中的地位也得到广泛的认可。

1995年，面对我国旅行社急剧发展的势头和由此引起的旅游市场秩序的混乱，同时为适应保护旅游者合法权益的世界潮流，我国政府以旅行社质量保证金制度的实施为标志，开始了对旅行社行业的全面调整，并在此基础上于1997年出台了新的《旅行社管理条例》。

我国旅行社市场的对外开放，一直是全行业，乃至国际旅游界都很关注的问题。为适应全球服务贸易自由化的趋势，在我国旅行社业十余年的逐步开放过程中，共出台了三个管理规定，将对外开放明显地划分为三个阶段：一是1993年10月出台了《关于在国家旅游度假区内开办中外合资经营的第一类旅行社的审批管理暂行办法》，把旅行社对外开放限定在12个国家旅游度假区的范围内；二是1998年10月出台了《中外合资旅行社试点暂行办法》，把旅行社的对外开放扩展到了国家旅游度假区以外；三是2001年12月修订出台了《旅行社管理条例》（2002年1月1日起施行），专设了"外商投资旅行社的特别规定"一章，依照我国入世承诺的内容，明确了我国旅行社进一步对外开放的政策。这三个规定既存在必然的内在联系，又各有其阶段性特征，是我国旅行社业不同阶段对外开放状况的标志。2002年10月28日，国家旅游局发布了《出境旅游领队人员管理办法》，2003年又出台了《设立外商控股、外商独资旅行社暂行规定》。2010年7月29日国家旅游局第9次局长办公会议、2010年11月8日中国保险监督管理委员会主席办公会审议通过《旅行社责任保险管理办法》，自2011年2月1日起施行。2009年2月20日，中华人民共和国国务院令第550号公布了《旅行社条例》并于2009年5月1日施行。2009年4月2日，国家旅游局令第30号公布了《旅行社条例实施细则》并自2009年5月3日起施行。2016年2月6日中华人民共和国国务院令第666号公布了第一次修订的《旅行社条例》，2017年3月1日中华人民共和国国务院令第676号公布了第二次修订的《旅行社条例》。2016年12月12日，国家旅游局发布《国家旅游局第42号令：关于修改〈旅行社条例实施细则〉和废止〈出境旅游领队人员管理办法〉的决定》，对《旅行社条例实施细则》进行修改。2020年3月10日，文化和旅游部下发《关于印发〈出境旅游组团社签证专办员卡使用管理规定〉的通知》，明确该规定自 2020 年 4 月 1 日起施行，原国家旅游局办公室 2010 年印发的《关于启用出境旅游组团社签证专办员互联网审批管理系统及更换签证专办员卡的通知》（旅办发〔2010〕62 号）同时废止。

新的《旅行社条例》提升了旅行社的服务门槛，降低了外商进入旅行社的投资门槛。所有这些工作，都加速了我国现行旅游法规与世界贸易规则及"入世"⊖承诺的接轨。

近年来，随着我国经济的不断增长、居民消费水平的提高和公共交通系统的完善，我国旅游业快速发展，旅行社数量保持较快增长态势。截至 2019 年年末，全国共有旅行社 38 943 家，比上年年末增加 2940 家；全年入境旅游接待 1829.62 万人次，国内旅游接待 18 472.66 万人次，出境旅游组织 6288.06 万人次。2019 年度，全国旅行社营业收入 6621.76 亿元，营业利润 30.06 亿元。2019 年全国旅行社直接从业人员 41.06 万人。⊖

2. 我国旅行社发展趋势

目前，在我国旅行社业蓬勃发展的同时，也出现了许多问题，突出表现为市场秩序的混乱、行业整体素质差、行业道德和行业诚信水平低、经营观念落后、体制改革步伐慢，以及行业管理执法力度不够等。随着我国加入世界贸易组织，与国际接轨进程日益加快，世界经济一体化，以及电子商务时代、知识经济、个性化时代、消费化时代的来临，我国旅行社的发展也将面临前所未有的发展机遇和全新的挑战。

（1）积极兑现旅游业的"入世"承诺，加强旅游法规的建设和实施。认真兑现"入世"承诺是 WTO 成员方的义务，也是一个国家和政府信誉的表现。我国旅游业的"入世"承诺主要反映在旅行社业和饭店业上，"入世"以来，旅游部门进行了积极的兑现。在旅行社业方面，国家旅游局表示，"在市场经济比较成熟和旅游比较发达的城市，允许美国、欧洲和日本的大旅行社兴办控股的合资旅行社；如条件理想，还可以考虑提前兑现'入世'承诺，允许其试点兴办独资旅行社"，这充分显示了旅游部门主动履行"入世"承诺的态度。

（2）努力加快政府职能的转变。建立符合社会主义市场经济体制的行政管理体制，使政府职能真正转变到实施经济调节、市场监管、社会管理和公共服务上来。"入世"以来，旅游部门在此方面做了较多工作，按照国务院改革行政审批制度的统一要求，在国家层次进行了旅游行政审批项目的清理，首批取消了对饭店管理公司等的三项行政审批权，今后还将陆续对一些项目进行调整和规范，使政府职能真正转变到实施经济调节、市场监管、社会管理和公共服务上来。

（3）建立旅行社业新的经营格局。我国旅行社业的经营一直采取以人为市场分割为特征的水平分工体系，各旅行社除了在目标市场方面有所不同之外，在业务上仅是从产品开发到组团乃至接待全方位出击，并无批发、零售的主营差异。所以面对同一目标市场开展经营的旅行社多是在低层次上展开价格竞争，违规经营屡有发生，从而导致整个行业市场的混乱。这一问题已引起了政府、企业以及学术界的普遍关注，业界人士呼唤旅行社业规范化的

⊖ 指中国加入世界贸易组织，下同。
⊖ 中华人民共和国文化和旅游部. 2019 年第四季度全国旅行社统计调查报告［R/OL］.（2020-05-15）.［2020-09-17］. http：//zwgk.mct.gov.cn/auto255/202005/t20200515 853375.html? keywords=.

经营格局早日出现。

（4）推广现代市场营销观念。长期以来，我国旅行社业产品形成了团体、标准、全包价、观光旅游一统天下的局面。这类旅游产品对于新时期的旅游者而言，已不再像以前那样具有吸引力了。许多旅行社开发旅游产品时，不仅没有进行市场调研和市场细分，也没有选择一定的目标市场，更没有有针对性地设计旅游产品，开展市场营销。

（5）加强旅行社业的科学经营与管理。我国加入WTO，旅行社业开始直面严峻的挑战与考验，科学的管理方式由此成为参与国际竞争的一个重要武器。而目前，我国旅行社普遍存在着内部管理较散，业务运行中的科技含量不够等问题。但随着互联网技术的飞速发展，旅游业电子商务化运作模式将得到发展。

（6）旅游企业改变经营方式和经营体制。一是外国旅游企业稳步进入我国旅游市场。截至2016年，我国批准成立的外商投资旅行社共有62家，绝大多数是中方控股的合资旅行社。其中，最早成立的中外合资旅行社是云南力天旅游（旅行社）有限公司（1998）。2015年度全国外商投资旅行社旅游业务营业收入35.02亿元，同比增长7.26%，占全国旅行社总量的0.90%；旅游业务利润2.82亿元，同比增长15.57%，占全国旅行社总量的1.42%；实缴税金0.44亿元，同比增长22.22%，占全国旅行社总量的1.75%。国际顶尖级和低星级饭店管理集团对进入我国饭店业市场兴趣浓厚，中心城市和中西部地区成为吸引外国饭店投资和输出管理的重点；ICR、因特沃（Interval International）等国际知名的分时度假集团进入我国旅游市场，并在一些地区开展分时度假业务的经营；以旅游救援、医疗服务为主业的法国安盛公司寻求与我国旅行社的业务合作。二是旅行社网络化建设明显加快。与以往单纯以业务联系为纽带相区别，"资产组合＋业务组合"的网络化模式正在快速崛起，并初步形成以北京、广州为中心的"一南一北"两个网络化群体。日臻完善的网络化营销、接待体系和垂直管理模式在旅行社行业已形成独特的综合优势。三是旅游企业体制改革步伐加快。各地在鼓励各种经济成分投资旅游业的同时，明确要加大国有旅游企业体制改革的力度，建立具有市场竞争力的企业机制。如山东提出，可以选择股份制改造、股份合作制、出售拍卖、租赁承包经营、引资嫁接、合资经营等多种形式，加快国有旅行社的改革步伐，推动旅行社企业集团化、网络化、专业化发展。四是旅游要素走向进一步协作，表现比较明显的是旅行社与景点景区的合作，这些协作有利于建立优势互补、利益共享的机制，强化旅游企业的市场竞争力。

第四节　饭店业

一、饭店的概念和饭店业的发展

（一）饭店的概念

饭店是依托服务设施向旅游者住宿、餐饮、购物、娱乐等服务的企业。在我国，饭店曾有各种称谓，如饭店、宾馆、酒店、旅馆以及旅社、旅店、客店、客栈等；若追溯到古代就更多了。目前在我国，饭店、宾馆、酒店大多是指设备设施标准和价格标准都较高的住宿业，一般将有国家旅游局授权挂牌的星级饭店，统称为旅游饭店；其他则属于比较经济的住宿业，通常被称为社会旅馆。

(二)饭店业的发展

世界饭店业的发展经历了一个漫长的过程,大致可分四个阶段:简易客栈时期、豪华饭店时期、商业饭店时期、新型饭店时期。

1. 简易客栈时期

这种简易的客栈大约出现在公元前 600 年左右,距今已有 2000 多年的历史,是饭店业发展历史中最漫长的阶段,随着人类旅行活动的出现而产生,至今在许多地方仍有客栈存在。早期的客栈经营者或以家庭为单位,或为国家机构专门经营。这种饭店设备极其简陋,只能提供睡眠设备和简单食品,可以保证投宿者最起码的生活需求,具有食、宿与安全的功能;组织方式是独立的、小规模的;投宿者或为宗教徒,或为经商旅行者,或为政府官员。在现今落后的国家和偏僻地区仍还有这类客栈式的饭店,设施简陋,价格低廉。

2. 豪华饭店时期

大饭店又称豪华饭店,是 19 世纪末发展起来的,其外部装饰、内部设备、娱乐设施、烹饪方式都较讲究,专为富有人士服务。这种饭店首先出现于 19 世纪中叶,欧洲的工业革命已基本完成之时,资产阶级先后掌握了国家政权,但王公贵族的遗老遗少和一些新贵资产阶级却仍眷恋和追求过去那种只有在宫廷内才能得到的特殊享受,于是在法国出现了富丽堂皇的豪华饭店。这类饭店主要是为迎合特权富裕阶层显示其社会地位与声望的心理,使之能在此进行社交活动和肆意挥霍而修建的,所以特别注重装饰和服务方式。这时期的豪华饭店已成为大规模的独立机构,并出现了早期的管理。

3. 商业饭店时期

商业饭店出现于 20 世纪初,旅馆的服务对象在这个时期普及到了社会各阶层,注重为商业活动提供方便,在价格上力求以廉取胜,面向大众,增添了大量的公共设施场地及通信工具,以吸引投宿者。当时著名的代表人物首推被称为"现代饭店管理之父"的美国饭店业大王斯塔特勒(E. M. Staeles)。他的主要功绩就在于把饭店建设引入了采用科学管理方法的新阶段,斯塔特勒一反过去讲求奢华的做法,从饭店的实用性、舒适性和服务质量三方面入手,在设备设施的设计、使用、员工的组织和安排上,以及成本和经营体制上推行效率主义原则,从而大大降低了房价。此时,饭店已开始注重成本,采取了薄利多销的经营方针,设备设施重视标准化、方便化、简朴化和实用性,随后又引入了电子计算机加强控制。这类饭店正好迎合了 20 世纪商业旅行逐年增多,而大多数客人既不愿光顾简陋客栈,又住不起豪华饭店的局面。斯塔特拉的饭店以当时"只用 1.5 美元就能租到带浴室的客房"之类的广告宣传,获得了大多数商业旅行者的青睐,使商业饭店很快就打开了市场。目前,国际上的大多数饭店仍然都是商业饭店。当然,今日的商业饭店在设备设施、管理方法、服务质量、价格标准等方面与初期相比较,已发生了极大的,甚至是根本性的变化。

4. 新型饭店时期

第二次世界大战后出现了新型饭店,建造规模巨大,内部设施豪华,提供多方面、多层次的现代化服务,使饭店成为包含多种服务设施的综合体。20 世纪 50 年代以来,由于经济的繁荣提升了人民的生活水平,各种目的的旅行游览形式越来越多地暴露出局限性。于是,新型饭店在商业饭店的基础上相继出现,其经营方针是以市场需求为准则,开展多种多样的经营,设备设施尽可能要达到现代化和多样化。新型饭店向所有乐于光临的客人提供令其满意的服务,其中也包括大量的当地居民。饭店除了为旅行者提供食、宿、安全等基本生活条件外，还发展成为人们普遍乐于接受的休息、娱乐、社交的重要场所。有些城市的新型饭店甚至已经成为当地政治、经济、文化活动的中心。

二、饭店业在旅游业中的地位和作用

1. 饭店是旅游业发展的物质基础

现代旅游饭店是一个以向旅游者提供休息、住宿和餐饮服务为主的多功能的场所，是重要的旅游基础设施。一个国家或地区旅游饭店数量的多少和规模的大小，是一个国家和地区旅游接待能力的重要指标，反映了这个国家或地区的经济发展水平和旅游业发展水平。旅游饭店在旅游业中起着基础作用，所以说旅游饭店是旅游业的基础设施。

2. 饭店是旅游创收的基地

旅游饭店建成后，向客人提供服务可以创造利润，缴纳税金，为国家积累建设资金，特别是可以为国家赚取大量的外汇。2003年，我国星级饭店业全年营业收入总额为983.16亿元，占旅游总收入的20.14%。2016年，我国星级饭店营业收入总额为2027.26亿元，利润总额为4.71亿元。2017年，我国星级酒店营业收入为2119.3亿元。

2018年，我国旅游饭店业全年营业收入总额为3143.90亿元，一般旅馆营业额为830.10亿元，其他住宿业营业额为78.40亿元；2017年，全国旅游饭店营业收入总额为3059.41亿元，一般旅馆营业额为813.26亿元，其他住宿业营业额为91.27亿元（注：2007年及以前住宿业企业营业额的统计范围为星级住宿业）。

3. 饭店是重要的社会经济文化活动场所

现代旅游饭店功能多样，除能提供基本的食宿之外，一般还附设有会议室、多功能厅、咖啡厅、舞厅、酒吧、健身房、康乐厅等。人们在这里还可以举行会议、开展科学文化交流、商谈业务、健身娱乐等；旅游饭店还是人们进行社会文化交流的场所，具有社会文化作用。

4. 饭店在促进地区发展和创造就业方面发挥着重要的作用

旅游饭店具有劳动密集的特点，其发展不仅可以创造直接就业机会，还会给农业、食品加工业以及基础设施等行业带来间接的就业机会。

三、饭店的分类和等级

（一）饭店的分类

（1）按目标市场划分，饭店可分为商务旅馆、度假饭店、会议饭店、旅游饭店等。

（2）按规模划分，饭店可分为大型饭店、中型饭店、小型饭店。

（3）按经济类型划分，饭店可分为国有饭店、外资饭店、合资饭店等。

（4）按饭店等级划分，饭店可分为豪华饭店，高档、中档、低档饭店，各星级饭店。

（5）按地理位置划分。

（6）按管理方式划分，饭店可分为独立饭店、连锁饭店等。

（7）按与交通工具的关系划分，饭店可分为汽车旅馆、铁路酒店、机场饭店、港口饭店等。

（8）按饭店设施及服务范围划分，饭店可分为综合饭店、公寓旅馆等。

(二) 饭店的等级

为了控制饭店产品的质量，维护旅游目的地的对外形象和保护消费者的利益，各国都很重视饭店等级的评定工作。很多国家主要根据饭店的建筑、装饰、设施、设备及管理、服务水平等情况把饭店划分为不同的等级，旅游者在住宿时，可以根据饭店不同的等级进行选择。各国对饭店等级的划分不一，有的划分为四个等级（如法国），有的划分为五个等级（如荷兰、英国），等等。在饭店等级的表示方法方面，有的以星号（★）的多少表示，有的则以数字等级表示或者以其他符号表示。但较为流行的划分和标定方式是以星号（★）表示，一般饭店的等级划分为五级，用"星"的数目来表示，即一星（★）、二星（★★）、三星（★★★）、四星（★★★★）和五星（★★★★★），共分为五个等级。星级越高，等级越高，其豪华程度、设备水平、服务质量也越高。不采用星号表示饭店等级的国家在将本国饭店与国际饭店进行对比时，也往往说明大致相当于几星级饭店。按星级划分饭店等级的一般标准如表 5-1 所示。

表 5-1　饭店等级星级划分标准

星　级	一般划分标准（设施设备、服务项目与质量）
★	设备简单，提供食、宿两项最基本的饭店产品，能满足客人基本的旅行需要，设施和服务符合国际流行的基本水平
★★	设备一般，除食宿基本设施外，还设有简单的小卖部、邮政、理发等便利设施，服务质量较好
★★★	设备齐全，有多种综合服务设施，服务质量较高
★★★★	设备豪华，服务设施完善，服务项目健全，服务质量优秀
★★★★★	饭店的最高等级，其设备、设施、服务项目设置和服务质量均为世界饭店业的最高水平，真正达到这一等级的饭店为数不多

在一些资本主义发达国家中，饭店的等级一般由饭店行业组织或者由消费者的代表（如旅行社和出租汽车司机组织）进行评定。在我国和很多发展中国家中，多由国家旅游组织负责组织对饭店的分等定级工作。随着我国政府职能的转变，我国的星级饭店的等级评定工作也将由旅游行业协会来评定。

1993 年 4 月 27 日，国家旅游局制定的《旅游涉外饭店星级的划分与评定》国家标准（GB/T 14308—1993），由国家技术监督局正式发布，于 1993 年 9 月 1 日起实施。

1997 年 10 月 16 日，国家旅游局制定的《旅游涉外饭店星级的划分及评定》国家标准（GB/T 14308—1997），经修订后由国家质量技术监督局正式发布，于 1998 年 5 月 1 日起实施。

2003 年 6 月 25 日，国家旅游局修订的国家标准《旅游饭店星级的划分与评定》（GB/T 14308—2003），由国家质量监督检验检疫总局正式批准发布，于 2003 年 12 月 1 日起实施。

国家质检总局、国家标准化管理委员会于 2010 年 10 月 18 日批准发布国家标准《旅游饭店星级的划分与评定》（GB/T 14308—2010）（以下简称"新版国家标准"），新版国家标准将于 2011 年 1 月 1 日实施。一直以来，处于刚刚起步阶段的民宿行业并没有统一的指导标准。在《旅游民宿基本要求与评价》中，将旅游民宿分为两个等级，金宿级、银宿级。

金宿级为高等级，银宿级为普通等级。对于旅游民宿，《旅游民宿基本要求与评价》对旅游民宿做出了具体的要求：应有突发事件应急预案，并定期演练；单幢建筑客房数量应不超过14间（套）；客房卫生间应有防潮通风措施，每天全面清理一次，无异味、无积水、无污渍，公用物品应一客一消毒等。

此外，在《精品旅游饭店》行业标准中，对饭店提出了更高的要求。比如，客房数量应不低于15间（套）。80%及以上的客房使用面积应不小于30m^2。3层以上（含3层）的建筑物应有数量充足、速度合理的高质量客用电梯等。同样于2017年10月1日实施的《文化主题旅游饭店基本要求与评价》，将文化主题旅游饭店分为金鼎级和银鼎级两个等级。金鼎级为高等级，银鼎级为普通级。文化主题旅游饭店等级评定的基本条件要求包括：饭店应正式开业一年以上，客房数应不少于15间（套），近三年内未发生重大及重大以上安全责任事故等。

四、现代饭店集团

饭店集团则是以饭店企业为核心，以经营饭店资产为主体，通过产权交易（包括有形资产和无形资产）、资本融合、管理合同、人员派遣以及技术和市场网络等制度制约而相互关联的企业集团。现代饭店集团是指直接或间接控制两个以上的饭店，并以相同的店名、店徽、统一的经营程序、管理水平、规章制度、操作规程和服务标准联合经营的饭店企业集团，也被称为连锁饭店或联号饭店。

现代饭店集团中的连锁或联号成员主要有四种类型：一是饭店集团自己经营并拥有产权的饭店，这类饭店由饭店集团直接投资兴建或控股；二是饭店集团租赁经营的饭店，这类饭店是饭店集团和饭店业主签订租赁合同，从业主手中租来进行自主经营的，集团公司对饭店只有经营权而没有所有权，需向业主交纳租金。这两类成员是连锁饭店的核心；三是饭店集团代管经营的饭店成员，由饭店集团派出管理人员对饭店按联号饭店的要求和管理模式进行管理，我国的许多饭店就是采用这种方式由国外的饭店管理公司进行管理的；四是成员饭店经饭店集团特许以联号的名义进行经营，成员饭店的各种管理程序、产品标准等必须符合联号饭店的统一要求，并向饭店集团交纳一定的联号使用金。

（一）现代饭店集团发展现状

现代饭店集团是第二次世界大战之后逐渐发展起来的饭店经营方式。在20世纪50年代，国外联号饭店蓬勃发展，特别是以美国为首的西方一些国家。随着交通运输业的迅速发展，许多大的旅馆联号应运而生，并从某一国家内的旅馆联号，逐步走向世界，向海外发展。目前，全世界较大的旅馆联号已有几百家，控制着全世界客房总数的绝大多数，并产生了号称世界饭店联号三大巨头的假日、喜来登和希尔顿饭店管理公司。

在当今世界经济全球化的大背景下，现代饭店集团的发展形势更是看好，数量增多，规模扩大。现代饭店集团之所以有比较好的发展势头，是因为其在经营管理，如资金、技术、人才、设备设施等方面具有雄厚的实力和优势。

（二）现代饭店集团的几种管理方式

1. 带资管理

通过"买断"（绝对拥有），"控股"（相对拥有）或"参股"（部分拥有）等直接或间接投资方式来获取饭店经营管理权并对其下属系列饭店实行相同品牌标识、相同服务程序、相同预订网络、相同采购系统、相同组织结构、相同财务制度、相同政策标准、相同企业文化及相同经营理念的管理方式。此种模式一般出现在饭店集团的创建初始阶段，较适合于那种资金短缺且融资困难的单体饭店。

2. 委托管理

通过饭店业主与管理集团/公司签署管理合同来约定双方的权利、义务和责任，以确保管理集团/公司能以自己的管理风格、服务规范、质量标准和运营方式来向被管理的饭店输出专业技术、管理人才和管理模式，并向被管理饭店收取一定比例的"基本管理费"（占营业额的2%~5%）和"奖励管理费"（占毛利润的3%~6%）的管理方式。近年来，"奖励管理费"所占的比例正在逐年递增。此种模式一般出现在饭店集团的定型阶段，较适合于那种财力雄厚但专业管理人才及管理技术贫乏的单体饭店。

3. 特许经营

通过认购特许经营权的方式将所管理集团/公司所拥有的具有知识产权性质的品牌名称、注册商标、定型技术、经营方式、操作程序、预订系统及采购网络等无形资产的使用权转让给受许饭店，并一次性收取特许经营权转让费或初始费，以及每月根据营业收入而浮动的特许经营服务费（包括公关广告费、网络预订费、员工培训费、顾问咨询费等）的管理方式。此种模式一般出现在管理集团的成熟阶段，还较适合那种既想分享集团规模效益又不想放弃独立经营管理权和所有权的单体饭店。

4. 联销经营

近年来，伴随着全球分销系统（GDS）的普及和互联网实时预订功能的实现，国外的"联销经营集团"应运而生并且发展迅猛。饭店联销集团是由众多的单体经营管理的饭店自愿付费参加并通过分享联合采购、联合促销、联合预订、联合培训、联合市场开发、联合技术开发等资源共享服务项目而形成的互助联合体。此种模式一般出现在档次、市场、规模、风格相类似的系列酒店联合体中，较适合那种既想分享集团规模效益，又不想改名换姓的单体饭店。

5. 顾问咨询

近年来，我国的许多饭店管理集团（公司）在综合了国外管理模式和我国具体国情的基础上创造出了一种介于委托管理和特许经营之间的管理模式。其特点是：管理公司仅仅派咨询顾问或管理副手来协助饭店筹建开业或日常管理，并按所提供的顾问服务内容与管理咨询形式进行收费的管理方式。此种模式一般出现在那些人才资源有限或管理经验尚不配套的管理集团中，较适合那种不愿放弃名义权利而又渴望专业化管理的单体饭店。

（三）现代饭店集团的优势

现代饭店集团在经营管理，如资金、技术、人才、材料采购、设备设施等方面具有雄厚的实力和优势。所以现代饭店集团通过品牌战略、网络营销、专业化管理、先进的服务理念和管理模式，不断拓展其发展空间，促进了全球饭店业发展和管理水平的提高。现代饭店集团具有以下几个方面的明显优势：

1. 品牌优势

饭店业的竞争，实质上是品牌的竞争，跨国饭店集团依靠其成功的品牌经营为客人所熟悉和信任，借助品牌的美誉度获取客人对品牌的忠诚，并且保证其获得更好的价格。

2. 营销网络优势

现代饭店集团发挥全球网络预订的优势，通过中央订房系统与网络化发展相结合，使整个集团更有活力，一般每年可为其遍布全球的成员饭店提供10%的客源。

3. 管理系统优势

通过集团化运营，实行网络化管理和统一经营，科学地运用其长期发展过程中形成的行之有效的管理系统，保证其服务质量的稳定性，使得成员饭店的客房出租率比非成员饭店高。

4. 成本优势

加盟饭店实行统一供货，可以获得价格较低的货源，从而大大降低直接经营成本。

5. 融资优势

现代的饭店集团借助规模经营的优势，一般具有较好的信用。对外，可以为成员饭店融资创造条件，从而有利于集团的扩张，也有利于加快设备、设施及技术的更新；对内，它可以及时调控各家饭店的资金余缺，对新开的饭店或经济较困难的饭店可予以重点扶持。

6. 人才优势

饭店集团一般均聘请并培训一批理论水平高、实践经验丰富的各方面人才，可以随时为联号内各饭店提供服务。同时，联号饭店一般都有自己比较完善的培训系统，培养饭店所需要的各类人才，并经常对在职人员进行轮训，以提高其管理水平和技术水平。

五、饭店业的发展趋势

1. 经营管理理念现代化、人性化

我国的饭店管理者不断成熟，他们已经走出了自身从业经历和经验的局限，走出了对西方饭店管理模式的崇拜和单纯的模仿，正在依靠东方文化特有的智慧，加上对科学管理知识的虚心学习，构筑起了具有中国特色的饭店管理理性精神及其发展平台。饭店管理者成熟的重要标志之一就是通过教育、培训与从业经历形成自己特有的管理方案。一份完整的管理方案至少包括以下几个方面的要素：管理理念、市场定位、发展规划、组织设计与运作、管理制度、服务项目、标准与程序，以及以培训、激励与控制为核心的督导方法与实践，等等。目前，我国饭店业正在超越依靠自己的经验和参考别人的管理模式的阶段，转而通过自己的管理实践积淀和理性的思考，形成自己的管理方案。

2. 经营形式集团化、专业化

从长远经济效益的出发点来说，集团化将有效使用现有资产、资金及其他资源，如管理知识、运作标准、市场营销、预定网络、品牌认可、经实践论证过的人力资源管理、培训、采购、高技术等体系，特别是现在是电子商务时代，饭店集团化优势更为明显。因此，经营形式集团化是未来饭店业发展的趋势。

饭店集团化的发展趋势同时也促进饭店经营管理的专业化。饭店的经营管理涉及方面多，要素复杂，经营好饭店要具备各种能力，如熟练运用人际沟通技巧，密切客户关系，精通人才资源管理、财务管理、市场运作、工程设备管理、房务管理、餐饮经营知识等。因此，专业化的管理是饭店业未来发展的又一趋势，将有越来越多的饭店通过各种方式加入饭店集团，从而进行专业化的经营管理。

3. 服务产品多元化、个性化、绿色化

国际饭店的发展一直是致力追求服务产品的标准化和规范化。经过近一个世纪的发展，国际饭店业在提供标准化和规范化的服务方面有了较高的水平，但同时也导致饭店产品变得没有特色，所以饭店产品的发展趋势大体上是两个转变。第一个转变是从统一化转向多元化。现在饭店提供的产品基本上是整齐划一的产品：房、餐、娱乐、商品，大体上是这四部分。面对不断变化的市场需求，这种整齐划一的产品就要发展成多元化的产品。第二个转变是从标准化转化为个性化。多元化的产品实际上是对应个性化的需求的，目前的统一化、整齐划一的产品实际上是对应标准化的。从发展的角度来看，应该在标准化的基础上逐步地转向个性化，个性化并不等于取消标准化，如果没有标准化的基础，个性化达不到真谛；如果只讲标准化，不讲个性化，我们就跟不上时代的潮流和市场需求的变化。

饭店产品的第三个趋势是绿色化，可持续发展战略已经成为现代社会发展的新的战略。创建"绿色饭店"运动，体现了饭店管理者对环境保护的关注和对社区以及未来负责任的态度。现在创建绿色饭店运动已经内化为饭店企业深化管理创新的自然进程，它们不仅仅是为了企业降低成本、树立形象、扩大营销手段而采取的权宜之计，而是从整合创新上提升管理品质的过程。

4. 市场竞争文化化、差异化

旅游企业在市场上运作的角度来说，第一层次的竞争是价格的竞争，这是最低层次也是最普遍的竞争方式；进一步上升到质量竞争，这种竞争方式是旅游企业长期的竞争方式。由于饭店产品的同一性和标准性，饭店产品有较强的操作规范和质量标准，因此饭店业最高层次的竞争便是文化竞争。旅游本身的文化功能是内在的，饭店产品本身就是一种"气氛"产品和"文化"产品，在所有的竞争类型中，文化竞争最能打动和赢得消费者的心。

六、我国饭店业的发展

（一）我国饭店业的发展历程

新中国成立以来，我国饭店业经历了萌芽、起步、高速发展、回落和恢复上升五个阶段。特别是在改革开放后蓬勃发展的入境旅游和20世纪80年代末期兴起的国内旅游的推动下，我国的饭店业迅速成长，已经具备了相当的产业规模。

（1）1980年以前是萌芽阶段。1949年新中国成立以后，人民政府对一些老饭店进行了整顿和改造，积极筹建新型饭店；1979年，政府批准了第一批合资项目，开始了第一批合资合作饭店的建设。

（2）1980—1982年是起步阶段。通过引进外资，逐步兴建了一大批中外合资、中外合作饭店。

（3）1983—1993年是高速发展阶段。国家提出了发展旅游服务基础设施建设，实行"国家、地方、部门、集体、个人一起上，自力更生和利用外资一起上"的方针，国内外各种渠道的资金投入饭店业，于1993年达到高潮。

（4）1994—1998年是回落阶段。1993年以后，饭店业逐步完成其利润平均化过程，建设高潮开始回落。同时，在市场不景气、经营不善等方面原因的促动下，盲目建设的恶果已开始显现，饭店业的利润率在逐年下降，甚至在1998年出现全行业负利润的现象。

（5）1999—2003年是恢复上升阶段。在国内旅游经济热潮的快速崛起以及来华旅游和进行商务活动的客源数量持续增长的带动下，经历了1998年的全行业效益大幅滑坡之后，我国饭店业的客房出租率开始回升。但由于行业内的竞争日益加剧，平均房费下降，全行业的盈利并没有实现同步增长。2004年经济型酒店兴起。2005—2015年，我国酒店行业连续快速扩张，全国有限服务连锁酒店数从522家增长到21 481家，年复合增长率达46.7%；客房数从5.7万间增长到196.9万间，年复合增长率达42.5%。2016年起，有限服务连锁酒店的增速和客房增速开始大幅下滑，全年增长率仅12.4%和8.4%。由于中端酒店目前处于快速发展期，增速达到34%，因此2016年供给增速下滑主要源于经济型酒店增速的下滑。根据中国饭店协会发布的2015—2019年《中国酒店连锁发展与投资系列报告》中的数据，我国酒店行业供给持续增长，中国酒店客房数量从2015年的215.01万间增长到了2019年的414.97万间，期间的年均复合增长率为17.87%。根据《2019中国酒店连锁发展与投资报告》公布的数据，2018年全国经济型酒店共241.99万间客房；2015—2018年复合增长率为12.40%，经济型酒店的规模增长正逐步放缓。

目前来看，我国的酒店行业正逐步走向大规模、高质量的发展时代。2018年全国饭店业规模持续扩大，住宿餐饮业总收入约5万亿元，其中餐饮业总收入将达到4.4万亿元，继续保持10%的增长幅度。截至2018年年底，我国有限服务酒店总数已经达到42 419家，同比增长42.54%，客房总数3 054 186间，同比增长28.24%。而10年前，有限服务酒店数量仅为2805家，十年间行业复合增长率达到31.21%。目前，行业在经历了十年快速发展之后已处于成熟期，行业格局正逐步稳定。

目前，我国饭店业在产值、经济增加值、就业以及税收方面已成为国民经济主要贡献力量，在经济体系中占有重要的地位，成为我国积极推动和扶持的朝阳产业。同时，正是因为饭店业从一开始就是改革开放的窗口行业，所以我国饭店业的管理处于与国际先进水平基本接轨的状态。我国近万家的星级饭店，绝大多数是在改革开放以后新建的，饭店业硬件的现代化水平和服务对象的国际化特点也迫使这一领域的管理从一开始就必须是高起点。从20世纪80年代初、中期北京通过"合资"形式开办建国饭店这一现代商业化饭店以来，我们已经走过了委托国外饭店管理公司管理，依靠外方提供管理技术及经验的阶段。目前，我国绝大部分三星级以上的饭店都是在中方管理下。我国的饭店业是国民经济中管理制度严密、员工队伍整体职业素质高、管理标准与国际水平基本同步、管理手段比较先进的产业之一。

2019年年末，我国共有星级酒店10 130家，平均房价378.55元/间夜，同比增长6.3%；平均出租率56.7%，同比下降1.3%；每间可供出租客房收入214.65元/间夜，同比增长4.9%；每间客房平摊营业收入40 424.51元/间，同比增长5.4%。[1]

全国星级饭店统计管理系统中共有7434家星级饭店通过了省级文化和旅游行政部门的审核，其中包括一星级25家，二星级988家，三星级3565家，四星级2117家，五星级739家。[2]

（二）我国饭店集团化进程

我国现代化饭店集团的发展起步于20世纪80年代。1982年，半岛集团开始管理北京

---

[1] 中华人民共和国文化和旅游部.2019年文化和旅游发展统计公报［R/OL］.（2020-06-20）［2020-09-17］. http://mct.gov.cn/whzx/ggtz/202006/t20200620_872735.htm.
[2] 中华人民共和国文化和旅游部.2019年第四季度全国星级饭店统计报告［R/OL］.（2020-06-05）［2020-09-17］. http://zwgk.mct.gov.cn/auto255/202006/t20200605_854149.html?keywords.

建国饭店，标志着国际饭店集团开始进入中国内地市场。美国假日集团（后被洲际酒店集团收购）于1984年管理北京丽都假日饭店（现已更名为北京丽都维景酒店）。80年代先后进入中国内地饭店市场的还有喜来登、希尔顿、雅高、香格里拉、新世纪、日航、华美达、美丽华、太平洋、马里拉等酒店集团。80年代进入中国内地市场的国际酒店集团属于试探性拓展，90年代的国际酒店集团拓展中国市场的步伐明显加快，这一时期是我国旅游业发展蓬勃向上的阶段，同时也是国际饭店集团看好中国市场、积极扩大市场份额的时期。这期间又有万豪、凯宾斯基、喜达屋、豪生、雷迪森、海逸、文华等国际酒店集团涉足中国市场，出现了国内市场国际化的局面。目前，我国已成为著名国际酒店集团的聚集地，国际酒店集团十强中最晚进入中国市场的是选择国际。目前，国际跨国饭店集团十巨头已全部登陆中国市场。

在中国市场份额最大的国际跨国饭店集团是洲际酒店集团（原六洲），其先后在北京、桂林、广州、西安、厦门、大连、成都、重庆、拉萨等城市形成饭店网络，用不到20年的时间，管理了我国内地39家饭店，覆盖25个省、市、自治区。

1997年才进入我国内地市场的万豪集团是世界500强之一，也是国际饭店集团中的巨无霸。该集团进入内地市场仅5年后，就通过实施丽思卡尔顿、JW万豪、万丽、万怡为主的全品牌发展战略，很快打开了中国市场，并成为在华发展最快的跨国集团。

2016年酒店行业并购风起云涌，万豪并购喜达屋，锦江股份并购铂涛和维也纳，首旅酒店收购宁波南苑和如家，海航旅游收购卡尔森和希尔顿25%的股权，雅高收购FRHI集团并战略投资悦榕庄；2017年并购整合延续，华住以36.5亿元收购桔子水晶，锦江继续增持铂涛股份。

伴随着行业的洗牌，酒店行业市场集中度得到提升。截至2016年年底，国内十大酒店集团的市场占有率达到58.15%，而2014年年底的对比数据是54.95%。酒店集团通过并购达到增加酒店数量，拓展酒店的覆盖区域，以及发展高、中、低档多元化品牌的目的。

在华市场份额位居前列的国际酒店集团还有香格里拉酒店集团，其也是为数不多的带资管理的酒店集团。该集团以"殷勤好客香格里拉情"来展示其典雅、宁静、舒适和至上服务的新含义，使客人感受到现实中世外桃源的氛围，树立了良好的形象，成为市场经营较为成功的集团之一。

国际饭店集团对中国市场充满信心，国际酒店集团进入中国市场前十年，只有假日集团形成管理十家以上饭店的规模。在第二个十年里，形成了一批市场份额在两位数以上的国际酒店集团，如万豪、香格里拉、雅高、喜达屋等。随后，在中国市场形成规模的国际酒店集团更多，这既是国际饭店业发展的必然趋势，又是全球经济一体化的必然结果。

中国饭店业集团化发展与国际著名饭店集团仍有较大差距。根据2019年全球十大国际酒店集团排名，位居首位的全球最大的一个豪华连锁品牌洲际酒店集团在全球100多个国家和地区经营和特许经营着超过4400家酒店，拥有超过660 000间客房。而英国希尔顿酒店集团在全球80多个国家拥有将近4000家酒店。而我国知名的锦江国际酒店集团，截至2018年年底，投资和管理的酒店由2003年的105家发展到了12 000多家、客房数130多万间（套）。据中国旅游饭店业协会与浩华管理顾问公司合作编著的《2019中国饭店业务统计》显示：参与统计的酒店数量又一次创纪录地达到了1165家，覆盖的客房数量突破了34.2万间。2018年，我国经济增速虽然有所放缓，但依然保持着中高位的增长。而随着新一代中等收入人群的不断崛起，旅行已逐渐成为人们不可或缺的生活方式，企业对于出行的需求也更加频繁。在此宏观环境下，我国酒店市场在2018年全年持续稳定发展，维持增势。特别是五星级酒店市场，其平均房价与平均住宿率在2017年的基础上都实现了进一步提升，2018年的平均房价由2017年的743元上涨到755元，平均住宿率也从2017年的62.8%上升到63.9%，每间可供出租客房收入由2017年的466元增长到483元，使得平均每间房的收益整体提升了3.6%。但同时也不得不指出，四星级与三星级酒店以及有限服务酒店的业绩并没有明显提升，在平均每间房经营收入与经营毛利上呈现出不同程度的下降。这说明在消费分级的大背景下，传统中档酒店及中高档酒店的经营存在一定压力。2018年，我国酒店市场延续了2017年的业绩上升趋势，整体市场的住宿率及平均房价均有小幅提升，使得平均每间房的收益首次超越了过去十年的最高值，创立了新的历史标杆。餐饮收入则相对表现稳定。鉴于客房与餐饮收入的稳健增长，酒店市场的经营毛利整体进一步提升，超越2017年，成为5年来的最高值。我国饭店集团在品牌经营、客源营销网络、人力资源开发政策、资本运营与产品经营并举的管理系统等几个方面与国际酒店集团也存在明显差距。总体来说，目前我国饭店集团未形成一体化的集约经营，当务之急是尽快克服条块分割、各自为战的体制性缺陷，早日实现饭店集团之间的联合、兼并与重组，并逐渐形成规模经营的饭店管理集团。

现代饭店集团通过引进先进的管理观念、管理模式加快了我国饭店经营管理水平的提高，缩短了我国饭店业与国际水平的差距，使我国饭店业成为开放较早，市场化程度较高、最先与国际接轨的行业之一。国际饭店集团的进入，同时培养了大批饭店管理人才；还促进了高新技术在饭店中的应用，引导饭店追踪国际饭店发展趋势；数字化、人性化的饭店为客人营造了更加温馨、舒适、便捷的居住环境。

第五节　旅游交通业

旅游交通是指旅游者利用某种手段和途径，实现从一个地点到达另外一个地点的空间转移过程。它既是旅游者"抵达目的地的手段，同时也是在目的地内活动往来的手段"。（Burkart 和 Medlic，1981）在这个意义上，旅游交通与旅游交通运输实为同义语。

旅游交通的任务是要解决旅游者在定居地与旅游目的地之间的往返、从一个目的地到另外一个目的地，以及在一个目的地内的各地区间便利往来的问题。它不仅要解决往来不同地点的空间距离问题，而更重要的是要解决其中的时间距离问题。

一、旅游交通的作用

交通运输对旅游的发展有着十分重大的影响。一方面，交通的发展缩短了旅游客源地和旅游目的地之间的感知距离；另一方面，特色交通方式本身成为一种旅游吸引物，旅游业的发展同时也刺激了交通运输业的发展。因此，旅游的发展与交通运输的发展两者是相互制约并相互促进的。现代旅游之所以会有今天这样的规模，其活动范围之所以会扩展到世界各地，一个重要原因便是由于现代交通运输的发展。

旅游交通的作用表现在：

1. 旅游交通是旅游业产生和发展的先决条件

从需求方面来看，旅游交通是旅游者完成旅游活动的先决条件。旅游者在外出旅游时，首先要解决从居住地到旅游目的地的空间转移问题，通过采用适当的旅行方式抵达旅游地点；旅游者可用于旅游的闲暇时间总是有限的，如果克服空间距离所占用的时间超过一定的限度，旅游者就会改变对旅游目的地的选择，甚至会取消旅游计划。

2. 旅游交通是旅游地社会经济发展的重要推动力

从供给方面来看，旅游交通则是发展旅游业的命脉，旅游业的发展能够促进旅游地经济和社会的发展。旅游业是依赖旅游者来访而生存和发展的产业，只有在旅游目的地的可进入性使旅游者能够大量地、经常性地前来访问的情况下，该地的旅游业才会有不断扩大和发展的可能性。但是旅游交通是人们出游的限制性因素，是影响人们出游和选择旅游目的地的重要因素，因此，旅游交通是旅游地社会经济发展的重要推动力。

3. 旅游交通是旅游业稳定而重要的收入来源

交通运输业作为旅游业的重要组成部门之一，本身也是旅游收入和旅游创汇的重要来源。就国内旅游而言，在任何国家的国内旅游收入中，旅游交通运输收入都占有突出的比重，2018年，我国国内旅游和入境旅游总收入超5.97万亿元，便利的交通成为旅游活动开展的重要因素。由于统计一个国家或地区的国际旅游收入时，一般不包括旅游者从定居地至目的地的国际往返交通费，所以如果从旅游者一次旅游的全部消费构成来看，交通费用在其中所占的比重就更大了。

4. 旅游交通是旅游活动的重要内容

旅游交通提高了旅行的舒适程度，丰富了旅游活动的内容。旅游是人们异于日常生活的特殊体验。从旅游者乘坐交通工具开始旅行的时候起，他所受到接待和经历的一切事物都异于日常生活，因为乘坐现代交通工具，旅游者不感到疲劳，而是感到舒适、愉快——乘飞机旅行可居高临下俯瞰大地；汽车旅行的车移景异变化，可观赏沿途风光；乘船旅行可有足够的时间眺望沿岸城市、乡村和水上风光；乘坐从前未乘坐过的交通工具以及能突出表现地方特色和民族风格的交通工具，更可为旅游活动增添色彩，例如骑骆驼穿越沙漠，乘直升机观光等。总之，交通工具的多样化使得旅游活动的内容更为丰富。

二、现代旅游交通的类型和特点

目前，人们外出旅游的主要旅行方式是乘坐汽车、飞机、火车和轮船。这些旅行方式的相互配合和相互补充为旅游活动的开展提供了便利的物质条件。

1. 铁路交通

铁路旅游交通的优点是：运载能力大、票价低廉、在乘客心目中安全性最强、途中可沿途观赏风景、乘客能够在车厢里自由走动和放松、途中不会遇到交通堵塞，以及对环境的污染较小等。游客在乘坐火车时，可以在车厢内饱览铁路沿线的自然风光，开阔视野，铁路旅游交通的不足是灵活性差，建设周期长，一次性投资大等。

20世纪70年代末以来，西方国家的一些铁路公司，特别是一些欧洲国家的铁路公司利用燃油涨价的机会，与航空公司和汽车客运公司展开了新的竞争。例如，英国铁路公司与一些旅游公司联合经营的"金色铁路"包价旅游，使铁路在英国国内旅游度假市场上的份额有所增加。近年来，铁路运输公司在改进运输和运营技术以及提高服务质量的同时，更加重视市场营销和提高铁路运输形象的工作。目前在美国，虽然铁路运输仍被视为第二流的客运交通手段，但在西欧国家中，铁路运输在客运市场中又重新占据了相当可观的市场份额。

高速铁路是指线路最大速度200km/小时及以上的铁路和200km/小时以下仅运行动车组列车的铁路。我国高铁发展始于20世纪90年代，最初完全靠自己摸索。我国高铁的探索试验阶段是在1990—2003年。其中，1990—1991年，我国开始高铁技术攻关和试验实践规划，提出分期分段兴建客运专线、实现客货分流的建设理念，以广深铁路为准高速化改造试点线路，并优先选择在京沪线的京津段和沪宁段设计高速铁路。通过多次迭代和探索，中方技术人员独立研制出了"先锋号"高速动车组。2002年9月10日，在我国自建的第一条客运专线——秦沈客运专线上，其最高试验时速达到292km。2003年10月11日，秦沈客运专线全段建成通车，设计速度为250km/h，为我国第一条高速国铁线路。我国高铁的发展成熟阶段为2003年至今，其中，2003年，我国高速铁路确立了"市场换技术"的基本思路，通过与外国企业合作发展我国的高铁技术。2010—2018年，我国已在长三角、珠三角、环渤海等城市群建成高密度的高铁路网，东部、中部、西部和东北四大板块区域之间完成高铁互联互通。到2018年年末，我国铁路营业总里程达到13.2万km以上，较1949年增长5倍；"四纵四横"高铁网建成运营，我国由此成为世界上唯一一个高铁成网运行的国家；高铁营业总里程达2.9万km以上，是2008年的44.5倍，超过世界高铁总里程的2/3，居世界第一位。从无到有、由弱到强，中国高铁走出了一条后来居上的跨越式发展之路。截至2019年，我国新建铁路投入运行里程8489km，其中高速铁路5474km。2019年，铁路运输方式完成旅客运输量36.9亿人次，比上年增长8.4%；旅客铁路运输周转量达14 706.6亿人/km，比上年增长4%。

此外，目前世界上不少地区的铁路客运都在持续改善服务质量和增加服务内容，以提升火车及高铁的吸引力，将游客乘坐火车、高铁变成一种观光游览项目。很多人乘坐火车主要是对火车本身感兴趣，而不是为了解决交通问题。例如有些铁路公司在沿途景观优美的线路上重新采用蒸汽机车；有的更是利用铁路组织专项旅游，例如印度推出的"流动宫殿"游，南非推出的"蓝色列车"游，以及横贯欧亚的古老东方快车的复兴，都说明这类列车主要不是作为交通运输手段而运行的，而是已经成为特定的旅游项目或旅游内容。我国大同、沈阳等地铁路部门创办的蒸汽机车展览馆，更是这种项目的典型。

2. 水运交通

水路旅游交通包括内河航运、沿海航运和远洋航运。水路客运业务主要可划分为四种，即海上远程定期班轮服务、海上短程渡轮服务、游船服务和内河客运服务四种类型。水路旅游交通具有运载力大、能耗小、成本低、舒适等优点。在各种旅游交通的价格中，乘坐轮船的价格是最为便宜的，大型的游轮一次可以运载数百乃至上千名旅客，远远超过了大型飞机的运载量。在水中行驶平稳，船上活动空间大，游客在客轮上可食、可宿、可乐，能够尽情地观赏湖光山色、两岸美景或海上日出。因此，旅游客轮被人们誉为"流动的旅馆"或是"水上浮宫"。水路旅游交通不利的方面是：行驶的速度慢，受季节、气候和水情的影响，准时性、连续性和灵活性相对较差。

现代水路旅游交通为了提高竞争力，使用了气垫船，大大提高了速度。20世纪90年代之后，世界的豪华游轮业呈现出快速发展的趋势，年均增长率远远高于世界旅游业的平均增长幅度。

短程海上渡轮业务自 20 世纪 60 年代大众旅游兴起以来有了较大的发展。这主要是由于随着私人小汽车的增加，人们喜欢自行驾车外出旅游，从而扩大了对游轮业务的需求，游轮公司针对这一市场的需要，也不断采用新型轮船，制定新的舒适标准，配置快速装卸设备，增添新的服务项目，扩充航线的抵达范围，等等。但就世界范围看，这种渡轮业务主要是在欧洲，特别是在希腊海域、英吉利海峡、爱尔兰海域、地中海等地区流行。另外，新西兰南、北岛之间的库克海峡也是世界游轮业务开展较多的地区之一。

在远洋客运交通衰落的同时，作为度假形式的海上巡游开始发展起来。海上巡游业的出现可追溯到第二次世界大战之前，当时有的海运公司在冬季客运业务不大时，便去加勒比海地区开展海上巡游度假业务。第二次世界大战后，由于当时二手船价格低廉，希腊和挪威的一些轮船公司大量进入海上巡游业，随着欧美远洋客运的衰落，其他很多轮船公司也转而经营海上巡游业务。在这种情况下，游船已基本上不再是解决交通问题的旅行方式，而成为一种特殊的旅游形式或旅游项目。利用游船在海上巡游度假的特点是悠闲、舒适，在海上巡游过程中，人们既可以在不同的地点登岸旅游，又可随时回船休息，免除了每到一地后寻找旅馆的麻烦；此外，游船也提供各种消遣娱乐设施，因此人们常称这种游船为"漂浮的度假胜地"和"漂浮的旅馆"。但是，这种游船通常比较豪华，价格昂贵，加之游船速度不能太快，比较耗时，所以游客主要为高收入的人群。

内河航运在一些国家中也是旅游交通中的重要组成部分。例如我国的长江、北美洲的密西西比河、南美洲的亚马孙河、爱尔兰的香农河、欧洲的多瑙河以及英国的泰晤士河等，都是重要的内河航运河道。但是大多数内河航运业务实际上已向游船服务业务发展或者已形成水上旅游项目，单纯交通运输方面的意义已经不大。

3. 公路交通

公路旅游交通是最重要和最普遍的短途运输方式，其最大的优点是自由灵活，可以随时随地停留和任意选择旅游地点，实现"门到门"的运送。乘坐汽车旅游有许多优点：①对自然条件适应性强，一般道路都可以行驶，随时停留，可以任意选择旅游点，把旅游活动扩大到面；②可以捎带简易的炊具、卧具，解决食宿；③旅游交通线路建设投资少、占地少、工期短、见效快。汽车旅游交通也有其局限性，它运载量小、速度慢、运费高、受气候变化影响大和安全性较差，适合于短途旅游。

汽车旅游是世界旅游交通发展的大趋势之一。目前在西方经济发达国家，由于高速公路网的完善和家庭轿车的普及，乘坐汽车外出旅游的人占据绝对多数。在我国，随着高速公路里程不断增加和轿车越来越多地进入家庭，汽车旅游也已表现出强劲的发展势头。

乘汽车外出旅游包括乘坐私人小汽车和公共客运汽车两种。20 世纪 50 年代以来，随着社会经济的发展，很多国家，特别是欧美国家中拥有私人小汽车的家庭比例不断上升。由于自己驾车外出度假灵活方便、行动自由，并且可使家庭外出旅游的交通费用相对下降；而且，自驾车旅游还可以携带行李和娱乐器具，可以观赏沿途风光等。因此在欧美国家中，人们普遍喜欢自己驾车在国内旅游，尤其是一日游和短期度假。在一定距离的国际旅游中，特别是在前往邻国旅游时，例如欧洲各国之间的旅游，美国和加拿大及美国和墨西哥之间的旅游中，人们也经常是自己驾车前往。近几年来，我国的自驾车旅游市场逐步升温，如 2018 年"五一"旅游黄金周期间，武夷山自驾车旅游成亮点，有来自广东、浙江、江苏、上海、深圳、温州等省区的自驾车多达 16 000 多辆。

针对人们喜欢自己驾车旅游这一特点，许多国家的旅游业都设置了相应的业务来迎合这一市场的需要。其中包括：组织由游客自己驾车旅行的包价旅游；开办租车业务，以满足不便携带或没有自用汽车的旅游者的需求；开展铁路、飞机、轮渡等联运业务，将游客连同其汽车一起运送到度假目的地；沿公路发展适应这一市场需要的汽车旅馆、咖啡厅和餐馆等中转服务和休息设施。

然而就一般的长途客运服务而言，大部分国家的客运公司的服务范围都有限。从国际上看，美国的全国性汽车客运经营公司较多，有名的灰狗汽车公司（GreyHound）和大陆汽车公司（Trailways）已建立起纵横美国大陆的庞大线路网，并且包括经营通往加拿大和墨西哥的汽车客运服务。但人们一般认为乘汽车外出旅游的距离不宜过长，最好是不超过两小时的路程，否则会使人感觉不舒服。

4. 航空交通

航空旅游交通是各种类型旅游交通中速度最快的，其交通线路短，可以跨越地面上的各种自然障碍，航行于相距遥远的世界各地，舒适、安全、省时，尤其适用于远程旅行，是现代大众旅游的主要旅行方式之一。民用喷气式客机在20世纪五六十年代出现之后，发展非常迅速，到了70年代宽体客机又得以发展，使得飞机的载客量大为增加，也更为舒适。如波音747-400型客机的载客量为400人，航程可达12 000km，国际航线多是由这类飞机承担。但是航空旅游交通也有其不足之处：飞机的购置费用太高，能耗大，运量相对小，受气候条件的影响大，只适合远距离、点对点之间运送游客，不适合近距离和面状旅游之用。因为这些弱点，航空旅游交通必须和其他交通工具相互配合，取长补短，共同完成旅游交通服务。

航空旅游交通分为定期航班服务和旅游包机服务。定期航班是民航公司按照对外公布的航班时刻表飞行的民航服务。旅游包机服务是一种不定期的航空包乘服务业务，它可以按旅行社的要求定时间、定航线，很受旅游者的欢迎。

定期航班服务的最大特点是运营成常态且有保证，旅行省时且抵达迅速。因此，它不但能够吸引重视效率的商务旅游者，而且为那些不愿在旅途上耗费时间和精力的消遣旅游者所欢迎。然而，由于成本方面的原因，定期航班也是最昂贵的交通方式，特别是在飞短程航线时更是如此。当然，为了保证航班的航位利用率，尽量减少乘客临时更换航班现象的发生以及为了尽早地将乘客争取到手，航空公司也采取了一系列推销性的廉价策略，例如提前预付款旅行机票（APEX）和当场付款旅行机票（IPEX）的推出，都属这方面的典型例子。前者是向按规定提前一定时间预定并付款的乘客提供的一种减价机票，订票之后不得更改航班班次；后者则是一种在航班到期或到期之前的某一时期或某一时间向乘客推出的减价机票，目的是使预计剩余或已经剩余的航班座位尽可能地得到利用。同时，航空公司还通过国际航空、旅游代理人分销系统（GDS）销售航空产品。

包机服务是一种不定期的航空包乘服务业务。随着20世纪60年代以来大众旅游的兴起，旅游包机业务有了很大的发展。很多国家的旅游经营商在组织包价旅游，特别是组织包价国际旅游时，都利用包机作为主要旅行方式，与定期航班业务相比，包机业务具有一定的经营优势。主要表现在：

（1）票价较低廉，因而对市场的吸引力较大。包机航空公司一般不向公众宣传其产品，从而可以节省推销费用；包机运输只提供简单的服务项目，因而可节约经营费用。加之包机公司的业务机构简单，所以管理费用也较低廉。而且包机的载客率较高，因而能压低票价。

（2）不必按固定的时间表飞行，一般也没有固定的经营航线。因此，包机航空旅行方式对差旅型旅游者不适合，但对于广大消遣度假者则是十分受欢迎的旅行方式。

但航空旅行也有其不足，这主要表现在它只能完成从点到点的旅行，而不能展开面上的旅游，因此它必须同其他交通运输工具相配合，才能提供完整的旅游交通服务。

5. 特种旅游交通

特种旅游交通主要是指在旅游景区、景点的渡船、索道、缆车、轿子、滑竿、马匹、骆驼等形式的旅游交通方式。其优点是便于游客通过一些难行路段，可以辅助老弱病残完成旅游，有些还带有娱乐、观赏性质，可以提高旅游价值，从而招揽游客。这些工具与其说是用于运载，不如说是用于游乐更合适。不足之处是有些特种旅游交通，如索道、缆车等，有时会造成与风景名胜的风格不协调或对风景区有一定的破坏。另外，特种旅游交通常因地形环境的限制，不宜普及推广，活动范围也局限在旅游景区景点之间。特种旅游交通工具主要有：

（1）缆车。缆车修建占地面积少，对地面景观破坏不明显，可将人或物品运送到其他交通工具不易到达的地形复杂、险要的地点，如上山、过江、过峡谷等都十分方便。因其高出地面运行，故可使游客产生某种特殊的刺激感；因其对山地植被有一定破坏，所以应慎选缆车修建位置，不宜多建。

（2）畜力交通工具。如马、驴、牛、骆驼及其拉的车或马、狗等拉的雪爬犁、冰爬犁等，对于长期生活在城市中的游客来说，看到这些活生生的动物在人类生活中仍然发挥着作用，会感到格外亲切，产生"回归大自然"的感受。

（3）人力交通工具。如自行车、三轮车、滑竿、轿子等，开办有各种式样和车型的自行车租赁业务，可为零散客人提供许多方便，且省时省力，给人以特殊体验，所以在一些旅游景区景点，特别是不宜采用其他交通运输方式的景点，人力交通工具不仅成为一种交通工具的补充，更是一种特色的旅游体验项目。

三、我国旅游交通的发展现状及存在的问题

我国现代交通运输业的发展经历了曲折的过程，在1949年以后，特别是1978年以来取得了很大的成就，它促进了我国旅游业的发展。

1. 铁路交通

我国的铁路运输始于近代。1876年英国商人在上海修建了淞沪铁路，这是中国国土上的第一条铁路，到1949年年底，我国的铁路营业里程为2.2万km，客运量1.03亿人，2018年，全国铁路营业里程达到13.1万km，其中高铁营业里程2.9万km。完成旅客发送量90亿人次，比上年增长9.6%，旅客周转量13 456.92亿人/km，增长7.0%。2016年7月，国家发展改革委、交通运输部、中国铁路总公司联合发布了《中长期铁路网规划》，勾画了新时期"八纵八横"高速铁路网的宏大蓝图。"八纵"通道包括沿海通道、京沪通道、京港（台）通道、京哈—京港澳通道、呼南通道、京昆通道、包（银）海通道、兰（西）广通道。"八横"通道包括绥满通道、京兰通道、福银通道、青银通道、陆桥通道、沿江通道、沪昆通道、厦渝通道、广昆通道。到2020年，主要繁忙干线实现客货分线、复线率和电气化率达到50%，运输能力满足国民经济和社会发展需要，主要技术装备达到或接近国

际先进水平。在国际铁路运输方面，除了通往河内、平壤、乌兰巴托和莫斯科的原有铁路线路之外，我国又在新疆修筑了同中亚国家铁路接轨的新线路，成为新的欧亚大陆桥。在铁路机车车辆方面，我国已淘汰了陈旧的蒸汽机车，实现了铁路机车的内燃机化，与此同时，电气化铁路机车的数量和牵引力也在不断增加。铁路客车车厢的数量和质量都已有很大提升，部分繁忙线路上已经采用双层车厢。

面对交通客运市场的竞争，铁路运输部门加大了改进管理和提高服务水平的力度。例如，为了缩短人们的旅行时间，很多线路上增开了快速列车，在一些主要的旅游线路上专门开辟了旅游列车，同时还采取了增加服务项目、减少停站、开设旅游直达列车等措施，以保证游客的旅途舒适性并缩短到达目的地的时间；在部分客运繁忙的短程线路上，例如京津之间，开通城际列车，开辟绿色通道，实行公交化管理；同时为适应国内旅游的发展需要，还增开了旅游专列，到全国旅游名胜地都有直通客车开行，没有开设直通客车的旅游景区站地也安排了适当停车时刻，预留了卧铺或座位；铁路客票的发售方面，在建成计算机客票预售、预订系统后，又进一步开发了适合我国路情的总体设计和软件，极大地方便了旅游购票。

我国自1997年以来，铁路连续进行了五次大面积提速（1997年、1998年、2000年、2001年、2004年），基本上形成了"四纵两横"的提速网络（四纵：京哈、京沪、京广、京九线；两横：陇海—兰新、浙赣线）。经过提速，目前铁路客运500km左右的城市基本上实现了"朝发夕至"、1200~1500km的距离基本实现了"夕发朝至"，2000~2500km的距离基本上实现了"一日到达"。城际快速铁路连接了哈尔滨、长春、天津、南京、武汉、西安、重庆、成都、兰州、乌鲁木齐等大城市，建成了全国主要地区的铁路快速客运系统。到2007年京沪、京哈、京广、京九、陇海、浙赣、胶济等够条件的干线，提速客车最高运行时速将达到200km，并逐步向其他干线拓展。

今后铁路除进一步提高运速外，还要加强旅游景点的旅客运输工作，配置足够的运力，优化旅客列车的运行，完成机车车辆的升级换代。客车实行结构轻型化、快速化、车厢舒适化、高档化、空调化；城际列车的开行软席、卧铺的比重不断加大，同时大力完善客运服务系统，实现购票、候车、旅行的优质化服务，改变人们对铁路运输的"铁老大"服务质量差的传统看法。进一步完善铁路计算机售票系统，方便游客购票，同时加强铁路内部的管理，防止铁路职工"以票谋私"和打击票贩子。

2. 水运交通

1949年，我国的内河通航里程仅有7.36万km，水上运输客运量只有1562万人次，旅客周转量15.2亿人公里。1949年后，特别是1978年以后，我国水上运输业得到长足发展，江、海沿岸各旅游城市大都有定期客轮运营，其中尤以海上客运较为繁忙。2018年，全国内河航道通航里程12.70万km，比上年减少80km。全年完成客运量2.83亿人，比上年增长3.9%；旅客周转量77.66亿人公里，增长7.4%；完成货运量66.78亿t，增长4.6%；货物周转量98 611.25亿吨公里，增长1.3%。

在内河航运方面，很多航线都具有运输和游览的双重功能。近几年来，水运交通发展较快，内河旅客运输也迅速发展，内河航运业较发达的有长江、珠江、黑龙江、漓江、京杭大运河和淮河水系。随着旅游业的发展，不少内河航线上都开设了游船业务，古老的运河上也已开展水上旅游项目。

自1980年以来，我国的游轮业从长江游轮开始发展，旅游者乘船游览长江，可以领略长江三峡的壮丽风光。现在，长江航道运行的豪华游轮已有"巴山"号、"峨眉"号、"神女"号、"三峡"号、"长江之星"号等60多艘，往返于长江中下游江段，总客位数已达58万个。

近年来，全球的游轮业快速增长，其中邮轮旅游度假市场增幅最大。2018年，全球邮轮旅游市场规模达到460亿美元，约合3255亿元人民币。数据显示，2018年全球有超过2600万人次选择邮轮度假，相比2017年增长3%。据中国邮轮产业发展大会发布的统计数据显示，2019年上半年，我国沿海13个邮轮港（上海、天津、厦门、广州、深圳、海口、青岛、大连、三亚、连云港、温州、威海、舟山）共接待国际邮轮364艘次，同比下降27.20%；邮轮出入境旅客合计1 777 140人次，同比下降23.74%。其中，母港邮轮322艘次，同比下降29.3%，母港旅客1 680 930人次，同比下降24.68%；访问港邮轮42艘次，同比下降4.55%；访问港旅客178 300人次，同比下降2.31%。

我国的短途海上游轮也在20世纪90年代起步。我国有众多的河流、湖泊，海岸线长，但水上运输业的发展还不够合理。内河客运主要是长江中下游和少数江河的部分区段，沿海客运尚很紧张，旅游旺季时更显得不足。近年来，随着我国旅游业的快速发展，邮轮旅游作为新兴休闲度假方式，越来越受到消费者的喜爱。我国的水上运输还未真正进入旅游时代，水上旅游还未普及，水运交通在旅游方面发展潜力极大。

3. 公路交通

我国的现代公路交通运输起步较晚。1949年新中国成立时，全国公路通车里程8.07万km，拥有民用汽车5.09万辆。经过60多年的建设和发展，至2018年年末，全国公路总里程477.35万km，比上年增加7.82万km；全国拥有公路营运汽车1450.22万辆，比上年增长1.0%；完成营业性客运量145.68亿人，比上年下降5.6%；旅客周转量9765.18亿人公里，比上年下降4.5%。全年完成公路建设投资21 253.33亿元，比上年增长18.2%。其中，高速公路建设完成投资9257.86亿元，增长12.4%；普通国省道建设完成投资7264.14亿元，增长19.5%；农村公路建设完成投资4731.33亿元，增长29.3%；新改建农村公路28.97万km。全国公路交通运输网络不断发展和完善，全国各省、市、自治区中的所有区县均已实现通车，许多省、市的公路已经通至各乡镇，在经济发达地区，高速公路的建设和发展更是令人瞩目。高速公路的发展不仅极大地提高了公路运输的效率，使公路交通拥挤状况得以缓解和改善，而且有效地缩短了人们的旅行时间。

4. 航空交通

我国的民航运输业开始于20世纪20年代。1920年，北洋政府交通部航空事宜处正式开通北京—上海航线的北京—天津段，经营载运旅客和邮件业务；1936年3月，西南航空公司开办了广州—越南河内航线，这是我国的第一条国际航线；新中国成立后，于1949年11月2日成立了中国民用航空局，着手建设现代化民用航空体系。

截至2017年年底，我国定期航班航线达到4418余条，其中，国内航线3615条，国际航线225条，境内民航定期航班通航机场803个，形成了以北京、上海、广州机场为中心，以省会、旅游城市机场为枢纽，其他城市机场为支干，联结国内224个城市，联结60个国家158个城市的航空运输网络。截至2017年年底，全行业共有运输飞机2297架，通航飞行83.75万小时；共有颁证民用航空机场229个，比上年增加11个，其中定期航班通航机场228个，定期航班通航城市224个。旅客吞吐量达到100万人次以上的通航机场有84个，比上年增加7个；年旅客吞吐量达到1000万人次以上的有32个，比上年增加4个；年货邮吞吐量达到10 000吨以上的有52个，比上年增加2个；全年完成旅客运输量5.52亿人次，比上年增长13.0%；旅客周转量9512.78亿人公里，增长13.5%。其中，国内航线完成旅客运输量4.86亿人次，增长13.9%，其中港澳台航线完成旅客运输量1027.0万人次，增长4.3%；国际航线完成旅客运输量5544.2万人次，增长7.4%。从航线分布看，国内航线仍集中在哈尔滨—北京—西安—成都—昆明一线以东的地区，其中又以北京、上海、广州的三角地带最为密集，主要航线多呈南北向分布。

在航空运输体制改革方面，我国的航空运输业务也由改革开放之初的一家垄断发展为今天的多家竞争。从国内市场来看，我国航空行业呈现三寡头统领市场的局面。2004年，中国国际航空集团公司、南方航空集团、东方航空集团三大航空公司完成的总周转量分别占国内民航运输市场的29.23%，25.17%，19.63%，共占据了国内71.4%的客运市场份额和65.1%的货运市场份额。除此之外，很多省、市都设立了自己经营的航空公司。1995年，由我国民航部门在境外组建了第一家由我方占股份51%的澳门航空公司，并开通了经澳门连接台湾海峡两岸"一机到底的间接直航"，为台湾同胞往来大陆提供了极大的方便。2005年，台商春节包机于1月29日首航，祖国大陆的民航班机56年来首次飞抵祖国宝岛台湾。民航总局提供的初步统计数字显示，2005年1月29日—2月20日期间，海峡两岸12家航空公司共执行了48个往返班次，运送台商及眷属万余人。

2003年5月22日上午，新加坡航空货运公司波音747-400货机顺利抵达厦门高崎国际机场，厦门高崎国际机场由此成为中国民航总局对外国航空公司开放"第五航权"⊖的首例试点机场。而海南将成为中国大陆第一个开放部分航权的试点省，海南省将开放第三、第四、第五航权，将为海南省旅游业的发展带来新的发展机遇。

在世界航空运输业中，我国民航业还不发达，大部分机场设施水平还未步入世界先进行列，运力不足的矛盾仍较严重；国内航班较少，旅游旺季无法确保所有客人的空运需求，国际通航能力亟待进一步扩大。此外，服务质量不理想，机票价格较高等因素，也限制了我国民航在国际航空业中的竞争力。

虽然我国在客运交通方面已有相当大的发展，但就发展我国旅游业的需要而言，交通运输仍是其中的薄弱环节。这主要表现为：①运力不足的问题仍未得到解决，旅行难的现象在很多地区和线路上依然存在，很多旅游目的地的可进入程度仍然较低。②机动车辆和非机动

⊖ 何谓航权？所谓航权，简单地说，就是指跨国航空运输的权利。航权谈判是在两国政府之间进行的，而不能在两家航空公司之间进行。

第三航权：目的地下客权。某国或地区的航空公司自其登记国或地区载运客货至另一国或地区的权利。例如：北京—东京，日本允许中国民航承运的旅客在东京进港。

第四航权：目的地上客权。某国或地区的航空公司自另一国地区载运客货返回其登记国或地区的权利。例如：北京—东京，日本允许旅客搭乘中国民航的航班出境，否则中国民航只能空载返回。

第五航权：为中间点权或延远权，又称至第三国运输权/授权国至以运点的运输权。某国或地区的航空公司在其登记国或地区以外的两国或地区间载运客货，但其班机的起点与终点必须为其登记国或地区。例如：北京—维也纳—苏黎世，中国政府和瑞士政府谈判航权问题时，就是谈到"至第三国运输权以及第三、第四航权"问题；在和奥地利政府谈判时，谈的则是授权国至以运点运输的航权。如果希望在维也纳允许上下旅客和货物，还要谈第三、第四航权。也就是说，第五航权是要和两个或两个以上的国家进行谈判的。再以新航的货机为例，它执飞新加坡经我国厦门、南京到美国芝加哥的航线，并在厦门、南京拥有装卸国际货物的权力。

车辆混杂行驶的情况较多,这些都使得行车速度大受影响。③作为旅游业的必要组成部分,我国交通运输业的服务质量落后于其他旅游服务部门,例如在候乘服务方面普遍存在质量差的问题,在途中服务方面,除航空公司之外,其他客运部门都存在较多的问题。这些情况说明,随着市场经济的发展,虽然很多交通运输企业已经感受到了竞争的压力甚至威胁,但是离现代营销观念的树立尚有一段距离。

四、影响旅游者选择旅游交通工具的因素

人们在外出旅行时,往往对旅行方式有不同的选择,影响人们选择旅行方式的因素有很多。归纳起来看,较大的影响因素主要有以下几项:

1. 旅行目的

不同类型的旅游者由于其旅游的目的不同,对旅游交通方式的选择不一样。

差旅型旅游者外出旅行的目的是办理公务,这不仅决定着他们不能改变旅行目的地并且不能随便选择动身的时间,而且决定着他们在一定程度上不大考虑旅行费用。他们最关心的是安全、便利、快速和舒适,因而他们乐于选择的旅行方式是航空、铁路和自驾车旅行。

消遣型旅游者,包括当日往返的短程游客在内,外出旅行的目的是消遣度假。他们外出的时间不像差旅型旅游者那样严格受限,因而对旅行方式的选择性较大。由于这类旅游者对价格比较敏感,所以他们可能会尽量选择价格较低廉的旅行方式,有时甚至会采取徒步、骑自行车或摩托车,以及免费搭乘顺路车辆,或自驾车等方式外出旅游。对于消遣型旅游者来说,他们在选择旅游方式时首要考虑的是安全、经济和高效。

个人及家庭事务型旅游者的需求特点是:①他们的旅行目的地都是固定的而没有其他选择;②他们在具体的动身时间上有一定的选择余地,既不像消遣型旅游者那样对出行时间有很大的选择自由,也不像差旅型旅游者那样在时间问题上几乎无选择的余地。所以,他们选择旅行方式的标准一般是既要安全、高效,又要价廉。

2. 运输价格

运输价格是影响旅游者选择交通方式的又一个重要的原因。如差旅型旅游者由于旅费可以报销的缘故,一般对运输价格不敏感,但其他各类旅游者对运输价格都很敏感,因而运输公司在客运价格上的稍微波动都可能导致营业量发生很大变化,特别是在供大于求、同业竞争的情况下尤其如此。

3. 旅行距离

旅行距离通常包括空间距离和时间距离两个方面。空间距离越长,完成旅行所需要的时间也就越多,旅行的代价也就越高。人们外出度假的时间也是有限的,为了更有效地利用有限的度假时间,人们必须努力缩短用于交通方面的时间。因此,对于长距离的旅行,例如特别是1000km以上的旅行,人们通常会选择航空这种旅行方式,这不仅是因为航空旅行速度快,还因为它相对比较经济。反之,对于中、近距离的旅行,人们则较倾向于选择铁路或汽车作为旅行方式,因为这不但比航空旅行更经济,而且也比较便利。

4. 旅行偏好和经验

旅游者个人的旅行偏好和经验不同,选择的旅行方式也不同。旅游者的旅行经验使旅游者对某些旅行方式产生认同感,也可以消除游客离家外出旅行的陌生感和恐惧感。对于初次外出旅行的人来说,他们对某种旅行方式的偏好主要受其个性或心理类型的影响。帕洛格关于旅游

者心理类型的理论曾将人的心理类型划出两个极端，即自我中心型和多中心型。自我中心型的人远不及多中心型的人富有冒险精神，因而表现在对旅行的方式的选择上，比如喜欢自己开车去某一旅游目的地而不愿乘飞机前往；而多中心型的人恰恰相反，喜欢乘飞机而不是自己开车去该目的地。同时，人们对某种旅行方式的偏好往往源于自己过去的旅行经验。

5. 其他环境因素

除上述影响旅游者选择旅行方式的因素外，还有许多因素影响着旅游者对旅行方式的选择，例如出游时的天气、旅游目的地的地理位置特点等。同时，上述几种因素相互作用、相互联系，共同影响旅游者对旅游方式的选择。

第六节　旅游景区业

一、旅游景区的概念

（一）旅游景区的定义

旅游业通常被认为是包含吃、住、行、游、购、娱等多要素所构成的众多部门组成的综合性经济产业。这个产业体系中，旅游景区或旅游景点是最重要的组成部分，是导致游客产生旅游动机并做出购买决策的主要因素，是旅游产品的核心。对旅游景区的定义，一般采用国家标准《旅游景区质量等级的划分与评定》（GB/T 17775—2003）中界定旅游区的定义，即旅游景区是以旅游及其相关活动为主要功能或主要功能之一的空间或地域，是指具有参观游览、休闲度假、康乐健身等功能，具备相应旅游服务设施并提供相应旅游服务的独立管理区。该管理区应有统一的经营管理机构和明确的地域范围，包括风景区、文博院馆、寺庙观堂、旅游度假区、自然保护区、主题公园、森林公园、地质公园、游乐园、动物园、植物园及工业、农业、经贸、科教、军事、体育、文化艺术等各类旅游景区。

因此，旅游景区是一种空间或地域，在这一空间或地域中，旅游及其相关活动是其主要功能。旅游景区可以是某单纯类型的旅游景点，也可以是多种类型的旅游地域综合体，在多种类型的旅游景区中，单纯以发展旅游为目的的旅游景区很少，绝大部分景区是在现有的休闲娱乐设施和公共服务设施的基础上来开展旅游接待的。如世界文化遗产地的主要目的是为了保护人类共同的文化遗产，但为了弘扬这一文化，使之成为全人类共同拥有的文化，就必须对公众开放，文化遗产自身的历史文化价值和魅力也就成为一种重要的独特吸引物；再如各类森林公园和一些专题植物园，其建设之初的本意主要是为了保护森林资源，开展专题研究，但也成为吸引人们前往观光、休闲和进行专题教育的重要场所。

作为旅游业部门的组成部分，这里所指的旅游景区是那些由某一组织或企业对其进行管理的旅游景点，即有明确的界线同外界相隔，设有固定的出入口，对游人的出入行使有效控制的以游览点或参观点为主要组成部分的区域。所谓明确的界线，是指该景点的区域范围或建以围墙，或设以栅栏，或借助某种天然条件（如河流、山沟等难以逾越的自然屏障）形成的边界，从而使人们不能随便出入。

（二）旅游景点

所谓旅游景点，实际是面向所有大众开放的游览景点或游人参观点，是一种有管理的旅游景点。对于"有管理的旅游景点"这一叫法，国际旅游学术界有人将其定义为：旅游景点是指"专为来访公众参观、游乐和增长知识而设立和管理的长久性休闲活动场所"。

旅游景点一般包含在旅游景区内，是旅游景区的一个组成部分。同时，旅游景点通过发展和建设相关的基础设施和服务设施，可以成为旅游景区。

有时，人们往往将旅游景点和旅游景区看成是一个概念。因为"旅游景点"是一个通俗的称谓，从广义上讲，任何一个可供旅游者或来访游客参观游览或开展其他休闲活动的场所都可以称为旅游景点。这种场所的地理概念可以很小，例如一座历史建筑、一处名人故居、一所博物馆，等等；但也可以较大，乃至成为一个旅游景区，例如我国杭州的西湖风景区、美国的大峡谷国家公园、肯尼亚的野生动物保护区，等等。

严格来说，旅游景区和旅游景点应该是有明显区别的，旅游景区和旅游景点的区别在于旅游景区是一个区域，由一个或一个以上的景点组成，并有相应的旅游基础设施和服务设施；在空间上，旅游景区包含旅游景点。旅游景区有明显的区域界限，而旅游景点的界限可以是模糊的。

(三) 旅游景区的特点

根据旅游景区的定义，旅游景区应具备以下几个特点：

1. 专用性

旅游景区是指定的用来供游人开展上述各类休闲活动的场所。这种专用性的指定要么出于商业性决策，要么出于政府有关部门的公益性决策。但不管出于哪一种决策，旅游景点的上述职能都是不可改变的，如果发生改变，则不再属于旅游景点。例如，工厂、学校、乡村和部队军营也都可供旅游者参观或游览，但它们都不属于旅游景点，因为它们的职能都不是专供游人参观的。换言之，只有那些职能是专供游人参观、游览或开展其他休闲活动的场所，才可称作真正的旅游景区。

2. 长久性

旅游景区都必须有其长期固定的场址，并利用这一场址发挥其固有职能。这里对其长久性的强调，主要是用以同那些没有固定场址的旅游吸引物区别开来。由于这类暂时性的旅游吸引物有其不同的组织和营销方式，并且没有长期专用的固定场址，因而不属于旅游景点的行列，特别是在讨论旅游景点的经营管理时更是如此。

3. 可控性

旅游景区必须有人实施管理，必须能够对游人的出入进行有效的控制，否则，从旅游业经营的意义上讲，便不属于真正的旅游景区，而只能是一般的公众活动区域。但是这一定义下的旅游景点并非仅限于对来访游人收费的旅游景区，同时也包括那些有人进行管理但对游人实行免费参观的旅游景点。后者多见于政府部门和社会团体出于社会公益目的而兴办和管理的参观和游览场所。需要说明的是，目前世界各国的绝大多数旅游景点都实行购票入内的做法，纯商业性的旅游景点旨在通过门票收费去补偿其全部运营成本并获取利润。对于由政府部门和社会团体兴办的旅游景点，有些是旨在通过门票收费去补偿其流动费用而非建设投资，有些则仅仅是为了减少有关方面所支付费用的补贴。

二、旅游景区旅游业中的地位和作用

1. 旅游景区是旅游业发展的基础

旅游景区是旅游业发展的基础，大部分情况下，旅游者对交通运输和饭店产品及购物产品的需求基本上都属于派生性需求，由于人们前往旅游景区旅游从而派生了交通、住宿、购物、娱乐、餐饮等方面的需求，因此旅游景区是旅游业发展的基础。

2. 旅游景区是诱导人们外出旅游的先决条件

旅游景区是在旅游资源的基础上形成，包含旅游吸引物，是人们出游的动力。运输产品和饭店产品对旅游者的来访主要是起着一种支持或保证的作用。相比之下，旅游景区产品对旅游者的来访起着一种激发或吸引的作用，旅游者之所以去某地访问，从根本上讲是受该地旅游资源吸引的结果。作为旅游资源的重要组成部分和典型体现，人们对景点产品的需求也就构成了基本性需求。正是在这个意义上，同旅游业中其他行业的服务产品相比较，作为旅游资源的代表，景点产品在目的地旅游业整体产品构成中居于中心的地位。

3. 旅游景区是旅游业创收的重要支柱之一

传统的旅游学教科书中一般将"旅行社、以饭店为代表的住宿业和旅游交通、运输业"称为旅游业的三大支柱。实际上，从旅游景区在旅游者的旅游活动中的地位和作用、在旅游者的旅游消费构成以及旅游景区在整个旅游业中的地位和作用，旅游景区的收入在旅游业总收入的比重来看，旅游景区不仅是旅游业创收的重要支柱之一，也是旅游业的支柱之一。2019 年年末，我国共有 A 级旅游景区 12 402 个，全年共接待 64.75 亿人次，比上年增长 7.5%，实现旅游收入 5065.72 亿元，比上年增长 7.6%。

目前，旅游景区在不断改进服务的同时，还在增加旅游活动的内容、推出更多的景区旅游产品，完善旅游服务设施，进行旅游目的地的建设；在景区的收入构成中，门票收入的比重将越来越小。

三、我国旅游景区质量等级

（一）我国旅游景区质量等级评定工作的进程

景点是我国旅游业发展的主要生产力要素，在我国旅游业的大发展中发挥了主要作用。但由于旅游景区（点）归口不一，旅游行业管理滞后，经营管理、服务质量没有统一的标准等原因，一些旅游区（点）管理水平低下，服务质量低劣，旅游资源得不到有效的保护，严重影响了这些旅游区（点）经济效益和社会效益的增加。1997 年以来，国家旅游局即着手制定《旅游区（点）质量等级的划分与评定》国家标准，1999 年《旅游区（点）质量等级的划分与评定》（BG/T 17775—1999）国家标准通过了最终评审，并于当年 6 月由国家技术监督局正式颁布。之后，国家旅游局又下发了《关于切实做好旅游区（点）质量等级评定工作的通知》《关于印发〈旅游区（点）质量等级评定办法〉的通知》等文件，对旅游区（点）质量等级评定的范围、程序和具体评定办法等做了规定。为了增强标准的可操作性，国家旅游局制定了实施细则，并组织在北京等地开展试点评定工作，为全面推行该标准及加强旅游业的行业管理工作奠定了基础。

2003 年 2 月 24 日，中华人民共和国国家质量监督检验检疫总局发布了修订后的国家标准《旅游景区质量等级的划分与评定》（GB/T 17775—2003）。

（二）旅游景区质量等级的划分依据与方法

根据《旅游景区质量等级的划分与评定》标准，旅游景区质量等级划分为五级：AAAAA 级、AAAA 级、AAA 级、AA 级和 A 级。

旅游景区（点）质量等级的标志、标牌、证书由国家旅游行政主管部门统一规定并颁发。

根据旅游区（点）质量等级划分条件确定旅游区（点）质量等级，按照"服务质量与环境质量评分细则""景观质量评分细则"的评价得分，并结合"游客意见评分细则"的得分综合进行。

对于初步评定的AAAAA、AAAA、AAA级旅游区（点）采取分级公示、征求社会意见的方法。

旅游景区（点）质量等级的具体确认是依据以下三个标准来进行的：

（1）"服务质量与环境质量评价体系"。对旅游景区（点）的服务质量与环境质量，主要分旅游交通、游览、旅游安全、卫生、通信、旅游购物、综合管理、旅游资源与环境保护八个项目进行评价（见表5-2）。

表5-2 细则一：服务质量与环境质量评价体系

序号	评价项目	评价因子	序号	评价项目	评价因子
1	旅游交通	可进入性	5	通信	邮政纪念服务
		自配停车场地			电信服务
		内部交通	6	旅游购物	购物场所建设
2	游览	门票			购物场所管理
		游客中心			商品经营从业人员管理
		标识系统			旅游商品
		宣教资料	7	综合管理	机构与制度
		导游服务			企业形象
		游客公共休息设施和观景设施			规划
		公共信息图形符号设置			培训
		特殊人群服务项目			游客投诉及意见处理
3	旅游安全	安全保护机构、制度与人员			旅游景区宣传
					电子商务
		安全处置			社会效益
		安全设备设施	8	旅游资源与环境保护	空气质量
		安全警告标志、标识			噪声指标
		安全宣传			地表水质量符合国家标准的规定
		医疗服务			景观、生态、文物、古建保护
4	卫生	救护服务			环境氛围
		环境卫生			采用清洁能源的设施设备
		废弃物管理			采用环保型材料
		吸烟区管理			—
		餐饮服务			—
		厕所			—

(2)"景观质量评价体系"。对旅游区(点)景区质量评价主要分资源要素价值与景观市场价值两大项目。每一评价项目分为若干评价因子,对各评价因子赋以分值,各旅游景区(点)按各评价项目及评价因子的相应得分数确定其等级(见表5-3)。

表5-3 细则二:景观质量评价体系

序 号	评价项目	评价因子
1	资源要素价值	观赏游憩价值
		历史文化科学价值
		珍稀或奇特程度
		规模与丰度
		完整性
2	景观市场价值	知名度
		美誉度
		市场辐射力
		主题强化度

(3)"游客意见评价体系"。该体系是旅游景区(点)质量等级评定的重要参考依据,包括外部交通、内部游览线路、观景设施、路标指示、景物介绍牌、宣传资料、导游讲解、服务质量、安全保障、环境卫生、厕所、邮电服务、商品购物、餐饮及食品、旅游秩序、景物保护与总体印象这些评价项目(见表5-4)。每一评价项目分为很满意、满意、一般、不满意四个档次,并依此计算游客意见得分数。

表5-4 细则三:游客意见评价体系

序 号	评价项目	序 号	评价项目
1	外部交通	10	环境卫生
2	内部游览线路	11	厕所
3	观景设施	12	邮电服务
4	路标指示	13	商品购物
5	景物介绍牌	14	餐饮及食品
6	宣传资料	15	旅游秩序
7	导游讲解	16	景物保护
8	服务质量	17	总体印象
9	安全保障	—	—

四、我国旅游景区发展概况

(一)我国旅游景区管理的现状

数以万计的旅游景区(点)构筑了遍布全国的旅游产业网络,对我国旅游业的发展起着举足轻重的作用。作为旅游资源主要体现形式和旅游产品的主要载体,近几年来,在全国旅游业蓬勃发展的总体形势推动下，旅游景区（点）开发建设、保护利用和管理也取得了令人瞩目的成就。旅游景区已成为我国旅游业重要的生产力要素及旅游创收、创汇的重要来源，是旅游者参观游览的主要场所。截至2018年年末，全国各类景区共有2.8万多个，A级旅游景区数量9000个左右，5A级景区249个。根据2016年11月国家旅游局发布的《中国旅游统计年鉴2016》，2015年全国各地区A级旅游景区接待总人数为37.77亿人次，实现营业收入3479.08亿元。而且，旅游区是各地最重要的旅游吸引物，是目的地旅游形象的重要体现。改革开放以来，伴随着我国旅游业的快速发展，旅游景区、景点的规划、开发、建设、保护和管理等各项工作得到了空前的发展，取得了巨大的成就。一批高品位、高质量、形象鲜明的旅游景区享誉海内外，成为中国旅游业发展的生力军和国际旅游形象的着力点。但是，长期以来，旅游景区存在政出多门，体制混乱的宏观格局，大部分旅游景区微观主体机制落后、观念保守，景区管理和服务的专业化水平较低，旅游景区的整体服务功能、服务质量、管理水平和资源与环境保护力度都与我国旅游业实现跨越式发展的要求不相适应，与建设"世界旅游强国"的战略目标不相适应，与旅游者越来越高的旅游需求不相适应。

在节假期长、国家加薪和拉动消费内需三者共同影响下，各景区（点）出现了春节和"十一"两个旅游峰值期，形成了假日旅游现象，使其面临容量压力。目前我国大部分旅游景区（点）综合接待能力弱，基础配套设施不完善，结构不合理，致使与旅游活动密切相关的各环节都出现了问题。旅游景区（点）的旅游客流量、价格、接待能力大小的基础数据缺乏，综合资讯不健全，又没有建立起有效的旅游预警机制，对旅游者盲目出行缺乏有力、有效的引导，大部分旅游景区（点）对假日旅游潮的到来处于一种被动接受状态，相关行业及各部门之间缺乏协调联动，使旅游景区（点）现有的空间和功能得不到充分、合理的利用。由于景区硬件设施不完善，软件服务又跟不上，导致旅游投诉明显增加，恶性事故增多。随着旅游业的快速发展，旅游景区（点）之间的商业竞争也渐趋剧烈，旅游目的地的营销行动在近两年呈现出迅速增长势头。各旅游景区在旅游宣传促销中，除采用传统的营销手段以外，大型旅游推介活动、旅游节庆热销、互联网营销等促销手段也被广泛运用，市场竞争与开拓逐步由原先的企业行为演变为更多的城市综合力量和总体形象的较量。

（二）我国几类主要旅游景区的发展状况

1. 风景名胜区

"风景名胜区"是指"具有观赏、文化或科学价值，自然景观、人文景观比较集中，环境优美，具有一定规模和范围，可供人们游览、休息或进行科学考察、文化活动的地区"。

风景名胜资源是国家自然及历史遗产资源的一部分，具有自然生态和文化遗产保护、生态环境、科学研究和旅游发展等多重价值。风景名胜资源非常珍贵同时又十分脆弱，具有明显的不可再生性。我国风景名胜区保护工作1979年启动1985年，国务院颁布《风景名胜区管理暂行条例》，明确风景名胜区保护列入从中央到地方各级政府的工作职责，国家重点风景名胜区从审定、命名到规划审批全部上交国务院，确定了风景名胜区保护是国家特殊资源事业的地位；为了充分体现风景名胜区的多重价值，确立了风景名胜区严格保护、合理开发、永续利用的原则，各地在风景名胜区建立了管理机构，全面负责风景名胜区的保护、规划、建设和管理工作，指导各项事业协调发展。在加强保护和管理的同时，当地基础设施和接待服务设施日益完善，使旅游环境得到很大改善，为旅游业提供了强大的资源基础，对地方的经济发展和文化建设也起到了积极的推动作用。为了保护和开发这些极其珍贵的自然和文化资源，自1982年起，国务院总共公布了9批、244处国家级风景名胜区。其中，第一批至第六批原称国家重点风景名胜区，2007年起改称中国国家级风景名胜区。逐次分别是：

第一批：1982年11月08日发布，共44处；

第二批：1988年08月01日发布，共40处；

第三批：1994年01月10日发布，共35处；

第四批：2002年05月17日发布，共32处；

第五批：2004年01月13日发布，共26处；

第六批：2005年12月31日发布，共10处；

第七批：2009年12月28日发布，共21处；

第八批：2012年10月31日发布，共17处；

第九批：2017年03月21日发布，共19处。

在244处国家重点风景名胜区中有52处被联合国教科文组织列入《世界遗产名录》。

2. 博物馆

根据1989年修订的《国际博物馆协会会章》，博物馆是一个不追求盈利的、为社会和社会发展服务的、向公众开放的永久性机构，以研究、教育和娱乐为目的，对人类和人类环境的见证物进行搜集、保存、研究、传播和展览。博物馆是我国社会主义科学文化事业的重要组成部分，在物质文明和精神文明建设中发挥着重要作用，是丰富人民精神生活的重要载体，是各地区重要的旅游吸引物，是奠定我国及各地方旅游特色的重要旅游产品。博物馆的市场面宽、吸引力大。历史博物馆和遗址性文物博物馆是了解一个国家和民族文化发展过程的最佳场所，参观游览活动最直观、最省时、效果最佳；科技类博物馆对青少年、学生及广大科技工作者有很大的吸引力；名人故居博物馆或纪念馆深受海内外游客的喜爱。博物馆能吸引国内外旅游者和当地居民，具有教育、研究和娱乐等多种功能，易形成稳定的顾客群体，游客重访率高，对博物馆进行旅游利用是休闲娱乐与传播历史文化知识的最佳结合点。我国的博物馆分为综合类、社会科学类、自然科学类、古遗址类、名人故居类、文化艺术类博物馆。截至2019年年底，我国共有博物馆5132个。2017年01月20日，中国博物馆协会发布的第三批国家一级博物馆名单显示，我国国家一级博物馆再添34家，总数达130家。

3. 森林公园

森林公园是为了保护我国自然森林生态系统的多样性和完整性，促进林木资源的保护和持续利用，而在一些森林生态资源丰富和独特的地区设立的区域，分国家森林公园和省级森林公园，均设有专职管理机构。我国的大多数国家森林公园是在原有的国有林场基础上转轨和组建而成的。

我国的森林公园建设大致经历了两个阶段。1982—1990年为第一阶段，以我国第一个森林公园——张家界国家森林公园的建成为起点。该阶段每年批建的森林公园数量较少，9年中总共只批建了16个，其中包括大家熟知的张家界、泰山、千岛湖和黄山国家森林公园等；国家对森林公园建设的投入相对较大，但行业管理较弱。1991年至现在为第二阶段，该阶段森林公园数量快速增长，在1991—2000年的10年时间里，共批建国家森林公园328个。同时，国家对森林公园的投入减少，森林公园主要通过地方财政投入、招商引资、贷款及林业系统自身投入等方式进行建设；同时，行业管理开始走向法制化、规范化和标准化。

1992年7月，原林业部成立了"森林公园管理办公室"，各省（市、区）也相继成立了管理机构；1994年1月，原林业部颁布了《森林公园管理办法》；同年12月，又成立了"中国森林风景资源评价委员会"，规范了国家森林公园的审批程序，制定了森林公园风景资源质量评价标准；1996年1月，原林业部颁布了《森林公园总体设计规范》，为森林公园的总体设计提供了标准。我国的森林公园体系分为三级，即国家森林公园、省级森林公园和市级森林公园。截至2017年年底，全国共建立森林公园3505处（不含广东镇级森林公园、重庆社区森林公园和宁夏市民休闲公园），规划总面积2028.19万公顷。其中，国家级森林公园881处、国家级森林旅游区1处，面积1441.05万公顷；省级森林公园1447处，面积448.14万公顷；县（市）级森林公园1176处，面积139万公顷。

4. 自然保护区

我国自然保护区建设事业开始于中华人民共和国建国初期，是根据森林资源保护、野生动物保护和狩猎管理的迫切需要而开展起来的，旨在保存原始植被及栖息的野生动物，为国家保存自然景观，不仅为科学研究提供据点，而且为我国极其丰富的动植物种类的保护、繁殖及扩大利用创立有利条件，同时对爱国主义的教育发挥积极作用。为做好自然资源的保护，《中华人民共和国环境保护法》中第二条、第十七条、第十八条、第二十条、第二十三条、第四十四条均涉及自然资源保护和自然保护区的问题，把自然保护区列为"影响人类生存和发展的自然因素之一"。为开展培训、研究、考察、信息交流等各项活动，促进保护区管理水平的提高，加入国际人与生物圈保护区网，由中国人与生物圈国家委员会、原林业部、原农业部和原国家环保总局等部门共同发起组建的"中国生物圈保护区网络"正式成立。从1994年12月1日起施行《中华人民共和国自然保护区条例》，国务院还于1999年以国函[199]号文批准自然保护区为国家级自然保护区。2014年12月，国务院办公厅印发《关于公布内蒙古毕拉河等21处新建国家级自然保护区名单的通知》，批准新建国家级自然保护区21处。至此，我国的国家级自然保护区数量达到428处，总面积93万 km^2，占陆域国土面积的9.72%。2015年3月28日，黑龙江黑瞎子岛晋升国家级自然保护区。2016年5月2日，国务院办公厅关于公布辽宁省楼子山、吉林省通化石湖等18处为新建国家级自然保护区。2018年5月31日，国务院办公厅公布在山西太宽河、吉林头道松花江上游、吉林甑峰岭、黑龙江细鳞河、贵州大沙河等5处新建国家级自然保护区。至此，我国国家级自然保护区共有452处。

目前，我国列入联合国教科文组织"国际人与生物圈保护区网"的有内蒙古锡林郭勒、赛罕乌拉、达赉湖、吉林长白山、黑龙江丰林、五大连池、江苏盐城、浙江天目山、南麂列岛、福建武夷山、河南宝天曼、湖北神农架、广东鼎湖山、广西山口红树林、四川卧龙、九寨沟、黄龙、亚丁、贵州梵净山、茂兰、云南西双版纳、高黎贡山、甘肃白水江、新疆博格达峰共24个自然保护区。列入《关于特别是作为水禽栖息地的国际重要湿地公约》（简称《湿地公约》）"国际重要湿地目录"的有多个自然保护区。作为相关世界自然遗产组成部分的有福建武夷山，湖南张家界大鲵、索溪峪、天子山，四川九寨沟、黄龙，云南高黎贡山、玉龙雪山、哈巴雪山、纳帕海、碧塔海、翠坪山等自然保护区。还有一批自然保护区加入了东亚—澳大利亚鸟类迁徙区国际保护网络等。

5. 世界遗产地

"世界遗产"是全人类共同继承的文化及自然遗产，它集中了地球上文化和自然遗产的丰富性和多样性，通常划分为世界自然遗产和世界文化遗产。《世界遗产公约》第一条和第二条分别对"世界文化遗产"和"世界自然遗产"进行了定义，并对其评选标准、申报程

"世界文化遗产"的定义为：① 文物：从历史、艺术或科学的角度来看，具有突出的普遍价值的建筑物、雕刻和绘画，具有考古意义的部件和结构，铭文、洞穴、住宅区及各类文物的组合体；② 建筑群：从历史、艺术或科学的角度来看，在建筑形式、统一性及其与环境景观结合方面，具有突出的普遍价值的单独或相互联系的建筑群体；③ 遗址：从历史、美学、人种学或人类学的角度来看，具有突出的普遍价值的人造工程或自然与人类结合工程以及考古遗址的地区。

"世界自然遗产"的定义为：① 从美学或科学的角度看，具有突出的普遍价值的由自然和生物结构或这类结构群组成的自然面貌；② 从科学或保护的角度看，具有突出的普遍价值的地质和自然地理结构，以及明确划定的濒危动植物种生境区；③ 从科学、保护和自然美的角度看，具有突出的普遍价值的天然名胜或明确划定的自然区域。

由于世界遗产的独特性，"遗产旅游"已经成为一种世界现象，是人类求取与外部世界高度和谐的最有效的形式之一。截至 2019 年 7 月，我国已有 55 项世界文化与自然遗产以及世界文化景观遗产被列入《世界遗产名录》，与意大利并列世界第一。我国的世界遗产项目一览表见表 5-5。

表 5-5 我国的世界遗产项目一览表（截至 2021 年 7 月）

序 号	遗产名称	批准时间	遗产性质
1	长城	1987 年	世界文化遗产
2	明清皇宫 北京故宫 沈阳故宫	1987 年 1987 年 2004 年	世界文化遗产
3	敦煌莫高窟	1987 年	世界文化遗产
4	秦始皇陵及兵马俑	1987 年	世界文化遗产
5	周口店"北京猿人"遗址	1987 年	世界文化遗产
6	泰山风景名胜区	1987 年	世界文化与自然双重遗产
7	黄山风景名胜区	1990 年	世界文化与自然双重遗产
8	武陵源风景名胜区	1992 年	世界文化遗产
9	九寨沟风景名胜区	1992 年	世界文化遗产
10	黄龙风景名胜区	1992 年	世界文化遗产
11	承德避暑山庄及外八庙	1994 年	世界文化遗产
12	曲阜孔庙、孔府、孔林	1994 年	世界文化遗产
13	武当山古建筑群	1994 年	世界文化遗产
14	布达拉宫	1994 年	世界文化遗产
15	庐山风景名胜区	1996 年	世界文化景观遗产
16	峨眉山—乐山风景名胜区	1996 年	世界文化与自然双重遗产
17	苏州古典园林	1997 年	世界文化遗产
18	平遥古城	1997 年	世界文化遗产

(续)

序 号	遗产名称	批准时间	遗产性质
19	丽江古城	1997 年	世界文化遗产
20	天坛	1998 年	世界文化遗产
21	颐和园	1998 年	世界文化遗产
22	大足石刻	1999 年	世界文化遗产
23	武夷山 （福建武夷山遗产区） （江西铅山遗产区）	1999 年 2017 年	世界文化和自然双重遗产
24	明清皇家陵寝 （清东陵、清西陵、明显陵） （明十三陵、明孝陵） （盛京三陵：福陵、昭陵和永陵）	2000 年 2003 年 2004 年	世界文化遗产
25	安徽古村落（西递、宏村）	2000 年	世界文化遗产
26	龙门石窟	2000 年	世界文化遗产
27	都江堰—青城山	2000 年	世界文化和自然双重遗产
28	云冈石窟	2001 年	世界文化遗产
29	三江并流	2003 年	世界自然遗产
30	中国高句丽王城、王陵及贵族墓葬	2004 年	世界文化遗产
31	澳门历史城区	2005 年	世界文化遗产
32	中国四川大熊猫栖息地	2006 年	世界自然遗产
33	中国安阳殷墟	2006 年	世界文化遗产
34	开平碉楼与村落	2007 年	世界文化遗产
35	福建土楼	2008 年	世界文化遗产
36	五台山	2009 年	世界文化景观遗产
37	登封"天地之中"历史古迹	2010 年	世界文化遗产
38	杭州西湖文化景观	2011 年	世界文化景观遗产
39	元上都遗址	2012 年	世界文化遗产
40	红河哈尼梯田文化景观	2013 年	世界文化景观遗产
41	大运河	2014 年	世界文化遗产
42	丝绸之路：长安—天山廊道的路网	2014 年	世界文化遗产
43	土司遗址	2015 年	世界文化遗产
44	左江花山岩画文化景观	2016 年	世界文化景观遗产
45	鼓浪屿：历史国际社区	2017 年	世界文化遗产
46	中国南方喀斯特 （云南石林、贵州荔波、重庆武隆） （广西桂林、贵州施秉、重庆金佛山和广西环江）	2007 年 2014 年	世界自然遗产

(续)

序 号	遗产名称	批准时间	遗产性质
47	三清山国家公园	2008 年	世界自然遗产
48	中国丹霞	2010 年	世界自然遗产
49	澄江化石遗址	2012 年	世界自然遗产
50	新疆天山	2013 年	世界自然遗产
51	湖北神农架	2016 年	世界自然遗产
52	青海可可西里	2017 年	世界自然遗产
53	贵州梵净山	2018 年	世界自然遗产
54	黄渤海候鸟栖息地	2019 年	世界自然遗产
55	良渚古城遗址	2019 年	世界文化遗产
56	泉州宋元中国的世界海洋商贸中心	2021 年	世界文化遗产

（资料来源：根据相关资料整理。）

2003 年 10 月 17 日，联合国教科文组织第 32 届大会通过了《保护非物质文化遗产公约》（以下简称《公约》）。我国于 2004 年加入《公约》。《公约》第四章"在国际一级保护非物质文化遗产"明确由缔约国成员选举的"政府间保护非物质文化遗产委员会"（以下简称"委员会"）提名、编辑和更新人类非物质文化遗产代表作名录，急需保护的非物质文化遗产名录，保护非物质文化遗产的计划、项目和活动（优秀实践名册）。《公约》在第八章"过渡条款"中明确：委员会应把在公约生效前宣布为"人类口头和非物质遗产代表作"的遗产纳入人类非物质文化遗产代表作名录。

作为履行《公约》缔约国义务的重要内容之一，中国积极推进向联合国教科文组织申报非物质文化遗产名录（名册）项目的相关工作，以促进国际一级保护工作，提高相关非物质文化遗产的可见度。截至 2018 年 12 月，我国列入联合国教科文组织非物质文化遗产名录（名册）的项目共计 40 项，总数位居世界第一。其中，人类非物质文化遗产代表作 32 项（含昆曲、古琴艺术、新疆维吾尔木卡姆艺术和蒙古族长调民歌），急需保护的非物质文化遗产名录 7 项，优秀实践名册 1 项。40 个项目的入选，体现了我国日益提高的履约能力和非物质文化遗产保护水平，对于增强遗产实践社区、群体和个人的认同感和自豪感，激发传承保护的自觉性和积极性，在国际层面宣传和弘扬博大精深的中华文化、中国精神和中国智慧，都具有重要意义。

人类非物质文化遗产代表作名录：

2001 年通过的：昆曲；

2003 年通过的：古琴艺术；

2005 年通过的：新疆维吾尔木卡姆艺术、蒙古族长调民歌；

2009 年通过的：中国蚕桑丝织技艺、福建南音、南京云锦、安徽宣纸、贵州侗族大歌、广东粤剧、《格萨尔》史诗、浙江龙泉青瓷、青海热贡艺术、藏戏、新疆《玛纳斯》、蒙古族呼麦、甘肃花儿、西安鼓乐、朝鲜族农乐舞、书法、篆刻、剪纸、雕版印刷、传统木结构营造技艺、端午节、妈祖信俗；

2010年通过的：京剧、中医针灸；

2011年通过的：皮影戏；

2013年通过的：珠算；

2016年通过的：二十四节气；

2018年通过的：藏医药浴法——中国藏族有关生命健康和疾病防治的知识与实践。

急需保护的非物质文化遗产名录：

2009年列入的：羌年、黎族传统纺染织绣技艺、中国木拱桥传统营造技艺；

2010年列入的：新疆的麦西热甫、福建的中国水密隔舱福船制造技艺以及中国活字印刷术；

2011年列入的：赫哲族伊玛堪说唱。

非物质文化遗产优秀实践名册：

2012年列入的：福建木偶戏传承人培养计划。

6. 地质公园

地质公园是以其地质科学意义、珍奇秀丽和独特的地质景观为主，融合自然景观与人文景观的自然公园。

世界地质公园是对具有国际意义的地质遗迹等自然资源进行科学保护和可持续利用，进而促进地方社会经济发展的区域。1989年，联合国教科文组织（UNESCO）、国际地科联（IUGS）、国际地质对比计划（IGCP）及国际自然保护联盟（IUCN）在华盛顿成立了"全球地质及古生物遗址名录"计划，目的是选择适当的地质遗址作为纳入世界遗产的候选名录。1996年，该项目改名为"地质景点计划"。1997年，联合国大会通过了教科文组织提出的"促使各地具有特殊地质现象的景点形成全球性网络"计划，即从各国（地区）推荐的地质遗产地中遴选出具有代表性、特殊性的地区纳入地质公园，其目的是使这些地区的社会、经济得到永续发展。1999年4月，联合国教科文组织第156次常务委员会议中提出了建立地质公园计划（UNESCO Geoparks），目标是在全球建立500个世界地质公园，其中每年拟建20个，并确定中国为建立世界地质公园计划试点国之一。

2004年，在联合国教科文组织支持下，我国的8个地质公园与欧洲地质公园网络的17个成员共同创建了世界地质公园网络（GGN）。2015年，联合国教科文组织第38届大会批准"国际地球科学与地质公园计划"，世界地质公园与世界遗产、人与生物圈保护区共同构成联合国教科文组织三大品牌，为世界自然、文化和生物多样性的保护与发展提供支撑。

我国是世界地质公园的创始国之一，自2003年起，为积极响应联合国教科文组织倡议，我国开始创建世界地质公园。经过多年实践与探索，我国世界地质公园高效、高质发展，在地质遗迹与生态环境保护、地方经济发展与解决群众就业、科学研究与知识普及、展示国家形象与促进国际交流等方面显现出巨大的综合效益，为生态文明建设和中华文化传承做出了重大贡献。

在我国，为配合世界地质公园的建立，原国土资源部于2000年8月成立了国家地质遗迹保护（地质公园）领导小组，及国家地质遗迹（地质公园）评审委员会，制定了有关申报、评选办法。

中国国家级地质公园是以具有国家级特殊地质科学意义，较高的美学观赏价值的地质遗迹为主体，并融合其他自然景观与人文景观而构成的一种独特的自然区域，是由国家行政管理部门组织专家审定，由原国土资源部正式批准授牌的地质公园。我国地质公园建设工作已进行了数年，在有效保护、合理开发和利用地质遗迹资源、推动地方经济发展、普及地质科学知识等方面取得了令人瞩目的成果。2004年2月13日，在法国巴黎召开的联合国教科文组织会议上，中国的8家国家地质公园被列入世界地质公园网络名录（安徽黄山世界地质公园、江西庐山世界地质公园、河南云台山世界地质公园、云南石林世界地质公园、广东丹霞山世界地质公园、湖南张家界世界地质公园、黑龙江五大连池世界地质公园、河南嵩山世界地质公园），成为首批世界地质公园。

2020年7月7日在法国巴黎召开的联合国教科文组织执行局第209次会议，我国推荐申报的湖南湘西、甘肃张掖两处地质公园正式获批联合国教科文组织世界地质公园称号。至此，我国世界地质公园数量升至41处，稳居世界首位。目前，我国拥有41个世界地质公园为昆仑山、阿拉善沙漠、克什克腾、敦煌、五大连池、镜泊湖、房山、延庆、泰山、云台山、嵩山、王屋山-黛眉山、伏牛山、天柱山、黄山、神农架、张家界、终南山、雁荡山、泰宁、宁德、龙虎山、三清山、庐山、自贡、兴文、苍山、石林、织金洞、乐业-凤山、香港、丹霞山、雷琼、可可托海、阿尔山、光雾山-诺水河、大别山、沂蒙山、九华山、湘西世界地质公园红石林、甘肃张掖。

国家地质公园是以具有国家级特殊地质科学意义和较高的美学观赏价值的地质遗迹为主体，并融合其他自然景观与人文景观而构成的一种独特的自然区域。我国的国家地质公园是由行政管理部门组织专家审定，由国家林业和草原局正式批准授牌的地质公园。

中国的地质公园建设，是响应联合国教科文组织建立"世界地质公园网络体系"的倡议，贯彻国务院关于保护地质遗迹的任务，由自然资源部主持于2000年开始进行的一项工作。截至2020年3月，国家林业和草原局和原国土资源部已正式命名国家地质公园219处。

7. 主题公园

"主题公园"的定义至今也没有一个比较明确的说法，在欧美国家，主题公园的服务大致包括：为旅游者的娱乐、消遣而设计和经营的场所；具有多种吸引物；围绕一个或几个历史主题或其他内容的主题，包括餐饮、购物等设施；能开展多种多样的有吸引力的活动，实行商业化经营并收取门票等。国际上，将专门为满足人们休闲娱乐需求而设计建造的娱乐场所均称为主题公园。在我国，主题公园出现得较晚，对于主题公园的系统性研究也较少。保继刚于1997年在《地理学报》上发表名为"主题公园发展的影响因素系统分析"论文，文中对主题公园做出了如下定义："主题公园（theme park）是具有特定的主题，由人创造而成的舞台化的休闲娱乐活动空间，是一种休闲娱乐产业。"

19世纪90年代初，作为娱乐行业中一个重要的组成体——主题公园诞生了。在当时，主题公园的兴建并不仅仅局限于美国，而是很快就风靡全球。最早的一座商业性娱乐场所诞生于17世纪初期，在那里，人们可以通过消费来享受探险的刺激，当时就有几个俄国人驾着一把小雪橇从20多米的垂直高坡冲下来，令人叹嘘不已。在19世纪末期，美国纽约的康尼岛上就建起几座主题公园，最早的滑行铁道建于1884年，紧接着又建立了一个户内的娱乐公园——海狮公园。在20世纪30年代的美国，由于经济滑坡，娱乐行业不得不与电影业进行竞争，然而，随着1955年加利福尼亚的迪士尼乐园的开放，这种新兴的娱乐业复苏了，沃尔特·迪士尼也因此而成为一个传奇似的人物，紧接着娱乐业又跃上了一个新的台阶。

常见的主题公园有以下几种：

（1）文化教育公园，主要是那些历史悠久的欧式公园的残骸，这类公园总体上是以绿色园林以及喷泉为主要特色，体现了一种历史性与教育性相结合的文化氛围。

（2）露天娱乐公园：这类公园的规模较小，主要面向一些大城市或地区的客源市场，设有传统的带有刺激性的娱乐设施、游艺场和其他的娱乐项目。大多数娱乐公园在建筑风格以及娱乐项目上都缺乏一个鲜明的主题。

（3）主题公园：这类公园大体上都属于东方式的综合娱乐体，并将其建筑与某一主题融为一体，较一般的娱乐公园而言，主题公园规模更大，各种娱乐项目和景点也更为丰富。

（4）水上主题公园：这是一个最近才兴起的新型娱乐项目，其以水上活动娱乐为中心，是主题公园的一种特殊形式。这种大型水上公园的主要设施有人造海浪地、陡峭的垂直滑道以及一系列的旋转滑梯等水上娱乐项目。

我国主题公园建设的标志是1989年9月21日深圳锦绣中华的成功开业。由于锦绣中华轰动性的示范效应，我国的主题公园事业随着旅游业的兴盛而在全国雨后春笋般地涌现出来并逐渐壮大。当前，虽然社会各界对主题公园指责颇多，但是透过表象可以看出，主题公园在现代旅游业发展中能发挥不可替代的作用。促进我国主题公园健康发展的关键还在于有关方面提高对主题公园本身的认识水平，优化规划设计，改善经营管理，加强宏观调控（马波，1999）。从主题公园发展的要求来看，由于其初期投资较大，维护成本较高，因此，一个主题公园的生存和发展需要有优越的地理位置和强大的客源市场作支撑。

8. 国家水利风景区

国家水利风景区，是指以水域（水体）或水利工程为依托，按照水利风景资源，即水域（水体）及相关联的岸地、岛屿、林草、建筑等能对人产生吸引力的自然景观和人文景观的观赏价值、文化价值、科学价值以及水资源生态环境保护质量和景区利用、管理条件分级，经水利部水利风景区评审委员会评定，由水利部公布的可以开展观光、娱乐、休闲、度假或进行科学、文化、教育活动的区域。国家级水利风景区有水库型、湿地型、自然河湖型、城市河湖型、灌区型、水土保持型等类型。

国家水利风景区是在对各类水库风景资源进行旅游开发后形成的滨水旅游地，由国家水利部统一管理。为了规范和改善该类风景地的管理，扶持和指导各级水利行政主管部门加强对水利风景区的建设，不断提高景区管理水平和服务质量，建设秀美山川，满足人民日益增长的旅游需求，国家水利部组建了"中国水利部水利风景区评审委员会"，由该组织制定行业标准。经过对国内首批申报的水利风景区进行评审，2001年9月27日，水利部公布了18个水库为首批"国家水利风景区"。此后，水利部于2002年、2003年、2004年先后公布了第二、第三、第四"国家水利风景区"。2018年12月5日，水利部公布第十八批国家水利风景区，共计46家。截至2018年年底，我国共有878处国家级水利风景区。

9. 国家公园

根据《建立国家公园体制总体方案》，国家公园是指由国家批准设立并主导管理，边界清晰，以保护具有国家代表性的大面积自然生态系统为主要目的，实现自然资源科学保护和合理利用的特定陆地或海洋区域。国家公园是我国自然保护地最重要的类型之一，属于全国主体功能区规划中的禁止开发区域，纳入全国生态保护红线区域管控范围，实行最严格的保护。自从1872年世界上第一个国家公园——美国黄石国家公园建立以来，国家公园在世界各国迅速发展,全球200多个国家和地区已建立了近10 000个国家公园。

在我国,由国家政府部门在全国范围内统一管理的"国家公园"自2008年才刚刚起步。2008年10月8日,国家环保部和国家旅游局批准建设中国第一个国家公园试点单位——黑龙江汤旺河国家公园。环境保护部和国家旅游局决定开展国家公园试点,主要目的是将国家公园的理念和管理模式引入我国,同时也是为了完善我国的保护地体系,规范全国国家公园建设,有利于将来对现有的保护地体系进行系统整合,提高保护的有效性,切实实现保护与发展双赢。

2015年5月18日,国务院发布《发展改革委关于2015年深化经济体制改革重点工作意见》,提出在9个省份开展"国家公园体制试点"。而且根据《建立国家公园体制总体方案》,到2020年,中国建立国家公园体制试点基本完成,整合设立一批国家公园,分级统一的管理体制基本建立,初步形成国家公园总体布局。到目前,我国已设立10个国家公园体制试点:

(1) 三江源国家公园体制试点。三江源是长江、黄河和澜沧江的源头地区。三江源国家公园体制试点是我国第一个得到批复的国家公园体制试点,面积12.31万 km^2,也是目前试点中面积最大的一个。

(2) 大熊猫国家公园体制试点。这个试点总面积达2.7万 km^2,涉及四川、甘肃、陕西三省。国家公园体制试点加强大熊猫栖息地廊道建设,连通相互隔离的栖息地,实现隔离种群之间的基因交流。

(3) 东北虎豹国家公园体制试点。野生东北虎目前仅存不到500只,而东北豹野生数量只有50只左右。东北虎豹国家公园体制试点选址于吉林、黑龙江两省交界处的广大区域。

(4) 湖北神农架国家公园体制试点。神农架国家公园体制试点位于湖北省西北部,被誉为北纬31°的绿色奇迹。这里有珙桐、红豆杉等国家重点保护的野生植物36种,金丝猴、金雕等重点保护野生动物75种。

(5) 浙江钱江源国家公园体制试点。钱江源国家公园体制试点位于浙江省开化县,这里是钱塘江的发源地,拥有大片原始森林,是中国特有的世界珍稀濒危物种、国家一级重点保护野生动物白颈长尾雉、黑麂的主要栖息地。

(6) 湖南南山国家公园体制试点。位于湖南省邵阳市城步苗族自治县,试点区整合了原南山国家级风景名胜区、金童山国家级自然保护区、两江峡谷国家森林公园、白云湖国家湿地公园4个国家级保护地,还新增了非保护地但资源价值较高的地区。

(7) 祁连山国家公园体制试点。祁连山是我国西部重要的生态安全屏障,是我国生物多样性保护优先区域、世界高寒种质资源库和野生动物迁徙的重要廊道,还是雪豹、白唇鹿等珍稀野生动植物的重要栖息地和分布区。该试点包括甘肃和青海两省约5万 km^2 的范围。

(8) 北京长城国家公园体制试点。目前,北京长城国家公园体制试点区位于北京市延庆区内,整合了延庆世界地质公园的一部分、八达岭-十三陵国家级风景名胜区的一部分、八达岭国家森林公园和八达岭长城世界文化遗产的一部分。

(9) 云南普达措国家公园体制试点。位于云南省迪庆藏族自治州香格里拉市的普达措国家公园试点,光听名字就令人神往。普达措拥有丰富的生态资源,包括湖泊湿地、森林草甸、河谷溪流、珍稀动植物等,原始生态环境保存完好。

(10) 福建武夷山国家公园体制试点。武夷山是全球生物多样性保护的关键地区,保存了地球同纬度最完整、最典型、面积最大的中亚热带原生性森林生态系统，也是珍稀、特有野生动物的基因库。

10. 国家文化公园

为建设社会主义文化强国，增强国家文化软实力，实现中华民族伟大复兴的"中国梦"，2017年1月25日，中共中央办公厅、国务院办公厅印发了《关于实施中华优秀传统文化传承发展工程的意见》，提出"规划建设一批国家文化公园，成为中华文化重要标识"。

2017年5月，中共中央办公厅、国务院办公厅印发的《国家"十三五"时期文化发展改革规划纲要》中明确，规划建设一批国家文化公园，形成中华文化的重要标识。

2019年12月5日，中共中央办公厅、国务院办公厅印发《长城、大运河、长征国家文化公园建设方案》。

国家文化公园就是要整合具有突出意义、重要影响、重大主题的文物和文化资源，实施公园化管理运营，实现保护传承利用、文化教育、公共服务、旅游观光、休闲娱乐、科学研究功能，形成具有特定开放空间的公共文化载体，集中打造中华文化的重要标识。第一批国家文化公园包括长城国家文化公园、大运河国家文化公园和长征国家文化公园。

（1）长城国家文化公园，包括战国、秦、汉时期修筑的长城，北魏、北齐、隋、唐、五代、宋、西夏、辽时期修筑的具备长城特征的防御体系，金界壕，以及明长城；涉及北京、天津、河北、山西、内蒙古、辽宁、吉林、黑龙江、山东、河南、陕西、甘肃、青海、宁夏、新疆共15个省、市和自治区。

（2）大运河国家文化公园，包括京杭大运河、隋唐大运河、浙东运河3个部分，以及通惠河、北运河、南运河、会通河、中（运）河、淮扬运河、江南运河、浙东运河、永济渠（卫河）、通济渠（汴河）10个河段，涉及北京、天津、河北、江苏、浙江、安徽、山东、河南8个省市。

（3）长征国家文化公园，以中国工农红军一方面军（中央红军）的长征线路为主，兼顾红二、红四方面军和红二十五军的长征线路，涉及福建、江西、河南、湖北、湖南、广东、广西、重庆、四川、贵州、云南、陕西、甘肃、青海、宁夏15个省区市。

第七节　旅游娱乐业

一、旅游娱乐业的概念及其在旅游业中的作用

（一）旅游娱乐业的概念

旅游娱乐业是向旅游者提供娱乐型产品，满足其在目的地的娱乐需求的行业。随着经济的发展和人们生活观念的转变，旅游娱乐业将成为旅游业中发展最迅速的部门之一。

（二）旅游娱乐业在旅游业中的作用

（1）满足旅游者的更高层次的娱乐需求，丰富旅游活动。传统的旅游只是静态的景物的观赏，是属于旅游需求层次的基本需求，随着社会的发展，人们的旅游需求日益多样化，除了基本的需求外，还有更高层次的需求，特别是娱乐的需求。旅游娱乐项目的开发极大地迎合了旅游者的兴趣，满足了旅游者更多的旅游需求，使得整个旅游活动更加丰富、形式更加多样。随着旅游业的发展，旅游产品正由静态观赏向动态参与的方向发展。

(2) 改善旅游产品结构，提高旅游产品的竞争力。旅游娱乐项目作为旅游活动的一部分，是对旅游欣赏层次的补充和提高。对旅游产品结构的改善，极大增强了旅游资源的吸引力，提高了旅游产品和整个旅游地的竞争力。

(3) 提高旅游业的经济效益，并有助于减轻季节因素给旅游业造成的冲击。旅游娱乐项目主要是为了满足旅游者除了观赏之外的旅游需求，具有很高的娱乐性。对于当地的居民也有一定吸引力，尤其是在旅游淡季时，吸引当地居民参与其中可以创造旅游效益，平衡收支。截至2019年年底，我国共有6万余家，从业人员50余万人，营业收入500多亿元，营业利润70多亿元。[①]

(4) 促进旅游地旅游形象的改善。旅游娱乐项目的引进在一段时间内具有一定的资源垄断性，其宣传和影响可以促进外界对旅游地的了解，从而改善和提高旅游地的旅游形象。

(5) 丰富当地的文化娱乐生活。当地居民参与到旅游娱乐活动中来，使旅游娱乐成为当地居民生活的一部分；还可以提高旅游地居民的素质和生活水平，丰富当地居民的文化和娱乐生活，使得娱乐活动成为社区文化的组成部分。

二、旅游娱乐产品的类型

旅游娱乐产品按照其设施的空间位置、活动项目和功能可划分为以下类型：

1. 按其设施的空间位置划分的类型

(1) 室内娱乐产品，包括各种形式的俱乐部、舞场、保龄球室、室内游泳池、文娱室和健身房等。

(2) 室外娱乐产品，包括游乐园、靶场、高尔夫球场、海水浴场和滑雪场等；极限运动，如蹦极、攀岩、卡丁车、滑翔伞、野外生存、定向运动、匹特博（一种战斗模仿游戏）、潜水等。

2. 按娱乐设施的活动项目划分的类型

(1) 专项娱乐设施。单项的旅游娱乐产品，仅满足旅游者一方面的需求，如现代主题公园中常见的娱乐活动类型激流勇进、天旋地转、太空梭、过山车、四维电影等。

(2) 综合娱乐设施。综合的娱乐产品，是多种旅游娱乐项目的汇总，如游乐园。

目前，我国的很多主题公园都推出了一些综合性的娱乐产品，如苏州乐园、深圳的欢乐谷主题公园等。

3. 按功能划分娱乐的产品划分的类型

根据娱乐活动的功能不同，可将娱乐活动分为三类，即康体类，消闲类、娱乐类。

三、主要娱乐项目简介

本书按娱乐项目的功能分类介绍目前我国的主要娱乐项目。

1. 康体运动项目

康体运动项目是凭借特定的健身设施和场所，通过适度的运动量来达到强身健体之目的的运动项目。它往往集中在一个多功能健身房内，健身房环境设计具有一定要求，使运动员

[①] 中华人民共和国文化和旅游部.2019年文化和旅游发展统计公报［R/OL］.（2020-06-22）［2020-07-18］. www.gov.cn/Shuju/2020-06/22/Content_5520984.htm.

如同在大自然中运动健身。健身房内设有各种具有模拟运动的器械，健身房还提供运动衣和运动鞋，配有健身教练，会为每名会员做出科学详细的健身计划。运动健身项目往往集田径、体操、举重等活动为一体，不同运动项目可以达到不同的健身效果。

2. 戏水运动项目

戏水运动狭义上称为游泳运动，它是在不同环境、不同设施、不同形式的游泳池内进行游泳、潜水、嬉戏等项目的运动方式。戏水是一项很有锻炼价值和实用价值的运动，经常戏水，可以增强人体各器官的功能，特别是呼吸器官。

3. 球类运动

球类运动是运动者利用各种环境设施、使用相应的体育器材，运用专门技术进行活动游戏，达到健身和陶冶情操之目的的运动。主要项目有乒乓球运动、网球运动、台球运动。

4. 消闲康体项目的种类

消闲康体项目是人们以趣味性强的、轻松愉快的方式，在一定的设施环境中进行各种类型既有利于身体健康，又放松精神、陶冶情操的活动项目。消闲康体项目根据主体参与活动的强度可分为主动式消闲康体项目和被动式消闲康体项目。消闲康体项目的种类如图5-2所示。

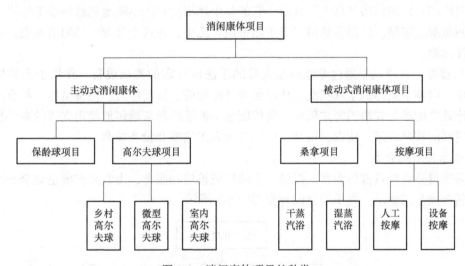

图 5-2　消闲康体项目的种类

（1）保龄球运动。保龄球运动是在拥有符合严格规范要求的木板保龄球跑道、输道及各种辅助设施、设备的，具有宁静、欢快气氛的保龄球房内，运用适当的智力和技术、用球滚击木瓶的高雅的消闲康体活动。保龄球运动具有娱乐性、趣味性、抗争性和技巧性，给人以身体和意志上的锻炼。由于是室内活动，且易学易打，所以保龄球运动成为男女老少皆宜的特殊运动。

（2）高尔夫球运动。高尔夫球运动是一项高雅的、深受人们喜爱的绅士运动，其主要形式有标准高尔夫球运动、微型高尔夫球运动和室内模拟高尔夫球运动。

标准高尔夫球运动，也叫乡村高尔夫球运动，它是一项古典的不太激烈的贵族运动。这项运动就是运动者在有一定要求的高尔夫球场使用不同的球杆按一定规则将球击入固定的洞中。高尔夫（GOLF）是由绿色（green）、氧气（oxygen）、阳光（light）和步履（foot）的第一个字母缩写而成，也就是指在明媚的阳光下，脚踏绿色的草地，呼吸着新鲜的空气，在大自然的怀抱里充分伸展自己的肢体，在每一次挥杆击球时找回自己的信心和勇气，是一项益于身心健康的、陶冶情操的、高雅的运动。

微型高尔夫球运动又叫迷你高尔夫球运动，是目前在欧美流行的消闲运动，与一般高尔夫球运动相似，只是其球场面积较小，在设有人工草坪的球道上进行。按照国际标准设计的微型高尔夫球场，每个球道上设置有各种有趣的障碍，一般设计有9洞、12洞或18洞，人们可以使用专用微型高尔夫球的杆和球，沿着球道打球，杆数少者为胜。

室内模拟高尔夫球运动是在拥有高尔夫球模拟设施的室内进行的高尔夫球运动。模拟设施主要是显示出高尔夫球场的电子屏幕，运动者将球击在屏幕上，电子屏幕会显示出击球的运程和方向，从而达到与室外高尔夫球运动类似的效果。

（3）桑拿浴。桑拿浴是一种蒸汽浴，它是在室温较高的空房间里的蒸汽沐浴行为。沐浴者在这种享受之中，出一身汗，能起到恢复体力、缓和情绪、振奋精神和保持清洁等的作用。蒸汽浴室内为干、湿两种。

干蒸汽浴：干蒸汽浴又称芬兰浴，它的整个沐浴过程是坐着的，室内高温使人有一种身临热带骄阳之下的被干晒着、蒸发着身体水分的感觉。

湿蒸汽浴：湿蒸汽浴又称土耳其浴，它的整个沐浴过程需不断地朝散热器上加水，以使整个房间里湿度浓厚。沐浴者仿佛置身于热带雨林之中，在这个又湿又热的浴室里，沐浴者必会大汗淋漓。

（4）按摩。按摩就是通过专业按摩人员的手法或特定的器械设备，作用于人体体表的特定部位，以调节肌体的生理状况，从而起到消除疲劳、恢复体力、振奋精神，甚至达到一定的治疗效果的参与式消闲康体项目。现代康乐中的按摩越来越多地使用先进的高科技设备以达到更好的按摩效果。所以，按摩又可以分为人工按摩和设备按摩。

5. 娱乐项目的种类

娱乐项目是指经营部门为客人提供一定的环境设施和服务，由客人积极主动全身心投入并得到精神满足的活动。娱乐项目的种类如图5-3所示。

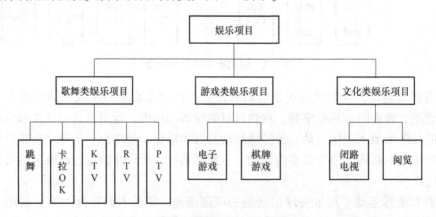

图5-3　娱乐项目的种类

（1）歌舞类娱乐项目。歌舞类娱乐项目就是客人在具有音响、舞台等条件的音乐气氛中，借助一定的效果唱歌或跳舞，从而放松精神，寻找回自我的娱乐项目。根据娱乐的方式可分为以下几类：跳舞，KTV，RTV（餐厅卡拉OK），PTV等。

（2）游戏类娱乐项目。游戏类娱乐项目是客人借助一定的环境，专门的游戏设备和用具，运用智力和技巧进行比赛或游戏而得到精神享受的娱乐项目。根据形式不同，该类游戏项目可分为电子游戏和棋牌游戏两大类。其中，棋牌游戏又可分为中国象棋、国际象棋、围棋、桥牌等几种。

（3）文化类娱乐项目。文化类娱乐项目是一项独特的娱乐项目，是客人通过画面、文字、亲自参与得到精神享受和获取知识的娱乐项目，包括影院、剧场、文艺晚会等。目前，受民众欢迎的文艺节目常被安排到舞厅、歌厅、酒吧、咖啡厅、茶座等处演出。

四、户外娱乐活动项目简介

（一）极限运动

极限运动是指人类在与自然的融合过程中，借助现代高科技手段，最大限度地发挥自我身心潜能，向自身挑战的娱乐体育运动。它除了追求竞技体育超越自我生理极限"更高、更快、更强"的精神外，更强调参与和勇敢精神，追求在跨越心理障碍时所获得的愉悦感和成就感，同时，它还体现了人类返璞归真、回归自然、保护环境的美好愿望，因此已被世界各国誉为"未来体育运动"。极限运动的项目许多都是近几十年刚诞生的、方兴未艾的体育项目，根据季节可分为夏季和冬季两大类，运动领域涉及"海、陆、空"多维空间。夏季极限运动主要比赛和表演项目有：难度攀岩、速度攀岩、空中滑板、高山滑翔、滑水、激流皮划艇、摩托艇、冲浪、水上摩托、蹦极跳、滑板（轮滑、小轮车）的U台跳跃赛和街区障碍赛等运动项目。

由于极限运动有其"融入自然（自然、环境、生态、健康）、挑战自我（积极、勇敢、愉悦、刺激）"的"天人合一"的特性，这使其在欧美各国的风靡程度简直可以用疯狂、魔力来形容。以滑水和滑板为例，仅在美国，滑水爱好者目前就有110万名之多，职业滑水队、表演队更是星罗棋布；而滑板运动的发烧友更是多达450万名之众。滑板天皇巨星托尼·霍克（Tony Hawker）和安迪·麦克唐纳（Andy Mcdonald）在许多年轻人眼中无疑是和乔丹（篮球运动员）、桑普拉斯（网球运动员）一样的超级偶像。

人类在自然的怀抱中创造了文明，文明却正在使人类远离自然。也许是人类在远离自然的文明世界中生活得太久了，在都市文明所带来的便捷中逐渐陷入了身心的慵懒之后，便开始渴望回归自然。按捺不住心情的都市新潮一族，首先渴望冲出都市文明的封锁，去和自然对话，还原人类作为大自然中一员的本色，表现人类最本质的能力。极限运动的兴起，正好满足了人类的这一需求。

极限运动的兴起，使人们逐步离开传统的体育场馆，走向荒野，纵情于山水之间，在大自然中寻求人类生存的本质意义。

（二）野外拓展训练

野外拓展训练是指在自然地域（山川湖海）、通过模拟探险活动进行的情景式心理训练，它利用奇、秀、峻、险的自然环境，通过独具匠心的设计，在参与者解决问题和应对挑战的活动过程中，使学员达到"磨炼意志、陶冶情操、完善自我、熔炼团队"的培训目标。其功能体现在两个方面：提高个体的环境适应与发展能力、提高组织的环境适应与发展能力。从某种意义上说，野外拓展的本质就是生存训练。

拓展训练的叫法源于英文outward-bound，原意为一艘小船离开安全的港湾，驶向波涛汹涌的大海，去迎接挑战。关于拓展活动的来源有一个故事，在第二次世界大战时，大西洋上有很多船只由于受到攻击而沉没，大批船员落水。由于海水冰冷，又远离大陆，绝大多数的船员不幸牺牲了，但仍有极少数人在经历了长时间的磨难后终于得以生还。当人们在了解了这些生还下来的人的情况后，发现了一个令人非常惊奇的事实：这些活下来的人不是人们想象的那样都是些身体强壮的小伙子，而大多数是些年老体弱的人。经过一段时间的调查研究和了解情况，专家们终于找到了这个问题的答案：这些人之所以能活下来，是因为他们有良好的心理素质。当他们遇到灾难的时候，首先想到的是：我一定要活下去，有一种强烈的求生欲望。而那些年轻的海员可能更多想到的是：这下我可能就完了，我不能活着回去了。

当时有个德国人库尔特·汉恩提议，利用一些自然条件和人工设施，让那些年轻的海员做一些具有心理挑战的活动和项目，以训练和提高他们的心理素质。其好友劳伦斯后在1942年成立了一所阿德伯威海上训练学校，以年轻海员为训练对象，这是拓展训练最早的一个雏形。

第二次世界大战以后，在英国出现了一种叫作 outward-bound 的管理培训，这种训练利用户外活动的形式，模拟真实管理情境，对管理者和企业家进行心理和管理两方面的培训。

由于拓展训练这种培训形式非常新颖且具有良好的培训效果，因此很快就风靡了整个欧洲的教育培训领域并在其后的半个世纪中发展到了全世界。

拓展训练主要由水上训练、场地训练、野外训练三部分组成。水上训练包括游泳、跳水、扎筏等；场地训练即在专门的训练场地上，利用各种训练设施进行攀岩、跟踪、下降等活动；野外培训主要包括：露营、登山攀岩、野外定向等，主要培养学员的户外生存技能。每项活动结束后，教员会引导学员进行回顾，以使学员能够将此次培训中的收获迁移至工作中，最终实现整体的培训目标。

拓展训练能使参训学员在以下方面有明显收益：①认识自身潜能，增强自信心，改善自身形象；②克服心理惰性，提升战胜困难的毅力；③调适身心状态，不浮躁，不颓废，更达观地面对工作与生活的挑战；④启发想象力与创造性，提高解决问题的能力；⑤改善人际关系，学会关心，更为融洽地与群体合作。

拓展训练能使参训单位在以下方面有明显收益：①进一步明确和认同组织目标，增强组织的凝聚力；②树立相互配合、相互支持的团队精神和整体意识；③改善人际关系，形成积极向上的组织气氛；④使员工在工作岗位上表现出更强的领导管理才能；⑤使组织面对各种变革与挑战，更为从容有序。

（三）蹦极

在西太平洋岛国瓦努阿图流传着这样一个故事。一位 Bunlap 部落的土族妇女为逃避丈夫的虐待而爬上了高高的可可树，用当地一种具有弹性的蔓藤牢牢绑住脚踝，她称要从树上跳下来，随后爬上来的愚蠢丈夫也说要跟着跳下去。柔嫩的蔓藤救了女人的命，而暴虐的丈夫则命丧黄泉。该部落为了纪念这位勇敢的妇女，将绑藤从高处跳下发展为一种风俗习惯。他们依山建起一座由树桩和蔓藤捆扎而成的二三十米的高塔，年轻的男子从上面俯冲而下，作为他们的成年礼，象征他们的成熟，并以此仪式向他们信奉的图腾祈愿部落的平安和丰收。

1979年4月1日，英国牛津大学冒险俱乐部成员从当地70多米高的克里夫顿桥上利用一根弹性绳索飞身跳下，拉开了现代蹦极运动的序幕。随后，这项极限运动风靡欧美和太平洋地区，数年前也被引入我国。

蹦极可以分为不同的类型：

（1）按地点分类大致可分为三种：①桥梁蹦极：在桥梁上伸出一个跳台，或在悬崖绝壁上伸出一个跳台；②塔式蹦极：在广场上建造一个斜塔，然后在塔上伸出一个跳台；③火箭蹦极：使人像火箭一样向上弹起，然后上下弹跃。

（2）按蹦极技巧和人数还可分为：①自由式——可碰水；②前滚翻、后滚翻；③单人跳、双人跳等。

近年来还出现了一种全新的飞天蹦极，吸引了众多爱好者。飞天蹦极俗称蹦极球，其外形像热气球，但下挂完全裸露在外的座椅，绑好安全带，再加上几个增重的沙袋，此时你只需双脚向地上一蹬，几秒钟后即可飞上数十米的高空，体会云中漫游的感觉。

蹦极不但可以使人完全感受自由落体的快感，更可享受反弹失重的乐趣。因此，蹦极除了需增加自身的勇气外，还需具备挑战自我的能力以及克服恐惧的能力！蹦极运动发展到现在，已有绑腰后跃式、绑腰前扑式、绑脚高空跳水式、绑脚后空翻式、绑背弹跳、双人跳等多种形式。

（四）匹特博运动

匹特博运动发展至今已有数十年，目前仍以团队比赛方式为主。团队比赛时，一般每队由 10~15 人组成；其中再以 5 人组成班，设班长、狙击手、侦察员、通信员等不同职责。比赛时还设裁判员 1~2 人，以控制及组织全场比赛。现在最普遍的比赛形式是"夺旗战""歼灭战""决斗"等。在比赛过程中，为了取得胜利，可采用组织、布阵、抑制和掩护、包抄、攻击、埋伏等战术。

有关详细内容如布阵、抑制和掩护、守卫、包抄、进攻、埋伏、进攻构筑物、夺旗、歼灭战、伏击战、独闯龙关、决斗、夺旗战、阻击战、摆擂台、交战规则等可参考相关网站上的介绍内容。

（五）攀岩

攀岩是从登山运动中派生出来的一项运动，是指人类运用自身原始的攀爬本能，借助各种装备作为安全保护，攀登峭壁、裂缝、海蚀岩、大圆石以及人工岩壁等。

攀岩是在悬崖峭壁上展现攀岩者过人身手的一项运动，攀岩者在攀岩时依靠双手双脚登抓岩面上突起的支点或裂缝，向上移动、攀登。这需要勇往直前的气魄和精湛的攀岩技巧，而且每个人必须发挥自身的全部力量，还要集耐力、柔韧性和平衡能力于一体，完成腾挪、穿越、引体向上、重心转移、支撑点转换等动作。

攀岩充分表达了人们要求回归自然、挑战自我的愿望。那在岩壁上稳如壁虎、矫若雄鹰的腾挪转移，韵律与力度中展露出的美能让所有的人由衷感慨"峭壁芭蕾"的魅力。参与攀岩，可让你在与峭壁的抗衡中学会坚强，在与大山的拥抱中感受宽容，在征服线路后体会山登绝顶我为峰的生命意境。

攀岩之所以成为现代都市的一项时尚运动，在于其精彩，更在于其背后蕴藏着丰富的人文内涵，那就是攀岩无论从心灵深处还是生活方式上都在深刻地改善攀岩者的身体和人格健康。在身体方面，有助于提高力量、速度、柔韧、灵巧、耐久等基本运动素质；在心理上，有助于提升形态、机能等生理素质基础上的意志、品质、调控力等心理素质；在人文方面，也有助于提高理性心态、协作精神、竞争勇气、创新意识等社会适应性方面的基本素养。

攀岩运动源自一个美丽的爱情故事：在欧洲阿尔卑斯山区悬崖峭壁的绝顶上，生长着一种珍奇的高山玫瑰。相传只要拥有这种玫瑰，就能获得美满的爱情。于是，勇敢的小伙子便争相攀岩，摘取花朵献给心爱的人。

攀岩运动起源于20世纪50年代初的欧洲，70年代成为国际性的比赛项目。从80年代开始，由于自然岩壁离我们越来越远，人们便在城市里开发出了人工岩壁，用于休闲运动及专业训练和比赛。从1989年开始，国际上每年都要举办一届"世界杯攀岩赛"和"世界攀岩锦标赛"。近年来，包括我国在内的国际登山联合会的60多个会员国也正在逐步成立区域性的"攀岩委员会"，统筹安排各地区的攀岩赛事。亚洲的第一届攀岩锦标赛是于1992年11月在韩国举行的，而我国则在1987年就举办了第一届全国攀岩比赛，至今已举办了数届。可以说，攀岩运动正在以不可阻挡的速度向前发展。

（六）潜水运动

潜水运动即潜水，法国、意大利等国家早在20世纪40年代就已发展起来。那时，这些国家成功研制出了空气潜水装置，它可以根据潜水深度和潜水者的要求，把储气瓶内的高压空气经自动供气装置进行调节后供潜水者呼吸使用，这类装置也是目前潜水的最佳装置。装备这样全套装置的潜水叫水肺潜水（scuba diving），通常简称为潜水。

目前，世界上较大的潜水组织有世界潜水联合会（CAMS）、国际潜水教练协会（NAUI）和职业潜水教练协会（PADI）。

潜水运动1975年正式传入我国，当时就将蹼泳（潜水的一种初级形式）列为运动会比赛项目，但这种运动形式走近寻常百姓甚至成为人们休闲生活的一部分，还是近几年的事。

潜水，需要特殊而又先进的装备。潜水装备有各种不同的颜色和设计，使得它们不但实用，而且美观漂亮。面镜、呼吸管、脚蹼、浮力调节器、气瓶、呼吸器、潜水服、仪表、配重等都是潜水时的常用装备。其中，面镜、呼吸管、脚蹼被称为潜水时的三宝。在水里看清事物，必须在眼睛的前方有一个空气介质，面镜就有这样的功能。呼吸管则可满足潜水者既可轻松地浮在水面上，又能呼吸观察水下的景物。脚蹼提供了强大的动力，使人在水中保持稳定，双手能从事其他工作。

在水肺潜水装具中，气瓶用于储存大量空气，填充压力一般为20MPa左右，呼吸调节器的设计是根据周围环境的压力面调节器的设计是根据周围环境的压力面调节出该深度所需的空气浓度。调节器包括两级减压装置，第一级连接气瓶头，先将瓶内的高压空气做第一次减压，经过中压软管输送到第二级减压部分，减到适合潜水者吸入的压力吸入体内。浮力调节系统是潜水技巧的重要环节。背心式浮力调节是最受欢迎的样式。

其他装具还有潜水服、配重系统、气压表、深度表、指北针、潜水电脑、潜水刀、照明灯等。

（七）野外生存

丛林探险、野外宿营、山地穿越、溯溪探源等，都是"野外生存俱乐部"的活动内容。每逢周末，便有一群群年轻人追随野外生存俱乐部的大旗，奔赴原野，在大自然中激扬生命、挥洒青春，挑战体能极限，在自然中显示生命的本真，远离都市喧嚣，到大自然中寻求心灵的宁静。

野外生存包里有睡袋、防潮垫、帐篷等，主要活动包括夜间行军、野外宿营、野餐、攀爬陡坡、篝火晚会等。野外生存带来的不仅仅是"挑战自我，超越极限"，而且使参加者认识了自己的内心，认清了自己在生活中的位置，重新思考人与自然、人与人间的关系。在崇山峻岭中沐浴大山的深幽、在同甘共苦中实践"帮助别人就是帮助自己"的集体主义精神。

（八）定向运动（PWT）

定向运动（定向越野）是一种以地图和指南针为向导，指引参加者在陌生地域或山林中自己选择行进方向、路线，最后到达预定目标的体育/旅游项目。定向运动起源于19世纪末的瑞典，100多年来，越来越多的人成为其爱好者，在阿尔卑斯崇山峻岭的腹地里，在密西西比河畔的丛林中，随时可见全副武装的发烧友。在发源地瑞典，定向运动更是无人不晓，如果说滑雪是北欧人冬天的首选运动项目，那么在夏天，定向越野就是受最多人喜爱的项目。甚至可以说，跟瑞典人交朋友，最好的话题就是定向越野。欧美人对这项运动的爱好，在它还没有正式形成之前就已有表露。《基督山伯爵》的主人公爱德蒙·唐泰斯，就是在一张破旧地图的帮助下，在基督山岛上找到了一笔巨额财富。

目前，负责这项运动的国际组织是国际定向越野联合会（International Orienteering Federation），包括我国在内共有48个成员方，每年组织大量国际性比赛。

现代文明充斥着高压力和快节奏，而定向越野正好给人们提供了一个重返大自然、享受大自然的机会，可以暂时摆脱一切烦恼，全身心地投入到大自然的怀抱，体验那种"外在樊笼里，复得返自然"的畅快感觉。这就是这一运动在世界范围内方兴未艾的主要原因。

我国定向越野的发展，比欧美地区晚了差不多一个世纪。但是经过几十年的发展，越来越多的国人也迷上了这项运动，我国定向越野的水平也不断提高。从全国范围来说，广州的定向越野历史最久，实力也较为雄厚，一些俱乐部，如丛林俱乐部等，会定期举办活动。而上海的定向越野群众基础最牢固，在许多学校里，定向越野已成为必修的体育科目。随着这项运动的普及和选手经验的丰富，定向越野将成为我国民众假日休闲的最佳选择之一。

（九）滑翔运动

很久以来，人类就想像鸟儿一样自由自在地飞翔，随着科技的进步和现代航空技术的发展，人类发明了各种航空器，滑翔伞就是其中一种。它因新奇、刺激、又没有太大的体力限制，所以在短短数年之间迅速风靡全球。今天，在世界各地，滑翔伞运动已拥有数十万名的爱好者。从它的英文名字 Para–Glider 上不难发现，飞行伞是降落伞与滑翔翼的结合，也就是，用高空方块伞改良成性能上接近滑翔翼的综合体；具体一点来说，就是有着降落伞外形的滑翔翼。

这项结合了冒险、挑战与休闲的空中运动最初是起源于阿尔卑斯山区，来自一群登山者的突发奇想。1978年，一位住在阿尔卑斯山麓沙木尼的法国登山家贝登用一顶高空方块伞从山腰起飞，成功地飞到山下。一项新奇的运动由此便形成了，并迅速在世界各地风行起来。该项运动独特的刺激性使其在欧美国家广泛普及，仅在欧洲，滑翔伞飞行者就有300多万人。

为适应飞行需要，确保安全，进行滑翔伞运动时还要携带救生伞并配备个人防护用品，如抗震性能卓越的专业头盔、可减少风阻并保暖防潮的飞行服、有护踝和防滑刺的专业伞靴、手套和护目镜等。

我国自1989年开展滑翔伞运动以来，该项运动在我国也已成为广大航空运动爱好者向往、追求和迷恋的体育运动。中国航空运动协会滑翔伞委员会正式注册的选手已达数百人，经常飞行的爱好者无法计数。全国已成立了数十个滑翔（航空）俱乐部，有千余人取得了由中国航空运动协会颁发的滑翔伞飞行员等级证书。其中，北京、河南、吉林、山东、陕西等地开展得比较活跃。

（十）卡丁车

卡丁车，即小型赛车，是世界流行的赛车运动之一，是培养职业赛车手的摇篮，众多著名的 F1 赛手，如塞纳、舒马赫、威廉纽夫、希尔、普罗斯特等，都是从卡丁车入门成为世界顶级车手的。同时，卡丁车也是一项极具魅力的户外休闲运动。这项流行于欧美的无车厢微型敞篷赛车，无减速风窗，能感觉到高于实际车速 2～3 倍的车速，尤其是能在弯道上产生 3～4 倍于重力的横向加速度的超速感应，让车手尽享追风逐电的快感。驾驶卡丁车奔驰在赛道上的那种紧张和心跳的刺激感，妙不可言，只能用心感受。卡丁车结构十分简单，由钢管式车架、转向系统脚蹬、油箱、传动链护罩、车手座位和防撞保险杠等组成。卡丁车操作简便，车手戴上防护头盔和手套，只需记住左脚刹车，右脚加油，方向盘是 1∶1 转向，即可驰骋赛场。卡丁车底盘很低，离地仅 4cm，跑道光滑平整，使车手有风驰电掣之感，再加上咆哮的轰鸣，能体会到平时所体会不到的乐趣。一旦滑出跑道，卡丁车便会自动熄火停止前进，不会翻车，保障了车手的安全。

驾驶卡丁车可以锻炼人的灵敏度，也有助于提升大脑、眼睛、手脚及身体其他部位的协调性，可谓锻炼勇敢精神的最佳选择，是一项有益健康的体育娱乐活动。卡丁车作为赛车运动中最经济的一种，具备所有赛车运动的基本内容，加上结构简单、操作灵活、费用低廉、安全性好，已成为适合大众化消费的赛车运动。每逢双休日，一些青年人便纷纷奔向卡丁车赛场，在蜿蜒起伏的赛车道上风驰电掣地过把瘾，成为都市时尚。

（十一）滑草项目

滑草，是一项新兴的全方位健身体育运动，在欧美、东亚等地非常流行。滑草者穿着履带式的滑草鞋或坐于单人或双人滑草车上，从草坡高处滑下，时疾时缓，起伏跌宕；有滑雪的乐趣而无滑雪的艰难，既符合新时代环保的理念，又具备新奇的特点，是一项老少皆宜的深受人们喜爱的休闲活动。

随着市场经济的蓬勃发展和人们生活水平的不断提高，崇尚体育运动、娱乐休闲已成为现代都市的一种生活时尚。滑草作为现今最流行、最时尚的户外休闲运动之一，对于国内各大都市热衷于此类娱乐运动的各界同仁来说，应是一项极具号召力和吸引力的投资项目，因此滑草场项目发展前景广阔，潜力巨大。

第八节　旅游购物业

一、旅游购物业及旅游购物品的概念

（一）旅游购物业

旅游购物业，广义上是指为旅游者提供在旅游目的地国家或地区购买各种物质产品的产业，狭义上是指提供旅游者在旅游活动中购买当地旅游购物品的产业。

（二）旅游购物品

旅游购物品，是指旅游者在旅游活动过程中所购买的以物质形态存在的实物，如旅游纪念品、工艺品、土特产品、日用品等。这些商品大部分在旅游结束后或留作纪念、欣赏或使用，或作为馈赠亲朋好友的礼品。因此，旅游商品从某种意义上可以说是旅游活动的扩展和延伸。旅游商品属非基本旅游产品，可挖掘的经济效益潜力巨大。

从旅游购物品的定义可以看出，旅游购物品和一般商品有所区别，它们之间最根本的区别在于购买的对象不同，即消费者不同。在旅游购物品消费中，旅游者是消费者，他们所选购的物品都具有旅游纪念品的属性；而对于一般商品的消费，其消费对象是一般消费者。

二、旅游购物品的类型及其作用

（一）旅游购物品的类型

旅游购物品的类型很多，范围广泛。根据我国旅游业的发展实际，旅游购物品的生产和供应以及旅游者的实际购买情况，旅游购物品大致可以分为以下几种类型：

1. 旅游日用消耗品

旅游日用消耗品主要是指那些实用性最为突出，便于旅游者进行旅游活动的商品，包括旅游者在旅游活动中所消费的主副食品，如富有特色、便于携带和食用的罐头、面包、饮料、水果、快餐食品等；还包括旅游者出于对旅游地的特点及气候等情况的考虑而必备的日常用品，如登山鞋、旅游衣、折叠伞、太阳镜、太阳帽、手杖、照相机、旅行包、旅行壶、药品、擦手纸等。

2. 土特产品

土特产品主要是指那些具有浓厚的地方特色，实用性和纪念性都很突出的旅游购物品，如药材补品、点心饮品、名烟名茶、山珍海味、干鲜果品、手工艺品、名优百货等。

3. 旅游纪念品

旅游纪念品主要是指那些纪念性和艺术性最显著、民族特色和地方特色最突出的旅游购物品，包括各种古玩等历史文物及其复制品，如不属国家禁止出口和买卖的古玩、文物仿制袖珍品、出土文物的复制品；还包括名目繁多、各具特色的工艺美术品（如水晶和玉石器件、象牙雕刻、铜铸、景泰蓝器皿、高级漆器件、精致的刺绣、特制的陶瓷等）和民间工艺美术品（如剪纸、泥塑、面塑、风筝、花灯、竹编器件、脸谱、面具、皮影等）。

（二）旅游购物品的作用

1. 增加外汇收入

旅游购物是旅游外汇收入的重要来源和组成部分，购买纪念品已是旅游活动中一项不可或缺的内容。旅游纪念品在我国旅游经济中有着突出的地位，在旅游者的旅游消费构成中占有较大的比重，并有逐年上升的趋势。近几年，我国旅游商品销售收入占我国旅游外汇收入的比重长期在20%左右。

2. 加快货币回笼

发展旅游购物品，可以增加旅游者的消费，促进货币的回笼。

3. 扩大就业机会

旅游购物品的生产企业主要是劳动密集型企业，旅游购物品的生产和销售都需要大量的劳动力。因此，旅游购物品的发展不但会增加旅游产业人员就业机会，而且会带动相关产业的发展，为相关产业提供较多的就业机会。

4. 带动相关产业

旅游购物品的发展应与当地的旅游资源和自然资源密切相关，旅游购物品的发展需要当地其他产业的密切配合，比如印刷业、纸制品（包装）以及食品业等产业。也可以说，旅游购物品的发展与其相关产业具有互动作用。

5. 促进传统手工艺的挖掘和地方经济的发展

为了满足旅游者追新求异的购买心理，旅游购物品商店、生产部门组织生产和销售具有地方特色的手工业产品。这些具有独特艺术风格和浓郁地方色彩的手工艺产品的生产与销售，既可满足旅游者的需求，又可挖掘传统的手工艺。随着旅游购物品商店的发展，购物品需求量的增加，必然会促进轻工、纺织、工艺美术品、中药材、土特产品生产的发展。

6. 传播了旅游目的地的形象

旅游购物品附带了旅游目的地的文化内涵，附带了旅游目的地的信息，通过旅游购物品的生产和销售，游客的购买和馈赠，旅游购物品所包含的旅游目的地的形象得以传播。

此外，有特色的旅游购物品还可能成为一种旅游吸引物，比如我国香港地区就是著名的购物天堂。

三、我国旅游购物的现状与展望

（一）我国海外旅游者购物发展现状

1. 总体发展持续增长

1979年以来，我国旅游购物外汇收入总额逐年增长，平均增长率为17.2%。但是自1987年以来，我国的旅游购物创汇比重呈逐年下降趋势，1994年达到历史低谷。近几年，我国旅游商品销售收入占我国旅游外汇收入的比重长期在20%水平上徘徊。

2. 入境旅游者在华购物花费分析

入境一日游游客购物比例远高于过夜旅游者。从发展趋势看，入境一日游游客的购物比例呈现出稳步上升趋势，而过夜旅游者的购物比例并不稳定，从旅游组织形式看，团体旅游者的购物比例普遍高于散客；从旅游业发展趋势来看，散客是未来旅游市场中的主流，因此，如何提高散客的购物比例，尤其是入境过夜散客的购物比例是摆在我们面前的大问题。

3. 旅游购物结构分析

我国旅游购物初步形成了以旅游纪念品、土特产品、实用工艺品等为主体的旅游购物结构，品种上基本改变了过去比较单调的局面，层次逐步显现。我国入境旅游者感兴趣的旅游商品主要是服装/丝绸、食品/茶叶和纪念品/工艺品等三大类。其中，入境旅游者对我国纪念品/工艺品的兴趣越来越大。

4. 旅游购物市场分析

在生产环节上，目前，我国的旅游商品生产总体上仍处在初步发展阶段。生产企业以中小厂家为主，大企业很少；生产旅游日常用品、工艺纪念品的多，生产大中型旅游装备的少；旅游商品的技术水平较低、文化含量不高、地方和民族独有特色不明显；旅游商品的设计、生产和销售各环节结合不紧密。

在销售环节上，海外旅游者在我国购物的场所正向多元化方向发展。海外旅游者在我国对购物场所的选择有了很大的变化，从主要选择综合商店及旅游定点商店购物变为主要选择宾馆商品部和免税店购物。其中，免税店作为国际游客重点集中的高档购物场所，在旅游购物业的发展中起着举足轻重的作用。1980年，我国的第一批免税店相继出现在北京、广州、上海机场隔离区以来，经过40多年的发展，2018年，全国免税销售收入为395亿元。

经国务院批准，决定自 2016 年 2 月 18 日起，增设和恢复口岸进境免税店，合理扩大免税品种，增加一定数量的免税购物额。具体来看，此次在广州白云、杭州萧山、成都双流、青岛流亭、南京禄口、深圳宝安、昆明长水、重庆江北、天津滨海、大连周水子、沈阳桃仙、西安咸阳和乌鲁木齐地窝堡等机场口岸，深圳福田、皇岗、沙头角、文锦渡口岸，珠海闸口口岸，黑河口岸等水陆口岸各设 1 家口岸进境免税店。

2019 年 5 月 17 日，国家财政部、商务部、文化和旅游部、海关总署、国家税务总局印发《口岸出境免税店管理暂行办法》，以规范管理口岸出境免税店。

（二）发展我国旅游购物的基本思路

旅游购物是我国旅游业走向集约化发展的战略选择，也是国家创汇的重要增长点。因此，应努力把它培育成继旅行社、饭店、交通之后旅游业的"第四个支柱产业"。

1. 发挥政府主导作用，优化旅游购物环境

完善旅游行政立法，制定旅游商品产业政策；进行旅游商品基础设施建设，引导投资走向，做好招商引资工作；组织指导旅游商品教育培训工作，提高从业人员素质；依法管理和规范旅游商品市场，营造良好的旅游购物环境；逐步扩大入境游客的旅游购物退税制；通过价格政策去影响需求；制定旅游商品市场开发战略，大力开展宣传促销工作。

2. 改善旅游商贸企业经营管理，提高产业竞争能力

加强旅游购物品全过程质量管理，包括商品设计阶段、制造阶段、流通阶段和使用阶段。提高旅游购物商店的经营能力，高度重视售货人员的引导作用，提高售货人员的素质和服务水平；要全面正确地认识旅游商品的特性、旅游者的购物心理与购买风险；注意改善商店的购物环境，将"商"与"旅"有机地融合起来。

3. 发展连锁经营，顺畅流通渠道

扩大连锁经营规模，提高经济效益；合理布局经营网点，建立现代配送中心；发展多种业态的连锁经营；提高规范化的程度和管理水平；加大培训力度，提高从业人员素质；以新型的商业流通组织形式和特色经营，同旅游景点（景区）合作，规范旅游商品销售渠道；建立合理的旅游商品销售网络。

【关键术语】

旅游业　旅游交通　旅游景区　风景名胜区　自然保护区　森林公园　国家公园

【问题及讨论】

1. 解释下列概念：旅游业，直接旅游企业劳动密集，旅行社，旅游批发经销商，旅游零售商，包价旅游，旅游产品，旅游景点。
2. 试析旅游业的概念。
3. 同制造业相比，旅游业有哪些基本特点？
4. 简述欧美国家和我国对旅行社的分类。
5. 简述第二次世界大战以后团体包价旅游迅速普及的原因。
6. 饭店等级评定标准所涉及的主要内容包括哪些方面？评定工作的主要原则有哪些？
7. 同独立自营的饭店相比，饭店连锁集团有哪些竞争优势？
8. 影响人们选择旅行方式的主要因素有哪些？

9. 列举并解释旅游产品的特点。

10. 简述旅游景区的概念、旅游景区的分类。

【参考文献】

[1] 社科院旅游研究中心. 旅游绿皮书：2018—2019 年中国旅游发展分析与预测［M］. 北京：社会科学文献出版社，2018.

[2] 李天元. 旅游学［M］. 北京：高等教育出版社，2002.

[3] 何光暐. 中国旅游业 50 年［M］. 北京：中国旅游出版社，1999.

[4] 国家旅游局人事劳动教育司. 旅游规划原理［M］. 北京：旅游教育出版社，1999.

[5] 赵黎明，黄安民. 旅游规划教程［M］. 天津：天津大学出版社，2003.

[6] 赵黎明，黄安民，张立明. 景区管理学［M］. 天津：南开大学出版社，2002.

[7] 万光铃，曲壮杰. 康乐经营与管理［M］. 沈阳：辽宁科学技术出版社，1996.

[8] 林南枝. 旅游市场学［M］. 天津：南开大学出版社，2000.

[9] 袁国宏. 我国旅游购物发展探讨［J］. 北京第二外国语学院学报，2004（1）：91-100.

【参考网站】

1. 中国旅游新闻网（www.ctnews.com.cn）

2. 国家统计局（www.stats.gov.cn）

3. 中华人民共和国住房和城乡建设部（www.mohurd.gov.cn）

4. 中华人民共和国文化和旅游部（www.mct.gov.cn）

5. 中华人民共和国自然资源部（www.mohurd.gov.cn）

6. 中华人民共和国水利部（www.mwr.gov.cn）

7. 国家林业和草原局（www.forestry.gov.cn）

8. 中华人民共和国生态环境部（www.mee.gov.cn）

9. 国家体育总局（www.sport.gov.cn）

10. 中华人民共和国交通运输部（www.mohurd.gov.cn）

11. 中国旅游协会（www.chinata.com.cn）

12. 中国旅游景区协会（www.chinataa.org）

13. 中国旅行社协会（cats.org.cn）

14. 中国旅游车船协会（www.ctaca.com）

15. 中国博物馆协会（www.chinamuseum.org.cn）

第六章 旅游产品与服务

【学习目的与要求】

了解旅游产品的概念、特点、类型；旅游产品的阶段模式；旅游产品创新开发方法、原则；旅游主题产品的策划；文创类衍生产品的研究与开发；旅游线路规划；了解本章学习和研究的基本参考文献和参考网站。

◆【主要内容框架】

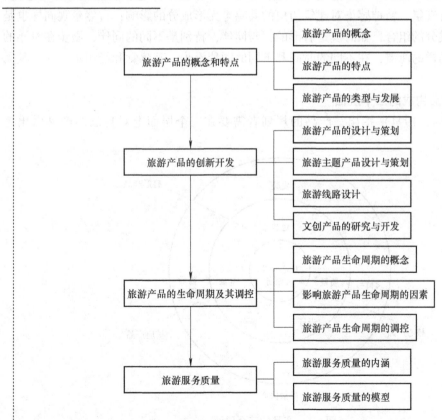

第一节 旅游产品的概念和特点

一、旅游产品的概念

(一) 旅游产品的概念

从旅游供给角度来看,旅游产品是凭借旅游资源和旅游设施向旅游者提供其在整个旅游活动过程中所需的全部服务,包括供给旅游者的一切吸引物及其他必需品,前者如娱乐活动、博物馆、风景点、节庆活动等,后者如食、住、交通、导游服务等。旅游产品可分解为三个核心要素:①旅游吸引物;②旅游交通;③旅游服务。其中,旅游吸引物的地位和作用是主要的,这是引发旅游需求和实现旅游目的的对象,而旅游交通和接待服务则是实现旅游目的的手段。

旅游产品是一种服务业的产品,目前人们已普遍认识到服务业的产品实际上是有形的制品和无形的服务的组合。因此,服务产品被称作为"制品服务组合"。"制品服务组合是以满足目标市场的需求为目的的有形产品与无形服务的组合"(Renaghan,1981)。

旅游产品即是一种有形产品与无形服务的组合,如像苏州乐园之类的主题公园,就是由游乐项目这样的有形成分和乘坐游乐项目产生的刺激、害怕等感受所组成的旅游产品;参观建筑物的乐趣不仅由于建筑物有形的建设样式、颜色、体量装饰、雕塑等对旅游者产生影响的具体特点,还有气氛、精神感染对建筑历史的共鸣等无形成分的影响;自然景观同样也是有形成分与无形成分的组合,如海滨是有形的,与同伴,特别是不同的同伴,漫步在海滩的浪漫是无形的,同样的海滩,在不同的时间和不同的同伴漫步,其感觉和经历不一样,其无形的成分不一样。

(二) 旅游产品构成的三个层面

科特勒(Kotler,1994)指出,产品的规划者需要在三个层面上对自己的产品做出考虑,如图6-1所示。

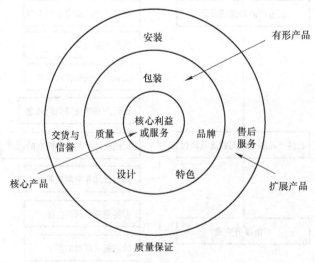

图6-1 产品的三个层面

核心产品是顾客购买的基本对象，它由对顾客核心利益的满足所构成，即购买者认为能够通过所购产品来满足个人所追求的核心利益。这里所指的利益常常是无形的，很大程度上是与主观意愿，如气氛、过程、松弛、便利等有关的。顾客所寻求的是能够解决他们的问题或满足他们的需求的产品，一般来说，顾客所要购买的是能给他们带来利益的产品。因而，是否有某种特征并不是顾客首要考虑的因素。

营销人员需要使核心产品有形化，使之成为有形产品，即一个能够满足顾客需求的实实在在的消费对象。有形产品应该具有五个特征：特色、品牌、质量、设计和包装。

扩展产品包括顾客可以得到的所有有形的和无形的附加服务和利益。扩展产品是"解决顾客的所有问题的组合产品"，甚至要把顾客还未想到的问题纳入其中（Lewis and Chambers, 1989）。

考特勒在提出这种模式时，明显考虑了制成品的特征，但经过修正也能适合旅游景区一类的服务产品。图6-2所示为主题公园的例子。

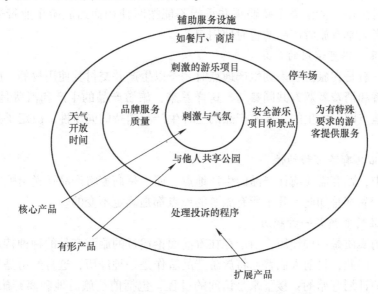

图6-2　旅游产品的三个层面（以主题公园为例）

考特勒的模式认为，扩展产品的所有成分都在生产者的控制范围之内，但对于旅游景区这样的服务产品来说，其中的一些因素仍是服务提供者所无法控制的，例如天气。这说明，扩展产品虽顾及了顾客利益，但仍会受到潜在的不利因素的影响。因此，在管理上就要设法化解不利因素。比如，户外旅游景区应为顾客提供雨具。

关于接待业产品问题，刘易斯和钱伯斯（Lewis and Chambers, 1989）对产品的三个层次有他们自己的看法。他们认为，产品应分为外观、核心和扩展三个层次。他们定义外观产品为顾客认定可购买的产品，实际上是顾客能够轻而易举地说清楚的产品。但是，事实是顾客的陈述可能无法反映他们购买产品的真正原因。顾客可能不想说出购买产品的真正意图，或者他们还没有意识到较深层的原因是什么。对于旅游景区产品来说，此种现象是很常见的。人们可能说，他们是为了消遣和享乐才游览旅游景区的，但所追求的核心利益可能是受更复杂的动机和需求驱使的。

二、旅游产品的特点

旅游产品通常具有以下特点：

1. 员工本身就是产品的一部分

员工的服务态度、行为举止和形象等会影响游客的旅游经历，从而严重影响游客对产品的看法。因此，生产和向顾客提供产品的员工本身就是产品的一部分。

2. 顾客参与产品的生产过程

旅游产品在某种程度上是按照顾客的具体要求来生产的。如不同年龄段的游客有不同的经历，故而对旅游产品的感知也不一样。游客对产品的看法与其本身的经历、知识水平、爱好等方面是相关的。

3. 旅游产品具有不可储存性

旅游者购买旅游产品后，旅游企业只是在规定的时间内交付了有关产品的使用权，一旦旅游者未能按时使用，他便需重新购买并承担不能按时使用而给旅游企业带来的损失。因此，旅游消费者只享有旅游产品的暂时使用权。

4. 旅游产品是不可试用的产品

旅游产品一般是在旅游者来到生产地点时才予以生产并交付其使用权的，服务活动的完成需要有生产者和消费者双方共同参与。这样看来，旅游产品的生产和消费是同时发生的，并且是在同一地点同时发生的，旅游产品的这种生产与消费的同步性，决定了其是不可试用的产品。

5. 旅游产品具有不可移动性

在旅游业中，顾客需要前往产品的生产地点，而不是商家将产品运送给顾客。一般的旅游产品和旅游产品都是如此，几乎所有旅游的地点都是确定不变的。

6. 旅游产品的实质是一种经历

旅游产品的实质是一种经历，由于存在着前面论述过的旅游产品的种种特点和与一般产品的不同之处，因此，目前人们普遍将旅游产品看作是一种经历，这种经历是从访问旅游地的打算和旅行的计划开始的；接下来是访问的过程，包括前往旅游地和离开旅游地的旅行，以及在旅游中的活动；最终，形成旅游的整体印象。对经历构成影响的因素有以下几项：

（1）产品的有形成分。主题公园中的有形成分包括游乐项目、商店、餐厅和旅游景区的整洁程度。

（2）提供服务的要素。这些要素包括员工的仪表仪容、态度、行为和能力。

（3）顾客的期望、行为和态度。

（4）旅游景区经营者和顾客都控制着的一些因素。如：在某一特定时间使用旅游景区的游客的构成，前往旅游景区的交通状况，以及天气情况等。

上述因素之间的关系很复杂，致使每位顾客的经历都不一样。

三、旅游产品的类型与发展

按照不同的划分标准，旅游产品可以分为不同的类型，在旅游学中比较常用的旅游产品分类主要是按照旅游活动的内容和旅游活动的动机，以及按照旅游产品的功能类型来划分的。

（一）旅游产品的类型

1. 按照旅游活动的内容和旅游活动的动机来划分

（1）文化旅游产品，如宗教朝觐游、寻根访祖游、探亲访友游、科学考察游、科普修学游、文物古迹游、民俗风情游。

（2）观光旅游产品，如山水风光游、农业观光游。

（3）度假旅游产品，如海滨度假游、避暑度假游、避寒度假游。

（4）康体健身旅游产品，如疗养健身游、体育健身游、军体探险游。

（5）商务公务旅游产品，如商务游、会务游、公务游。

（6）产业旅游产品，如工业旅游、农业旅游、商业旅游。

围绕某一旅游活动的主题也可以形成主题旅游产品（也称专项旅游产品），如：疗养度假旅游、生态旅游、森林旅游、草原旅游、沙漠旅游、农业旅游、河流旅游、海洋旅游、体育探险旅游、修学旅游、文化旅游、都市旅游、乡村旅游、娱乐旅游等。

还有以特殊的旅游活动内容而形成的特殊旅游产品，如空中观光旅游、攀岩旅游、漂流旅游、狩猎旅游、太空旅游等。

2. 按照旅游产品的功能类型划分

从旅游产品的功能来看，可以将其分为三个类型（见表6-1）。

表6-1 旅游产品的类型的划分

类型	项目内容	产品功能	举例
陈列式观光游览	自然资源风景名胜与人文历史遗迹	属于最基本的旅游形式，是旅游规模与特色的基础	深圳锦绣中华、世界之窗景区、黄山、泰山等
表演式展示	民俗风情与游乐	满足游客由"静"到"动"的多样化心理需求，通过旅游文化内涵的动态展示，吸引游客消费向纵深发展	深圳民俗文化村景区等
参与式娱乐与相关活动	亲身体验与游戏娱乐	满足游客的自主选择、投身其中的个性选择，是形成旅游品牌特色与吸引游客持久重复消费的重要方面	深圳欢乐谷景区等

（二）旅游产品发展的阶段模式

从旅游产品的发展阶段来看，旅游产品发展可分为三阶段模式（见表6-2）。

表6-2 旅游产品发展的三阶段模式

阶段	产品类型	主要特征	举例
第一阶段	人文自然景观型旅游	①以名胜古迹、自然山水景观为载体，具有明显的地域特色和局限性；②是早期旅游的主要形式并延续至今；③借助本地特色，开发成本较低	黄山、泰山、武夷山风景区、曲阜三孔景区等
第二阶段	人造景观型旅游	①对世界各地自然人文景点的移植荟萃，突破时空局限；②是目前旅游发展的主流；③主要借助大投入产生轰动效应，但人工痕迹明显难以产生持续的吸引力	河北正定大观园、深圳华侨城主题公园群

（续）

阶　　段	产品类型	主　要　特　征	举　　例
第三阶段	科技参与型旅游	①在旅游中引入高科技的休闲娱乐项目，强调游客的高度参与；②代表未来旅游发展的潮流和方向；③彻底突破时空局限，营造一个充满吸引力的崭新、虚拟的文化空间	苏州乐园景区、深圳华侨城欢乐谷景区

第二节　旅游产品的创新开发

一、旅游产品的设计与策划

（一）旅游产品设计与策划原则

旅游产品的设计与策划应遵循依托资源、面向市场、突出主题、注入文化、形成系列、塑造品牌的原则。

1. 依托资源

旅游产品的规划设计要充分依托本地资源，充分挖掘和利用资源优势。

2. 面向市场

旅游产品的规划设计要面向市场，在对市场进行充分研究的基础上，根据市场的结构和偏好设计出为市场喜闻乐见的旅游产品，如面向年轻人开发刺激的游乐项目、面向城市学生开发农业体验旅游项目。

3. 突出主题

旅游产品的规划设计要围绕某一主题，体现出鲜明的特色，这样才容易吸引目标客源。特色鲜明、主题突出的旅游产品便于形成规模化的旅游产品，提供专业化的服务、促进持续的品牌建设，获得永续的营销推广，从而引起市场的持续关注，产生较大的市场影响力。

4. 注入文化

一种文化的表现形式就是一种文化产品，如茶文化节是一种表现形式，而建造与茶文化相关的建筑物则是另一种表现形式。旅游产品的设计要注重文化的注入，要在整个旅游活动中的硬件和软件（设施和服务）中都体现出一种主题文化，要体现出人文关怀并富有人情味，要在旅游产品中营造出浓郁的文化氛围，体现出旅游产品的文化品位。因此，在旅游产品的设计中要透彻地分析地方特色，充分挖掘地方文化内涵，或根据旅游产品的主题注入相关的文化内涵，并对旅游产品进行文化包装。

文化注入包括三个方面：一是文化内涵的挖掘与丰富；二是注重文化的表现形式；三是注重过程的文化性，如消费活动细节、建筑小品、绿化小品等细节。

5. 形成系列

旅游产品的设计要依托地方旅游资源，面向市场设计出系列旅游产品。系列旅游产品要围绕旅游产品主题设计出系列化的旅游活动。如茶园中开展旅游活动，从喝茶（品茶、学茶艺）——吃茶（茶糖、茶菜）——茶浴——玩茶（听茶歌、赏茶具、看茶艺表演）。

6. 塑造品牌

目前，人们的消费以从实物消费进入到品牌消费的时代，品牌具有很强的心理定式，是一种购买导向，也是一种精神境界和心理享受。所以，旅游产品的设计要突出主题、注入文化，进行品牌建设和品牌塑造，实行品牌运营。2002年起，实景演出创始人梅帅元创造了山水实景演出形式并邀请著名导演张艺谋合作一起在中国桂林制作并实践了我国第一部山水实景演出《印象·刘三姐》，创造了一个全新的演出形式，此项目也成为我国文化产业重点项目。至2013年，《印象·刘三姐》仅门票收入就达到了3亿元。目前，桂林阳朔、河南开封、江西井冈山以及婺源、湖南张家界、山东泰山、四川都江堰、河北承德、湖北隆中以及恩施和咸宁、天津蓟县、浙江横店、三亚海棠湾等14个旅游地，均以"山水系列实景演出"为共同品牌文化旅游活动，对文化和演艺旅游市场和旅游目的地发展产生了积极的影响。

（二）旅游产品的开发过程

新开发旅游产品是满足旅游者需求、改变现行旅游产品的功能结构的基础。不断开发和推出新的旅游产品是旅游业适应社会转型、经济发展和人们休闲审美的过程，新产品开发涉及许多内外部因素，不仅受到区域经济、社会与环境发展的影响，还受到人们消费能力、消费意识和消费心理的满足程度等多方面的影响。新的旅游产品开发必须进行认真的创意策划。一般来说，旅游产品的开发要经过产品创意、识别创意、产品概念设计、产品开发和商业化运作五个阶段。

1. 产品创意阶段

旅游地或旅游企业开发新的旅游产品是从创意开始的。所谓创意，就是开发新产品的设想。这些设想往往来自于游客、旅游研究专业人士、竞争对手、旅行商、旅游景区的经营管理人员、旅游教育研究机构、旅游咨询业界和旅游市场推广机构等。一个好的创意能为产品的成功开发打下良好的基础。每一个创意都将为产品的开发创造机会，但并不是所有的创意都能开发为旅游产品。

2. 识别创意阶段

开发一个新产品之前，往往要收集大量的创意；在收集到足够多的创意之后，需要聘请有关专家或资深人士集中研讨，对这些创意加以评估鉴别，判断每一个创意转化为产品的可能性和可行性，并从中选择市场前景好的创意，这个过程就是创意的识别。识别创意的目的在于开发商拥有的有限资源能够集中到成功机会较大的创意上面。识别创意时，要重点考虑的问题一般是创意是否与未来旅游发展的宏观趋势和目标市场的有效需求相一致，是否与开发商的战略发展目标相一致等。

3. 产品概念设计阶段

在完成产品的创意识别过程之后，产品开发商还需要根据旅游者的需求将产品创意（product idea）进一步发展为产品概念（product concept）。产品概念是从旅游消费者的角度对产品创意所做的详尽的描述。如地处城市环城游憩带的某景区欲针对城市居民的游憩需求开发一个野营基地，这就属于旅游产品的创意。在具体开发"野营基地"这种旅游产品时，还需要进行野营基地产品的概念设计，如针对该基地的主要客源地的居民的游憩需求特征，具体地确定该类产品的旅游功能的开发、设施配置、环境背景景观的设计与改造、建筑风格、建筑规模以及组织管理模式的确定等，这些就属于产品的概念设计范畴。

4. 产品开发阶段

旅游产品开发是指将旅游产品的概念设计转化为旅游者可直接购买物质产品和旅游服务

的综合体的过程。旅游产品的开发主要依据资源条件、市场条件和区位条件等来进行。旅游资源的类型、品位、空间分布等直接决定了旅游产品的类型、层次和空间组合；市场条件引导产品开发的具体方式、规模、层次以及产品组合，同时市场状况也是旅游地动态调整旅游产品开发策略最重要的依据；旅游地与客源地之间的空间关系，以及公路、水路、铁路等对外交通网络等，都是影响旅游产品开发的重要区位因素。除遵循以上原则外，旅游产品的开发还将遵循资源—产品原则、市场—产品原则、可持续旅游原则和产品多样化与区域联合开发原则。根据优势资源确定每个地区可以选择的旅游产品类型，扬长避短，使旅游产品充分结合地方文化背景，从而实现资源的有效利用；市场—产品原则要求建立起"产品—市场—产品"的反馈机制，根据市场变化，即时调整产品开发策略，针对不同时期、不同目标市场开发不同的产品。可持续旅游原则要求在未来的旅游产品开发中，必须努力保持旅游地良好的生态环境，避免旅游产品的开发对自然环境和文化资源造成破坏；产品多样化与区域联合开发原则要求规划区内旅游产品的开发，应当尽可能地形成不同类型产品组成的多样化产品系列，增强整个区域的旅游吸引力，并形成区域旅游业的规模效应。

5. 商业化运作阶段

将新开发的旅游产品全面推向市场，接受旅游消费者的检验，根据消费者的反馈不断调整和完善旅游功能，使之适应快速变化的市场需求，并努力延长产品的生命周期的过程，即为产品的商业化运作阶段。在此阶段，开发商或旅游产品的经销商需要不断地围绕新产品进入市场的促销时间、目标市场、促销手段等进行决策，以确保产品进入市场的介绍期最短。

（三）旅游产品的创意策划方法

旅游产品的创意策划方法主要有以下几种：

1. 文化差异与文化认同法

从文化学的角度来看，旅游动机有两类，一是文化差异，二是文化认同。文化差异形成旅游吸引力，造成旅游动机。如异国情调与民族风情旅游项目、各种民俗节庆旅游活动等，吸引大量游客。文化认同是旅游动机追求一种文化认同，如寻根谒祖游等。

2. 典型集中法

有特色的项目、分散的项目经过包装与整合，形成规模较大、水平较高的旅游项目。还有大型节庆活动，也往往是整合、集中了地方文化旅游资源，然后加以包装再推出。

3. 逆向思维法

与旅游者一般的思维习惯逆向而行的策划方法即为逆向思维法。深圳野生动物园就运用了逆向思维法。人们所熟识的动物园一般为笼式动物园，动物在笼内，可称为封闭式动物园。而深圳野生动物园的动物不在笼内，而在笼外，人却在"笼"（车）中，成为开放式的动物园，从而成为我国较早运营的城市野生动物园。该项目不仅形式新奇，还向游客宣传了保护动物的理念。

4. 借鉴与引进法

旅游产品具有不可移动性，因此可根据市场需求借鉴和引进一些旅游项目，如城市和城市近郊的生态旅游项目。

5. 时空搜索法

时空搜索法是从空间轴和时间轴两个向量上搜寻与本地区位、市场及资源条件的最佳交叉点的方法。

在时间和空间两个轴上的极端方向的旅游项目往往能吸引更多的旅游者，如在时间轴上两大趋势：古和今，追求返朴归真的复古思想和追求高科技的发展思想目前在旅游界占据重要地位。民俗街区传统建筑的保护，农家乐旅游、农舍旅馆及现代高科技的游乐项目，均受到欢迎。

在空间轴上寻找的是空间差异性，如城市人下乡、农民进城、国人出境也是目前旅游发展的空间移动规律，要据此来策划一些旅游项目。如在城郊建立面向城市儿童和青少年的生态观光农园或体验农园，开展"当一天农民""当一天果农""当一天渔民"等活动，城市市民下乡，而农村儿童到城市游乐园旅游，农民进城购物游览，两个方向上就可以策划很多旅游项目。

二、旅游主题产品设计与策划

主题活动具有渲染娱乐气氛、促进游客参与、丰富游客经历、增强旅游亲和力和强化旅游产品的营销效果、形成市场冲击力、营造商业卖点、推广旅游形象等优越性，因此，旅游要根据旅游的性质开展旅游主题活动，策划四季旅游主题产品。

旅游活动主要包括有节庆活动、庆典活动、趣味活动、表演活动和综合性的主题旅游线路五大类。本部分内容主要以旅游节庆主题产品为例进行说明。

（一）节庆与会展在旅游发展中的作用

节庆和会展在旅游业中主要有以下作用：

1. 形成宣传热点

节庆活动和大型会展由于其影响大，常常产生轰动效应，因而能吸引媒体的关注。如在昆明世界园艺博览会期间，世界各地新闻媒体的报道不计其数。正是由于频繁举办节庆和会展活动，使举办地在各种新闻媒体上频繁出现，通过这些免费广告式的公关宣传，提高了举办地的知名度。

节庆和大型会展还是塑造自身形象的主要手段。为吸引国内外旅游者的关注，旅游目的地会以举办节庆和会展活动的方式来树立自己的形象。如昆明就通过世界园艺博览会在全世界树立了绿色和生态的旅游形象。

2. 增加地方旅游收入

举办节庆和会展活动能吸引大批旅游者光临，从而扩大旅游市场的规模，增加当地的旅游收入，如云南昆明举办世界园艺博览会期间，仅1999年7月份一个月，云南省就接待了海外游客2300万人次，旅游总收入115亿元，同比增长44%。2019年，为期一年的海南国际旅游消费年活动自启动以来，共举办节庆会展、体育赛事、文化演艺活动等各类活动超过500场，极大地带动了旅游消费，有力地推动了旅游和文化体育产业的融合发展。初步统计，2019年，海南全省共接待国内外游客8314万人次，同比增长9%。其中，接待入境游客142万人次，同比增长12.4%；实现旅游总收入1050亿元，同比增长11%；旅游产业增加值同比增长10%，文化产业增加值同比增长2%，体育产业增加值同比增长20%。

3. 带动旅游产业

节庆会展期间，代表从外地赶往举办地，要消费航空运输或是其他交通运输产品，在目的地要消费住宿产品，节庆会展期间往往还要参加旅行社组织的各种旅游活动；节庆会展还是会议中心、展览中心的主要业务对象，会议代表在当地餐饮、娱乐、购物、通信等方面的消费也十分可观。厦门市在每年9月举办的贸易洽谈会期间，全市的酒店客房都爆满。

（二）旅游节庆产品策划的原则

旅游节庆产品是一项影响面广、参与人数多、经济效益明显的旅游产品。同时，节庆还是塑造和推广旅游形象和旅游产品的有效手段，因而受到越来越多的重视，发展前景十分广阔。旅游节庆活动产品的设计应注意以下几个方面：

1. 主题突出

旅游节庆活动要有明确的主题，其主题还应体现出深刻的文化内涵，以便推广其主题旅游形象，节庆旅游产品还通过每年的逐步深入而走向深化。同时，节庆主题设计要与国家旅游局每年推出的旅游主题相联系。

2. 根植地方文化

旅游旅游节庆活动要根植地方文化，体现地方特色，才能使主题旅游活动具有生命力。同时，节庆活动可以结合我国丰富的节日和有关的国际节日甚至西方的"洋节日"，如我国的春节、劳动节、国庆节、儿童节和一些民族节日等，以及西方的圣诞节、情人节等。

3. 固定化和规范化

旅游节庆活动的固定化和规范化有利于旅游形象和节庆产品的持续建设和推广，有利于节庆产品品牌形象的持续建设和推广，并逐步固定化和规范化。

4. 运作商业化

旅游节庆活动应采用商业化的运作模式，可以采取拍卖的方式，由专业会展机构与赞助商来承办。

5. 规模化

旅游节庆活动前期的推广、组织要耗费一定的人力和物力，节庆活动有一定的规模才能产生规模效益。同时，节庆活动只有规模化才能产生较大的影响。旅游如能主办或承办一些全国性和地方性的节庆活动，则更具规模化和市场影响力。

（三）节庆活动的策划与设计

从旅游的角度来看，节庆的定义可归纳为五方面的内涵：①以特别的仪式为标志的庆典；②为纪念名人或著名事件；③为纪念作品、工艺类展览的文化事件；④地区性具有相当规模和影响力的交易会；⑤具有一定主题的地区性娱乐活动。

事件则是指历史上或社会上发生的不平常的大事。节庆事件往往在旅游区中扮演十分重要的角色，它本身就是一种旅游吸引物；它可延长旅游季节，扩大客源市场；它是旅游区形象的主要塑造者，是一些静态吸引物，如公共设施改造的催化剂；它对旅游区的宣传促销起着不可替代的作用。旅游区若把节庆事件和旅游区静态的服务、设施有机地结合起来，必定能成功地吸引游客，缩小季节差异，扩大旅游区的声誉。节庆事件的策划与实施包括以下程序：

1）建立区域相关节庆事件资源库，从多角度收集本地区旅游相关节庆事件，按名称、类型、规模、组织者、区位、季节、赞助者、主要活动、参与者人数及产生的影响等指标统一归档。

2）对节庆事件进行质与量、地区总体形象的贡献率等指标的系统分类效果评价。

3）筛选主题节庆事件并确定节庆的相关的组织者。

4）根据目标市场的构成及游客的兴趣，设计出相应的具体节庆产品（主题、内容、规模、地点、时间、程序等)。

5)制订相关政策和行动方案,即协助组织者制订防止消极影响的相关政策和具体实施行动方案计划,内容需涵盖贵宾(VIP)优先权、资金计划、行动日程、执行主体、效果评估。

三、旅游线路设计

(一)旅游线路的类型

旅游线路是旅游经营者或旅游组织向旅游者推销的产品。在时间上,它包括从旅游者接受旅游经营者或旅游管理机构的服务开始,直至结束旅游活动、脱离旅游经营者或旅游管理机构的服务为止;在内容上,则包括在这一过程中旅游者所利用和享受的一切,包括食、住、行、游、购、娱等各种旅游要素,是为旅游者旅游活动所提供的一切设施和服务的总和。

传统的旅游线路设计仅仅面向包价旅游(package tour),其中主要是团体包价(GIT)。随着包价旅游在旅游市场中所占比重的相对减少,旅游线路设计开始针对散客服务而推出散客小包价(FIT)。目前,旅行社或旅游信息中心为散客设计的旅游线路有两种形式:一是组合选择式线路,即对整个旅程设计有几种分段组合线路,游客可以自己选择和组合,并且在旅游中可以改变原有选择(分段);二是跳跃式线路,即旅行社提供的只是整个旅程中几小段线路或几大段线路的服务,其余皆由旅游者自己设计。随着信息化、网络化和旅游者消费个性化的发展,旅游线路的设计更加多样化、个性化和自助化。

旅游线路类型的划分主要是依据旅游过程、旅游目的、空间跨度、时间长短等几个方面来进行划分的,见表6-3。

表6-3 旅游线路类型的划分

划分依据	类 型	特 点
按旅游过程	1. 全程旅游线 2. 局部旅游线	全包价;适用于团体;传统形式 小报价;适用于散客;目前发展较快
按旅游目的	1. 观光旅游线 2. 度假旅游线路 3. 会议商贸旅游线路 4. 奖励旅游线 5. 探险旅游线 6. 专题旅游线 7. 研修旅游线	以游览景点异地风情为主;属基本层产品;每个景点停留时间短 以休假为主;属提高层产品;景点停留时间长 以公务活动为主;属提高层产品;消费高 由企业或政府组织;奖励特殊对象;消费高 青年为主;挑战自然极限;风险性大 围绕特定主题;活动专项化;属提高层 以研修为主;活动专业化;属提高层
按空间跨度	1. 国内旅游线 2. 区内旅游线	跨越国内省区;时间长;消费低 限于省区内部;时间短;消费低
按时间长短	1. 一日游旅游线 2. 二日旅游线 3. 三日游旅游线	①本地市场;②时间短;③消费低 ①周边市场;②有过夜消费 ①中远程市场;②时间较长;③消费较高

（二）旅游线路设计的原则

1. 主题特色原则

旅游线路的设计要突出主题、体现特色。主题突出、形象鲜明、富有特色的旅游线路会对旅游者具有较大的吸引力，因此，要充分挖掘区域内文化内涵，分析区域内旅游资源特色，面向市场推出主题旅游线路，才能形成区域内的拳头产品和特色品牌。

2. 面向市场原则

旅游线路的设计要面向市场，特别是主题旅游线路要面向不同的目标市场来进行设计，旅游活动中的食、住、行、游、购、娱等方面都要适应市场的需求。

3. 行程不重复原则

旅游线路应该组织为由一些旅游依托地和尽可能多的不同性质的旅游点串联而成的环形回路，以避免往返路途重复，有时表现为环形主线路上连接以重要旅游依托地作为中心的多个小环形支线和多条放射线。而作为长距离旅游，所经过的各个重要旅游依托地（或集散地）就是大环形路线上的节点，这些节点就成为小环形支线或多条放射中心。对此环形旅游线路，最受欢迎的是将主要购物地安排在最末一站，这样有利于旅游者大量采购各种物品而没有携带不便的麻烦。

4. 顺序与节奏原则

在旅游路线的设计中，必须充分考虑旅游者的心理和体力、精力状况，并据此安排其结构顺序与节奏，做到动静结合、快慢结合。同样的旅游项目，会因旅游路线的结构顺序与节奏的不同而产生不同的效果。一条旅游路线应如同一部艺术作品，历经序幕——发展——高潮——尾声，在条件许可时，旅游线路规划应尽可能体现出上述特点。

5. 开放性原则

旅游线路的设计中要遵循开放性原则，在完善区内旅游线路的同时，尽量设计出与区外旅游线路的接口，将区内旅游线路与更大区域背景下的区外旅游线路结合在一起，特别是要将区内旅游线路编入到临近区域中开发较早、发展比较成熟、有一定知名度的旅游线路当中去。

6. 内容的互补原则

旅游线路的设计既要体现旅游主题的内容，又要做到在旅游活动项目上的多样化，以丰富旅游者的旅游生活和旅游体验。

（三）旅游线路设计

旅游线路的设计要围绕为旅游者提供安全、舒适、愉快的旅游生活，来将旅游活动所必需的食、住、行、游、购、娱等旅游要素和旅游服务按时间组合起来，提供给旅游者进行选择。旅游线路的设计主要按旅游目的和旅游时间来进行编制，按旅游目的设计的旅游线路一般是设计成为专题旅游线，按时间跨度而设计的旅游线路往往也与专题旅游线路结合在一起来编制。

1. 专题旅游线

专题旅游线是将区域内有关某一主题的旅游景点串联在一起设计的专题旅游活动，这样设计能够充分利用和整合区域内的优势资源，体现出区域内的旅游特色，形成旅游规模，产生整体效果。专题旅游线特色突出、形象鲜明，有利于产品的形象推广和市场推广。同时，专题旅游线路也便于参与到区外的相关专题旅游线中。

专题旅游线路设计应包括以下内容：①旅游线路名称；②旅游活动范围；③旅游总体特色；④主要旅游景点；⑤旅游主题活动；⑥交通衔接；⑦其他。下面以"三国赤壁旅游线"为例简单看一下专题旅游线设计。

线路名称：三国赤壁旅游线。

推广线路名称：三国赤壁军事文化旅游线。

旅游活动范围：赤壁古战场景区→黄盖湖→沧湖→陆逊营寨。

旅游总体特色：引发思古之幽情的旷远的历史文化氛围，大江、山水格局所构成的天然军事体育场地。

主要旅游景点：赤壁古战场、黄盖湖、沧湖、陆逊营寨。

主题旅游活动：游陆水、观赤壁、进军营、听三国、学英雄、长智慧。

交通衔接：区外经长江子龙滩码头进入赤壁景区，也可由公路进入赤壁景区，通过江堤公路衔接赤壁与黄盖湖。

2. 按时间的长短编制的旅游线路

按时间的长短编制的旅游线路一般分为一日游、二日游、三日游等，此种类型的旅游线路一般要安排出每日的旅游行程和旅游活动，还可以将旅游时间和旅游专题结合在一起进行编制。

四、文创产品的研究与开发

文化创意产业是以创造力为核心的朝阳产业，"它以高于传统产业24倍的速度增长，已经成为众多发达国家或地区的支柱性产业"。文化创意产品的开发设计是文化创意产业发展的重要环节。

（一）相关概念

文化创意是以文化为元素，融合多元文化、整理相关学科、利用不同载体而构建的再造与创新的文化现象。

文化创意产业是指依靠创意人的智慧、技能和天赋，借助于高科技对文化资源进行创造与提升，通过知识产权的开发和运用，产生附加值高，具有创造财富和就业潜力的产业。

文化创意产品一般是以文化、创意理念为核心，是人的知识、智慧和灵感在特定行业的物化表现。所谓文化创意产品，就是其创意来自文化的产品设计，主要是透过文化器物本身所蕴含的文化因素，予以分析转化成设计要素，并运用设计为这文化因素寻求一个符合现代生活形态的新形式，并探求人们在其使用后在精神层面的满足。

（二）文化创意产品开发设计现状

近年来，国家大力扶持文化产业发展，出台了一系列规章制度及政策文件。博物馆丰富的文化资源使其具有发展文化产业的独特优势和基本条件。目前，大中型博物馆开始日益重视文化创意产品的开发与设计，也逐渐推出了一批文化创意产品的知名品牌，延伸拓展了博物馆的文化传播功能。然而，在取得可喜成绩的同时，仍然存在诸多问题。

1. 产品形式雷同

由于文化创意人才缺乏、理念滞后等因素，博物馆文化创意产品目前同质化问题比较严重，存在"千馆一面"的现象。

博物馆文化创意产品以典藏复仿品和创意纪念品居多。典藏复仿品是高精度复制、仿制馆藏文物的艺术品，因须忠于馆藏文物原貌，所以较好地保留了各馆特色。创意纪念品是提取馆藏文物元素进行适当的创意、衍化与加工，然后运用在各类产品上。目前，不同博物馆之间，创意纪念品的体现形式往往大同小异，甚至存在众多博物馆委托同一家公司制作同类、同款产品的现象，因此，除了博物馆标志有所区别外，功能、形状、颜色、材质等几乎没有变化，缺乏独创性，无法体现不同博物馆的地域差异和文化特色。

2. 产品档次分化

不同的观众往往具有不同的文化素养、消费水平和购物偏好，博物馆文化创意产品应注意满足不同层次观众的购物需求。目前，博物馆文化创意产品存在低价位产品和高价位产品两极分化严重的现象。低价位产品因成本受限，做工不够精致，种类不够丰富，个别博物馆的低价位产品混同于普通旅游纪念品，除印有馆徽和馆名外，没有引入馆藏文物元素，影响观众的购买积极性，同时给博物馆的形象也带来了负面效应。高价位产品通常是高精度复制、仿制馆藏文物的典藏复仿品，制作精细、价格昂贵，更适用于单位之间作为外事礼品相互馈赠，难以面向普通大众市场。

3. 产品难成系列

虽然近年来一些大中型博物馆日益重视文化创意产品，但大部分博物馆文化创意产品开发设计的整体规划意识依然较弱，产品和产品之间缺乏协同关联，产品和展览之间也缺乏统筹策划，较少配合陈列展览研发设计与展览主题吻合的文化创意产品。单个产品居多，系列产品较少，无法吸引二次消费，也不利于推广宣传，更难以对产品的主题元素进行深度与广度的挖掘。

（三）文化创意产品特征及分类

1. 文化创意产品特征

（1）高知识性、智能化。

（2）高附加值，产业价值链的高端环节。

（3）强融合性，较强的渗透性和辐射力。

（4）全面提升人民群众的文化素质。

2. 文化创意产品分类

（1）旅游纪念品，如文化礼品、办公用品、家居饰品、土特产品（酒、茶、药材等农副产品）。

（2）动漫游戏，如原创动漫、原创游戏。

（3）影视音像，如 DV 作品、歌曲创作、影视制作、音像制作、广告帖片。

（4）传媒出版，如报刊发行、图书出版、影视剧本、书稿交易、电子出版物。

（5）书画艺术，如国画、书画复制品书法、水彩画、油画、古籍碑帖、明信片、邮票。

（6）工艺美术，如民族工艺品、民俗用品、民间艺术品、首饰、雕塑、钱币卡、古家具、玉石器、陶瓷、刺绣、原料、金属（金、银、钢等）器件、砖雕、木雕、玻璃制品（饰件、摆件、挂件）、文物复制品、文房四宝。

（四）案例

1. 以中国国家博物馆的文创产品为例，进行文创产品设计（见表6-4）。

表 6-4 中国国家博物馆的文创产品设计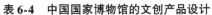

序 号	产品类型	具体产品举例
1	高仿精品	1. 陶瓷器 2. 青铜器 3. 书画类 …
2	贵金属	1. 纪念银条 2. 金银摆件 3. 金银吊坠 4. 金箔画 5. 纪念币 …
3	陶瓷器	1. 创意花瓶 2. 杯盘组 3. 创意餐具 4. 陶瓷饰件 …
4	图书音像	《复兴之路》 …
5	服装服饰	1. 首饰 2. 服装 3. 手表 4. 丝巾 5. 手包 …
6	创意邮品	1. 纪念邮折 2. 纪念卡 3. 明信片 …
7	文具	1. 便签本 2. 笔记本 3. 书签 …
8	琉璃制品	1. 摆件 2. 名片架 3. 饰品 …
9	电子用品	1. 鼠标套装 2. 电子音箱 3. 卡式 U 盘 …

(续)

序　号	产品类型	具体产品举例
10	生活随行	1. 徽章 2. 冰箱贴 3. 随行杯 4. 化妆镜 5. 幻彩包 6. 钥匙扣 7. 餐垫 8. 手机饰品 …

2. 故宫文创产品研发之路

作为一个拥有近600年历史的文化符号，故宫拥有众多皇宫建筑群、文物古迹，成为中国传统文化的典型象征。近年来，在文创产业带动下，故宫化身成为"网红"（见图6-4）。数据显示，故宫文创2013年增加文化创意产品195种，2014年增加文化创意产品265种，2015年增加文化创意产品813种。截至2016年年底，故宫文创产品共计9170种，销售额则从2013年的6亿元增长到2016年的近10亿元。而在2017年，故宫文创产品线下收入近1亿元，线上淘宝网店收入近5000万元。此外，故宫也有其他部门贡献文创产品收入，其全部文创产品的全年总收入达15亿元。

2013年，台北故宫推出一种创意纸胶带，在网络上走红。这让故宫博物院看到文创产品的庞大市场。其实，这并非故宫首次关注文创市场。故宫曾经也做文化产品，但都是将书画、瓷器等进行简单复制，很少有人买。

2008年，网店"故宫淘宝"就已上线，因价格高昂、质量一般，消费者并不买账。如何有针对性地研发出不同结构、不同层次、不同表达的文化创意产品？受到台北故宫启发，故宫博物院开始了新尝试（见图6-3）。

让文物藏品更好地融入人们日常生活中，发挥其文化价值，这是故宫追求的目标。由此，故宫开始举办故宫文化创意产品比赛，以此拓宽研发思路。2013年8月，故宫第一次面向公众征集文化产品创意，举办以"把故宫文化带回家"为主题的文创设计大赛。此后，"奉旨旅行"行李牌、"朕就是这样的汉子"折扇等各路"萌系"产品问世，使故宫变得年轻起来。

2014年，"故宫淘宝"微信公众号刊登了《雍正：感觉自己萌萌哒》一文，此文迅速成为故宫淘宝公众号第一篇"10万"爆文，雍正皇帝也借此成为当时的"网红"。同一年，故宫文创相继推出"朝珠耳机""奉旨旅行"腰牌卡、"朕就是这样的汉子"折扇等一系列产品。"朝珠耳机"还获得了"2014年中国最具人气的十大文创产品"第一名。

2015年，曾经作为清代皇城正门的端门被改造成端门数字博物馆，通过"数字宫廷原状"提供的沉浸式立体虚拟环境，游客既能"参观"许多以前不能踏入的宫殿，又能利用虚拟现实技术试穿帝后服装、欣赏宝物。

2018年5月18日，在故宫文创产品专卖店前，一款3D明信片自动售货机（见图6-3）格外引人注目。

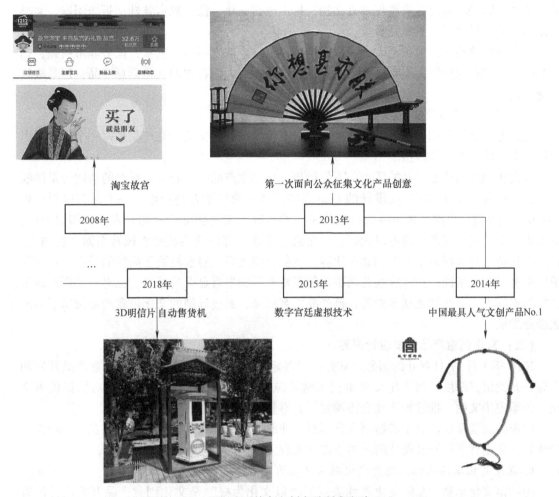

图 6-3 故宫文创产品研发之路

2018年5月25日,故宫文化创意产品国际综合展在比利时布鲁塞尔开幕,观众在故宫文创产品前纷纷驻足。

2019年1月25日,故宫文创快闪店现身上海南京路,游客在快闪店内挑选文创产品。

除了实体的文创产品,故宫在网络上也打开"宫门",故宫文化创意产品从"馆舍天地"走向"大千世界"。截至2018年年底,故宫先后上线了9款App,涉及故宫资讯、游戏和导览等众多内容,将专家研究成果与观众感兴趣的题材密切结合起来,并且把专家研究成果"翻译"成观众,特别是年轻观众乐于接受的形式,更加口语化,形象更亲和,不断拉近故宫博物院与广大观众的距离。

目前,故宫博物院拥有4家文创网络经营主体:2018年年底正式运营的"故宫博物院文化创意馆",售卖创意生活用品的故宫博物院文创旗舰店,主打年轻化的故宫淘宝店,以及更趋于大众化的故宫商城。4家经营主体面向社会不同人群,产品风格各有特色,实现差异化经营,共同塑造故宫文创的整体形象。

其中,故宫博物院文创旗舰店配合故宫博物院展览,做主题性的文化挖掘,研发了千里江山系列、清明上河图系列等产品,已积累193万多名粉丝;故宫淘宝产品萌趣而不失雅致，致力于以轻松时尚方式展现故宫文物、推广故宫文化，推出故宫娃娃、折扇团扇、文具用品等产品，目前拥有400万粉丝。

故宫博物院前院长单霁翔表示，故宫的藏品是一个取之不尽的宝藏，优势非常明显，拥有能够不断挖掘的资源，不断进行创意，不断创造一些人们喜欢的文化创意产品，这是故宫的绝对优势。

3. 台湾文创产品带动旅游景区发展

台湾地区是以文创为核心发展的地区，具有价值的旅游文化创意产品是每一个景区吸引游客，形成话题的必备妙招。

以文化创意为核心举办的活动，不仅销售文化创意产品，也制造了足够的话题为景区吸引游客。由荷兰设计师霍夫曼设计的18m高的黄色小鸭停泊在高雄港，一个月内吸引了近400万人次参观。台湾乡村旅游的特色就是注重品牌与文化创意产品的开发。比如说酒庄，像水果、稻米这些农产品都可以做酒，于是监管粮食的部门就会辅导农民转型做乡村酒庄，甚至会扶持这些乡村酒庄去参加酒业比赛。获得奖项之后，对乡村酒庄品牌的推广、宣传和销售都有巨大的帮助，同时这些营销事迹不仅对产品销量有显著的帮助，也对产品原产地的乡村影响巨大，最终越来越多的游客慕产品之名而来，通过远销的文化创意产品带动了当地旅游业发展。

（五）文化创意产品开发设计思路

2016年4月27日召开的国务院常务会议确定了推动文化文物单位文化创意产品开发的措施，并指出，深度挖掘文化文物单位馆藏资源，推动文化创意产品开发，对弘扬优秀文化、传承中华文明、推进经济社会协调发展具有重要意义。

国家的高度重视，对于博物馆文化创意产业既是机遇，又是挑战，更需要我们不断思考和优化文化创意产品开发设计的基本思路和实现路径。

1. 深度挖掘藏品内涵，提升文化创意产品的文化性

博物馆文化创意产品的文化属性决定了"以文化为根"是文化创意产品开发设计的首要原则，只有具有了基于馆藏文物和本馆特色的文化内涵，博物馆文化创意产品才能拥有真正的生命力，这是博物馆创意产品与一般创意产品的区别，也是各个博物馆产品之间的差异所在。深度挖掘馆藏文物的文化内涵，才能系统梳理馆藏优秀文化资源，并合理利用于博物馆文化创意产品开发设计，有效提升文化创意产品的文化性。

同时，博物馆具有收藏、保护并向公众展示人类活动和自然环境的见证物的职能，每一座博物馆收藏、保护、展示的历史遗存都具有相对独立的特征，是特定时期、特定区域、特定人群在政治军事、生活、礼制、民俗等方面的综合反映。因此，不同博物馆馆藏文物的器形、纹饰等都各具特征。深入挖掘藏品内涵，并基于不同藏品研发设计文化创意产品，才可以真正从根源上避免"千馆一面"的现象。

2. 广泛调研公众需求，注重文化创意产品的实用性

国家文物局在《关于贯彻执行〈博物馆条例〉的实施意见》中强调，"博物馆文化产品开发应立足藏品的生动元素，更加注重实用性，更多体现生活气息"。实用功能是产品最基本的功能，博物馆应注重对文化创意产品进行定位分析规划，以消费者的需求和体验为导向，开发设计兼具文化性与实用性的文化创意产品，才能真正得到市场与顾客的认同。同时要注重开发设计以同一个或同一组文物元素为设计基础的系列产品，通过产品之间的关联

性，实现文化创意产品实用性能的整体效应与连锁效应。

甘肃省博物馆蓝莲系列文化创意产品的开发设计思路值得推广和借鉴。该系列文化创意产品是根据甘肃省馆藏国宝级文物元代莲花玻璃托盏衍生创作的，产品设计师与藏品研究专家共同商讨后提取文物元素，经过巧妙设计，将文物元素应用于项链、戒指、丝巾、手包、雨伞、眼罩、杯垫、挂件、摆件、行李牌、钥匙扣、手机壳等一系列日常生活用品中，综合考虑了消费者年龄和性别、价位等要素，功能多样，受众多元。而且，该系列文化创意产品的风格、色彩、包装均统一设计、整体规划，在第九届杭州文博会上展出时反响强烈，进入市场后销量也极为可观。

3. 着力增强创新意识，突出文化创意产品的趣味性

博物馆文化创意产品作为馆内藏品与展品的衍生品，兼具藏品特征与创意特点，较之于严肃的藏品本身，更易于加深普通公众对藏品的了解和理解，是将馆藏文物价值最大化延伸的方式，可起到向公众传播文化、传承历史的作用。

开发设计博物馆文化创意产品时应注重将传承与创新有机结合起来，将藏品中提炼的具有代表性的元素，通过巧妙的构思运用到各式各样的文创产品上，比单纯地将文物器型放大或缩小的典藏复仿品更具趣味性和时尚性，更能激发公众了解文物知识的愿望和热情。

故宫博物院近年来逐步加大博物馆文化产品的研发力度，深度挖掘丰富的明清皇家文化元素，在文化创意产品的趣味性方面做了很多尝试。截至2015年年底，故宫博物院共计研发文化创意产品8683种，例如以"萌"为设计理念设计出的充满故宫元素的"宫廷娃娃"家族系列产品，以及以紫禁城内生活的流浪猫为创意设计的"故宫猫"系列产品，一经推出就受到了消费者的喜爱。这些博物馆文化创意产品都以更妙趣横生、更亲切的方式将馆藏内容展现给公众，优化公众的参观与选购体验，长效地保留了公众对博物馆的记忆。

（六）文化创意产品开发设计原则

从"食住行游购娱"到"商养学闲情奇"，旅游的升级换代随着社会物质生活水平的提高而不断加快，游客对于景区的文化内涵与文化体验需求也不断提升。设计感十足、独具特色、承载了景区文化内涵的特色文创商品逐步走俏，在游客心中占据了越来越重要的地位。一个优秀的文创产品，除了产品实用功能性，更重要的是其中蕴含的精神文化，能够带给人们生活的便利与文化的认同归属感。因而，景区文创产品设计也逐步成为景区营销重要的载体。

国内景区文创商品发展较慢，据数据统计，国内众多景区在旅游文化创意产品方面收入占比不到10%。如何在旅游文化创意产品方面发力，提升游客在景区的二次消费，为景区经济收入转型提供新的思路，成为当下景区发展中面临的一个重要问题。

1. 全盘布局

这几年，我国很多5A景区逐渐意识到旅游文化创意产品的重要性，但都是雷声大、雨点小，始终不见起色。原因其一就是将旅游文化创意产品简单归纳为单一部门、单一设计环节的工作。而事实上，旅游文化创意产品开发关键在于这是一个景区多部门协同作战的产业，从景区的角度必须要一把手主抓，充分调动景区的财力、渠道、销售、营销、地段等资源，才能为游客提供立体化的游览体验、情感体验，从而实现文化创意产品的变现转化。旅游文化创意产品的产业创新、文化变现、提升产品附加值并非设计单方面的任务，还涵盖文化新造、技术创新、营销模式创新、经营管理系统创新等，归根结底必须是景区一把手主

抓，上下一条心，景区跨部门整合协作。

2. 游客为中心，需求为导向

旅游文化创意产品开发的目的在于销售，要想卖得火爆，必须研究游客，谁买产品，谁就有发言权，从而决定产品的开发方向。

目前来看，旅游购物市场形势在变、消费者群体也在变，而景区旅游商品却一成不变：很多5A景区以销售传统工艺品为主，这些商品远远脱离了现代人的生活方式，类似且陈旧的设计形式难以让新一代消费人群买单。这些商品只能将其定义为旅游纪念品，而非真正意义的旅游文化创意产品。

旅游文化创意产品的开发最终还是要回归游客的潜在需求，只有需求与产品巧妙结合，做出游客一直想买却买不到的东西，这样的文化创意产品才有可能"爆红"。

3. 构建专属品牌形象系统

游客购物消费市场正在进入品牌消费的理性市场，品牌才是旅游文创发展的重大优势，品牌力才是5A景区文化创意产品的核心竞争力。

没有品牌的旅游文化创意产品，产品的增值空间很小，加上我国5A景区旅游购物市场尚未完全规范，品牌的信誉度迟迟提升不上去。

所以要提高品牌认知度、重塑良好的购物市场，5A景区需构建系统化的旅游文化创意产品品牌，以品牌的力量推动市场规范化、诚信化，同时为游客提供景区官方指定的旅游文化创意产品销售渠道。

4. 文化IP重塑及孵化

得IP[①]者得天下，景区旅游文化创意产品开发同样如此：忌讳传统的多主题、全品类的开发模式，小而美才是发展之道。从游客消费的心理角度来看，最希望买到的往往是景区最具地域文化特色并且在其他地方无法购买的商品。品种越多、主题越多意味着越缺乏特色，所以景区旅游文化创意产品的开发必须回归最核心的文化元素，这个文化元素需要具有广泛认知度及差异性，然后在此基础上进行景区的文化IP重塑。

IP重塑之后再逐步开发具有知识产权的多元化内容矩阵，从5A景区来说，利用IP元素进行文创衍生品系列开发，同时进行景区产品开发、景区游线开发、景区品牌重塑、景区住宿等等，实现从单一到多元的过程，让IP真正植入到景区的方方面面。只有IP传播得越广泛，与游客接触面越广，IP的价值也会越大。

一个优质超级IP将拥有海量的粉丝、众多的角色形象、精彩故事桥段。电影《魔兽》，从游戏到电影再到周边衍生品，所有直接使用《魔兽》中的元素的创作和商品，都是IP孵化。《魔兽》电影上映前，其衍生品在我国的销售就已经超过了1亿元，加上游戏死忠粉的后续贡献，《魔兽》的相关衍生品未来很有可能能突破5亿元！

5. 产品为王，单品引爆

产品为王是不变的丛林法则，旅游文创商品的开发同样如此。我国的很多景区都面临着不知道如何提取文化元素的问题，面对已有的文化元素，又不知如何与社会时尚的审美趣味同步；而等产品研发后，又没有后续的市场反馈和再升级，无法形成有影响力的文化创意产

[①] IP是英文Intellectual Property的缩写，意为知识产权，而在当代语境中，IP的概念泛化了，更多是指文学、音乐、戏剧、绘画、雕塑等作品的产品化、市场化。——编者注

品系列。

这正是"旅游商品文创化"存在的主要原因:如何让"文化"变现成市场买单的产品。好的旅游文化创意产品需兼备以下特性:文化性、故事性、趣味性、创新性、实用性。5A 景区旅游文创商品开始推出时,应先围绕景区核心的 IP 内容规划推出一个系列爆款产品或者必购产品,根据市场反馈再慢慢扩张畅销商品的产品线,一方面积累自主产品的设计经营经验,也可以借此降低过快发展自主产品产生的成本风险。形成文化 IP 为核心,创新单品引爆市场,横向延伸产品线的文化创意产品开发模式。

6. 主题空间,一站体验

旅游文化创意产品销售与传统零售最大的区别在于体验式购物,5A 景区店铺空间应注重景区文化与文化创意产品的融合,提升游客在精神层面的体验和感受,强调游客对景区历史、文化、生活的体验和参与感,让游客对景区的文化有全面的认识及认同感,如此才能提升游客对文创商品购买的转化率。

国内景区纪念品商店的顾客体验普遍较差,店铺与景区之间、游客与店铺之间互动性不强,考虑到游览体验的整体性,5A 景区旅游商品店铺空间应集最佳的地段、鲜明的主题性、文化的展示性、游客的参与性、商品的创新性于一体,这样才能充分调动游客的文化认同、情感认同,而后为之买单

第三节 旅游产品的生命周期及其调控

一、旅游产品生命周期的概念

旅游产品同其他产品一样都有一个产生、成长、成熟和衰退的过程,对这一过程的研究将有助于根据产品的不同发展阶段采用相应的策略,以延长旅游产品的生命周期。

产品的生命周期是指产品从正式投放市场开始,直到最后被市场淘汰、退出市场为止的全部过程,产品大体上经历了类似人类生命模式的周期性规律。旅游产品的这一规律成为旅游产品生命周期,产品的生命周期一般包括四个阶段,即投入期、成长期、成熟期和衰退期。

(1) 投入期(introduction stage)。也称作引入期或介绍期,是产品引入市场,销售缓慢增长的时期。

(2) 成长期(growth stage)。产品被市场迅速接受和利润大量增加的时期,生产和销售费用都有所下降。

(3) 成熟期(mature stage)。产品已被大多数的潜在购买者所接受,市场需求量渐趋饱和而造成销售增长趋缓的时期。

(4) 衰退期(decline stage)。产品销售下降的趋势日益增强且利润迅速减少的时期。

产品生命周期的各个阶段通常是以销售额、企业所获利润额的变化来衡量的。在大多数有关产品生命周期的讨论中,都把典型的产品销售历史描绘成 S 形曲线。图 6-4 为一典型的产品生命周期(product life cycle,PLC)曲线。

旅游产品的生命周期通常以接待游客人次或旅游收入来衡量,典型的旅游产品生命周期一般也被认为经历上述 4 个阶段。在有关旅游产品生命周期的研究中,研究重点多集中于旅

游地的生命周期上。一般来说，世界上接待规模较大的旅游目的地的生命周期也大体呈 S 形曲线，而接待规模较小的旅游地生命周期曲线则出现不规则变化状态。加拿大学者巴特勒（R. Butler）把旅游地生命周期划分为六个阶段：探索（exploration）、起步（involvement）、发展（development）、稳固（consolidation）、停滞（stagnation）、衰退（decline）或复兴（rejuvenation）阶段，并且引入了被广泛使用的"S"形曲线来加以描述（见图6-5）。他认为，旅游地衰落往往与接待量超过一定容量限制或过度商业化有关。

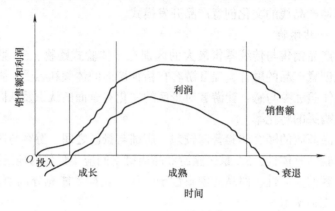

图6-4　产品生命周期曲线

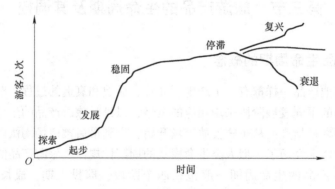

图6-5　旅游地生命周期曲线

（资料来源：R. W. Butlel. "The concep of a tourist area cycle of evolution：implications for management of resources", Canadian Geographer, vol. 24, 1980.）

任何一种产品包括旅游产品都有一个有限的生命过程，都会或早或晚地被市场所淘汰。了解旅游产品的生命周期，有助于旅游目的地或旅游企业针对处于不同生命周期阶段的旅游产品所具有的特点，做出相应的市场营销决策和及时进行产品的创新，促进旅游产品的更新换代；也有助于旅游目的地或旅游企业采取各种营销活动以延长旅游产品的生命周期，延缓衰退期的到来，使旅游地在激烈的市场竞争中立于不败之地。

二、影响旅游产品生命周期的因素

旅游产品在一般的情况下都要经过上述四个过程，但是由于旅游产品是一种综合性产品，其生命周期更易受到主、客观条件以及宏观、微观等各种因素的影响而出现各种变数。一种旅游产品的生命过程往往要受多种因素影响与制约，所以有时某些旅游产品甚至会出现各种非典型或非正常的变化现象，我们称之为产品生命周期的变异。如某种专项旅游产品作为时尚产品，生命周期可能只表现为快速成长和快速衰退两个阶段；某旅游目的地在成长阶段时可能由于自然灾害或战争等一些偶发因素，没有经过成熟期就直接进入衰退阶段；某饭店产品因管理混乱或选址错误，会在开张不久即倒闭退出市场；某旅行社经营的一条旅游线路在进入成熟期后，由于企业努力促销或大力改进产品，从而促使产品销量突发性地增长，在成熟期内又出现一个成长期，等等。影响旅游产品生命周期的因素主要有以下几个方面：

（1）旅游产品特色。特色产品对旅游者吸引力较大，否则产品的生命周期将会很短。

（2）旅游产品市场。旅游产品之间及其与其他产品之间，以及目的地或旅游企业之间的竞争状况会影响旅游产品的生命周期。

（3）旅游企业经营管理水平。旅游产品的生命周期可能会因为企业经营管理不善而缩短，也可能因为企业经营管理有方而延长。

（4）旅游政策。旅游目的国和客源国政府有关旅游的政策和技术环境的变化会影响旅游产品的生命周期，政府的支持可能延长旅游产品的生命周期。如2003年"非典"期间，我国就对旅游业采取了一系列的扶持政策，挽救了很多旅游企业。

（5）技术因素。技术的发展使网上虚拟旅游可能会对某些传统旅游线路和旅游景点形成一定的冲击。

（6）社会因素。社会价值观念的变化，导致社会时尚的变化，人们兴趣和爱好可能随之发生变化。

总之，影响旅游产品生命周期的因素很多，有些是可控的，有些是不可改变的。旅游业经营者应清楚地认识到这些影响因素及产品所处的生命周期阶段，以便有针对性地采取相应的策略，尽量缩短产品的投入期，延长成熟期，延缓衰退期的到来。

三、旅游产品生命周期的调控

旅游产品生命周期的调控主要是根据旅游产品生命周期的不同阶段的特点，采用相应的策略，尽量缩短产品的投入期，延长成熟期，延缓衰退期的到来，并不断开发新产品以适应旅游者日益变化的需要。旅游产品生命周期的调控主要方法如下：

1. 产品的升级换代

我国的旅游主题公园产品经历了人文自然景观型、人造景观型旅游阶段，并开始向科技参与型旅游阶段迈进。深圳华侨城集团根据主题公园产品的发展阶段先后投资建设了"锦绣中华"（1989年9月）、"民俗文化村"（1991年）、"世界之窗"（1994年6月）、"欢乐谷"（1998年10月），创造了中国主题公园的"华侨城"模式，遵循了旅游产品由静态欣赏到动态展示再到动态参与的主题公园发展路径，均大获成功。"锦绣中华"景区第一年接待游客超过300万人次，9个月就收回了1亿元的建设投资；"中国民俗文化村"首年入园人数超过400万人次，不到两年的时间就收回1.1亿元的投资；"世界之窗"首年接待入园游客再创新高，突破了500万人次，进入当年全球旅游主题公园年入园游客排行榜前15名。

2. 产品的创新

深圳华侨城集团主题公园群为了延长生命周期，提高游客的重游率，各个主题公园不断推出富有特色的旅游节目。世界之窗景区创作了"缤纷世界歌舞节"——经典艺术盛宴，环球舞台《创世纪》——巨作颂盛世，文明巨卷《跨世纪》——鸿篇绘辉煌；2003年，组织国际策划创作班底，在深圳华侨城欢乐谷景区创造了"欢乐水世界"——国内首个集声、光、电影、特效于一体的大型水上实景表演项目，首场公演即大获成功。因此，产品创新不仅可以延缓产品的生命周期，而且产品创新可以使旅游产品形成新的成长期。

3. 正确使用营销策略

在旅游产品生命周期的不同阶段选择不同的营销策略，如价格策略、促销策略、产品和销售渠道、重新进行形象定位、开拓新的客源市场等。

第四节 旅游服务质量

一、旅游服务质量的内涵

服务是指"为满足顾客的需要，供方和顾客之间接触的活动以及供方内部所产生的结果"。服务是以顾客为核心展开的。服务质量是指服务满足明确的或隐含需要的活动的特性的总和。服务质量的评判具有很强的主观性：在一定的环境和道德前提下，消费者根据自身的需要和期望来评判服务质量。

服务质量具有绝对性，无论生产哪种类型的产品都需要服务。

服务质量还有变动性，当顾客需求改变或提高以后，自身的服务质量应随之而改变或提高。

旅游服务对象是寻求愉快经历的游客，因此，旅游服务质量对旅游业的发展来说至关重要。旅游景区必须提供高质量的服务，通过采用严谨的策略和制度加强人员管理，来满足或超常满足现有的及潜在的内部和外部游客的要求和愿望。

旅游服务质量的提高，可以提供比竞争更多的价值，获得更多的市场份额，并可为旅游从业人员提供良好的发展和工作环境。

二、旅游服务质量的模型

1. 服务质量模型

芬兰市场学家格罗路斯（Gronroos）于1983年提出认知服务模式，认为认知服务质量受期望服务与认知两者的差距影响。

20世纪80年代中期到90年代初期，美国营销学家帕拉休拉曼（Parasuraman）、赞瑟姆（Zeithaml）和贝利（Berry）提出了如图6-7所示的"服务质量模型"。该模型主要展示，服务质量除了服务认识与服务结果外，尚应再包含服务的过程，必须消除五处差距才能达到令人满意的程序。

服务质量模型证明，当分析和计划服务质量时需要考虑哪些步骤；其次，探明了产生质量问题的可能根源。图中还显示出基本结构中不同因素间的五项差距，即所谓的质量差距。这些质量差距是由质量管理过程中的偏差造成的。而最终的差距，即期望的服务与所经历的服务之间的差距（图6-6中的差距5），是服务过程中发现的其他差距共同作用的结果。

2. 技术质量和功能质量

技术质量（technical qualify）简称QT，是指旅游企业提供什么给顾客（what），主要指旅游企业服务带给顾客的价值，包括所使用的设备和作业方法等技术层次内容。例如，景区为游客提供可供观赏的优美景观，可供游客使用的度假设施，餐馆为客人提供色、香、味俱佳的菜肴，酒店为客人提供干净卫生的床上用品等。技术质量（QT）的高低，在很大程度上决定了服务质量的高低。试想一下，如果您下榻一家酒店，服务人员个个笑脸迎人，但酒店的服务设施严重失修，水电不通，空调不能用，您会满意吗？

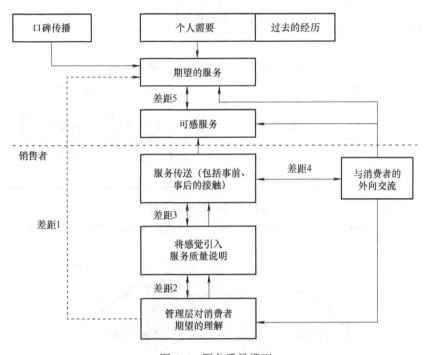

图6-6 服务质量模型

（资料来源：A. Parasuraman, A. Zeithamal&L. Berry. Aconeptual Model of service Quality and is complications for Future Research [J]. Journal of marketing, 1985, 49 (4), 41-50.）

功能质量（funetional quality）简称QF，就是给游客提供的服务要如何提供（how），也是顾客接受服务时的感觉，即顾客对服务的认知程度。例如，饭店服务人员上菜时的动作，旅游服务人员结账时的态度等。功能质量的好坏取决于客人的感觉，无论服务人员如何提供服务，客人的感觉总是"主观性"属多。因此，在功能质量中，主观的因素占据相当大的比例，功能质量的变数也相当大。

管理者必须加强景区服务的技术质量和功能质量，尽量缩短顾客期望和实际受到的服务之间的差距（见图6-7）。

3. "质量之轮"

哈佛商学院教授赫斯克特（Heskett）认为，服务质量的管理是服务绩效、员工和服务质量三者循环的整体。员工是影响服务的重要因素，服务质量又将直接影响绩效，绩效再反过来激励士气。图6-8中的"质量之轮"表明了三者的关系。

4. 服务质量环

质量环是从识别需要到评定这些需要是否得到满足的各阶段中，影响质量的相互作用活动的概念模式。ISO 9004-2中第5.4.2条提供了具有服务业特点的服务质量环。

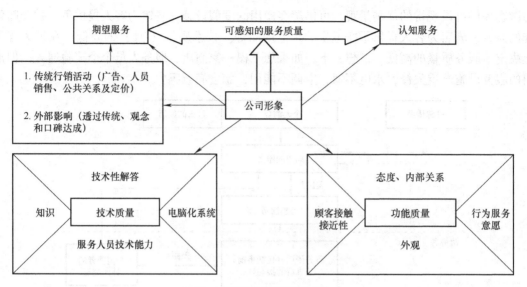

图 6-7 可感知的服务质量

(资料来源:Gronroos, Christian, "Strategic Management and Marketing in the service Sector", Marketing Seience Lnstitute, May 1983.)

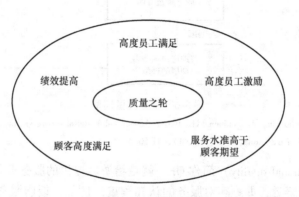

图 6-8 质量之轮

(资料来源:Heskett, James L. "Lessons in the Service sector". Harvard Business Review, Mar-Apr, 1987.)

【关键术语】

旅游产品　旅游节庆活动　旅游线路　产品的生命周期　旅游服务质量　文创产品

【问题及讨论】

1. 简述旅游产品发展的阶段模式。
2. 我国旅游产品的发展阶段正处在哪一个模式阶段?为什么?
3. 旅游产品设计的原则有哪些?
4. 简述文化创意产品开发设计思路。
5. 简述文化创意产品开发设计原则。
6. 节庆会展活动产品在区域旅游中的地位和作用。
7. 简述节庆活动策划的原则。

8. 简述旅游线路设计的原则。
9. 简述旅游产品的特点。
10. 简述旅游产品的生命周期,谈谈旅游产品各生命周期的特点及旅游产品生命周期的调控。

【参考文献】

[1] 张广瑞,魏小安,刘德谦. 2001—2003 年中国旅游发展:分析与预测 [M]. 北京:社会科学文献出版社,2003.
[2] 李天元. 旅游学 [M]. 北京:高等教育出版社,2002.
[3] 何光暐. 中国旅游业 50 年 [M]. 北京:中国旅游出版社,1999.
[4] 国家旅游局人事劳动教育司. 旅游规划原理 [M]. 北京旅游教育出版社,1999.
[5] 赵黎明,黄安民. 旅游规划教程 [M]. 北京:科学出版社,2005.
[6] 赵黎明,黄安民,张立明. 景区管理学 [M]. 天津:南开大学出版社,2002.
[7] 林南枝. 旅游市场学 [M]. 天津:南开大学出版社,2000.

【参考网站】

1. 中华人民共和国文化和旅游部(www.mct.gov.cn)
2. 中国旅游新闻网(www.ctnews.com.cn)

第七章 旅游市场

【学习目的与要求】

通过本章的学习，掌握旅游市场的概念以及对旅游市场细分的原因、意义和常用的划分标准；熟悉国际旅游客源及客流的地理分布格局，并能据以分析国际旅游客流的主要流动规律；在了解我国旅游业海外客源市场状况的基础上，熟悉选择海外客源市场时应重点考虑的因素，并能够分析和认识我国旅游业在国际客源市场竞争中存在的问题；了解本章学习和研究的基本参考文献和参考网站。

◆【主要内容框架】

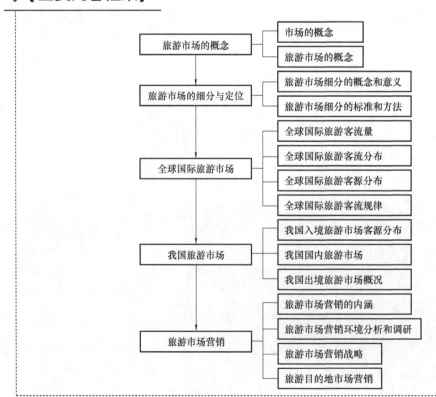

第一节　旅游市场的概念

一、市场的概念

对于市场一词的概念，不同的学科和不同的学者有多种不同的解释。通常有以下几种：

（1）市场是商品买卖的场所。

（2）市场是商品交换关系的总和，是不同的生产资料所有者之间经济关系的体现，它反映了社会生产和社会需求之间、商品供求量和有支付能力的需求之间、生产者和消费者之间及国民经济各部门之间的关系。

（3）市场是在一定的时间、地点以及在一定的人群或企业之间决定商品交易数量与性质的条件。这种条件包括：可供商品量（或可供的服务能力）、对可供商品的需求、价格，以及有政府或其他组织机构参与的管理。

（4）市场是指某一特定产品的经常购买者或潜在购买者。

（5）市场是指具有某些相同特点，被认为是某些特定产品的潜在购买者的人群或企业。

在实际的工作中，市场的概念有广义和狭义之分，广义的市场包括供给市场和需求市场，即我们通常称之的"卖方市场"和"买方市场"，供给市场即为产品市场，需求市场即为消费者市场。

二、旅游市场的概念

旅游业中的市场概念通常是指上述"市场"概念中的第（4）种和第（5）种解释，即旅游市场是旅游产品的经常购买者和潜在购买者而形成的群体。实际上，这一解释是指旅游需求市场。

广义上的旅游市场包括旅游供给市场和旅游需求市场，旅游供给市场即为旅游产品构成旅游产品市场，需求市场即为旅游者市场或消费者市场，在旅游学中通称为旅游客源市场。

狭义的旅游市场是指旅游客源市场。目前，我国旅游理论、旅游统计和旅游开发实践中所说的旅游市场主要是指旅游客源市场。

在我国的旅游统计和旅游市场开发工作中，旅游市场包括入境旅游市场、出境旅游市场和国内旅游市场三个方面。

随着我国市场经济的发展，旅游发展必须要面向市场，以市场为导向。旅游客源市场的偏好、结构、规模及旅游客源市场运动的规律等，决定了区域旅游发展的方向与发展的规模。

第二节　旅游市场的细分与定位

一、旅游市场细分的概念和意义

（一）旅游市场细分的概念

所谓旅游市场细分，是指从旅游消费者的需求差异出发，根据旅游消费者消费行为的差异性，将整个的旅游市场划分为具有类似性的若干不同的消费群体——子市场，并据此选择具有发展潜力的子市场作为旅游业发展的目标市场的过程。

（二）旅游市场细分的意义

对旅游市场进行细分的意义在于以下几个方面：

（1）通过市场细分，有利于旅游企业发现市场机会，制定正确的市场营销战略。

（2）通过市场细分，有利于旅游企业正确地选择目标市场和正确地进行市场定位。

（3）通过市场细分，旅游企业可了解到不同的旅游消费群体有哪些消费特点，其中哪些得到了满足，满足得如何，以及哪些还未得到满足或充分满足，那些没有得到满足或充分满足的部分就是旅游企业的市场机会。

二、旅游市场细分的标准和方法

（一）旅游市场的细分标准

对旅游市场的细分主要是根据旅游者的人口社会经济学特征和旅游者的需求特性的差异来进行的，造成旅游者消费特性差异的主要因素和消费差异的特征就是旅游客源市场细分的标准。

从定性的角度来讲，影响旅游者消费需求的因素主要有四大类，即地理环境、人口特征、心理因素和消费行为。

1. 地理环境细分

地理环境细分就是按照旅游消费者所在的地理位置作为细分市场的基础，然后选择其中一个或几个作为目标市场。

2. 人口特征细分

人口特征细分就是按照人口的特征（如年龄、性别、家庭人数、收入、职业、教育、宗教、种族、民族等）来细分市场。人口特征向来是细分市场的重要基础，旅游者的消费欲望、兴趣爱好和旅游出游率往往和人口特征有因果关系。

3. 心理因素细分

心理因素细分就是按照旅游者的个性、兴趣、爱好等心理因素来划分市场。旅游消费者的消费欲望与需求往往受到个性和生活方式的影响。

4. 消费行为细分

消费行为细分就是按照旅游者出游时间、旅游动机、旅游频率、旅游后的感受等行为来细分市场。

（二）旅游市场细分的常用方法

细分主要是根据对旅游市场现状进行分析的结果，选择有代表性的细分标准，通过经验和判断，将旅游市场分成不同的、具有一定规模和代表性的子市场。旅游市场细分要选取一定的指标或变量来进行划分（见表7-1）。

1）旅游者的人口社会经济学特征来划分。首先应从旅游者的人口社会经济学特征来划分，旅游分析中应考虑的社会经济变量及其测定。

2）根据旅游者的出游目的、旅行方式、旅行时间和旅行距离可进行出游中的旅游市场细分。

3）将旅游者的社会经济背景与其出游偏好选择特征结合在一起细分旅游市场。在旅游市场学中常用的细分市场类型主要是根据游客出游目的类型和空间区域来细分旅游市场。

表 7-1　旅游市场细分术语大系

细分因子		细分亚标准	细分类型	优　　点
按社会经济变量分	性别	性别细分法	男性市场、女性市场	便于展开针对性服务
	年龄	年龄细分法	学龄市场、青年市场、中年市场、老年市场等	便于研究消费结构
	教育程度	受教育水平	初中以下、高中（含中专）、大学（含大专）、研究生及以上	便于研究消费结构
	收入	收入细分法	白领市场、蓝领市场	便于研究消费结构
	职业	职业细分法	公务旅游、商务旅游、职业旅游、农民旅游、学生团体旅游	便于研究消费结构
	家庭结构	家庭结构细分法	情侣市场、蜜月旅游市场、老年市场等	便于展于针对性服务
按地理分	常住地	区域细分法	欧洲市场、亚洲市场、东北市场、华南市场	便于研究促销地、旅行社定点
	城市规模	距离细分法	近时距市场、中时距市场	便于研究时间、费用的支付能力
	气候 人口密度	气候细分法	避暑市场、避寒市场、冬季（滑雪）市场、夏季（游泳）市场	便于研究季节人流特征
按心理分	性格	心理需求法	安逸者市场、冒险者市场、廉价购买者市场	便于安排项目内容
	习惯 价值观	生活方式法	基本需求者、自我完善者、开拓扩张者市场	便于探索"满意经历"的内在机理
按消费行为分	消费动机 频率	旅游目的法	度假市场、观光市场、会议商务市场、福利旅游、教育旅游、探亲访友旅游市场	便于研究供给布局
	消费时间	时间细分法	淡旺季市场、黄金周市场	便于研究供需平衡
	品牌信赖度	组织方式法	组团旅游市场、散客旅游市场	安排组织工作
	消费水平 广告敏感度	价格敏感度法	豪华型旅游、工薪层旅游、节俭型旅游、温和型旅游市场	便于研究价格策略
	服务敏感度 价格敏感度	频率分类法	随机性、选择性、重复性市场	便于安排促销重点

第三节　全球国际旅游市场

一、全球国际旅游客流量

自第二次世界大战结束以来，随着世界经济的发展、人们生活水平的提高和闲暇时间的增多，旅游业在全世界范围内得到了空前的发展。全世界的旅游客流总量（包括国际旅游和国内旅游）逐年增长，呈现出持续上升的趋势。根据世界旅游组织的有关统计数据，从1950年到2019年的半个世纪内，全世界国际旅游客流量增长了将近58倍，国际旅游收入总量增长了将近704倍（见表7-2）。

表7-2　1950—2019年全世界国际旅游人次和收入

年　份	旅游人次（百万）	旅游收入（十亿美元）	年　份	旅游人次（百万）	旅游收入（十亿美元）
1950	25.282	2.10	1998	609.00	460.00
1960	69.296	6.867	1999	633.00	478.00
1965	112.729	11.604	2000	674.00	496.00
1975	214.357	40.702	2001	675.00	485.00
1980	277.00	104.00	2002	695.00	506.00
1981	277.00	108.00	2003	692.00	554.00
1982	277.00	105.00	2004	757.00	657.00
1983	281.00	104.00	2005	810.00	707.00
1984	305.00	113.00	2006	856.00	773.00
1985	318.00	120.00	2007	915.00	892.00
1986	328.00	148.00	2008	934.00	988.00
1987	358.00	181.00	2009	897.00	901.00
1988	384.00	208.00	2010	956.00	979.00
1989	409.00	227.00	2011	1002.00	1096.00
1990	438.00	271.00	2012	1049.00	1132.00
1991	435.00	285.00	2013	1102.00	1220.00
1992	474.00	329.00	2014	1147.00	1281.00
1993	488.00	334.00	2015	1202.00	1223.00
1994	510.00	364.00	2016	1244.00	1250.00
1995	531.00	416.00	2017	1333.00	1347.31
1996	567.00	450.00	2018	1409.00	1457.00
1997	593.00	451.00	2019	1460.00	1479.00

二、全球国际旅游客流分布

全球国际旅游客流分布是指国际旅游客流流向的空间分布，即是国际旅游目的地的空间分布，用以显示国际旅游客流主要流向了哪些旅游接待地区或国家。

通过考察在国际旅游接待量和国际旅游收入方面位居世界前列的国家和地区，可以看出全球国际旅游客流的空间分布。

1. 国际旅游接待量

根据世界旅游组织对2019年世界国际旅游客流的有关统计数据，全球国际旅客到访达到14.6亿人次，全球国际旅游收入同比实际增长2.6%（除出汇率波动和通胀因素），达到1.479万亿美元，相比上一年同期增长约220亿美元；全球国际旅客人数同比增长了4%。接待量（不包含国际一日游接待量）方面，法国、美国、中国、意大利、希腊等国一直位居前列（见表7-3）。

表7-3　2018—2019年世界15大国际旅游接待国和地区

国家和地区	国际旅游接待量（百万人次）				2019年增长率（%）	2019年占世界份额（%）
	2018年	排名	2019年	排名		
法国	89.4	1	—	1	—	—
西班牙	82.8	2	83.7	2	1.1	5.7
美国	79.7	3	79.3	3	-0.5	5.4
中国	62.9	4	65.7	4	4.5	4.5
意大利	61.6	5	64.5	5	4.7	4.4
土耳其	45.8	6	51.2	6	11.8	3.5
墨西哥	41.3	7	45.0	7	9	3.1
泰国	38.2	9	39.8	8	4.2	2.7
德国	38.9	8	39.6	9	1.8	2.7
英国	36.3	10	37.5	10	3.3	2.6
日本	31.2	11	32.2	11	3.2	2.2
奥地利	30.8	12	31.9	12	3.6	2.2
希腊	30.1	13	31.3	13	4	2.1
马来西亚	25.8	15	26.1	14	1.2	1.8
俄罗斯	24.6	16	24.4	15	-0.8	1.7

从上述统计数据中，我们不难发现：

一些国家和地区虽然在个别年份不在前15位之列，但同样一直位列于世界国际旅游接待国（地区）的前15位之内。在这15个国际旅游主要接待国和地区中，有9个属于欧洲地区，2个属于美洲地区，4个属于亚洲地区。

2. 国际旅游收入的空间分布

在国际旅游收入方面，稳居世界居前15位的国家和地区主要有美国、西班牙、法国、泰国、英国、意大利、日本、澳大利亚、德国、中国澳门、中国内地、印度、土耳其、中国香港和加拿大。在上述国家和地区中，属于欧美地区的有8个，属于亚太地区的有7个。从世界5大旅游区的角度来进一步观察，我们就不难发现全世界国际旅游接待量和国际旅游收入的基本分布格局（见表7-4至表7-6）。

表 7-4 2018—2019 年国际旅游收入前 15 名国家和地区

国家和地区	2018 年 国际旅游收入（十亿美元）	排名	2019 年 国际旅游收入（十亿美元）	排名	增长率（%）	2019 年占全球份额（%）
美国	214.7	1	214.1	1	-0.3	14.5
西班牙	81.5	2	79.7	2	-2.2	5.4
法国	66.0	3	63.8	3	-3.3	4.3
泰国	56.4	4	60.5	4	7.3	4.1
英国	48.6	6	49.9	5	2.7	3.4
意大利	49.3	5	49.6	6	0.6	3.4
日本	42.1	9	46.1	7	9.5	3.1
澳大利亚	45.0	7	45.7	8	1.6	3.1
德国	43.0	8	41.6	9	-3.3	2.8
中国澳门	40.7	10	39.5	10	-2.9	2.7
中国	40.4	11	35.8	11	-11.4	2.4
印度	28.6	13	30.0	12	4.9	2.0
土耳其	25.2	15	29.8	13	18.3	2.0
中国香港	36.9	12	29.0	14	-21.4	2.0
加拿大	26.4	14	27.0	15	2.3	1.8

表 7-5 全球国际旅游接待量的地区分布

地区	1980 年 接待人次（百万）	份额（%）	1990 年 接待人次（百万）	份额（%）	2000 年 接待人次（百万）	份额（%）	2010 年 接待人次（百万）	份额（%）	2019 年 接待人次（百万）	份额（%）
全世界	277	100	438	100	674	100	956	100	1460	100
欧洲	177.42	64.05	264.86	60.47	392.94	58.30	490.81	51.34	744.60	51.00
美洲	62.35	22.51	92.77	21.18	121.66	18.05	150.38	15.73	220.31	15.09
亚太地区	22.83	8.24	55.80	12.74	110.40	16.38	208.22	21.78	360.62	24.70
非洲	7.17	2.59	14.76	3.37	26.15	3.88	50.47	5.28	73.15	5.01
中东地区	7.23	2.61	9.81	2.24	22.85	3.39	56.12	5.87	61.32	4.20

表 7-6 全球国际旅游收入的地区分布

地区	1980年		1990年		2000年		2010年		2019年	
	收入（十亿美元）	占全世界份额（%）	收入（十亿美元）	占全世界份额（%）	收入（十亿美元）	占全世界份额（%）	收入（十亿美元）	占全世界份额（%）	收入（十亿美元）	占全世界份额（%）
全世界	104	100	271	100	496	100	979	100	1479	100
欧洲	61.68	59.31	142.16	52.46	234.21	47.22	426.94	43.61	572.37	38.70
美洲	25.10	24.13	76.67	28.29	148.65	29.97	215.18	21.98	342.83	23.18
亚太地区	10.30	9.90	40.76	15.04	86.11	17.36	254.25	25.97	443.26	29.97
非洲	3.39	3.26	6.45	2.38	10.32	2.08	30.45	3.11	38.31	2.59
中东地区	3.53	3.40	4.96	1.83	16.71	3.37	52.18	5.33	82.23	5.56

上述情况说明，无论在接待人次上还是在国际旅游收入上，欧洲都高居首位，这说明欧洲是目前世界上接待国际游客的中心地区，因而也是世界上国际旅游业最发达的地区；其次是亚太地区，位居第三位的则是美洲。欧洲、亚太地区和美洲总共接待的国际旅游人次与国际旅游收入占据了全世界国际旅游接待量与收入的九成以上，其中欧洲和亚太地区就占据了全球国际旅游接待量的3/4与收入总额的近70%。2019年，欧洲国际旅游接待量和国际旅游收入位居全球五大区域之首，旅游人次达到7.4亿人次，占全球旅游人数总数的51%；其次为亚太地区，接待旅游人次达到3.6亿人次，占全球旅游人数总数的24.7%；排在第三位的是美洲地区，接待旅游人次达到2.2亿人次，占全球旅游人数总数的15.1%；中东地区和非洲则接待旅游人数相对较少。欧洲、亚太地区和美洲是世界上国际旅游最集中的地区和国际旅游业最发达的地区，事实上，全世界国际旅游客流的这种分布格局自2001年以来基本上没有太大变化。

人们普遍认为，全球国际旅游重心21世纪会向亚太地区转移，这一趋势正在不断显现：从2001年开始，亚太地区的国际旅游接待量便超越美洲成为世界第二，且在每年的全世界国际旅游接待量占比中不断增加。

3. 全球国际旅游客流空间分布变化的原因

自从20世纪80年代以来，造成国际旅游客流空间分布产生变化的原因主要有以下三点：

（1）随着亚太地区经济的迅速崛起，该地区产生了更多的区内客源。同时，该地区旅游业的持续发展也会吸引越来越多的区外旅游者来访。

（2）欧美地区进入20世纪80年代以来经济增长速度明显放缓，再考虑到有些国家的出国旅游市场规模已接近"封顶"程度，因而出国旅游的增长速度很难提高。欧美地区的国际旅游客源主要为区内客源以及欧美互为主要客源，因此在接待国际旅游数量方面不会有很大发展。

（3）欧洲区内产生的国际旅游者由于对欧洲区内主要旅游目的地旺季时的拥挤和不便感到不满，因而在条件允许的情况下将尽量到欧洲以外的地区做长距离旅游，以寻找新的乐趣与满足，其中包括前往亚太地区旅游。

不难发现，欧洲和美洲无论在国际旅游的接待数量上还是收入上，在世界总额中的比重都有一定的下滑，东亚和太平洋地区的比重则有相当幅度的上升，而非洲、中东和南亚地区所占的比重则变化不大，这充分说明了东亚和太平洋地区产生区内游客的能力正日益增强（见表 7-7）。

表 7-7　世界 5 大地区国际旅游接待量和旅游收入在全世界总量中所占比重的变化

地区	国际旅游接待量占世界份额（%）					国际旅游收入占世界份额（%）				
	1980 年	1990 年	2000 年	2010 年	2019 年	1980 年	1990 年	2000 年	2010 年	2019 年
世界	100.00	100.00	100.00	100.00	100.00	100.00	100.00	100.00	100.00	100.00
欧洲	64.05	60.47	58.30	51.34	51.00	59.31	52.46	47.22	43.61	38.70
美洲	22.51	21.18	18.05	15.73	15.09	24.13	28.29	29.97	21.98	23.18
亚太地区	8.24	12.74	16.38	21.78	24.70	9.90	15.04	17.36	25.97	29.97
非洲	2.59	3.37	3.88	5.28	5.01	3.26	2.38	2.08	3.11	2.59
中东地区	2.61	2.24	3.39	5.87	4.20	3.40	1.83	3.37	5.33	5.56

三、全球国际旅游客源分布

全球国际旅游客源的分布是指全球国际旅游客源市场的空间分布，即全世界国际旅游客流的主要客流来自何处及其地区分布，也即全球国际旅游客源地的空间分布规律。

考察全球国际旅游客源地的空间分布规律，要研究旅游客源国的出境旅游。

根据世界旅游组织（WTO）2014 年和 2018 年的统计，世界上位居前 15、前 10 位的国际旅游支出国和地区的情况见表 7-8 和表 7-9。

表 7-8　2014 年和 2018 年世界 15 大国际旅游支出国和地区数据对比

国家和地区	2014 年			2018 年		
	排名	支出（十亿美元）	占世界份额（%）	排名	支出（十亿美元）	占世界份额（%）
中国	1	227.3	18.14	1	277.3	19.75
美国	2	105.7	8.44	2	144.5	10.29
德国	3	93.3	7.45	3	95.6	6.81
英国	4	66.8	5.33	4	69.0	4.92
法国	6	48.8	3.90	5	47.9	3.41
澳大利亚	8	33.2	2.65	6	37.0	2.64
韩国	14	23.2	1.85	7	35.1	2.50
加拿大	7	37.6	3.00	8	34.4	2.45
俄罗斯	5	50.4	4.02	9	34.3	2.44
意大利	9	28.8	2.30	10	30.1	2.14
西班牙	19	18.0	1.44	11	26.8	1.91
中国香港	15	22.0	1.76	12	26.4	1.88

（续）

国家和地区	2014年			2018年		
	排名	支出（十亿美元）	占世界份额（%）	排名	支出（十亿美元）	占世界份额（%）
新加坡	11	25.5	2.04	13	26.2	1.87
印度	23	14.6	1.17	14	21.3	1.52
荷兰	16	21.1	1.68	15	21.2	1.51

表7-9 2018年世界十大国际旅游支出国

排名	国家和地区	国际旅游支出（十亿美元）	排名	国家和地区	国际旅游支出（十亿美元）
1	中国	277.3	6	澳大利亚	37.0
2	美国	144.5	7	韩国	35.1
3	德国	95.6	8	加拿大	34.4
4	英国	69.0	9	俄罗斯	34.3
5	法国	47.9	10	意大利	30.1

通过上述数字，我们不难发现：

在国际旅游消费上一直稳居世界前10位的国际旅游支出国主要包括：中国、美国、德国、英国、法国、澳大利亚、韩国、加拿大、荷兰、俄罗斯和意大利。这10个国际旅游支出国主要分布在欧洲、美洲和亚太地区。在这些国家中，绝大多数都是世界经合组织成员国，也就是说，都是经济发达国家。2014年，我国跃居国际旅游支出国排名第一；2018年，我国仍为国际旅游支出国排名第一。前5位中还包括美国、德国、英国和法国，它们的国际旅游支出从479亿美元至1445亿美元不等，这四国的国际旅游消费在全世界国际旅游消费总额中的比重超过1/4。

上述情况表明全世界国际旅游客源的地区分布状况。即欧洲不但是世界国际旅游的中心接待地区，而且也是最大的国际旅游客源地；其次，亚太地区和美洲也是世界上国际旅游的重要客源地，这两个地区既是世界国际旅游客源的主要接待地区，又是国际旅游客源产生最多的地区。这一事实说明，欧洲客源国占据了全球前10个国际旅游支出国的一半；在亚太地区，除了有排名第一的中国外，澳大利亚和韩国亦占有重要位置；美洲仅有排名第2的美国和排名靠后的加拿大。而非洲地区和南亚地区多数国家经济比较落后，因而输出国际旅游客源的能力很弱；中东地区各国，特别是那些石油生产国，虽然在经济上比较富裕，但由于人口总体规模较小，加之其国民尚缺乏外出旅游度假的传统和观念，因此在全球国际旅游客源市场中所占的比重较小。

四、全球国际旅游客流规律

全球国际旅游客流规律主要包括旅游客流的流量大小、客流的方向等方面的规律。通过对第二次世界大战结束以来全世界国际旅游客流和客源发展状况的基本分析，可以发现世界国际旅游客流表现有以下一些流动特点或规律：

1. 近距离的出国旅游占据绝大比重

国际旅游客流规律是由近及远，以近距离旅游为主，远程旅游相对较少，但其发展前景广阔。

在全世界国际旅游客流中，近距离的出国旅游，特别是前往邻国的国际旅游，一直占有绝大比重。以旅游人次计算，这种近距离的出国旅游人次约占每年全世界国际旅游人次总数的80%。

以2018年的统计数字为例，该年美洲地区共接待国际旅游者约2.16亿人次，其中来自本地区的国际旅游者占67%；在亚太地区，该年国际旅游接待量约为3.48亿人次，其中来自本地区内的国际旅游者占76%；在欧洲，该年共接待国际旅游者约7.16亿万人次，其中来自欧洲国家的国际旅游者数量约占85%。这些数字再次说明，近距离的国际旅游，尤其是前往相邻国家的国际旅游，在全球国际旅游客流总量中占绝大比重。在有些国家中，例如奥地利、瑞士、加拿大、墨西哥等国，前往邻国旅游的人次在本国出国旅游人次中所占的比重尤其高。造成这一情况的主要原因主要是：

（1）前往邻国或近距离的国家旅游费用较小，因而有这种支付能力的人数量较大。

（2）所需时间较短，而且容易把握。

（3）入境手续简便且交通情况较为便利，很多国家对邻国公民旅游来访免办签证，很多旅游者都是自己驾驶汽车前往邻国旅游。

（4）生活习惯、语言以及文化传统比较接近，因而旅游过程中障碍较少。

2. 国际远程旅游主要客流发生于欧洲、美洲和亚太地区之间

就远程国际旅游而言，其主要客流发生于欧洲（特别是西欧）、美洲（特别是北美）和亚太地区这三者之间。

（1）从20世纪50年代至今，欧美地区一直是世界上最重要的国际旅游客源输出地区和接待地区，这也决定了这两地之间的客流也是国际远程旅游中最大的客流。

（2）随着亚太地区的经济发展和国际旅游业的迅速崛起，该地区不仅吸引着越来越多的欧美旅游者，而且向欧美地区输送国际旅游客源的能力也在不断增强，特别是20世纪80年代中期以来，这一表现更加明显。

（3）目前，全世界旅游已经形成欧、美和亚太地区三足鼎立的格局，这也决定了这三个地区的客流也是国际远程旅游中最大的客流。

以世界旅游组织的有关统计为例，2018年，在欧洲接待的区外旅游者中，来自美洲的旅游者为5170万人次，占区外来访旅游人次总数的44.8%；来自亚太地区的旅游者为4671万人次，约占40.5%；来自非洲的为725万人次，约占6.3%；来自中东的为977万人次，约占8.4%。

在美洲接待的区外旅游者中，来自欧洲的为3347万人次，约占该年度接待区外旅游者总数的62%；来自亚太地区的为1888万人次，约占34.9%；来自非洲的为91万人次，约占1.7%；来自中东地区的为77万人次，约占1.4%。在亚太地区所接待的区外旅游者中，来自欧洲的为3696万人次，约占59.7%；来自美洲的为1929万人次，约占31.1%；来自中东地区的为400万人次，约占6.5%；来自非洲的为169万人次，约占2.7%。在中东地区所接待的区外旅游者中，来自欧洲的为1424万人次，约占38.1%；来自美洲的为280万人次，约占7.5%；来自亚太地区的为1626万人次，约占43.6%；来自非洲的为403万人次，约占10.8%。在非洲地区所接待的区外旅游者中，来自欧洲的为1660万人次，约占64.9%；来自美洲的为308万人次，约占12.1%；来自亚太地区的为302万人次，约占

11.8%；来自中东地区的为287万人次，约占11.2%。以上数据表明，在远程国际旅游客流中，欧、美和亚太地区三个地区之间的客流构成了主要客流。

3. 旅游者多流向风景名胜区和政治经济文化中心

追求美的享受，丰富生活内容，是人们外出旅游活动的共同心理状态。风景名胜地具有优美的形态、绚丽的色彩、良好的生态环境，同时渗透着人文景观之美，为游人提供高水平的休养、游览、娱乐场所，丰富人们的精神文化生活，给人以科学的启迪且能提高美的鉴赏能力，因此对游人有强烈的吸引力，成为旅游者向往、流连之地。

人类社会发展中，政治、经济、文化中心主要是指一些较有代表性的大城市，它们或为国家首都或为地区首府，往往是所在国家或地区的政治、经济、文化中心，在经济发展水平、城市建设和现代化程度等方面具有较高水平，代表着国家或地区政治、经济、文化等方面的总体发展水平。从某种意义上讲，一些城市就是一个国家或地区的缩影，旅游者希望通过这些城市来了解这个国家和地区。作为文化中心，这些城市往往集中了大量能够吸引旅游者的人文旅游资源。以北京为例，除在城市建设方面取得的成就以外，它还是很多历史事件的发生地，是多个封建王朝建都的地方，留下了丰富的人文景观。比如，辉煌的故宫、美丽的颐和园、巍峨的长城、众多的帝王陵墓、壮观的人民大会堂和被誉为世界第一大广场的天安门广场等，无不吸引着海内外众多的观光客。作为经济中心，这些城市每年都接待大批商务旅游者，如我国的北京和上海。这类大城市具有多重的旅游职能，它集中而全面地表现出了一个国家或地区各方面的情况，还是该地区的交通枢纽，加上优越的物质条件、齐全的旅游设施等，能够使旅游者在政治、经济、文化等方面获得多种满足，因而倍受旅游者青睐。另外，这类城市往往是该地区的旅游集散地，具有较强的辐射功能，许多旅游景点均以这类城市为中心分散在其周边，因此旅游者往往首先到达这类城市。

作为政治和文化中心，这类大城市一般都具有较高的知名度，因而能够吸引大量国内外的旅游者前来参观游览。

4. 国际旅游流量的重心正向亚太地区转移

随着亚太地区社会经济的快速发展，该地区在世界国际旅游中的地位（无论是从客源产生量还是从接待来访人次上看）迅速提高，且在世界旅游市场中的占比也在不断扩大。以目前欧、美和亚太地区在国际旅游中三足鼎立的格局来看，亚太地区有可能将成为国际旅游的中心接待地区。

第四节　我国旅游市场

一、我国入境旅游市场客源分布

（一）入境旅游市场的基本状况

1. 入境旅游市场规模和速度

根据世界旅游组织的解释，入境旅游是指非所在国的居民在该国的经济疆域内进行的旅游。根据我国对来华境外旅游者的界定，我国旅游业的境外客源由三部分人构成，即①外国人，包括外籍华人在内；②华侨；③港澳台同胞。

从1949年到1978年，我国入境旅游业初具雏形，但尚未形成产业。1978年以后，在改革开放政策的推动下，中国入境旅游业迅猛发展。

改革开放以来，我国的入境旅游业有了巨大的发展（见表 7-10）。1978 年，我国接待入境旅游者 180.92 万人次，其中外国旅游者为 22.96 万人次，港澳台同胞为 157.96 万人次，旅游外汇收入为 2.63 亿美元，居世界排名第 41 位；2019 年接待入境旅游者为 1.45 亿人次，是 1978 年的 80 倍，其中外国旅游者为 3188 万人次，香港同胞 8050 万人次，澳门同胞 2679 万人次，台湾同胞 613 万人次。入境过夜旅游者人次为 6573 万人次，居世界第四位。2019 年实现旅游外汇收入 1313 亿美元，居世界第二位，是 1978 年的 499 倍多。在 1978—2019 年的 42 年间，我国国际旅游业累计为国家创汇 12 925.51 亿美元（见表 7-11 和表 7-12）。我国入境旅游业发展速度如此之快，为全世界所瞩目。

表 7-10　1978—2019 年来华入境旅游人数

年份	总计		外国人（含外籍华人）		华侨		港澳同胞		台湾同胞	
	人数（万人次）	增长率（%）	人数（万人次）	增长率（%）	人数（万人次）	增长率（%）	人数（万人次）	增长率（%）	人数（万人次）	增长率（%）
1978	180.92	—	22.96	—	1.81	—	156.15	—	—	—
1979	420.39	132.36	36.24	57.80	2.09	15.47	15.58	382.06	144.68	—
1980	570.25	35.65	52.91	46.01	3.44	64.58	513.90（含台湾）	34.51	—	—
1981	776.71	36.20	67.52	27.60	3.89	12.91	705.31	37.25	—	—
1982	792.43	2.02	76.45	13.23	4.27	10.01	711.70	0.91	—	—
1983	947.70	79.59	87.25	14.13	4.04	-5.60	856.41	20.33	—	—
1984	1285.22	35.61	113.43	30.00	4.75	17.71	1167.04	36.27	—	—
1985	1783.31	38.76	137.05	20.82	8.48	78.59	1637.78	40.34	—	—
1986	2281.95	27.96	148.23	8.16	6.81	-19.68	2126.90	29.87	—	—
1987	2690.23	17.89	172.78	16.57	8.70	27.74	2508.74	17.95	—	—
1988	3169.48	17.81	184.22	6.62	7.93	-8.83	2933.56	16.93	43.77	—
1989	2450.14	-22.70	146.10	-20.69	6.86	-13.60	2243.09	-23.54	54.10	23.60
1990	2746.18	12.08	174.73	19.60	9.11	32.87	2467.54	10.01	94.80	75.23
1991	3334.98	21.44	271.01	55.10	13.34	46.48	2955.96	19.79	94.66	-0.14
1992	3811.49	14.29	400.64	47.83	16.51	23.72	3262.57	10.37	131.78	39.21
1993	4152.69	8.95	465.59	16.21	16.62	0.67	3517.79	7.82	752.70	15.88
1994	4368.45	5.20	518.21	11.30	11.52	-30.65	3699.69	5.17	139.02	-8.96
1995	4638.65	6.19	588.67	13.60	11.58	0.50	3885.17	5.01	153.23	10.22
1996	5112.75	10.22	674.43	14.57	15.46	33.49	4249.47	9.38	173.39	13.16
1997	5758.79	12.64	742.80	10.14	9.90	-35.96	4794.33	12.82	211.76	22.13
1998	6347.84	10.23	710.77	-4.31	12.07	21.92	5407.53	12.79	217.46	2.69
1999	7279.56	14.68	843.23	18.64	10.81	-10.44	6167.06	14.04	258.46	18.85
2000	8344.39	17.38	1016.04	20.49	7.55	-30.16	7009.94	13.67	310.86	20.27

(续)

年份	总计		外国人（含外籍华人）		华侨		港澳同胞		台湾同胞	
	人数（万人次）	增长率（%）	人数（万人次）	增长率（%）	人数（万人次）	增长率（%）	人数（万人次）	增长率（%）	人数（万人次）	增长率（%）
2001	8901.29	6.67	1122.64	10.49	—	—	7434.46	6.05	344.20	10.73
2002	9790.83	10.0	1343.95	19.70	—	—	8080.82	8.69	366.06	6.35
2003	9166.21	-6.4	1140.29	-15.15	—	—	7752.74	-4.05	273.19	-25.41
2004	10 903.82	18.96	1693.25	48.49	—	—	8842.05	14.05	368.53	34.90
2005	12 029.23	10.32	2025.51	19.62	—	—	9592.79	8.50	410.92	11.50
2006	12 494.21	3.87	2221.03	9.65	—	—	10 273.1830	7.1	441.35	7.41
2007	13 187.33	5.55	2610.97	17.56	—	—	10 576.3619	2.95	462.79	4.86
2008	13 002.74	-1.40	2432.53	-6.83	—	—	10 131.6465	-4.2	438.59	-5.24
2009	12 647.59	-2.73	2193.75	-9.82	—	—	9905.4400	-2.8	448.40	2.24
2010	13 376.22	5.8	2612.69	19.1	—	—	10 249.48	3.6	514.06	14.6
2011	13 542.35	1.2	2711.20	3.8	—	—	10 304.85	0.5	526.30	2.4
2012	13 240.53	-2.2	2719.16	0.3	—	—	9987.36	-3	534.02	1.5
2013	12 907.78	-2.5	2629.03	3.3	—	—	9762.49	-0.23	516.25	3.3
2014	12 849.83	-0.4	2636.08	0.2	—	—	9677.16	-0.8	536.59	3.9
2015	1338.00	4.14	2598.54	-1.42	—	—	10 233.63	5.8	549.86	2.47
2016	13 844.00	3.5	2813.00	8.3	—	—	10 456.00	2.2	573.00	4.2
2017	13 948.24	0.75	2916.53	3.68	—	—	10 444.59	-0.11	587.13	2.47
2018	14 119.83	1.2	3054.29	4.7	—	—	10 451.93	0.07	613.61	4.5
2019	14 531.00	2.9	3188.00	4.4	—	—	10 729.00	2.65	613.00	-0.16

表 7-11　1978—2019 年我国国际旅游外汇收入

年份	外汇收入（亿美元）	发展指数（1978年为100）	比上年增长（%）	年份	外汇收入（亿美元）	发展指数（1978年为100）	比上年增长（%）
1978	2.63	100.0	—	1985	12.50	475.5	10.5
1979	4.49	170.7	70.9	1986	15.31	582.3	22.5
1980	6.17	234.6	37.3	1987	18.62	708.1	21.6
1981	7.85	298.6	27.3	1988	22.47	854.6	20.7
1982	8.43	320.7	7.4	1989	18.60	707.7	-17.2
1983	9.41	358.0	11.6	1990	22.18	843.5	19.2
1984	11.31	430.3	20.2	1991	28.45	1082.1	28.3

(续)

年份	外汇收入（亿美元）	发展指数（1978年为100）	比上年增长（%）	年份	外汇收入（亿美元）	发展指数（1978年为100）	比上年增长（%）
1992	39.47	1501.3	38.7	2006	339.49	12 908.37	15.88
1993	46.83	1781.4	18.7	2007	419.19	15 938.78	23.48
1994	73.23	2785.4	—	2008	408.43	15 529.66	-2.57
1995	87.33	3321.7	19.3	2009	396.75	15 085.55	-2.86
1996	102.00	3880.0	16.8	2010	458.14	17 419.77	15.47
1997	120.74	4592.7	18.4	2011	484.64	18 427.38	5.78
1998	126.02	4793.4	4.4	2012	500.28	19 022.05	3.23
1999	140.99	5362.7	11.9	2013	516.64	19 644.11	2.27
2000	162.24	6171.2	15.1	2014	1053.80	40 068.44	103.97
2001	177.92	6767.6	9.7	2015	1136.50	43 212.93	7.84
2002	203.85	7753.9	14.6	2016	1200.00	45 627.38	5.59
2003	174.06	6618.2	-14.6	2017	1234.17	46 926.62	2.85
2004	257.39	9786.7	47.87	2018	1271.03	48 328.14	2.99
2005	292.96	11 100.39	13.82	2019	1313.00	49 923.95	3.30

表 7-12　1978—2019 年中国入境旅游人数和旅游（外汇）收入的世界排名

年份	过夜旅游者人数（万人次）	世界排名	旅游（外汇）收入（亿美元）	世界排名
1978	71.60	41	2.63	—
1979	180.90	48	4.49	41
1980	350.00	18	6.17	34
1981	376.70	17	7.85	34
1982	392.40	16	8.43	29
1983	379.10	16	9.41	26
1984	514.10	14	11.31	21
1985	713.30	13	12.50	21
1986	900.10	12	15.31	22
1987	1076.00	12	18.62	26
1988	1236.10	10	22.47	26
1989	936.10	12	18.60	27
1990	1048.40	11	22.18	25
1991	1246.40	12	28.45	21
1992	1651.20	9	39.47	17

(续)

年份	过夜旅游者人数（万人次）	世界排名	旅游（外汇）收入（亿美元）	世界排名
1993	1898.20	7	46.83	15
1994	2107.00	6	73.23	10
1995	2003.40	8	87.33	10
1996	2276.50	6	102.00	9
1997	2377.00	6	120.74	8
1998	2507.29	6	126.02	7
1999	2704.66	5	140.99	7
2000	3122.88	5	162.24	7
2001	3316.67	5	177.92	5
2002	3680.26	5	203.85	5
2003	3297.05	5	174.06	7
2004	4176.14	4	257.00	5
2005	4680.90	*	292.96	*
2006	4991.34	4	339.49	5
2007	5471.98	4	419.19	5
2008	5304.92	4	408.43	5
2009	5087.52	4	396.75	5
2010	5566.45	3	458.14	4
2011	5758.07	3	484.64	4
2012	5772.49	3	500.28	4
2013	5568.59	4	516.64	4
2014	5562.20	*	1053.8	*
2015	5688.60	4	1136.5	2
2016	5927.00	4	1200	2
2017	6073.84	4	1234.17	2
2018	6289.57	4	1271.03	2
2019	6573.00	*	1313.00	*

* 世界旅游组织尚未公布。

2. 我国入境旅游市场的客源分布

（1）我国的入境旅游市场，我国的入境旅游市场主要集中在亚洲国家（见表7-13）。

表7-13　2018年入境外国旅游者人数（按国籍分）

国　　籍	2018年入境外国旅客人数（人）	占总数比重（%）	比上年增长（%）
韩国	4 193 500	13.73	8.53
日本	2 691 400	8.81	0.31

(续)

国　籍	2018年入境外国旅客人数（人）	占总数比重（%）	比上年增长（%）
美国	2 484 600	8.14	7.42
俄罗斯	2 415 500	7.91	2.49
蒙古	1 494 300	4.89	−19.86
马来西亚	1 291 500	4.23	4.73
菲律宾	1 205 000	3.95	3.12
新加坡	978 400	3.20	3.95
印度	863 000	2.83	4.99
加拿大	850 200	2.78	5.48
泰国	833 400	2.73	7.30
澳大利亚	752 200	2.46	2.44
印度尼西亚	711 900	2.33	4.22
德国	643 700	2.11	1.29
英国	608 200	1.99	2.77
法国	499 600	1.64	0.99
意大利	278 100	0.91	−0.86
荷兰	196 400	0.64	1.08
朝鲜	165 200	0.54	−28.11
新西兰	146 500	0.48	1.95
瑞典	110 100	0.36	−1.61
瑞士	74 000	0.24	2.35
葡萄牙	56 300	0.18	−0.18
其他国家	2200	0.01	0.00

（2）2018年入境外国旅游者人数（按地区分）见表7-14。

表7-14　2018年入境外国旅游者人数（按地区分）

地　区	2018年（人）	占总数比重（%）	比上年增长（%）
合计	3054.29	100.0	4.7
亚洲	1912.07	62.6	5.15
欧洲	604.43	19.79	7.15
北美洲	333.48	10.92	8.13
拉丁美洲	45.37	1.49	6.92
大洋洲	91.31	2.99	2.34
非洲	67.41	2.21	7.15
其他	0.22	0.01	0

由表 7-14 可以看出，外国人来华旅游市场按照规模大小排列依次为亚洲市场、欧洲市场、美洲市场、大洋洲市场和非洲市场。同 20 世纪 80 年代的情况相比，欧洲市场由原来的第三位进至第二位。一方面，传统的西欧来华旅游市场中的英、德、法旅华客流量自进入 20 世纪 90 年代以来都已经超过了 10 万人次，而且西欧一些国家的旅华人数在三十多年来有了显著的增长；另一方面，随着苏联的社会变化，俄罗斯也从过去的潜在市场转变为来华旅游的现实市场。可以预料，在今后相当长的时期内，外国人来华旅游市场目前的这种排列顺序不大可能再会出现大的变化。

我国的外国客源市场结构出现小幅调整，在外国人入境旅游市场中，2019 年按入境旅游人数排序，我国主要国际客源市场前 20 位国家如下：缅甸、越南、韩国、俄罗斯、日本、美国、蒙古、马来西亚、菲律宾、新加坡、印度、泰国、加拿大、澳大利亚、印度尼西亚、德国、英国、朝鲜、法国、意大利（见表 7-15）（其中，缅甸、越南、蒙古、印度、朝鲜含边民旅华人数）。

表 7-15 1981—2019 年我国入境旅游前 10 位客源国

排序	1981 年	1988 年	1991 年	1993 年	1995 年	2001 年	2002 年	2003 年	2004 年	2005 年	2016 年	2017 年	2018 年	2019 年
1	日本	日本	日本	俄罗斯	日本	日本	日本	日本	日本	日本	韩国	缅甸	缅甸	缅甸
2	美国	美国	美国	日本	韩国	韩国	韩国	韩国	韩国	韩国	越南	越南	越南	越南
3	英国	英国	俄罗斯	美国	美国	俄罗斯	美国	俄罗斯	俄罗斯	俄罗斯	日本	韩国	韩国	韩国
4	澳大利亚	法国	英国	新加坡	俄罗斯	美国	俄罗斯	美国	美国	美国	缅甸	日本	日本	俄罗斯
5	菲律宾	菲律宾	菲律宾	韩国	蒙古	马来西亚	马来西亚	菲律宾	马来西亚	马来西亚	美国	俄罗斯	美国	日本
6	法国	泰国	马来西亚	英国	新加坡	新加坡	菲律宾	马来西亚	新加坡	新加坡	俄罗斯	美国	俄罗斯	美国
7	新加坡	新加坡	新加坡	泰国	马来西亚	菲律宾	新加坡	蒙古	蒙古	菲律宾	蒙古	蒙古	蒙古	蒙古
8	德国	法国	德国	菲律宾	菲律宾	蒙古	蒙古	新加坡	菲律宾	蒙古	马来西亚	马来西亚	马来西亚	马来西亚
9	泰国	加拿大	泰国	德国	英国	英国	英国	英国	泰国	泰国	菲律宾	菲律宾	菲律宾	菲律宾
10	加拿大	澳大利亚	法国	法国	法国	泰国	泰国	泰国	英国	英国	新加坡	新加坡	新加坡	新加坡

（二）我国入境旅游市场特点

我国拥有丰富的旅游资源，经过数十年的发展，形成了大批具有世界知名度的旅游产品和一支高素质的产业队伍，具有实现大发展的基础和能力。

我国入境旅游业的持续、快速、健康发展表明，我国入境旅游业已开始由初创期进入发展期。

世界各国入境旅游业的发展规律表明，旅游业的发展普遍要经过初创期、发展期和成熟期三个阶段。目前，我国已由初创期进入发展期，其发展历程如下：

（1）"五五"时期后三年：是我国入境旅游业的起步时期，来华旅游入境人数由 180.92

万人次发展到570.25万人次，年均增幅为46.6%；入境旅游外汇收入从2.63亿美元增加到6.17亿美元，年均增幅为32.9%。这一阶段的超高速增长，主要是由于发展基数较小所致。

(2) "六五"时期：是我国入境旅游业的大发展阶段，来华旅游入境人数由776.71万人次发展到1783.31万人次，5年内人数净增1000万，年均增幅高达18.1%。

(3) "七五"时期前三年（不考虑个别年份的特殊因素）：入境旅游的发展仍处于高速发展时期，来华旅游入境人数突破3000万人次，年均增幅为11.6%；入境旅游外汇收入超过20亿美元，达22.47亿美元，年均增幅为13.6%。

(4) "八五"时期：我国的入境旅游业经过10年的高速发展后，随着基数的增大，增势有所减缓，开始由初创阶段逐步进入发展阶段，到1995年，来华旅游入境人数已达到4638.65万人次，年均增幅为6.8%，入境旅游外汇收入87.33亿美元，年均增幅超过10%（1994年后统计方法改变，数据不可直接对比）。

(5) "九五"时期前三年：我国入境旅游业继续保持强劲的增长势头，"九五"时期开局第一年就实现了历史性突破，入境人数超过5000万人次，国际旅游外汇收入超过100亿美元；到1998年，来华旅游入境人数已达6348万人次，国际旅游外汇收入126亿美元，年均增幅分别为11.4%和11.2%。

(6) "十五"期间，我国入境旅游发展迅速。2002年是我国入境旅游的最高水平；但2003年遭遇"非典"的影响，入境旅游同比下降了6.4%；2004年入境旅游人数得到恢复，入境旅游人数创纪录地达到了1.09亿人次，不仅比2003年增长18.96%，而且比历史最高水平的2002年增长了11.37%，旅游外汇收入分别比2003年和2002年增加47.87%和26.26%；2005年旅游入境人数1.20亿人次，旅游收入292.96亿美元。

(7) "十一五"期间，我国入境旅游继续快速发展。2007年入境人数为13 187.33万人次，比上年增长5.5%；旅游外汇收入达419.19亿美元，增长23.5%；旅游业总收入10 957亿人民币，比上年增长22.6%。2008年、2009年增长率略有下降。

(8) "十二五"期间，我国入境旅游进入稳步增长阶段。2015年入境人数为1045.00万人次，比上年下降7.8%；旅游外汇收入达1136.5亿美元，增长7.84%；旅游业总收入12 600亿人民币，比上年增长1.2%。

(9) "十三五"期间，2019年入境人数为14 531万人次，比上年增长2.9%。旅游外汇收入达1313亿美元，增长3.28%，全年实现旅游总收入6.63万亿人民币，同比增长11.1%。

（三）我国在国际旅游市场竞争中存在的问题

改革开放以来，在30余年的时间里，我国旅游业在开拓和巩固国际客源市场方面取得了令世人瞩目的成绩。在国际旅游接待量方面，我国已经进入全世界前10大旅游接待国行列，在国际旅游收入方面，我国在2019年达到1313亿美元，比上年同期增长3.3%。但是我们也应充分认识到，我国旅游业的高速发展在一定程度上是在起点较低基础上发展的必然表现。旅游业是一市场导向的行业，也是一国际上竞争激烈的行业，在旅游业已进入买方市场的今天，我们有必要对我国旅游业在国际客源市场竞争中的不利因素有一个清醒的认识。

1. 我国的地理位置距世界上大多数主要国际客源产生地较远

这一因素的不利之处主要表现在以下几个方面：

(1) 从欧美地区前来我国旅游的交通运输费用昂贵。据我国有关旅游部门的调查，北美游客来华旅游的往返交通费用约占旅游全程费用的40%。以20世纪80年代中期的情况为例,从欧洲各主要城市至北京的定期航班往返票价为1000~2000美元。因此,在大多数人的收入有限的情况下,很多欧美家庭难以有经常前来我国旅游度假的支付能力。同时,从西欧乘火车前来中国的票价(往返约500美元)虽然较航空票价便宜,但仅从莫斯科到北京就要7天时间,连同从西欧主要城市乘火车到莫斯科的时间加到一起,国际往返便需要15~25天的时间。此外,从西欧乘火车来中国要办理多次签证,旅行手续过于麻烦。因此,对于这些客源地中带薪假期有限的广大工薪阶层来说,时间和距离都成为前来中国旅游的障碍。

(2) 距离主要客源国较远的旅游目的地最容易遭受经济危机和世界油价上涨的打击。特别是对于以接待观光旅游和疗养旅游为主的旅游目的地来说。由于不少国家都有这方面的类似资源,因此在出现与客源国有关的经济危机和运输价格上涨的情况下,首先受到打击的便是距离客源国较远的旅游目的地。

2. 周边国家和地区旅游业的激烈竞争

我国旅游业所处的区域性国际环境为东亚和太平洋地区,这一地区内各主要旅游目的地所面对的国际客源市场有着惊人的共同性。这些竞争国家的旅游业比我国的旅游业起步早,在从业经验、服务质量、交通运输和产品价格方面有着一定的优势。虽然目前一次多国旅游的发展为区域内各旅游目的地之间的合作提供了可能的条件,但美国和日本的调查资料表明,其出国游客一次出游前往的国家很少是多个。这意味着除少数情况外,区域内的合作是相当有限的,更多的是竞争。

在争夺日本客源市场方面,我国香港和台湾地区,以及韩国、新加坡、菲律宾、泰国等周边国家和地区都是我国内地旅游业的有力竞争对手。虽然近年来我国在接待日本游客来访人次的增长速度上不时处于领先地位,但在接待人次的绝对数量上,仍然落后于邻近的不少国家和地区。这同我国这样一个疆域辽阔、旅游资源丰富多彩的大国所应该有的地位显然是不相称的。虽然造成这种状况的原因很多,但无论如何,这在很大程度上反映了我国旅游业在争取日本客源方面所面临的强有力的竞争。在吸引北美和西欧游客方面,我国旅游业也面临着同样的竞争问题。

3. 我国旅游产品的开发和质量问题

旅游营销工作是以旅游产品随时迎合并满足市场需求为基础的,如果产品本身不能迎合并满足市场的需求,那么无论怎样强化销售工作都难以获得成效。长期以来,我国入境旅游市场的经营一直依赖于接待团体观光旅游,这种产品类型上的单一化已跟不上国际旅游潮流的变化。就一个旅游目的地的观光旅游而言,单是这一产品本身就不足以吸引游客多次购买或经常故地重游,除非该国能够年年推出对游客有吸引力的新的观光路线或内容。此外,我国旅游产品在质量方面仍存在着不少一直没有得到完全解决的问题,例如:清洁卫生条件差、旅行日程和交通安排变化多、接待散客旅游的条件不足等。

尽管我国旅游业有关部门一直在努力解决这些问题,但其中有些问题单靠旅游业部门是不可能得到解决的,至少在短期内不可能完全得到解决。因此,我国旅游业目前在产品及其质量方面存在的这些问题在很大程度上影响着客源的扩大。

4. 市场宣传和境外促销工作仍有待改进

近些年来,我国旅游业的对外宣传和境外促销工作已有较大的发展。除了在主要客源地设立驻外旅游办事处外，参加国际旅游博览会、展销会，邀请外国旅游栏目记者来访，制作有关中国旅游的电影、录像带、幻灯片，编印旅游宣传册等推销宣传手段也都被较多地采用。

但是同竞争者相比，我国旅游业的对外宣传和境外促销工作仍存在很多问题，其中最突出的问题包括：

（1）营销经费不足。世界旅游组织很早就曾提出，一个国家旅游收入的一定的比例应该用于旅游行政组织的工作，其中包括应用于境外促销方面。我国尚未做到这一点，特别是在境外促销经费这一项上，长期低于竞争对手。

（2）营销和促销技术尚需改进和提高。例如，我国对已开展过的促销活动的成效很少进行认真而科学的评价，因此这方面的水平也难以提高。旅游营销工作的一个重要问题就是最大限度地发挥有限经费的效用；反之，如果不知其效用如何，就不可能发现促销工作存在的问题。

二、我国国内旅游市场

（一）我国国内旅游市场的发展

国内旅游市场是旅游市场的重要组成部分，我国的国内旅游市场是在改革开放以后逐渐发展起来的，20世纪90年代开始呈现迅猛发展的局面。国内旅游需求的提升是伴随我国对旅游业的经济性产业性质的正确认识，国家产业政策的大力扶持，我国劳动制度的改革及双休日和黄金周的实施而迅速发展起来的，是国民经济持续快速健康发展，人民生活水平不断提高的体现和必然结果，也是社会进步的重要标志。1985年，我国的国内游客数量仅为2.4亿人次，国内旅游收入为80亿元人民币；2002年，我国国内旅游人数已达8.78亿人次，全年国内旅游总收入为3878.36亿元人民币，国内旅游收入在全国旅游收入中的比重已经达到69.5%（见表7-16），国内旅游收入在国民生产总值中所占的比重以及在第三产业增加值中所占的比重也有显著提高（见表7-17）。2003年由于"非典"的影响，旅游业的各种指标有所下降。此后，我国国内旅游接待人数和国内旅游收入逐年增长。2019年，我国国内旅游人数为60.06亿人次，全国国内旅游总收入为66 300亿元人民币，比上年分别增长8.4%和11%。

表7-16　1985—2019年中国国内旅游人数与收入

年　份	国内旅游人数（亿人次）	增长（%）	国内旅游收入（亿元）	增长（%）
1985	2.40	20.0	80.0	—
1986	2.70	12.5	106.0	32.5
1987	2.90	7.4	140.0	32.1
1988	3.00	3.4	187.0	33.5
1989	2.40	-20.0	150.0	-19.7
1990	2.80	16.7	170.0	13.3
1991	3.00	7.1	200.0	17.6
1992	3.30	10.0	250.0	25.0

(续)

年份	国内旅游人数（亿人次）	增长（%）	国内旅游收入（亿元）	增长（%）
1993	4.10	24.2	864.0	245.6
1994	5.24	27.8	1023.5	18.5
1995	6.29	20.0	1375.7	34.4
1996	6.39	1.6	1638.4	19.1
1997	6.44	0.8	2112.7	29.0
1998	6.94	7.8	2391.2	13.2
1999	7.19	3.6	2831.9	18.4
2000	7.44	3.5	3175.5	12.1
2001	7.84	5.4	3522.4	10.9
2002	8.78	12.0	3878.36	10.1
2003	8.70	-0.9	3442.27	-11.2
2004	11.02	26.6	4711	36.9
2005	12.12	10.0	5286	12.2
2006	13.94	15.02	6229.74	17.9
2007	16.10	15.5	7770.62	24.7
2008	17.12	6.3	8749.30	12.6
2009	19.02	11.1	10 183.70	8.0
2010	21.03	10.57	12 579.80	23.53
2011	26.41	25.58	19 305.40	53.46
2012	29.57	11.97	22 706.20	17.62
2013	32.62	10.31	26 276.12	15.72
2014	36.11	10.70	30 311.90	15.36
2015	40.00	10.77	34 195.05	12.81
2016	44.40	11	39 390.00	15.19
2017	50.01	12.64	45 660.77	15.92
2018	55.39	10.76	51 278.29	12.30
2019	60.06	8.4	66 300	11.00

注：由于从1993年起开始开展国内旅游抽样调查，当年国内旅游收入与上年不可比。

表7-17 1985—2019年国内旅游收入相当于当年国内生产总值和第三产业增加值的比重

年份	国内生产总值（亿元）	第三产业增加值（亿元）	国内旅游收入（亿元）	国内旅游收入相当于当年国内生产总值比重（%）	国内旅游收入相当于当年第三产业增加值比重（%）
1985	8964	2556	80.0	0.89	2.14
1990	18 548	5814	170.0	0.92	2.78

(续)

年份	国内生产总值（亿元）	第三产业增加值（亿元）	国内旅游收入（亿元）	国内旅游收入相当于国内生产总值比重（%）	国内旅游收入相当于当年第三产业增加值比重（%）
1993	34 634	11 324	864.0	2.05	2.74
1994	46 759	14 930	1023.5	2.02	7.63
1995	58 478	17 947	1375.7	2.35	6.86
1998	79 553	26 104	2391.2	3.01	8.79
1999	82 066	27 038	2831.9	3.45	10.47
2000	89 468	29 905	3175.3	3.55	10.62
2002	105 172	36 075	3878.4	3.79	10.75
2003	117 252	38 886	3442.3	2.94	8.85
2004	136 515	43 384	4711.0	3.45	10.86
2005	182 321	73 395	5286.0	2.90	7.20
2006	210 871.0	82 703	6229.74	2.95	7.53
2007	270 844.0	115 810.7	7770.62	2.87	6.71
2008	321 500.5	136 805.8	8749.30	2.72	6.40
2009	348 498.5	154 747.9	10 183.70	2.92	6.58
2010	411 265.2	182 038.0	12 579.80	3.06	6.91
2011	484 753.2	216 098.6	19 305.40	3.98	8.93
2012	539 116.5	244 821.9	22 706.20	4.21	9.27
2013	590 422.4	277 959.3	26 276.12	4.45	9.45
2014	644 791.1	308 058.6	30 311.90	4.70	9.84
2015	686 449.6	346 149.7	34 195.05	4.98	9.88
2016	740 598.7	383 365.0	39 390.00	5.32	10.27
2017	820 754.3	425 912.1	45 660.77	5.56	10.72
2018	900 309.0	469 575.0	51 278.00	5.70	10.92
2019	990 900.0	534 233	66 300.00	6.69	12.41

注：由于从1993年起开始开展国内旅游抽样调查，当年国内旅游收入与上年不可比。

1998年，我国居民参与国内旅游活动的人数达到6.9亿人次，成为世界上最大的国内旅游市场国；国内旅游收入已占我国旅游总收入的2/3，其发展十分迅猛。

在1998年12月召开的中央经济工作会议上，国家确定把信息业、房地产业、旅游业作为新的经济增长点；旅游业，特别是国内旅游业得到了更多的重视和更快的发展。

2001年国务院颁发了《国务院关于进一步加快旅游业发展的通知》（国发〔2001〕9号），进一步促进了旅游业的发展。

2003年我国旅游业遭受"非典"的打击后，国家和地方迅速出台了一系列的扶持旅游业的措施，由此可以看出国家和地方对旅游业的重视。因为我国国内旅游业的发展前景十分宽阔，因为我国具有极其丰富的旅游资源，又拥有世界上规模最大的国内旅游市场，国内旅游业必将获得更多的重视和更快、更好的发展。我国国内旅游收入总量目前已达到我国国际旅游收入的2倍，根据旅游业发达国家的经验，这个倍数可以达到7~8倍。因此，国内旅游业在我国有着相当大的发展潜力，我国国内旅游业在21世纪必将有更大的发展。

2009年，国务院出台《加快发展旅游业的意见》（国发〔2009〕41号），提出"把旅游业培育成为国民经济的战略性支柱产业和人民群众更加满意的现代服务业"——30年后又是一次"双目标定位"。之后，《中华人民共和国旅游法》颁布实施，第一部《国民休闲纲要》出台，共同体现了旅游业对国民经济作用的"增强凸显"，同时也是旅游业对国民生活重要性的"深度显现"。

2014年，按照国家《关于促进旅游业改革发展的若干意见》（国发〔2014〕31号），旅游业以主动与新型工业化、信息化、城镇化和农业现代化相结合的更大格局，以对经济社会文化生态多方协同的改革精神，全面融入国家战略体系，在推动"旅游+""大旅游""全域旅游"的过程中转型升级，形成了新格局。按照"五位一体"总体布局和"四个全面"发展要求，"全域旅游"不仅是符合旅游业特点的发展要求，而且是促进经济社会统筹推进和协调发展的重要载体。

2017年，习近平总书记指出："发展全域旅游，路子是对的，要坚持走下去。""大力发展全域旅游"成为2017年中央经济工作会议对旅游业定位的重要肯定。

2019年，我国旅游经济继续保持高于GDP增速的较快增长。国内旅游市场和出境旅游市场稳步增长，入境旅游市场基础更加稳固。全年国内旅游人数60.06亿人次，比上年同期增长8.4%；入出境旅游总人数3亿人次，同比增长3.1%；全年实现旅游总收入6.63万亿元，同比增长11%。旅游业对GDP的综合贡献为10.94万亿元，占GDP总量的11.05%。旅游直接就业2825万人，旅游直接和间接就业7987万人，占全国就业总人口的10.31%。

2019年年末到2020年年初，新冠肺炎疫情突然席卷全国，全民开始"居家隔离"、交通停运、"封城、封村"等，使得以旅游、餐饮等为首的服务业受到了重创。为了加快国内旅游业复产复工，助力经营困难的文旅企业渡过难关，重振旅游业，恢复国内经济，以文化和旅游部、财政部为首的政府部门加快了旅游支持、恢复政策的出台，内容包括暂退旅行社交纳的保证金；对交通运输/餐饮/住宿/旅游四类发生亏损的企业，结转年度延迟至8年；加大金融支持等。

（二）近年国内旅游市场的特点

近几年国内旅游市场的发展表现有如下值得关注的特征：

1. 城镇居民出游率高，消费水平高，在国内旅游市场上占主导地位

虽然农村居民的出游总量高于城镇居民，但是同农村居民相比，我国城镇居民的国内旅游表现有以下两点突出特征：

（1）出游率高。城镇居民国内旅游出游率1993—1998年依次为61.64%、75.8%、

91.0%、91.5%、92.4%、89.2%，至 2005 年，出游率已经达到 110.2%。2010 年和 2012 年分别为 246% 和 253.5%，同时，城镇居民的出游率在 2008—2015 年的年均增速为 14.08%。至 2017 年，我国城镇居民年均出游 4.56 次。

（2）消费水平高。从国内旅游的消费总额看。2009—2017 年城镇居民的国内旅游消费总额依次为 7233.8 亿元、9403.8 亿元、14 808.6 亿元、17 678.0 亿元、20 692.6 亿元、24 219.8 亿元、27 610.9 亿元、32 241.3 亿元、37 673.0 亿元，9 年间的年均增长率 18.03%；2019 年，我国城镇居民出游消费 4.75 万亿元，增长 11.6%。

从人均消费水平上看，城镇居民参加国内旅游的人均消费水平 2009—2017 年依次为 801.1 元、883.0 元、877.8 元、914.5 元、946.6 元、975.4 元、985.5 元、1009.1 元、1024.6 元，9 年间年均增长率 7.16% 无论从出游率，还是从消费水平方面看，城镇居民的外出旅游在国内旅游市场中一直占据着主导地位。

2. 农村居民外出旅游增长快

近几年来随着农村经济条件的改善和消费观念的改变，农村居民外出旅游处于快速增长阶段，农村居民人均出游次数 2010—2019 年依次为 1.55 次、1.45 次、1.59 次、1.71 次、1.82 次、1.97 次、2.10 次、2.30 次、2.52 次、2.78 次，农村居民旅游消费总额 2010—2019 年依次为 3176.0 亿元、4496.8 亿元、5028.2 亿元、5583.5 亿元、6092.1 亿元、6584.2 亿元、7147.8 亿元、7987.7 亿元、8688.3 亿元、9741.9 亿元。2019 年，农村居民花费增长 12.1%。

农村居民旅游的人均消费水平 2010—2019 年依次为：306.0 元/人次、471.4 元/人次、491.0 元/人次、518.9 元/人次、540.2 元/人次、554.2 元/人次、576.4 元/人次、603.3 元/人次、611.9 元/人次、634.7 元/人次，10 年平均旅游消费额为 530.8 元/人次，相当于同期城镇居民人均国内旅游消费额的 52.46%。考虑到农村居民庞大的人口基数和农业经济的未来发展，应该说，农村居民旅游市场极有发展潜力（见表 7-18）。

表 7-18 2010—2019 年中国国内旅游出游和花费比较表

旅游者范围	年份	总人次数		出游率		总花费		人均花费	
		数量（百万人次）	年增率（%）	人均出游次数（次）	年增率（%）	数量（亿元人民币）	年增率（%）	数量（元）	年增率（%）
全国合计	2010	2103	—	1.57	—	12 579.8	—	598.2	—
	2011	2641	25.58	1.96	24.8	19 305.4	53.46	731.0	22.20
	2012	2957	11.96	2.18	11.22	22 706.2	17.62	767.9	5.05
	2013	3262	10.31	2.40	10.09	26 276.1	15.72	805.5	4.90
	2014	3611	10.70	2.64	10	30 311.9	15.36	839.7	4.25
	2015	4000	10.77	2.91	10.23	34 195.1	12.81	857.0	2.06
	2016	4440	11	3.21	10.31	39 390.0	15.19	888.2	3.64
	2017	5001	12.6	3.7	15.26	45 660.8	15.92	913.0	2.79
	2018	5539	10.76	3.97	7.30	51 278.3	12.3	925.8	1.4
	2019	6006	8.43	4.29	8.06	57 250.9	11.65	944.7	2.04

(续)

旅游者范围	年份	总人次数		出游率		总花费		人均花费	
		数量（百万人次）	年增率（%）	人均出游次数（次）	年增率（%）	数量（亿元人民币）	年增率（%）	数量（元）	年增率（%）
城镇居民	2010	1065	—	1.59	—	9403.8	—	883.0	—
	2011	1687	58.40	2.44	53.59	14 808.6	57.47	877.8	-0.59
	2012	1933	14.58	2.72	11.20	17 678.0	19.38	914.5	4.18
	2013	2186	13.09	2.99	10.10	20 692.6	17.05	946.6	3.51
	2014	2483	13.59	3.31	10.85	24 219.8	17.05	975.4	3.04
	2015	2802	12.85	3.63	9.63	27 610.9	14.00	985.5	1.03
	2016	3195	14.03	4.03	10.89	32 241.8	16.77	1009.1	2.39
	2017	3677	15.09	4.56	13.15	37 673.0	16.85	1024.6	1.54
	2018	4119	12	4.95	8.65	42 590.0	13.05	1034.2	0.94
	2019	4471	8.55	5.27	6.46	47 509.0	11.55	1062.6	2.75
农村农民①	2010	1038	—	1.55	—	3176.0	—	306.0	—
	2011	954	-8.09	1.45	-1.09	4496.8	41.59	471.4	54.05
	2012	1024	7.34	1.59	9.66	5028.2	11.82	491.0	4.16
	2013	1076	5.08	1.71	7.55	5583.5	11.04	518.9	5.68
	2014	1128	4.83	1.82	6.43	6092.1	9.11	540.2	4.10
	2015	1188	5.32	1.97	8.24	6584.2	8.08	554.2	2.59
	2016	1240	4.38	2.10	6.6	7147.8	8.56	576.4	4.01
	2017	1324	6.77	2.30	9.52	7987.7	11.75	603.3	4.67
	2018	1420	7.3	2.52	9.35	8688.3	8.77	611.9	1.43
	2019	1535	8.10	2.78	10.43	9741.9	12.13	634.7	3.73

① 根据国家旅游局、国家统计局《旅游统计调查制度》的有关调查方案，此处的"农村农民"是指"农村居民"。

3. 旅游目的地城市的国内客源以短距离为主，城市居民近郊游明显

20世纪90年代后期，北京大学的吴必虎教授通过抽样调查的方法，在上海、成都、西安、长春等城市进行实证研究，发现大中城市客源市场随距离分配的基本规律是：城市一级客源（本城居民）的出游空间80%集中在距离城市500km范围内；二级客源市场（来本城的非本城居民）出游的范围主要集中距离城市250km的范围内。从近几年的旅游发展的实际情况来看，这一规律仍然适用，环城旅游带的兴起正是这一规律的具体体现。

如到上海的国内旅游者在地区上的分布具有以下特点：①沿海地区的国内旅游者人数大于内地省份的国内旅游者人数。前往上海的国内旅游者中，有六成的旅游者是来自沿海地区，来自西南、西北地区的不到一成。②从六大行政区域来看，到上海的国内旅游者人数处于首位的是临近上海的华东地区，占全部到上海的国内旅游者的67.3%；其次是中南地区，占13.5%；其他四个地区所占百分比均低于6.0%。

以天津、安徽和山东为例，这三省市处于我国出游力最强的华北和华东区域，从客源地来看，2017年周边游承载了其50%以上的游客接待。由此可见，周边游已成为国内旅游最主要的方式之一。

4. 国内旅游者流向知名度较高的热点景区

黄金周期间，会有海量国内旅游者流向国内知名度高的热点景区，使得这些热点景区超负荷接待，引发了大量的旅游投诉，甚至是旅游安全问题。对此，国务院不得不成立全国假日旅游部际协调会议办公室[注]发布假日旅游信息，对北京、天津、承德、沈阳、大连、长春、吉林、哈尔滨、上海、南京、无锡、苏州、杭州、宁波、黄山、厦门、青岛、洛阳、武汉、张家界、广州、深圳、桂林、海口、三亚、重庆、成都、贵阳、昆明、西安、银川这31个重点城市和平遥古城、五台山、周庄、普陀山、乌镇、九华山、武夷山、庐山、井冈山、泰山、曲阜孔庙、武当山、南岳衡山、峨眉山、九寨沟、玉龙雪山、布达拉宫、华山、敦煌莫高窟、天山天池这20个重点景区进行假日旅游信息预报引导客源流向。

在居民出游的流向方面，国内旅游者多流向重点旅游城市。2016—2018年"黄金周"国内旅游市场情况见表7-19。

表7-19　2016—2018年国内旅游市场的"黄金周"情况统计表

时　间	游客数量（万人次）	一日游游客（万人次）	重点旅游城市接待人数（万人次）	旅游收入（亿元）
2016年春节	30 200	23 114	6440.12	3651
2016年"五一"	14 600	8723	1982.87	642
2016年"十一"	70 500	37 557	14 800	4822
2017年春节	34 400	25 398	6856	4233
2017年"五一"	13 400	85 972	1735	719
2017年"十一"	66 300	25 312	34 095.39	5494
2018年春节	38 600	26 029	6786.34	4750
2018年"五一"	14 700	8534	1782	871.6
2018年"十一"	72 600	—	—	5990.8

5. 黄金周旅游形成了旅游的季节性和节律性突出

自从1999年国务院公布新的《全国年节及纪念日放假办法》后，国内旅游市场初步形成了春节、"五一""十一"三个出游量集中的旅游"黄金周"。

2007年12月，国家明确了从2008年起我国将要执行的假日方案：取消五一黄金周，增加清明、端午、中秋三天假期，每年的法定节假日总天数由此增加至11天。

2018年春节黄金周期间，全国共接待旅游者38 600万人次，比上年春节黄金周增长12.1%；实现旅游收入4750亿元，比上年同期增长12.6%。在全国接待的38 600万人次中，一日游游客为26 029万人次。31个重点旅游城市，共接待6786.34万人次旅游者。广东、四川、湖南、江苏、河南、安徽、山东、广西、湖北、浙江等省份接待游客人数居前十位。

[注]　即全国假日办，2014年已撤销，职能并入国务院旅游工作部际联席会议。

但是，旅游黄金周的出现也暴露出一些不足和需要加以改进的地方，其中最突出的就是因为出游时间的过分集中而引起的一系列问题。如某些旅游热点地区人满为患、拥挤不堪，不仅严重影响了游客的旅游热情和对当地的印象，而且也不利于旅游目的地的可持续发展。

总而言之，近年的旅游"黄金周"现象反映了我国国内旅游业巨大的市场规模和良好的发展潜力，它所带来的问题需要通过带薪休假制度的完善加以解决。

三、我国出境旅游市场概况

我国公民自费出境旅游，是我国改革和对外开放的产物，虽然历史不长，但发展很快，已经形成了一定的规模，并继续保持发展势头。

受各种因素的影响，我国的出境旅游不仅出现得晚、规模小，而且经营方式简单，长期以来没有系统的统计资料，所以对它的研究也非常有限。近些年来，特别是20世纪90年代以后，出境旅游开始有了长足的发展，出境旅游的人数不断增加，出境旅游的目的地不断增多，2000年出境旅游总人次数首次突破1000万大关。2013年，我国出境旅游接近1亿人次，成为世界第一大出境客源国；境外旅游消费达1020亿美元，超过美国和德国，成为世界第一。2019年，我国公民出境旅游人数达到1.55亿人次，比上年同期增长3.3%。出境旅游的发展不仅引起了我国政府、业界和广大公众的高度关注，同时，作为一个潜力巨大的市场，我国的出境旅游也越来越受到国际社会的广泛关注。

（一）我国公民出境旅游的形式

具体地说，我国公民出境旅游是指"我国居民（目前不包括港澳台居民）到境外国家或地区（目前包括香港、澳门两个特别行政区和台湾地区），不以通过所从事的活动获取报酬为主要目的，进行休闲、娱乐、观光、度假、探亲访友、就医疗养、购物、参加会议或从事经济、文化、体育、宗教的活动，且在境外连续停留不超过12个月，不包括因工作或学习在国内和目的地国家（地区）之间有规律往返的活动"（蔡家成，2000）。

因此，我国公民出境旅游包括出国旅游、边境旅游和到我国港澳台地区的旅游活动三部分。

我国公民的出境旅游活动是改革开放政策的产物，没有改革开放，我国的出境旅游活动不会发展到今天这样的程度。纵观过去40余年来的实践，我国公民出境旅游的发展，从活动的形式来看，大体上是按照"港澳游""边境游"和"出国旅游"的顺序逐渐发展起来的。从活动的目的来看，是从探亲访友、商贸活动到休闲观光逐渐展开的；从国家政策和管理的角度来看，经历了试验、放松到逐渐放开的过程。目前，我国公民的出境旅游逐渐成为旅游常态。

1. 出国旅游

（1）出国旅游概念。出国旅游是指我国公民自己支付费用，由经国家旅游行政主管部门批准特许经营我国公民自费出国旅游业务的旅行社组织的，以旅游团的方式，前往经国家批准的我国公民自费出国旅游目的地国家或地区旅游的活动。

（2）出国旅游早期形态。我国公民自费出国旅游是从出境探亲旅游发展演变而来的。1999年10月，国家旅游局联合外交、公安、侨办等部门，并经国务院批准，发布施行了《关于组织我国公民赴东南亚三国旅游的暂行管理办法》，规定由境外亲友付费、担保，允许我国公民赴新加坡、马来西亚、泰国探亲旅游；1992年7月，又批准增加菲律宾为探亲旅游的目的地国家。

（3）出国旅游管理的规范化。1997年7月1日，由国家旅游局与公安部共同制定并经国务院批准的《中国公民自费出国旅游管理暂行办法》发布实施，我国公民自费出国旅游正式开始。这个管理办法，将我国公民出境探亲旅游正式改变为我国公民自费出国旅游，同时明确了我国公民自费出国旅游的方式、管理原则、特许经营此项业务的旅行社和旅游者的责任、权利、义务，以及对违法行为的处罚措施等。随着这个管理办法的发布实施，出国旅游的管理工作力度明显加强，出国旅游市场秩序大为改观，逐步走上了健康发展的轨道。《中国公民出境旅游管理办法》经国务院批准于2002年7月1日起开始实行，该管理办法的颁布和实施标志着我国旅游业进入了一个全面发展的新时期。

（4）我国成为世界新的旅游客源地。世界旅游组织曾预测，到2020年，中国内地将成为全球第四大旅游客源国。2002年，我国因公因私出境人数达1660.23万人次，其中经过旅行社组织的出境旅游的总人数为372.16万人次，我国正在成为一个新的主要旅游客源国，受到世界许多国家的瞩目，我国旅游业在国际上的地位也因此得到了进一步提高，许多国家表示，希望成为中国公民自费旅游的目的地国家。

2. 边境旅游

我国陆地边界线总长两万多千米，与十几个国家接壤。经过改革开放40多年发展，在我国，边境旅游已逐步成为与出国旅游、港澳台旅游并驾齐驱的三大出入境旅游市场之一。边境旅游发展虽取得一定成效，但仍然面临一些制度性发展瓶颈，如边境旅游管理体制机制相对滞后，部分边境旅游线路老化，部分边境地区出入境不够便利等。

（1）边境旅游概念。边境旅游是指旅行社招徕、组织、接待本国及毗邻国家的公民通过边境口岸进行的跨越国境的旅游活动，是旅行社国际旅游业务的重要组成部分。根据我国国家旅游局于1996年颁布的《边境旅游暂行管理办法》的规定，"边境旅游指经批准的旅行社组织和接待我国及毗邻国家的公民，集体从指定的边境口岸出入境。在双方政府商定的区域和期限内进行的旅游活动"。一般地说，我国的"边境游"指的是中国边境地区的居民到相邻国家的边境城市所做的短期旅游活动。

和港澳游一样，边境旅游活动也是先从地方上开始的。有所不同的是，边境旅游往往是与边境贸易和边民交往相联系，而并不是以探亲访友为主要目的。虽然从实质上讲，边境旅游也是跨越国境的出国旅游，但和真正的出国旅游相比有几点明显的区别。其一，人员的限制：参加边境旅游的人员必须是边境地区居民，非边境地区的中国公民和第三国家的公民不得参加；其二，目的地限制：出游的目的地一般是边境地区和对方的边境城市；其三，时间限制：边境旅游活动为"当日往返"，即使是多日游，往往也有时间上的限制；其四，证件不同：边境旅游者不需要使用护照，也不需要办理正式的签证，而是使用双方认可的边境通行证。此外，由于与我国相邻的许多国家经济并不发达，边境旅游经常和边境贸易结合在一起，因此并不要求使用外币结算，经常使用人民币或易货、计账的办法进行结算，因此，开展边境旅游直接外汇流失的数量很少。

（2）边境旅游的序幕。我国的边境旅游于1987年开始于辽宁省丹东市。根据丹东市和朝鲜新义州市的年度交流计划，从1984年开始，两市互派友好参观团到对方城市进行为期一天的友好参观活动。在这一基础上，经两市旅游部门协商，一致同意开展两市之间的边境旅游活动，将过去双方互派友好参观团改为组织各自城市的旅游者自费赴对方城市进行一天的旅游活动。国家旅游局和对外经济贸易部于 1987 年 11 月批准了丹东市对朝鲜新义州市的"一日游",由此拉开了我国边境旅游的序幕。

(3) 边境旅游的发展。诞生于辽宁省丹东市的这一新的旅游形式,启发了与之有着相同或类似条件的其他边境地区的一些市、县。1998 年上半年,经国家批准,我国共有黑龙江、内蒙古、辽宁、吉林、新疆、云南、广西 7 个省、自治区与俄罗斯、蒙古、朝鲜、哈萨克斯坦、吉尔吉斯斯坦、塔吉克斯坦、缅甸、越南 8 个国家开展边境旅游。经批准的边境旅游项目达 56 个,形式从"1 日游"到"8 日游"不等。到现在,几乎所有的边境省区都已经开展了各种形式的边境旅游活动,特别是黑龙江、内蒙古、辽宁、吉林、新疆、云南、广西等省、自治区和与之接壤的俄罗斯、蒙古、朝鲜、哈萨克斯坦、吉尔吉斯斯坦、塔吉克斯坦、缅甸、老挝、越南等国家边境地区之间的边境旅游开展得有声有色。例如,我国和朝鲜的边境游项目可以多到 4 日游,不仅可以到平壤,甚至可以直接到朝韩分界线;中俄边境旅游可到达莫斯科;中缅边境旅游可到达仰光。跨越中越边境开展的边境游,既可以通过陆地,也可以通过海上,可以在边境城市,也可以深入到砚港、河内,甚至胡志明市等更远的地方。实际上,不少边境旅游活动已经和出国旅游没有多大的差别了。

为解决目前边境旅游面临的困境和问题,国务院 2018 年 4 月印发《关于支持沿边重点地区开发开放若干政策措施的意见》,提出研究设立边境旅游试验区。2018 年 3 月,国务院同意设立内蒙古满洲里、广西防城港为国家首批边境旅游试验区,进一步利用边境特色旅游资源,打造边境新型旅游产品,鼓励发展特色餐饮、文化演艺、旅游商品研发、土特产品加工销售等产业,提高旅游资源利用率和产业附加值。

(4) 边境旅游的规模。据不完全统计,1997 年通过边境旅游渠道来华旅游的邻国边境地区旅游者为 71.8 万人次,我国居民通过边境旅游渠道到邻国边境地区旅游的人数为 170 万人次。此后,我国的边境旅游发展迅速。至 2019 年,通过边境旅游渠道来华旅游的邻国边境旅游者达 3188 万人次;我国居民通过边境旅游渠道到邻国边境旅游的人数达 16 921 万人次。

(5) 边境旅游的管理。为了规范对边境旅游的管理,国家旅游局、外交部、公安部、海关总署共同制定了《边境旅游暂行管理办法》,经国务院批准,于 1997 年 10 月 15 日发布施行。2010 年 12 月 15 日,国家旅游局重新发布了《边境旅游暂行管理办法》,这个管理办法明确了边境旅游的范围、主管部门、各级旅游局的管理权限,规定了申办边境旅游业务的必备条件、同对方国家边境地区旅游部门签订意向性协议的主要内容、申请开办边境旅游业务的程序、我国公民参加边境旅游的办法、边境旅游的出入境手续,并规定了对各种违法行为的处罚程序。管理办法的发布实施,使边境旅游的经营和管理有了依据,促进了边境旅游健康、持续发展。

鉴于边境旅游分布在多个省、自治区,涉及多个对象国,各地的情况千差万别,难以制定统一的边境旅游管理办法实施细则,国家旅游局和有关部门商议,决定针对不同对象国分别制定实施细则,第一个《中俄边境旅游暂行管理实施细则》已于 1998 年 6 月 3 日发布实施。该《细则》除详细规定了国家旅游局、地方旅游局的职责和权限,以及开办中俄边境游的条件和审批程序之外,还对旅行社如何开展经营业务、出入境证件和边防检查管理也做出了详尽的规定,并制定出了明确的罚则。

3. 港澳游

（1）港澳游概念。港澳游是指经国家特许经营此项业务的旅行社，组织内地居民以旅游团的方式前往香港、澳门地区旅游的活动。

（2）港澳游的历史沿革。港澳游是由内地居民赴港澳探亲旅游发展而来的。为了方便内地的港澳眷属到香港、澳门地区探亲会友，广东省旅游公司于1983年11月15日开始组织广东省内居民的"赴港探亲旅游团"，产生了积极的影响。为此，国务院于1984年3月22日批准了国务院侨务办公室、港澳事务办公室、公安部联合上报的《关于拟组织归侨、侨眷和港澳台眷属赴港澳地区探亲旅行团的请示》，规定统一由中国旅行社总社委托各地的中国旅行社承办归侨、侨眷和港澳台眷属赴港澳地区探亲旅行团在内地的全部组织工作，香港、澳门的中国旅行社负责在当地的接待事务。1992年，国务院港澳事务办公室又增批福建省相关旅游公司开办赴港澳地区探亲游；1998年5月，经国务院港澳事务办与香港特别行政区政府协商，决定扩大香港游的规模，并增加中国国际旅游社总社为承办"香港游"单位，这是港澳游的新开端。根据香港旅游发展局统计数据显示，自1997年回归以来，香港旅游行业经历了飞跃式发展，内地赴港人次从1997年的236万人次攀升至2016年的4277万人次，增长超过17倍。2017年，访港内地旅客人次达到4445万人次，占全部访港旅客的76%。

（3）"香港游"管理规范。经商国务院有关部门，国家旅游局于1998年8月10日发布了《关于加强"香港游"管理工作的通知》，对"香港游"的有关事项加以规范。2002年公安部出入境管理局又推出了7条措施进一步方便内地与港澳地区企业之间的交往和合作，及内地居民短期往来港澳地区。2003年开始在部分省市实行居民个人身份申请港澳游。

（4）"澳门游"管理规范。对"澳门游"的管理办法与"香港游"基本相同。

（二）中国公民出境旅游发展特点及其发展

1. 我国出境旅游发展的特点

可以看出近年来中国公民出境旅游呈现出以下几个特点（见表7-20）：

表7-20　2010—2019年中国公民出境旅游比较

年　份	出境总人数（万人次）	增长率（%）	因公出镜		因私出境	
			人数（万人次）	增长率（%）	人数（万人次）	增长率（%）
2010	5738.65	—	587.86	—	5150.79	—
2011	7025	22.42%	613.21	4.31%	6411.79	24.48%
2012	8318.87	18.42%	613.36	0.02%	7705.51	20.18%
2013	9818.52	18.03%	621.44	1.32%	9197.08	19.36%
2014	11 659.32	18.75%	656.41	5.63%	11 002.91	19.63%
2015	12 786.00	9.66%	614	-6.46%	12 172.00	10.63%
2016	13 513.00	5.69%	663	7.98%	12 850.00	5.57%
2017	14 272.74	5.62%	691.18	4.25%	13 581.56	5.69%
2018	16 199.34	13.50%	697.65	0.94%	15 501.69	14.14%
2019	16 921.00	4.45%	710	1.77%	16 211.00	4.58%

(1) 增长速度快。1999—2019 年，中国公民出境总人数在逐年递增，特别是 2018 年，我国出境旅游呈现大且升、稳又变的状态。巨大的旅游市场规模与稳定结构并存，旅游目的地呈现小特征轮动和满意度持续提升的趋势。2018 年，我国的出境旅游市场规模增长到 1.62 亿人次，相比 2017 年同比增长 13.5%。我国出境游客境外消费超过 1300 亿美元，增速超过 13%。由此可见，我国不仅出境旅游规模不断扩大，我国游客对出游目的地的满意度也在不断提升。

(2) 因私出境人数增幅较大。因私出境旅游人数在 1999—2019 年间保持高速增长，2019 年因私出境 16 211 万人次，增长 4.6%。

(3) 中国公民出境第一站前十名的排位较稳定。中国公民出境第一站前十名的排位从 1998 年开始基本上没有多大的变化，港澳游继续保持旺盛（见表 7-21）。

表 7-21　中国公民出境第一站前十名（2010—2018 年）

目的地	2010	2011	2012	2013	2014	2015	2016	2017	2018
中国香港	1	1	1	1	1	2	1	1	1
中国澳门	2	2	2	2	2	6	2	4	6
日本	3	6	6	7	6	4	5	5	3
越南	6	10	10	8	8	10	6	10	10
韩国	4	3	3	3	3	3	4	3	4
泰国	9	7	5	4	4	1	3	2	2
美国	7	8	8	6	7	8	8	9	8
新加坡	10	—	—	—	9	7	9	6	9
马来西亚	8	5	9	10	10	9	10	7	7
中国台湾	5	4	4	5	5	5	7	8	5
柬埔寨	—	9	7	9	—	—	—	—	—

2. 我国出境旅游发展的有利政策条件

随着我国全面建设小康社会的政策的实施，人民收入的增加，对外国际交往的增加和出境旅游政策的放宽，出境的手续的简化，未来我国的出境旅游市场将会更进一步增加。

(1) 护照制度的突破，因私护照按需申领制度开始实施。从 2001 年 11 月起，居民办理出国手续时不再需要提交境外邀请函，根据新规定，居民除参与旅游团体出国旅游、出国自费留学、收养儿童出国定居、出国劳务人员和出国文化交流等五种出境事由申办护照要提供相应的证明外，其他事由须提交身份证、户口簿和单位同意因私出境意见即可申办护照。同时，公安部决定推行护照按需申领护照的改革，对于出境旅游来说，这些制度的实施使得出境旅游活动手续更加简便、渠道更加畅通、申领护照的时间更短。

(2) 外汇管理再次放宽。外汇管理再次放宽，出境游客购汇的银行和币种更多，购汇更方便。

(3) 内地与港澳地区往来限制放宽。自香港和澳门回归后，内地与港澳的关系更加密切，2002年公安部出入境管理局又推出了7条措施进一步方便内地与港澳地区企业之间的交往和合作，以及内地居民短期往来港澳地区。

（4）出境旅游价格总势走低。2002年7月1日以来，具有出境旅游组团权的旅行社大增，促进了旅游价格的下调。同时旅行社和航空公司联手共同开拓出境旅游市场，尤其是包机业务的扩大，使国际航空费用有了较大下调的可能，例如，中旅总社从2002年4月初开始推出北京—澳大利亚的包机7日游，价格为9800元，比以往最便宜的赴澳游还降低了4000元，下调了30%。中青旅控股股份有限公司又在2010年12月推出了"凡在遨游网预订千元以上百变自由行或参团产品，并在线支付成功，即可立享出境产品（不含港澳）直降100元/人，国内产品（含港澳）直降50元/人"的优惠活动。2019年11月5日，人民币对美元升势延续，中间价大幅调升，创近3个月新高，在岸、离岸人民币兑美元也表现强势双双"破7"，离岸人民币一度突破6.99关口。自2019年10月9日以来，人民币兑美元已经连续五周实现上涨，涨幅近2%，从7.14附近逐渐拉升至7左右。这对于即将出境游的中国游客来说，人民币上涨回归"6"时代，意味着人民币的购买力增强，出境旅游消费更优惠。

（5）旅游者境外消费支付更加方便。VISA国际组织与中国会员银行合作，针对中国出境旅游市场推出的新产品VISA国际旅游卡在2002年6月底面市，极大地方便了中国公民出境旅游消费的境外支付。

（6）出境旅游目的地国家和地区采取了积极措施。为了鼓励和方便中国公民出境旅游，很多国家开始对中国旅行团实行"落地签证"的优惠做法，即旅游者可以在目的地国家和地区入境口岸办理签证。泰国、越南、菲律宾、马来西亚等国家先后给予中国公民旅游团以"落地签证"的优惠待遇。自2007年1月1日起，阿根廷、委内瑞拉、乌干达、孟加拉和安道尔5国成为我国内地公民出国旅游目的地。此后，我国内地公民旅游目的地国家和地区不断增加，截至2019年7月，面向中国内地公民开放的出境旅游目的地国家和地区达130个。至此我国内地公民旅游目的地国家和地区将增至86个，并且全部开展业务。

2002年香港游的配额制度取消，更促进了香港游的升温。2003年7月28日广东四市率先实行居民个人身份申请港澳游，广东省于2004年5月1日在全省全面开办居民个人赴港澳旅游；2003年9月1日，北京市开办居民赴港澳个人游；2003年8月18日，上海市公安部门开通居民"个人港澳游"申领业务；2004年中秋节及国庆黄金周期间，内地赴港个人游旅客达到24.59万名，平均每天逾1.75万人次，较前一年同期升逾167%；2004年，福建开放居民赴金门、马祖旅游。

2015年，马尔代夫为了吸引更多的中国游客，当地的酒店、交通线路都有针对中国游客有特别优惠，甚至还推出了一款为中国人量身设计的保险打包产品。为了给中国游客提供便利，马来西亚从2015年1月开始免除中国游客的签证费用、缩短签证时间，并在2015年策划"节庆年"主题活动，举办了200场特色活动，以满足旅游者日趋多元化的需求。2015年，多米尼加共和国为了吸引更多的中国游客，简化了签证流程，并增强了地接社的服务接待能力等。

由于人民币的长期稳定、信誉好，很多国家和地区主动接受人民币，使得人民币在一些国家可以自由流通，这也方便了我国公民的境外旅游消费，促进了我国公民到这些国家和地区旅游。

第五节　旅游市场营销

一、旅游市场营销的内涵

旅游市场营销是通过分析、计划、执行、反馈和控制这样一个过程，并以旅游消费需求为导向，协调各种旅游经济活动，从而实现提供有效产品和服务，使游客满意、使企业获利的经济和社会目标。旅游市场营销的主体很广，包括所有旅游企业及宏观管理的旅游局，如旅游景区、景点、旅行社、宾馆酒店以及旅游交通部门等。市场营销是个人和群体通过创造并同他人交换产品和价值以满足需求和欲望的一种社会和管理过程。旅游市场营销是发展旅游事业、获得经济效益的重要环节，研究旅游市场营销无疑对我国旅游事业的发展有着特别重要的意义。

旅游市场营销是市场营销理论在旅游业中的具体应用，它是旅游经济个体（个人和组织）对思想、产品和服务的构思、定位、促销和分销的计划和执行过程，以创造达到经济个体（个人和组织）目标的交换。也就是说，旅游产品或旅游服务的生产商在识别旅游者需求的基础上，通过确定其所能提供的目标市场并设计适当的旅游产品、服务和项目，以满足这些市场需求的过程，具体还可以分为景区旅游营销、酒店旅游营销、旅行社旅游营销等。

二、旅游市场营销环境分析和调研

（一）旅游市场营销环境分析

旅游市场营销环境是指与旅游企业营销活动有关的外部不可控制的因素和力量，是影响旅游企业生存和发展的外部条件。根据旅游企业营销环境中各种力量对其市场营销的影响，可把市场营销环境分为微观环境和宏观环境两大类。

1. 旅游市场宏观营销环境

旅游市场宏观营销环境是指旅游企业或旅游业运行的外部大环境，它对于旅游企业来说既不可控制，又不可影响，却对企业营销的成功与否起着重要作用。在旅游市场营销中，宏观环境因素主要包括政治法律因素、文化因素、社会因素、经济因素、人口因素、地理因素、技术环境因素等各个方面。

（1）政治法律因素。旅游消费的需求弹性系数较大，它不仅对价格敏感，而且对政策法规也十分敏感。国家有关旅游业的经济立法，对旅游市场需求的形成和实现具有不可忽视的调节作用。而这些法律或规定都是在企业的控制范围之外，其调整变化却将对旅游企业营销活动产生很大的影响。比如我国的休假制度经历了从"大、小礼拜"到"双休"，再到三个"黄金周"的历程；2007年，国家又一次对休假制度进行了调整，形成"两大五小"的新黄金周模式；同时，带薪休假制度也开始正式在我国实施。休假制度的调整将影响公民旅游消费习惯和淡旺季的客源分布，旅游地可根据这一政策制度调整自己的营销策略，以适应市场的变化。还有些立法条款对旅游娱乐的消费需求会产生重大影响。比如，交通运输条款的规定会对旅游需求产生影响。2012年国庆节开始，节假日期间高速公路免收通行费的政策大大激发了公民的自驾游旅行。我国铁路客运票价、航空票价对旅游的影响显而易见。旅游娱乐消费税和扣除额的变化对旅游者的消费行为将产生更大的影响,从而还会影响旅游企业的营销活动。政府对出国旅游签证的管控会直接影响到出境旅游情况。简化烦琐的入关手续可以吸引更多的国外旅游者；反之,手续复杂的入关程序会使相当一部分潜在旅游者闻风却步。

在旅游业中,国家旅游部门、其他政府部门还会对旅游服务的质量和标准进行一定程度的控制。法律和法规规定企业应该怎样做,什么样的产品才算合格,均直接影响着服务和产品的营销方法。当一项立法变化时,整个行业的营销管理都要根据立法与规则及时调整旅游营销计划。在保护和充分利用自然环境与历史文化旅游资源之间,政府要加以协调,政府的态度会对旅游企业产生一定的影响。

(2) 文化因素。文化因素是指一个国家或地区的民族特征、文化传统、价值观、宗教信仰、教育水平、社会结构、风俗习惯等情况。文化对个人必然有暗示、提醒、制约的力量及潜移默化的影响,它影响和支配着人们的生活方式、主导需求、消费结构和方式,以及人们对旅游的观念态度等。因此,旅游营销活动必须要适应文化的特点。为了成功地吸引某些国家或地区的旅游者,了解当地的文化十分重要。营销活动能否适应当地文化,决定着旅游企业经营的成败。

在旅游营销过程中,必须对文化因素进行彻底的了解与分析,对不同文化采取适当差别的营销方式,才能达到营销的目的。在分析宏观文化因素时应考虑以下几点：①确定文化中相关的动机。例如,与美国人的度假旅游动机相比,德国人对游览景点更感兴趣。②确定哪种文化价值观与旅游相关,人们是否将旅游、娱乐视为积极有益的活动。如在英国,人们把每年的度假看得十分重要,往往一整年都为这次度假做准备。③确定不同文化中决策的特殊形式：谁做出旅游的决定？何时决定？决策时的信息来源和衡量标准是什么？如对美国科罗拉多大峡谷旅游感兴趣的旅游者调查显示,日本人平均提前1周计划旅行,英国人提前25周,而德国人则在31周前就开始制订旅游计划了。④评估适合某种文化的营销方法。例如,在英国,幽默的广告双关语往往能吸引旅游者；而在美国,广告为了引起人们注意,就需要使用较为直截了当的语言。⑤确定旅游消费者心目中合适的旅游产品销售机构。人们是趋向于直接向供给者购买还是利用零售旅行社购买？是否还有其他可让消费者接受的产品分销方法吗？如,德国人比欧洲其他国家的人更倾向于使用零售旅行社。

(3) 社会因素。影响消费者行为的社会因素主要包括相关群体、家庭和社会阶层等。①相关群体：就是能影响一个人的态度、行为和价值观的群体,如家庭、邻居、亲友等,或因某社会风尚的影响而形成具有一种消费需求倾向的群体。这个相关群体为这个人的所思提供了参考依据,是这个人行为的主要决定因素,从而导致购买行为的异同。相关群体会影响用户购买产品的方式、品牌等。比如,在某一时期,本地青年流行去夏威夷旅行结婚,那么周围大部分人会有从众心理,会去夏威夷旅行结婚。②家庭。家庭是基本的社会单位,家庭对购买者的购买行为影响最为明显。每个人都会受到来自其他家庭成员的影响,如消费观念、爱好、价值观等。每一个家庭都会有各自不同的旅游决策模式。此外,家庭生命周期也对一个家庭旅游活动产生重大影响,如无子女的青年人家庭往往会对旅游十分感兴趣。旅游对孩子的教育价值的考量也往往是家庭旅游的主要动机。③社会阶层。经济条件相似的社会成员具有相似的价值观、兴趣爱好和行为方式。经济条件不同的人会表现出不同的旅游倾向。如经济条件较好的人一般比较重视旅游,在选择旅游团队时会考虑其同伴的身份背景,且倾向于购买高档的旅游产品；而经济条件一般的人在旅游中更注重实用性，人均花费少。

（4）经济因素。从宏观上分析经济环境时，要着重分析以下主要经济因素：①国民生产总值（GNP）。国民生产总值是反映国民经济发展的综合指标。人均国民生产总值更能反映出一个国家人民的富裕程度。有研究指出，一般来说，人均GNP到300美元就会兴起国内旅游，而人均GNP达到1000美元就会有出境旅游的需求。特别是人均GNP为1500美元以上的，旅游发展速度更为迅速。②个人收入。经济条件是人们进行旅游活动的必要条件之一。个人收入，尤其是个人可自由支配的收入更是决定旅游消费者购买力和支出的决定性因素。据统计，在经济发达国家中，每个国民的旅游费用支出约占个人收入的4%~6%。因此，个人收入是衡量当地市场容量、反映购买力高低的重要尺度。一般来说，高收入的旅游者往往比低收入的旅游者在旅游过程中平均的逗留时间长、平均花费高。旅游者在旅游中选择参加的活动类型、购买的旅游产品也因收入不同而有很大的差别。③外贸收支状况。国际贸易是各国争取外汇的主要途径，而外汇的获得又决定一国的国际收支状况。当一国外贸收支出现逆差时，不但会造成本国货币贬值，使出国旅游价格变得昂贵，而且旅游客源国政府还会采取以鼓励国内旅游来替代国际旅游的紧缩政策。

（5）人口因素。①人口数量与旅游市场构成的关系。在收入接近的条件下，人口的多少决定着市场容量。一般来说，人口数量与市场容量、消费需求成正比。②人口城市化与旅游市场的关系。一般来说，城市居民中具有旅游需求的人数不仅比农村多，而且占比也高。城市人口的增多会导致旅游人数的增多。如何适应人口城市化的特点去开发旅游市场，是营销者面临的一个新的重要课题。③世界人口年龄结构变化与旅游市场的关系。预计到2025年，全世界60岁以上的人将增加4倍，退休人口将占世界总人口的40%，世界人口老龄化，特别是主要旅游客源国的人口老龄化趋势越发明显。随着世界人口老龄化，国际老年人旅游市场已形成，旅游市场营销者应审时度势，制定老龄人旅游市场开发战略，推出适合老年人需求的各种旅游服务项目。

（6）地理因素。地理因素既直接影响市场营销，又间接影响国家的社会与文化，所以市场开发不能忽视地理因素。①世界旅游客流的移动特点、规律与地理环境的关系。从地理学的角度而言，随着地理距离的增大，客源便逐渐衰减，因为距离增大导致旅游费用和耗时会逐渐增多。因此旅游客流强度逐渐减弱，国内旅游客流大于国际旅游客流，中短程国际旅游客流大于远程国际旅游客流。目前，世界上许多国家都把近距离的市场作为自己的争夺目标。如墨西哥一直以美国为目标市场进行旅游促销，亚洲国家也多在吸引日本、韩国等发达国家的游客。②旅游者的旅游动机与地理环境的关系。旅游者外出旅游更主要是因为旅游目的地的地理要素、景观构成的吸引物所诱发的旅游动机，如气候、海滩、阳光、风景、地貌等，都会对旅游者产生诱惑。

（7）技术环境因素。技术是指人们所有行事方法的总和，它直接影响到旅游企业的产品开发、设计、销售和管理技术，决定了企业在旅游市场上的竞争地位。作为旅游企业的营销者，需要考虑两方面的技术环境：①运用新技术可以提供竞争优势。新技术能更好地促进行业的发展，计算机的应用使航空公司、旅行社、酒店等旅游企业利用计算机为消费者提供了更好的服务和其他许多便利。特别是互联网的蓬勃发展，不仅为航空公司、酒店和旅行社提供了高效的直销、分销渠道，而且推动了在线旅游产业的快速升温。在线旅游产业正在改变城市旅游的营销方式，使其从电视台、报刊等传统媒体阵地，逐步转向以在线旅游搜索、微博等为代表的新媒体平台。②技术对旅游者的影响。先进的室内娱乐、丰富的网上旅游逐渐成了外出娱乐和旅游的替代品。技术一方面制约旅游活动,另一方面又带来便利,家庭电气设备的发展缩短了家务劳动的必要时间,从而使人们有更多的闲暇时间外出旅游。而且,高技术的娱乐项目已经成为旅游者的旅游活动吸引物。闻名遐迩的迪士尼乐园就是集光、声、电等多种发达技术于一体的产物。同时,技术的发展使旅游设施现代化,为人们的旅游活动带来便利,如交通、通信的发展将时空的距离变得短小,洲际旅游成为易事。旅游饭店设施设备的现代化也为旅游者提供了方便。

2. 旅游市场微观营销环境

旅游市场微观营销环境是与企业市场营销活动直接发生关系的具体环境,是决定企业生存和发展的基本环境,主要由企业内部环境、营销中介、供应者、购买者、竞争者和公众六大要素构成(见图7-1)。

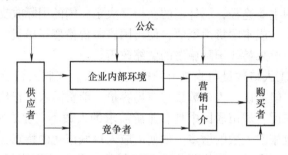

图7-1 旅游市场微观营销环境

(1)企业内部环境(enterprises interior environment)。旅游企业市场营销活动的进行不是孤立的过程,它要与自身内部的诸多职能部门,如董事会、财会、采购、客房、餐饮、娱乐等部门的工作紧密联系和相互配合。因此,旅游企业自身内部环境的优劣,反映一个企业应付激烈竞争和适应市场变化与环境变化的能力。旅游企业的内部环境由企业组织结构、企业文化、企业资源等所组成(见图7-2)。

企业组织结构主要是指企业管理系统和操作系统的具体组织形式,包括企业所有制形式、职能部门结构、部门的人员结构、管理结构的设置、投资与经营管理的权责等方面。企业组织结构是企业这个有机体的"骨架",是从事市场营销工作的基础和依托。

企业文化是企业内部生产关系的外在表征,包括企业职工共有的信念、期望和价值观,企业法人的形象,企业内部管理的规章制度,领导与职工的关系等方面。企业文化是企业这个有机体的"大脑",它决定或影响了企业的组织结构和企业资源的开发利用。

企业资源是企业的人力、物力、财力和各种管理技术与管理能力的总和,它是企业这个有机体的"血液",影响市场营销工作的可进入性和效率。

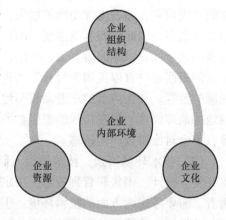

图7-2 企业内部环境

(2)营销中介(marketing intermediary),是指在营销过程的各个环节协助企业的有关机构和个人。旅游产品的空间组合、使用权与所有权的分离,旅游者的空间流动、结算付款、信息沟通、广告促销策略等的实施,单靠企业本身的力量是不够的,企业必须利用一切可以利用的营销中介力量,最大限度地把本企业的产品以适当的方式、适当的价格,在适当的地点、适当的时间销售给适当的顾客。另外,通过营销中介进行市场调研、促销、开拓市场、洽谈业务、资金融通和风险承担,可以使旅游企业节约费用并降低风险、成本和售价,提高企业的竞争力和市场渗透力,提高市场覆盖率和市场占有率,更好地满足目标市场的需求,提高经济效益,实现企业的营销目标。

(3) 供应者(suppliers),是指向企业及竞争者提供生产经营所需资源的企业或个人。旅游企业是服务企业,经营的旅游产品更多地表现为旅游服务的提供,是有形的物质与无形的服务相交融的"组合型"产品。旅游企业的经营活动离不开各种物质资料的供应,物资供应的质量、紧缺度、价格变动、设备设施等原材料的替代性等,直接影响旅游企业的成本和费用高低,进而影响其经济效益和营销目标的实现。

(4) 购买者(purchaser)。购买者是企业服务的对象,同时也是产品销售的市场和企业利润的来源。旅游产品的购买者可分为四类:旅游者、公司购买者、政府购买者和中间商购买者。每一个购买者市场都有自身的特点,旅游企业必须认真研究影响每一个购买者市场的因素,对它们进行市场细分,并在此基础上进行企业目标市场的选择和市场定位。

(5) 竞争者(competitor)。旅游企业在市场营销过程中,不仅要密切注意购买者行为,还要十分重视对竞争者行为的研究。因为对一个企业来说,一定时期内所表现出的大容量的市场需求,常常会由于大量竞争者的蜂拥而入而使得市场相对变得狭小,甚至消失;本企业的市场供应,也常常会由于竞争者推出了相似或更优的产品而不能获得相对优势,甚至竞争失败。可见,企业对竞争对手进行辨认和跟踪,并采取相应的竞争策略是十分必要的。从购买者决策过程的角度分析,任何一个企业在向目标市场提供服务时,都有可能遇到以下四种竞争者的困扰:

1) 意愿竞争者(desired competitors)。意愿竞争者是指向消费者提供与本企业不同类型产品,以满足消费者其他需要的产品供应者。每一名理性的消费者都有许多需要和欲望,只有认识到这些需要与欲望的存在,并感受到迫切时,才会考虑购买问题。但在一定时期内,每一个购买者的实际购买力相对于其尚未满足的需要与欲望而言总是有限的,因而无法同时满足所有的需要和欲望。于是,一个购买者想要满足的需要与欲望受经济条件和其他因素的制约,在客观上形成了一个按轻重缓急排列的购买阶梯。例如,某一消费者迫切感到要买代步工具,不得不暂时放弃也很需要买衣服的想法。这样,本来素不相干的代步工具与衣服的生产者、经营者之间,就在实际上由于消费者的这一抉择而形成了一种竞争关系,彼此成为对方的消费者购买意愿的竞争者。

2) 一般竞争者(generic competitors)。能向消费者提供与本企业不同品种的产品,争夺满足消费者同种需要的产品供应者,称为一般竞争者。这是一种平行的竞争关系。例如,某一消费者,在经过一段时间的紧张工作之后,迫切地想外出旅游,这样便使不同特色的旅游目的地(山岳型、海岸型等)为满足其旅游的需要而形成一般竞争者的关系。

3) 产品形式竞争者(product form competitors)。能向消费者提供与本企业产品不同形式的产品,争夺满足消费者的同种需要的产品供应者,称为产品形式竞争者。即各个竞争者产品的基本功能相同,但形式、规格、性能等不同。例如,旅游者到达某一旅游目的地之后,需要解决住宿问题，这样不同档次的饭店之间便形成了产品形式竞争者的关系。

4）品牌竞争者（brand competitors）。能提供与本企业性能几乎相同但品牌各异的产品供应者，称为品牌竞争者，也称"企业竞争者"。这是企业最直接且最明显的竞争对手。这类竞争者的产品内在功能和外在形式基本相同，但品牌不同。例如，某外国旅游者来华旅游，欲住五星级酒店，这样便使能提供五星级服务的酒店之间形成品牌竞争。

虽然每一个旅游企业都可能遇到这四类竞争者，但在实际进行竞争决策时，往往只能把目光集中于主要对手。一般来说，企业应首先考虑对付品牌的竞争者，它构成的威胁最大；其次，考虑解决产品形式的竞争者带来的问题；再次，企业与一般竞争者之间的矛盾，会成为主要矛盾；最后，考虑与意愿竞争者之间的关系。这样有利于把握竞争重点，缩短战线，集中优势力量获取竞争胜利。

（6）公众（public）。旅游企业营销所面对的公众，是指对实现本企业目标有明显或潜在利害关系和影响力的一切团体、组织和个人。旅游企业所面临的公众主要包括七类（见图7-3）。

1）融资公众，主要是指影响旅游企业获取资金能力的财务机构，包括银行、投资公司、保险公司、信托公司、证券公司等。

2）媒体公众，主要是指报社、杂志社、广播电台、电视台、出版社等大众传播媒介。

3）政府公众，主要是指负责管理旅游企业的业务和经营活动的有关政府机构。例如，旅游行政管理部门、工商管理、税务、卫生检疫、技术监督、司法、公安、政府机构等。

4）群众团体，主要是指消费者权益保护组织、环境保护组织以及其他有关的群众团体。

5）社区公众，主要是指旅游企业所在地附近的居民和社区组织。

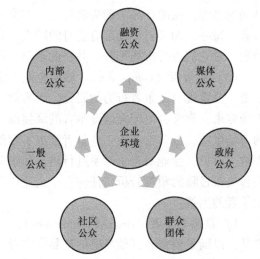

图7-3 旅游企业所面临的公众

6）一般公众，主要是指一般社会公众。他们既是本企业产品的潜在购买者，又是本企业的潜在投资者，旅游企业应力求在他们心中树立起良好的企业形象。

7）内部公众，主要是指旅游企业内部的所有职工。由于旅游产品生产与消费的同一性特点，外部顾客可参与旅游服务的生产过程，旅游企业职工同时扮演生产者、销售者、推销员、服务员等多种角色。旅游市场营销的宗旨和实践是满足旅游者的需求，这需要通过企业职工高水平的服务来实现，因此在强调"外部营销"的同时，也要搞好旅游企业的"内部营销"工作，即通过招聘、培训、激励和沟通，使职工（企业的内部"顾客"）得到满足，真正成为企业的主人，从而更大程度地发挥他们工作的主动性、积极性和创造性。美国费城的罗森布鲁斯国际旅游公司提出的"员工第一、顾客第二"经营管理理念的风靡，是内部营销、全员营销的最好诠释。

（二）旅游市场调研

旅游市场调研即是运用科学的方法和手段，有目的地针对旅游市场需求的数量、结构特征等信息以及变化趋势所进行的调查与研究。

1. 旅游市场调研的内容

由于调研目的不同，旅游市场调研内容也会不同。一般来说，旅游市场调研的基本内容为旅游市场环境因素调研和旅游市场调研的内容差异调研。

（1）旅游市场环境因素调研。旅游市场环境因素包括旅游企业的外部环境因素和旅游企业内部环境因素。①外部环境因素。影响旅游市场的外部因素很多，包括宏观的经济、政治、法律、社会文化、技术、人口、自然环境、消费者市场、产业市场、竞争者状况等，外部环境因素的变化还将影响旅游企业的内部环境。因此，任何企业都应充分认识外部环境因素的变化给企业带来的机遇和挑战，随时监测这些变化并快速适应是非常重要的。②内部环境。旅游市场调研要研究旅游地或企业自身与市场需求的发展是否相协调的问题，包括自己的营销策略、营销手段或营销组合是否能有效开拓市场，如自己的旅游产品、价格、分销渠道以及促销方面是否存在问题。还应对自己的营销活动进行管理评估，看其在营销计划、组织实施以及控制方面是否适应市场变化。

（2）旅游市场调研的内容差异调研。旅游市场调研主体不同也会造成调研内容的差异。旅游市场调研的主体包括区域性的营销主体和企业性的营销主体。区域性的营销主体是指地区旅游局，企业性的营销主体是指旅游景区。营销主体的差异会导致调研内容的差异。例如，地区旅游局的市场调研内容主要是针对整个地区的住宿、物价、购物、服务质量等方面问题，旅游企业方面的问题，以及区域旅游地之间的竞争问题进行调查。这种调查内容丰富而全面，调查范围广，是旅游企业的调查不能比拟的。旅游企业的营销调查则针对性较强、内容集中、范围较小，主要是对企业自身状况和目的进行产品质量、价格、企业形象、企业服务等方面的调研。

2. 旅游市场调研的程序

有效的市场调研分为五个步骤：明确问题和调研目标→制订调研计划→收集信息→分析信息→报告结果。

（1）明确问题和调研目标。明确问题和调研目标是市场调研的重要前提。良好的开端等于成功的一半。正式调研行动之前，必需弄清楚为什么调研，调研什么问题，解决什么问题，然后确立调研目标、调研对象、调研内容及调研方法。每一个问题都存在多方面的事情需要研究，所以调研人员必须明确问题的范围，并确定具体的调研目标，否则，会盲目行事，或者得到许多无效的信息，而且耗费大量的时间和费用。

在确定问题和目标时，对问题和目标的陈述不宜太宽或太窄，否则对目标细化不相宜。

（2）制订调研计划。制订调研计划的目的是使调查工作能够有秩序、有计划地进行，以保证调研目的的实现。这里包括：调研方案设计、组织机构设置、时间安排、费用预算等。

调研方案内容包括调研目的要求、调研对象、调研内容、调研地点和调研范围、调研提纲、调研时间、资料来源、调研方法、调研手段、抽样方案以及提交报告的形式。资料收集应确定是收集二手资料还是一手资料，还是两者兼顾。

机构的设置包括调研活动负责部门或人员的选择与配置，调研活动的主体的选择是利用外部市场调研机构还是由本单位进行调研。调研活动的人员选择和配置是市场调研活动成败的关键。计划方案的制订以及整个调研活动的进行，都取决于市场调研组织的决策者和管理者,以及调研人员的素质。所以调研人员必须善于沟通,还要具有敏锐的观察与感受能力,以及丰富的想象力、创造力和应变能力,而且调研人员还应具备基本的统计学、市场学、经济学和会计财务知识。

选择外部市场调研机构,首先由调研活动负责人或部门对外部调研机构进行选择,选择的标准如下:①调研机构能否能对调研问题进行符合目标的理解和解释;②调研人员的构成,其中包括其资历、经验以及任务分工;③调研方法是否有效并且具有创造性;④过去类似的调研经验、调研事项以及调研成果。⑤调研时间及调研费用是否与本单位要求相符。时间安排包括调研活动的起始时间,活动次数安排以及报告成果的最终完成和交接时间。费用预算包括调研活动费用的预算与计划。

(3)收集信息。调研计划确定之后,便开始系统地收集资料和信息。对于市场调研活动来说,收集信息通常是耗时最长、花费最大且最容易出差错的过程,整个调研活动的效果与准确性、误差大小均直接与这个过程有关。这个阶段的主要任务是系统地收集各种资料,包括一手资料与二手资料,有的调研仅需要二手资料或一手资料,但对大多数调研活动来说两者都是需要的。

1)二手资料。调研人员开始调研时总是先收集二手资料。二手资料又称文案资料,是指为其他目的已收集到的信息。通过二手资料,可以分析判断调研问题是否能部分或全部解决。若能解决,则无须再去收集成本很高的一手资料。二手资料的主要来源包括:内部来源,包括公司盈亏表、资产负债表、销售资料、销售预测报告、库存记录以及以前所做的报告;政府出版物,包括政府的公开调查统计报告、年鉴、研究报告;期刊和书籍,各种有关的书刊,特别与开展业务关系密切的书刊;商业性资料,有关市场调查公司等提供的调研资料。获取二手资料的优点是成本低,而且可以立即使用。但二手资料中可能没有调研人员所需信息,或信息已明显过时、不准确、不完整或不可靠。这时就必须去收集更切题、更准确的一手资料。

2)一手资料。一手资料又称原始资料或实地调研资料,是调研者为实现当前特定的调研目的而专门收集的原始信息资料。大多数的市场调研项目都要求收集一手资料。常规的方法是先与某些人单独或成组交谈,以了解大致的想法,接着确定正式的调研方法,然后进行实地调研。

一手资料的主要来源是旅游者,其次是中间商和旅游企业内部的资料。收集一手资料的调研方法有四种:观察、专题讨论、问卷调查和实验。这也是我们进行市场调研的一般方法。一手资料的特点是有目的性,时效大,特别适宜于分析那些变动频繁的、敏感性的要素。但耗费时间长和金钱多。

在收集资料的过程中,会出现多方面的困难,可能会找不到被调研者,或者被调研者拒绝合作,或者回答带有偏见或不诚实的情况,使资料收集工作进展并不顺利。如果市场调研人员发现调研计划或调查有问题时,应尽快反馈信息,并立即进行调整。一切调研活动都依靠调研者的耐心、毅力和百折不挠的精神。

(4)分析信息。资料收集完成后,旅游市场调研人员应对资料进行整理、分析,从资料中提取与目标相关的信息。信息分析主要有两种方法。一是统计分析方法,常用的是计算综合指标(绝对数、相对数以及平均数)、时间数列分析、指数分析、相关和回归分析、因素分析等。二是模型分析法,模型是专门设计出来表达现实中真实的系统或过程的一组相互联系的变量及其关系。分析模型主要包括描述性模型和决策性模型。

描述性模型中常用的是马尔可夫过程模型和排队模型。马尔可夫过程模型可用来分析预测未来市场份额变化的程度和速度；排队模型用来预计顾客的消费决策与等候的关系。

决策性模型中常见的是最优化模型和启发式模型两种。最优化模型一般通过微分学、线性规划、统计决策理论以及博弈理论来辨别不同决策方案的价值，力求从中进行最优选择。启发式模型则应用启发性原则，排除部分决策方案，以缩短寻找合理方案所需的时间。

（5）报告结果。市场调研人员对市场调研活动中面临的问题进行调研后，将调研的结果写成调研报告进行书面陈述，因此调研活动最终结果的体现是调研报告。

在调研报告的编写过程中，应注意以使用者的需求为导向。调研报告主要应把与使用者关键决策的相关调查结果充分体现出来，以减少决策中的不可确定性，而不是用资料对管理人员施加限制。表达方式（文字说明、资料、数学表达式）也应适应使用者的素质。

调研报告的编写力求观点正确、材料典型、中心明确、重点突出、结构合理。它一般包括以下的内容：①前言，即说明本次市场调研应回答的问题、调研目标、调研方法、调研对象、调研时间、调研地点，以及调研人员的情况；②正文，调研报告的主体，应包括对调研问题的研究结果及其分析，解释及其回答；③结尾，可以提出建议，总结全文，指出本次活动的不足，以及对决策的作用；④附录，包括附表、附图等补充内容。

3. 市场调研的手段和方法

调研方法的选择和技巧的运用直接关系到市场调研结果的可信度，因此想要了解旅游市场必须选用科学的方法。

（1）收集一手资料的方法。收集一手资料的方法有四种：观察、专题讨论、问卷调查和实验。

1）观察法。通过观察要调查的对象与背景可以收集到最新资料。例如，调查员到旅行社、饭店等"散步"或住宿，听取或试探性地观察其他游客对各旅游企业的评价。

2）专题讨论法。专题讨论法是设计大规模问卷调查前的一个有用的试探性步骤，它可以了解到旅游者的感受、态度和满意程度，这对更正规地调查这些问题有帮助。专题讨论是邀请6～10人，在一位有经验的主持人的引导下，花几个小时讨论一种旅游产品、一项服务、一个组织或其他市场调查问题。主持人要客观，了解所讨论的话题，并了解群体激励和消费者行为。主持人要鼓励大家无拘束地自由发言，利用群体激励来揭示深层次的感觉和想法，同时，主持人应掌握话题的焦点，否则不称为专题讨论。可利用笔记、录音或录像记录下讨论过程，供事后研究消费者的看法、态度和行为。

3）问卷调查法。问卷调查法介于观察法和专题讨论法、实验法之间。观察法和专题讨论法适用于试探性的调查，问卷调查法适用于描述性的调查，而实验法适用于因果性的调查法。公司采用问卷调查法是为了了解人们的认识、看法、喜好程度、满意程度等，以便从总体上衡量这些量值。

4）实验法。实验法是最科学的调查方法。实验法是选择多个可比的主体组，分别赋予不同的实验方案，控制外部变量，并检查所观察到的差异是否具有统计上的显著性。在把外部因素剔除掉或加以控制的情况下，可以比较准确地获得变量间的相关关系，从而较好地验证实验前的众多假设。但由于旅游研究环境的复杂性，旅游研究人员往往难以控制各种外部因素和变量，因此，旅游市场调研中实验法很少使用。

(2) 调查手段和技术。市场调查员在收集一手资料时有两种主要的调查手段：问卷和仪器。问卷调查是主要调查手段，问卷设计技术是主要的调查技术。

1）问卷的概念。问卷是要求答卷人回答的问题的集合。问卷是收集一手资料的最普遍的手段。多种提问方法使问卷非常灵活。

2）问卷设计的相关内容。问卷大规模使用前需要仔细设计、测试和排除错误。仔细考虑所提问题的内容、形式、措辞和次序。对问题的措辞必须十分审慎。调研人员应该使用简单、直接、不带偏见的词句。问题的次序也值得重视，开始的问题应尽可能地引起兴趣，难以回答的问题或涉及隐私的问题应放在问卷的后面，避免答卷人开始即有戒备心理。对答卷人进行统计分类的问题也应放在后面，因为这些问题涉及隐私，并且很枯燥。所有问题都应有逻辑顺序。所提的问题若令人难以回答、不愿回答或无须回答、漏了该回答的问题，都是问卷设计出了问题。

3）问卷的基本结构。问卷的基本结构如下：①问卷标题，标题应突出目标主题，简明扼要，易引起旅游者的关注；②问卷说明，旨在向被调查者说明调查目的和意义，或者填表要求与方法及所需的一些解释性说明；③被调查者的基本情况，如性别、年龄、民族、文化程度、职业、单位、收入等主要特征；④调查内容，这部分是问卷调查的主体，以问句形式出现；⑤编码，问卷通过编码，以便后期进行数据分类统计和整理；⑥问卷的类型与设计，问卷分为闭合式和开放式两种，闭合式问题事先确定了所有可能的答案，答卷人可以从中选择一个答案，开放式答卷允许答卷人用自己的语言来回答问题。一般来说，因为答卷人的回答不受限制，所以这种开放式的问题常常能获得更多的信息。尤其在需要了解人们是如何想的，而不是衡量持某种想法的人有多少时，试探性调查特别有效。而闭合式的问题事先规定所有答案，很容易进行解释和列表工作。

三、旅游市场营销战略

旅游市场营销战略包括目标市场营销战略、定位战略、营销组合战略、品牌战略和合作营销战略等。

（一）目标市场营销战略

目标市场营销战略由市场细分和选择目标市场两个步骤组成，并且只有在市场细分和选择目标市场的基础上，旅游目的地才能有可能设计出不同凡响的定位战略。

1. 市场细分

市场细分是指旅游组织根据消费者对产品的需求欲望、购买行为与购买习惯的差异，把整个市场划分为两个或更多个消费者群体，从而确定目标市场的过程。每一个需求特点大体相似的消费者群称为一个细分市场或子市场。旅游目的地组织要通过对市场上各类旅游消费者不同的需要、动机、购买行为等特征，根据求同存异的原则，找出类似的同质性特征，作为细分旅游市场的依据。旅游市场细分一般应包括以下七个步骤：

（1）选择市场范围。旅游组织在确定旅游目标后，必须选定营销的目标市场对象并确定其经营范围。在选择市场范围时，要综合考虑本区域的资源、条件和能力，不能盲目地选择自身条件无法达到的市场。

（2）了解市场需求。通过各种形式的调研活动，了解目标市场范围内旅游者的现实需求和潜在需求。

（3）分析可能存在的细分市场。通过了解旅游者的不同需求，分析可能存在的细分市场。在分析过程中，一方面要综合考虑旅游者的地区分布、人口特征、购买行为等方面；另一方面，还应根据经验做出初步的估计和判断。

（4）确定细分市场的依据。在旅游市场中，影响不同旅游者消费需求的因素各有不同，营销人员应认真区分影响需求变化的关键因素，并将这些因素作为细分市场的依据。切不可用一般因素或次要因素细分市场，以免影响旅游组织对市场机会的正确判断。

（5）为可能存在的细分市场命名。旅游组织应根据各个细分市场消费者的主要特征，确定这些细分市场的名称。

（6）进一步了解各细分市场旅游者的购买行为特征。营销人员应深入分析各细分市场的消费需求特征，了解这些市场上旅游者的购买心理、动机和行为，以便于制定有效的经营策略。

（7）分析各细分市场的规模和潜力。营销人员对各细分市场的分析要与客源地人口规模、区域分布、消费习惯、经济条件等联系起来，以掌握各细分市场的规模和潜力，以此选择和确定最终的目标市场。

2. 选择目标市场

目标市场就是旅游组织最终决定要进入的那个细分市场，即旅游组织或企业要投其所好的、为之服务的那个目标顾客群（这个顾客群由相似的消费特征所决定）。为了提高竞争实力和经营效益，旅游组织必须通过细分市场，并根据自身的任务目标、资源禀赋等对各种市场机会进行取舍，最终选择出适合自己的目标市场，并采取各种不同的营销策略。一般认为，旅游组织或企业目标市场的营销策略主要有以下三种：

（1）无差异性目标市场营销策。无差异目标市场营销策略是指旅游组织或企业在市场细分之后，不考虑各个细分子市场的独特性，而只注重于市场需求的一般性（共性），通过推出单一产品，运用单一的市场营销组合策略，力求在一定程度上适合尽可能多的消费者需要的经营策略（见图7-4）。

图7-4　无差异性目标市场策略

这种策略的优点是当旅游产品的品种、等级简单时，有利于通过标准化与大规模集中提供来降低产品运行成本，从而实现规模效益；主要缺点是漠视旅游者消费需求的多样性，奢望用单一产品和以同样方式满足所有旅游者的愿望，这在成熟市场上几乎是不可能的，也不利于旅游目的地获取稳定的市场地位。特别是当针对同一目标市场的旅游组织或企业同时都实行无差异市场营销时，会加剧旅游市场的竞争矛盾。因此，采取无差异目标市场战略需要满足一定的条件：一是旅游目的地的同一产品能够进行大规模生产；二是有广泛的分销渠道，能适时地把产品送达所有旅游者；三是旅游产品品牌质量好，在旅游者中有良好和广泛的影响力。

（2）差异性目标市场营销策略。差异性目标市场营销策略是指旅游组织或企业在市场细分的基础上，选择同时为多个细分市场提供服务，通过设计开发不同的旅游产品，适应和满足不同子市场上旅游者的特定需要，从而同时占领多个细分市场的经营策略。

差异性目标市场营销策略是旅游组织应对市场竞争的有效手段。在激烈竞争的市场条件下，旅游目的地为了提高自身的适应能力和应变能力，降低市场风险，可以采取多品种、小批量的经营方式，以提升不同市场的占有率。差异性目标市场策略注重的是范围效益，故多为大规模的旅游目的地组织或企业所采用，通过多样化的产品线和分销渠道，不仅会增加本区域旅游产品的销售规模，而且可以通过产品同时在多个细分市场上的竞争优势，提高旅游市场和旅游者对本区域产品的信任感，从而提升旅游目的地的品牌吸引力，提高旅游者的重复购买率。差异市场营销的主要缺点是由于采取多品种、小批量的经营方式，可能会增加一定的经营成本和市场营销费用。因此，旅游组织或企业在采取差异化市场营销策略时一般应满足以下条件：①旅游组织或企业的人力、物力、财力比较雄厚，能同时提供多种旅游产品；②旅游目的地的资源品位和市场容量等能够适应多品种产品的要求；③有相应数量和水平的营销管理人员，并能适应多种市场要求；④目的地旅游产品的经营规模和效益的提高能高于营销费用增加的比例。

（3）集中性目标市场营销策略。集中性目标市场营销策略又叫密集性目标策略，是指旅游组织或企业集中所有力量，只选择一个或少数几个性质相似的子市场作为目标市场，采用集中性营销策略，通过提高市场占有率和控制市场来实现其盈利能力的经营策略。该策略不注重旅游市场的范围和总量规模，但非常强调对特定市场的控制能力，适用于资源有限的中小型旅游目的地和企业，或是初次进入新市场的旅游产品。由于服务对象比较集中，对其市场特征易于准确把握，而且在分销和市场营销方面可以实行专业化，因此比较容易在这一特定市场取得有利地位，可以获得稳定的投资收益率。

实行集中性目标市场策略的优点还包括：①有利于尽快树立旅游目的地或旅游企业的品牌形象。使用该策略，由于服务对象明确和集中，易于对市场有较全面的了解，有助于旅游目的地集中宣传其名牌产品，有效提高旅游市场和旅游者的认同能力。②可以相对降低营销成本和费用。在采用该策略的情况下，旅游产品的分销和促销都可以实行专业化，通过规模化集中合作，可以有效降低旅游产品的中间费用；同时，采用这种策略需要的人力、物力和财力都较其他策略少，比较容易占领市场，因而是中小型旅游企业的首选策略。

这种策略的缺点是市场风险相对较大。由于这种策略所确定的市场范围比较狭窄，导致对该目标市场的依赖程度过高，一旦市场情况突然恶化，就有可能马上陷入经营困境。因此，旅游组织或企业在实行这种战略时要未雨绸缪，增强风险意识，加强市场调研工作，并适时做好应变准备。

（二）定位战略

1972年广告专家艾尔·里斯和杰克·屈劳特在《广告时代》一书中首次提出了"定位"的思想，定位是指企业要根据目标市场上的顾客偏好、竞争状况和自身优势，确定自身产品或服务在目标市场上应处的竞争位置。定位的实质就是要专门针对目标市场客户心目中某一特定需求位置，为本产品或服务设计鲜明、独特而深受欢迎的营销组合，以形成本企业产品或服务的竞争优势。其宗旨就是：要在顾客对同类产品或服务的某一特定选购因素中，企业产品或服务能够位列第一或是具有十分突出的特定形象地位。1996年出版的杰克·屈劳特的《新定位》一书，对定位理论做了进一步拓展，他指出，消费者的心理是营销的最终战场，定位不是琢磨产品，而是要对顾客的想法下功夫，要了解消费者的心，必须要抓住消费者的思考模式，这是进行产品定位的第一要素。

对照旅游市场和产品的运行规律分析，定位理论对制定旅游产品的营销战略具有同样重要的指导意义。伴随着旅游业的发展，旅游市场竞争日益激烈，旅游市场的主导权正逐步向旅游者倾斜——旅游目的地产品的获利能力越来越依赖于在旅游市场上的个性化程度和满足旅游者特定消费需求的能力。由此，定位理论可以成为旅游产品有效实施其市场营销策略的不可分割的重要内容。旅游目的地组织和企业不仅要注重提供富有特色的产品或服务，而且要根据特定旅游者的需求特征进行产品定位，进而成功塑造出自身与众不同的市场形象。

市场定位作为一种有效的竞争战略，不仅影响着旅游目的地产品与类似产品或企业之间的竞争关系，而且决定着整体的营销战略设计。定位战不同，旅游组织或企业的发展模式和竞争态势也会相应地不同。旅游目的地组织可以采用的主要定位战略包括对抗性定位战略、避强式定位战略和重新定位战略三种。

（1）对抗性定位战略。这是一种寻求与目前市场上占据支配地位的竞争对手（即最强者）"对着干"的定位战略，采用对抗性定位的旅游产品或企业可能有两重收益：一是及时学习和借鉴竞争者的成功经验，同时激励自己奋发上进；二是可以借力打力，帮助旅游目的地或企业尽快树立全新的和有竞争力的市场形象（尤其是新进入产品可以有效分享竞争对手的市场影响力），促进旅游者做出有利于自己的消费决策。因此一旦取得定位成功，旅游目的地和企业就会迅速获得巨大的市场优势。不过采用这种战略时有时也会面临很大的市场风险，一旦无法取得与竞争者均势的地位，就极有可能以大败而告终。因此，实行对抗性定位时，必须知己知彼，尤其客观地估计自己的实力，不提倡以压垮对方为竞争目标，应尽量追求与对手和平共处或平分秋色。

（2）避强式定位战略。避强定位又称补缺定位，是指旅游目的地组织或企业尽量避开强有力的竞争对手，选择市场上尚未被占领的"市场空隙"，树立优势市场形象的定位方法。这种方法的优点是：能够迅速在旅游市场上站稳脚跟，并能在旅游消费者或旅游经营商心目中迅速树立起一种优势市场形象。由于这种定位方式市场风险较少，成功率较高，常常为中小型旅游目的地和企业所采用。

（3）重新定位战略。这是指旅游目的地组织或企业对已经处于生命周期衰退阶段或市场竞争力明显下降的旅游产品进行的两次（或多次）定位。这种重新定位旨在使老产品适应新的市场需求变化，以摆脱市场困境，重新获得增长与活力。导致重新定位的原因既可能是自身经营决策失误引起的，也可能是对手有力反击或出现新的强有力的竞争对手所造成的。旅游组织或企业可以通过赋予旅游产品新的形象特点，或通过媒体进行个性化沟通，改变原有旅游产品在旅游市场和消费者心目中的负面印象，重新提升旅游产品在目标市场上的品牌影响力。

（三）营销组合战略

营销组合这一概念是20世纪50年代由美国哈佛大学鲍顿教授首先提出的，之后受到学术界和企业界的广泛重视和普遍运用。营销组合是指旅游组织或企业为了满足目标市场需要而有计划地综合运用可以控制的各种营销手段，以达到销售产品并取得最佳经济效益的一种策略组合，也就是对各种营销要素和手段的综合运用。

旅游组织和企业可以控制的营销手段有很多，也有很多不同的分类方法。最常用的一种分类方法是美国营销学者E.J.麦卡锡提出的，他把常用的营销因素简化并合并归纳为四类：

产品（product）、价格（price）、渠道（place）和促销（promotion），简称4Ps。

旅游营销组合策略由构成营销主要可控制手段的四个核心要素共同组成。在整个组合要素体系中，四个要素的地位和作用各不相同。旅游市场营销组合策略包括产品策略、价格策略、渠道策略、促销策略等，其中，产品策略作为旅游营销组合策略的基石，它直接决定着旅游产品的价格策略、渠道策略、促销策略的制定，并决定着整个旅游营销战略和策略的成败。

1. 旅游产品生命周期不同阶段的营销策略

旅游产品生命周期理论是现代市场营销学中一个非常重要的概念。所谓旅游产品生命周期理论，是指旅游产品从进入市场到最后被淘汰退出市场的过程。西方学者巴特勒将旅游目的地演变周期归结为六个不同的阶级性特征。如果按照市场特征分析，一个典型的旅游产品生命周期通常又可以合并为四个阶段，即导入期、成长期、成熟期和衰退期，由此可以指导旅游组织和企业制定出适合不同生命周期阶段的旅游产品营销策略。

（1）导入期的营销策略：导入期是旅游产品进入市场的最初阶段，属于试销性质。这一阶段旅游市场还不了解新产品或服务的性能特征，旅游者的购买意愿也不强烈；产品销售额增长缓慢、占有率低，市场尚待开发；由于促销费用高，旅游企业往往要亏本经营或利润很低；竞争者很少或者没有。旅游组织和企业应尽量缩短产品导入期的时间，减少旅游产品的市场进入期。

这一时期的营销策略应尽量兼顾各种营销要素，根据市场需求，制订系统的产品生命周期营销总计划，并对导入期营销策略做出统筹安排。以价格和促销要素为例，营销管理者有四种策略可供选择：

1）快速撤取策略，即以高价格和高促销费用来推出新产品的策略。高价格是为了尽可能地在单位销售额中获得高额的毛利；而高额的促销费用，则是为了提高顾客对产品的信任程度，从而加速产品的市场渗透。这一策略的适应条件：一是潜在市场上的众多购买者尚未对该产品形成认识；二是了解该产品的顾客急于购买；三是企业面临着潜在竞争，只有通过促销行为才会使旅游者对本产品的品牌产生偏好。

2）缓慢撤取策略，即以高价格和低促销费用来推动产品进入市场的策略。高价格销售的目的在于提高单位产品的毛利率，低促销费用则是为了减少营销中的成本因素。这一策略的适用条件有：一是市场规模有限；二是市场上已有众多旅游者了解产品；三是旅游者能够并且愿意按高价格购买产品；四是不存在激烈的市场竞争。

3）快速渗透策略，即用低价格高促销费用来推出新产品的策略，其优点是可以用最快速度渗透目标市场，并达到最高的市场占有水平。不过，只有在下列条件下，旅游企业才可以采用快速渗透策略：一是市场规模很大；二是市场上旅游者不了解新推出的产品；三是大部分旅游者对价格十分敏感；四是存在强大的竞争对手；五是旅游企业已经实现规模效益。

4）缓慢渗透策略，即用低价格和低促销费用来推出新产品。低价格通常可以刺激市场尽快接受新产品，而低水平的促销费用则可以实现更多的纯利润。当旅游企业认为市场需求弹性很大，而促销的价格弹性很小时，则可使用缓慢渗透策略。

（2）成长期的营销策略：当旅游产品在市场上逐步站稳脚跟，产品产量、销售量迅速上升，市场占有率稳步提高时，意味着旅游产品开始进入了成长期。这时成本不断降低，利润也逐步增长或大幅度增长；同时由于同类产品的跟进和增多使得市场竞争逐步加剧。这个时期，由于市场上已经对产品构成一定的需求，从而使该产品获得了大量生产的机会，这也是竞争比较激烈的时候，绝不可以掉以轻心。

旅游目的地企业在产品成长期市场营销策略的要点是尽可能长久地保持市场的增长。这方面的主要策略有：改进产品质量，增加产品功能，适时推出一些相关产品加以支持；开辟并进入新的细分市场；增加并进入新的分销渠道；改变广告的内容，从提高产品的知名度转变为说服消费者购买其产品；在适当时候降低产品价格，以吸引更低层次的、对价格较为敏感的顾客。

（3）成熟期的营销策略。成熟期是指旅游产品销售量经过长期快速增长之后，出现一个比较稳定的时期。这一时期延续的时间较长，是旅游企业面临巨大挑战的时期。此时，产品的质量已基本定型，产品销售达到最大，市场需求量开始饱和。这时，旅游者的多数购买行为属于重复购买。生产同类产品的企业之间竞争异常激烈，在价格、广告、服务方面的竞争白热化，产品相继降价，许多企业在竞争中感到了巨大的压力。

旅游组织在成熟期应提高产品的竞争力，不能简单地进行被动防守或放弃正在老化的产品，而必须以攻为守，考虑系统地改进产品。旅游组织和企业这时既可以通过增加附加价值来吸引更多旅游者，也可以拓展新的市场机会，或是注意改进营销组合方式。

（4）衰退期的营销策略。由于同类旅游产品的不断出现、旅游者消费方式的改变以及技术进步等因素，导致原本热门的旅游产品最终也不得不逐步退出市场。在这一阶段，旅游产品的销售量、需求量均急剧下降，利润大幅度降低，旅游者转而使用新一代产品，旅游企业无利可图，不得不选择新产品或利用残余市场维持生存，以求转机。在这一阶段，旅游组织的营销策略重点应是尽快发现衰退产品，或者采用新产品替代，以巩固已有市场利益；或者尽快寻找新的市场机会，延长产品的收益能力。从总体上分析，旅游组织和企业应注意旅游产品组合和产品链的设计，保证在目标市场上维持持久的产品优势。

2. 价格策略

所谓旅游价格，是指旅游者用来交换拥有或使用某种产品或服务的全部价值量。表面上看，价格是企业纯粹的自主行为；但在市场经济条件下，价格的产生实际上是企业内外部综合作用的结果。现代经济学认为，产品价格是市场供给与需求关系相互作用的结果，旅游供给方和需求方通过市场交换产生均衡价格。这就是经济学意义上产品价格的产生机理。在生命周期的不同阶段，旅游产品的定价策略往往不同。

（1）新产品定价策略。旅游新产品的定价策略包括撇脂定价、渗透定价和满意定价三种。

1）撇脂定价策略。撇脂定价是当市场对价格不敏感时，通过确定市场可以接受的最高价格销售以获取最大利润的经营策略。撇脂定价是一种有效的短期策略。随着时间的推移，当其他竞争者注意到高价所带来的收益以后，会进入该市场并改变供求关系，撇脂策略所定的高价空间会逐渐减少。

2）渗透定价策略。渗透定价与撇脂策略的做法完全相反：当企业向目标市场投放新产品时，通过采用低价办法迅速而深入地渗透到市场之中，以吸引更多的购买者，扩大市场占有率。渗透定价能有效地抑制竞争者进入市场。当销售规模较大时，旅游产品可以产生规模效应；但当市场需求对产品价格不敏感时，渗透定价策略往往难以奏效。

3）满意定价策略。满意定价是一种介于撇脂定价和渗透定价之间的价格策略，它所定的价格比撇脂价格低，但比渗透价格高，是一种中间价格。这种定价策略能兼顾生产者、消费者和竞争对手的利益，因此也被称作"温和价格"或"君子价格"。

（2）折扣和折让定价策略。折扣和折让定价是指在既定价格的基础上，通过给予购买者一定量的折扣和折让措施，以刺激和吸引旅游经营商或旅游者的大量购买。包括：

1）现金折扣策略。现金折扣是一种鼓励购买者以现金支付的价格优惠，它对按约定日期付款的购买者给予一定的折扣，对提前付款的顾客给予更大的折扣。例如，现金在20天内付清就给予1%的折扣，如果在10天内付清则给予2%的折扣。这种定价策略的优势在于可以增强企业回笼货币的能力，减少企业的信用成本和呆账。

2）数量折扣策略。数量折扣是根据购买产品的数量或金额的多少，按其达到的标准给予一定的折扣优惠，购买数量越多、金额越大，给予的折扣也就越高。数量折扣可分为累计数量折扣和非累计数量折扣两种。累计数量折扣是指在一段给定的期限内，顾客购买商品达到或超过一定数量或金额时，按其总量的多少给予不同程度的折扣。这种策略意在鼓励顾客重复购买，与顾客建立不间断的密切关系，有助于企业掌握销售规律，预测销售，降低吸引顾客的成本。非累计数量折扣适用于一次性购买较大的数量或金额时，给予一定的折扣。采取这种策略有助于企业节省销售费用，但交易结束以后企业和顾客的联系即告中断。

3）功能折扣策略。功能折扣是由企业向中间商提供的一种折扣优惠。对于不同分销渠道的中间商，企业可根据其提供的各种不同的服务和功能给予不同的折扣优惠。这种优惠通常是按照基本价格的一定百分比的折扣。一般情况下，对同一渠道成员必须提供同样的功能折扣，给批发商的折扣要大于给零售商的折扣。

4）季节性折扣策略。季节性折扣是指在需求低迷的时候通过对产品购买者提供价格减让以扩大销售的价格策略。由于多数旅游目的地受季节性因素的困扰，因而旅游企业经常需要使用该策略。如一些饭店、旅行社和航空公司在业务淡季提供季节性折扣，旅游景点在旅游淡季的门票也会降价。这种策略鼓励旅游者使用淡季旅游产品，也鼓励旅游中间商提前定购季节性产品。

5）促销折让策略。折让是折扣的一种特殊形式，主要适用于对忠诚顾客和中间商的销售激励。促销折让是给予促销本产品的经销商一定的价格回报。如果零售商为生产商的产品做广告，生产商可以代为支付其中一半的费用作为奖励，也可以提供一定数量的免费商品作为奖励。

（3）产品组合定价策略。当某种旅游产品不是以单一身份面世，而是作为产品组合的一部分时，旅游组织或企业就要寻求制定使整个产品组合获得最大利润的共同价格策略。定价组合策略包括以下四种：

1）产品线定价策略：一般情况下，价格的高、中、低档分类会使旅游者认为旅游目的地企业同时能提供高质量、中等质量和低质量的产品或服务，预示着企业有较强的实力和质量保证，从而增加其选择购买的概率。旅游目的地企业的任务就是以价格差异为依据，满足不同的认知质量差异。例如，旅行社可以同时为旅游者提供豪华型、标准型和经济型的旅游线路选择机会。

2）选择产品定价策略。许多旅游企业在同一市场上会提供多种可供选择的组合式产品或具有不同特色的产品和服务。一般情况下，企业会为这些组合式产品实行不同的定价，以追求总体价格水平的理想化。如餐馆就面临这样的问题，顾客可能在饭菜以外饮用酒水，餐馆一般将食品的价格定得低，而把酒水的价格定高，食品收入主要用来支付食品和其他经营费用，而靠酒水类商品获得利润。

3）互补产品定价策略。互补（或关联）产品定价是对那些与主要产品一起使用的关联产品的定价策略。企业可以通过将主要产品价格定低，而将互补产品价格升高，实现产品的总体盈利目标。例如，柯达公司就采用过将照相机价格压低，同时又提高胶卷价格的价格策略。

4）产品系列定价策略。产品系列定价是指企业把生产的各种关联产品分别制定不同价格，并使产品价格之间的差额形成一定的阶梯。当两种相近产品之间的价格差额较大时，顾客会购买较差的产品；而当两种产品之间的价格差额较小时，顾客则可能优先购买更先进的产品。采用这种价格策略时，企业要综合考虑各种产品的成本差异、顾客的预期价格和竞争性产品的价格等因素。

3. 分销渠道策略

菲利普·科特勒认为：分销渠道是指某种产品和服务在从生产者向消费者转移过程中，取得这种产品和服务的所有权或帮助所有权转移的所有企业和个人。对旅游目的地组织而言，分销渠道包括各类的旅游经营商（因为他们取得所有权）和旅游代理商（因为他们帮助转移所有权），此外，还包括处于渠道起点和终点的旅游生产者和最终消费者，但不包括其他的旅游供应商、辅助商（见图 7-5）。

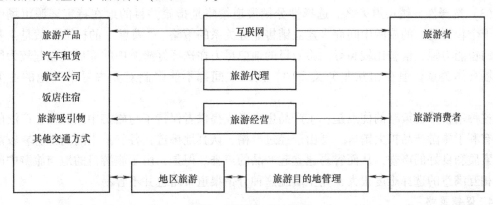

图 7-5　旅游业分销渠道

（资料来源：史蒂芬·佩吉，等. 现代旅游管理导论 [M]. 刘劼力，等译. 北京：电子工业出版社，2004.）

分销渠道的基本职能有一方面在于实现旅游目的地产品与目标市场及旅游者的有效对接。旅游产品是否能及时销售出去，在相当程度上取决于分销途径是否畅通，因此对于旅游目的地企业而言，分销渠道的重要意义在于它的存在构成了旅游目的地营销活动的效率基础。分销渠道另一方面也决定了旅游目的地和旅游产品的获利空间。旅游分销渠道由很多环节组成，不同渠道环节对旅游市场的影响力和价值贡献水平是完全不同的，因此，旅游目的地分销渠道设计的重要目标就是要使市场控制力向有利于自身的方向倾斜。

旅游目的地组织主要有以下三种销售渠道策略：

（1）专营性分销渠道策略。专营性分销渠道策略是指旅游目的地采用间接销售方式，在一定时期、一定地区之内只选择一家旅游批发商或旅游零售商来销售旅游产品，使该经销商成为独家代理者或经销者的分销策略。在建立起这种关系后，被选定的旅游中间商要承诺不再同时为别的旅游目的地销售产品，旅游目的地也要承诺不再选择别的旅游中间商。

这种分销渠道策略的优点是：①双方利益关系比较紧密，产品适销对路会使双方共同受益；②双方能相互解除经营过程中对竞争对手的后顾之忧；③由于双方的利益密切性，双方愿意共同投资来进行对双方都有利的促销活动；④对销售特殊旅游产品和开辟新的客源市场会有较好的效果。一些特殊旅游产品，如登山旅游产品、探险旅游产品、汽车拉力旅游产品等，客源范围比较小，比较适合专营性销售。专营性分销渠道策略的缺点是：旅游目的地只靠一家旅游中间商销售产品，这对迅速扩大市场范围和增加销售量不利，也加大了经营的风险。

（2）广泛性分销渠道策略。广泛性分销渠道策略是指旅游目的地在客源市场范围内，广泛地通过许多旅游中间商来销售产品的策略。旅游目的地组织与旅游中间商双方没有相互约束关系，旅游目的地不能限制旅游中间商与别的组织建立销售业务关系；同时，旅游中间商也不能限制旅游目的地与其他旅游中间商建立销售业务关系。

分销渠道策略的优点是可以扩大旅游产品的市场范围和销售量，特别是当旅游目的地规模比较大、产品具有大众化特征时，采取这种销售渠道策略能达到扩大销售的效果。其缺点是目的地渠道联系面越广泛，其销售费用就越多。此外，因为双方缺乏双向约束，旅游组织很难与旅游中间商建立长期稳定的业务关系；从整个销售业务上说，也难以建立起一个比较稳定的销售网络。

（3）选择性分销渠道策略。选择性分销渠道策略是指旅游目的地在特定客源市场中挑选若干个较为满意的旅游中间商来建立销售业务关系的策略。"满意"的标准一般是指基础好、销售能力强、信誉比较高等。旅游目的地应尽力在选择好旅游中间商后建立起较为固定的市场合作关系。但在相互业务关系中，彼此之间都不能限制对方去寻求其他的业务合作者。

这种销售渠道策略的优点是：①产品生产者或提供者保持了与旅游中间商比较广泛的联系，有利于旅游产品扩大销售；②由于经过严格、认真地挑选，各旅游中间商都有着较高的经营素质和良好的声誉，从而容易建立起产品的声誉。但是，由于旅游目的地与旅游中间商之间相互满意的选择难度很大，完全实施这种分销渠道策略也并不容易。

4. 促销策略

促销是促进销售的简称，它是旅游目的地营销组合中的重要因素。旅游目的地通过各种促销活动，将相关旅游企业、旅游产品的信息，通过各种宣传、吸引和说服的方式，传递给旅游产品的潜在购买者，促使其了解、信赖并购买自己的旅游产品，以达到扩大销售的目的。可以说，促销是营销沟通的外在表现形式，促销的本质就是信息。

旅游目的地处在一个复杂的市场信息系统之中，促销是协调所有销售努力，以建立销售产品和服务或推广某种观念的销售渠道。促销手段可以分为两大类：一类是人员直接推销；另一类是非人员推销，包括广告、营业推广和公共关系（见表7-22）。

（1）广告。广告是采用付费方式进行的非人员的展示和促销活动。广告是一种高度大众化的信息传递方式，其主要特点是传播面广、效率高，利于实现快速销售；可反复出现同一信息，可以迅速提高被传播对象的知名度，且形式多样，表现力强，通过对文字和声、光、电和色彩的艺术化运用，有利于树立鲜明的旅游市场形象。广告的缺点是媒体一次性收费较高；且不能因人而异，说服力较弱，难以形成即时购买。

表 7-22 常用旅游促销组合构成

广　告	公共关系	营业推广	人员推销	旅游宣传品
印刷广告和广播广告	记者报道	比赛、游戏、猜奖、奖券	销售展示	宣传手册
外包装	材料		销售会议	旅游画册
随包装广告	演讲	奖金与礼品	奖励	招贴画
电影广告	研讨会	样品	样品试用	导游图
传单	年度报告	交易会	展览会	交通图
企业名录	慈善捐款	展览会		
翻牌广告	赞助	演示		
广告牌	出版物	赠货券		
招牌	社区关系	回扣		
POP 广告	游说	低息贷款		
视听广告	标志宣传	招待会		
标识图形	公司宣传册	商店赠券		
	活动	以旧换新		
		搭配商店		

（2）公共关系。公共关系是一种促进目的地组织与公众建立良好关系的营销方式，包括新闻报道、公益活动等，其主要特点是由第三方说话，可信度高，且活动富有情节性、趣味性、可接受性强，容易赢得公众对目的地的好感；缺点是活动设计难度大，组织工作量大，且不能直接追求销售效果。

（3）营业推广。营业推广也称销售促进或拓销，是指以创造一种即时销售为主要目的，对旅游者、旅游分销商提供一种额外激励的营销方式，如展销会、优惠酬宾活动等。其主要特点是适合于点对点销售，能促使旅游者快速做出购买决策；且刺激性强，激发需求快，能改变部分旅游者的购买习惯；缺点是只适合短期内刺激销售活动、有效期短，持续长期运用不利于塑造目的地的良好形象。

（4）人员推销。人员推销是一种与旅游者和旅游中间商开展面对面促销的方式，主要形式有展览会、销售会议、电话推销、提供样品等。主要特点是方式灵活，针对性强，容易强化购买动机，及时促成交易；且能及时反馈市场信息，有助于改进旅游组织的营销决策水平；缺点是费时费钱，传播面小、对大众旅游者的影响效果有限。

（5）旅游宣传品。旅游宣传品是指为促进与旅游市场和旅游购买者的有效沟通而制作的各种物品，包括旅游手册、旅游画册、导游图、旅游形象片和招贴画等。其特点是展示方式生动、针对性强，对旅游者购买决策的影响较大。

旅游目的地促销活动有"推动"和"拉动"两种策略模式。"推动"策略是以中间商为主要促销对象，把产品交给分销渠道，再由中间商推向市场。此策略着眼于使中间商产生利益分享意识，并层层渗透，最后到达消费者手中。"拉动"策略是以最终消费者为主要促销对象，以广告促销等手段直接诱发潜在旅游者的购买欲望，再由消费者向零售商、零售商向批发商、批发商向生产求购，由下至上，层层拉动购买的促销方式。

不同旅游组织和企业对"推动"和"拉动"策略的偏好有所不同，不同的策略选择又会影响对促销方式的选择，如旅游企业采用"推动"策略时，会比较重视人员推销；若采用"拉动"策略时，则会对广告比较重视。

（四）品牌战略

品牌（brand）是指用名称、术语、标记符号、设计或是它们的组合运用，来识别某个旅游目的地（或企业）的产品或服务，并使之与竞争对手的产品或服务区别开来的商业名称及其标志。它包括品牌名称（brand name）和品牌标志（brand mark）两部分。前者是指品牌中可以用语言称呼的部分，如雅高、希尔顿、马里奥特等；后者是指品牌中可以被认出、易于记忆但不能用言语称呼的部分，通常由图案、符号或特殊颜色等构成。品牌的实质代表着卖者对交付给买者的产品特征、利益和服务一贯性的承诺。可以说，知名品牌就是优等质量的保证，知名品牌代表着旅游市场和旅游消费者的广泛认可。

旅游目的地品牌营销战略一般包括以下选择：

1. 品牌化战略

这是旅游目的地在进行品牌决策时所要考虑的第一个决策，即是否要选择使用品牌策略，为自己设计包括特定品牌名称、标识和主题口号等在内的一系列品牌化决策。由于旅游目的地品牌一般表现为目的地自身品牌和所属旅游产品品牌两个方面，因此，旅游目的地品牌化战略应从旅游目的地和旅游产品两个层面加以分析。

（1）旅游目的地品牌化决策。以往许多资源型旅游目的地不了解品牌的市场价值，往往只重视旅游产品设计和市场促销。它们通常会把旅游资源直接拿到市场上销售，或把旅游企业的产品品牌简单等同于旅游目的地品牌，不注意对旅游目的地独特市场形象的塑造和维护，导致这些旅游目的地很难受到主流旅游经销商的青睐，一旦遇到激烈的市场竞争，这些旅游目的地就会受品牌竞争能力的制约，无法保护自身利益。因此，旅游目的地选择品牌化运作思路是旅游市场竞争的客观要求。

（2）旅游产品品牌化决策。我们首先要明确，旅游目的地产品与旅游企业产品是两个不同层次的概念。有时，一些强势旅游企业的旅游产品可能会与旅游目的地产品（如迪士尼乐园）具有一致性；但在多数情况下，旅游目的地产品是建立在对旅游企业产品加总基础之上的，不过这种加总并不是简单的数量堆积，而是根据市场竞争的需要，按照主题一致性原则、采用品牌化方式所进行的市场再开发的结果。因此，旅游目的地产品品牌化是要从目的地统一市场角度研究对其标志性旅游产品进行的市场再开发策略问题。显然，对于不实行品牌化的旅游产品而言，这些产品被市场接受的程度明显低于品牌化产品，或使其市场主导权旁落在与其合作的旅游经营商的手中，无法独立面对旅游市场的竞争和挑战。因此在多数情况下，目的地旅游产品必须采用品牌化的运作思路。

但是，旅游目的地也并非对其所有产品都要实行品牌化战略。因为品牌化是要付出包括品牌设计费、加工制作费、宣传推广费和法律保护费等在内的一定代价的，这些因素无疑会增加旅游产品的经营成本，一旦确立的产品品牌不为旅游市场或旅游者欢迎，就要承受更大的市场风险。相反，旅游目的地将一些在一定时期内不具有独立市场竞争优势的产品纳入主流旅游经销商的强势品牌序列之中，通过借助旅游经销商的市场影响，同样可以达到扩大销售的目的。因此，只有在使用品牌能够给旅游目的地和旅游者带来明显好处的情况下，旅游目的地才有必要为该产品选择使用品牌化营销策略。

2. 品牌形象定位战略

形象定位是固化和强化旅游目的地品牌的一项非常有效的战略，在旅游目的地营销过程中处于重要地位。正确的形象定位不仅有助于塑造目的地的独特形象，而且有利于旅游目的地组织营销总体战略的制定，同时也方便旅游者的消费选择。因此，旅游目的地形象定位是旅游目的地品牌化营销的基础与核心。

我国学者李蕾蕾总结了旅游目的地形象定位的几种基本方法[⊖]：

（1）领先定位。旅游者根据各种不同的标准和属性树立形象阶梯，在这些形象阶梯中占据第一位置的，就有领先的形象。领先定位适于那些具有独一无二、不可替代的旅游资源的旅游产品，例如埃及的金字塔、中国的长城，都是世界上绝无仅有的旅游地，几乎不需要下力气就可以长盛不衰。但如此绝对领先、形象稳固的旅游地毕竟不是多数，大量的旅游地都要依据市场属性或其他方法进行形象定位。

（2）比附定位。比附定位并不去占据市场形象阶梯的最高位。实践证明，与处于领导地位的第一品牌进行正面竞争往往非常困难，而且失败者居多。比附定位避开第一位，但抢占第二位。由于第一的位置只有一个，而大多数商品和服务都不甘居人之后，在这种情况下，少数定位于第二的品牌反而会给消费者留下较深的印象。不少旅游地已经注意到并开始使用这种"比附"关联的定位方法了。例如，海南三亚的形象定位表述为"东方夏威夷"，目的无非是利用夏威夷绝对稳固的海滨旅游地形象，来使自身比较容易地获取国际游客的关注。

（3）逆向定位。逆向定位集中强调并宣传与消费者心中第一位形成明显对立面和相反面的市场形象，同时开辟出一个新的易于接受的心理形象阶梯。例如，美国的"七喜"饮料就是宣称自己为"非可乐"，从而将所有软饮料分为可乐和非可乐两类，"七喜"则自然成为非可乐饮料中的领导者。

（4）空隙定位。比附定位和逆向定位都要与游客心中原有的旅游地形象阶梯相关联，而空隙定位是重新开辟一个新的形象阶梯。与有形产品相比，空隙定位更适用于旅游企业和产品的形象定位。旅游者不断期待有个性鲜明、形象独特的新型旅游产品出现，为旅游目的地和企业提供了平等的市场机会。空隙定位的核心是分析旅游者心中已有形象阶梯的类别，发现和创造新的形象阶梯，力争要树立一个与众不同、从未有过的主题形象。例如，我国第一个小人国"锦绣中华"的建立，使国内旅游者心中形成小人国旅游景观的概念，并随着各地微缩景观的大量兴建，产生小人国旅游点形象阶梯，但"锦绣中华"始终处于强势地位。

（5）重新定位。严格地说，重新定位并非一种全新定位方法，而是对原旅游目的地采取的再定位策略。由于旅游目的地发展存在生命周期现象，面对传统市场衰落如何获得新的发展良机，一直是困扰旅游经营者的一大难题。重新定位不失为一条可选之路。重新定位可以促使旅游目的地以新形象替换旧形象，从而占据一个有利的心理位置。香港回归前的形象定位是"购物天堂"；回归后，香港旅游形象在外国游客心目中发生了认知差异，他们主动把香港重新定位为"动感之都"，从而获得了新的发展生机。

3. 品牌发展战略

品牌发展战略是旅游目的地从适应市场变革角度出发，研究其所辖各种旅游产品的品牌

⊖ 李蕾蕾. 旅游形象策划理论与实务 [M]. 广州：广东旅游出版社，1999.

组合策略。任何一个旅游目的地在建立品牌之初，都应当制定明确的品牌发展战略。可供选择的策略主要包括产品线扩展策略、品牌扩展策略、多品牌策略和品牌更新策略等。

（1）产品线扩展策略。产品线扩展是指旅游目的地使用不同的品牌名称不断推出新旅游产品项目的营销策略。这种方法可以充分利用旅游目的地已有的市场影响力，降低新产品的市场进入难度，同时不断丰富和保持旅游目的地已有的形象。当然，实行产品线扩展策略也会涉及一定的市场风险，如果处理不当，新产品品牌有可能抵消原有产品品牌的市场竞争力，进而给旅游目的地形象添加混乱甚至矛盾的信息。因此，成功的产品线扩张应是通过抑制竞争者产品增长来获得本区域旅游产品销售的增长，而不是本区域旅游产品内部的自我消长。

（2）品牌扩展策略。品牌扩展是指以现有品牌名称推出新产品，不断延长旅游目的地的产品线以获取更大发展的营销策略。品牌扩展策略具有多种优势，成功的旅游品牌形象可使新产品迅速得到市场的承认与接受，从而有助于旅游目的地适时增加新的旅游产品类别。并且，品牌扩张可节省用于促销新品牌所需要的大量营销费用，加快旅游产品的市场进入速度。正因为如此，品牌扩展策略才成为旅游目的地营销决策的惯用手段。

当然，品牌扩展策略也有一定的市场风险，假如新产品不能令人满意，就有可能影响旅游者对同一品牌名称其他产品的态度。不仅如此，品牌过分扩张又将导致已有品牌逐步失去其在旅游市场中的特殊地位。此外，有些旅游目的地品牌名称对与其风格迥异的新产品也未必适用。

（3）多品牌策略。多品牌策略是指同一旅游目的地内部同时采用多个品牌名称的营销策略。一些旅游资源丰富、区位优越和旅游接待服务能力强的旅游目的地在一定时期内可以实行多品牌营销策略；基于自身的市场优势，同时树立多种品牌形象，以提升其市场经营能力。多品牌策略往往是由多种动机引起的。旅游目的地既可以借此同时开发多个细分市场，获取更大的市场空间，又可以迅速提升旅游目的地的市场容量，实现市场规模效应；同时，还可以积累品牌开发的经验，为日后实施大品牌战略创造条件。多品牌策略的问题是旅游目的地可能同时要面对不同的市场困难，而且一旦定位错误，就可能面临更大的市场风险。因此，实行多品牌策略时必须保证内部各品牌协调一致，多品牌名称应有助于形成和强化有竞争力的一体化的旅游目的地形象。

（4）品牌更新策略。对于那些市场吸引力日趋衰退的旅游目的地而言，应考虑采用品牌更新策略以置换陈旧、过时的旅游地形象，代之以能更好反映市场需求新特点和体现自身优势的新形象。

（五）合作营销战略

一般认为，合作营销理论最早起源于美国学者艾德勒（Adler）1966年发表在《哈佛商业评论》上的《共生营销》一文中对共生营销理论的阐述。按照艾德勒的解释，合作营销是指"两个或更多个相互独立的商业组织在资源或项目上的合作，达到增强竞争能力的目的"。1996年，由美国哈佛大学教授布兰登勃格（A. M. Brandenburger）和耶鲁大学教授勒巴夫（B. J. Nelebuff）推出的"合作竞争"理论，又从竞争战略角度对合作营销理论进行了丰富和提升。近几年来，合作营销理论被应用到旅游业，用于指导旅游目的地和旅游企业的市场竞争与发展。王晨光在《旅游目的地营销》（经济科学出版社，2005）一书中提出，旅游目的地合作营销是指两个或两个以上的旅游目的地为了实现优势互补，共同增强市场开拓、渗透与竞争的能力，通过联合方式共同开发和利用市场机会的行为。旅游目的地合作营销的本质特点是要实现对目的地内外部市场资源的有机整合。

与传统营销模式相比，合作营销最大的优势就在于强调旅游目的地要寻求与合作方的优势资源互补，协调各方的营销活动，从而获取协同效益。这是一种新的市场竞争与发展观念，有利于旅游目的地各方建立长期稳定的合作关系，是旅游目的地在日益激烈的市场竞争条件下，通过彼此合作共同获取市场竞争优势的有效战略选择。

一般情况下，旅游目的地合作营销有以下三种策略方式可供选择：

1. 纵向合作营销策略

纵向合作营销是旅游目的地按照旅游产业链的运行规律，将与目的地业务密切相关的旅游经销商、旅游批发商和零售商联合成一个统一体，鼓励其对目的地旅游产品进行优先销售的营销方式。这实质上是旅游目的地向上游或下游整合自己的市场价值链。合作各方利用旅游产业链上下游之间的业务承接关系，相互保证客源并提供产品，共同致力于市场的开发和拓展，建立起稳固的市场协作关系。成员之间通过改善分销渠道、减少中间环节、实施内部价格互惠等措施，真正实现平等巨利、共同受益、共担风险。纵向合作营销的方式主要包括渠道整合、精品线路合作营销和共同品牌建设等。

2. 横向合作营销策略

横向合作营销是指由两个或两个以上的旅游目的地进行平等的市场合作，通过统一规划和投入，有效整合市场资源，共同开发新的市场机会的营销方式。横向合作营销既可以是本区域范围内的组织进行，也可以是跨区域进行。合作方往往要具备诸如地理位置相近、旅游资源相近或互补、有共同的客源市场或互为客源市场等条件。合作方式包括了旅游目的地与客源地之间合作、旅游目的地之间合作和互为旅游目的地、互为旅游客源地合作等多种类型。

主要的横向合作营销有共同开发市场和共同开发新产品两种形式。

（1）共同开发市场。共同开发市场采用最多的形式是通过建立旅游联合体进行合作销售。旅游联合体是指两个或几个在产品或服务上有正相关性或互补性的旅游目的地一起采取营销措施对其产品或服务同时进行营销。旅游联合按照合作层次分为区域联合体和产品联合体两类。我国区域性联合体如江浙沪成立的"长三角无障碍旅游区"，跨区域性联合体如"澜沧江·湄公河区域旅游合作"等；产品型旅游联合体如以旅行社为纽带的"春秋"旅游联合体、桂林"甲天下"旅游联合体等，都是合作营销的成功范例。

（2）共同开发新产品。随着旅游消费的日益个性化和旅游产品更新换代速度的加快，旅游目的地必须根据旅游者需求（潜在需求）不断开发出新产品，以巩固在客源市场上的优势地位。在产品开发过程中，由于受自身资源的限制或是不愿独自承担风险，许多有共同利益的旅游目的地就联合起来共同开发产品。如广深珠三地旅游局合作开发的"精彩广深珠"活动就是国内旅游产品合作营销的成功典型。

3. 全方位合作营销策略

如果旅游目的地之间存在有高度相关的市场利益关系，也可以考虑采取全方位合作营销的策略方式。全方位合作营销是指旅游目的地之间在纵向和横向两方面同时进行营销合作，通过建立虚拟组织、战略联盟等方式加强与相关企业及供应商、中间商、顾客的合作，以达到最佳的优势整合。

综上所述，合作营销理论为旅游目的地重新塑造了竞争和营销的含义，给服务经济和知识经济时代下的旅游目的地管理提供了一种全新的思维模式。如何利用好合作营销，将对我国旅游业提高区域竞争力水平产生深远的影响。

四、旅游目的地市场营销

在旅游区的营销战略确定之后，旅游区组织应根据战略的总体要求，设计具体的营销技术和营销方案。要注重发挥各种营销技术和手段的能动作用，使旅游区营销活动充满活力，为有效地实现总体目标创造条件。

（一）新媒体营销

新媒体营销是相对于传统营销提出的，主要是指基于互联网信息技术，利用新媒体传播手段进行营销活动。新媒体主要包括基于web2.0的因特网技术与手机等移动传媒设备。随着计算机信息技术的突飞猛进，触屏智能手机、触屏平板电脑的风靡全球，新媒体营销的影响力越来越大，新媒体手段开始在旅游市场营销中扮演重要角色，逐渐成为市场营销的核心渠道。开通官方旅游网站、旅游微博、旅游社区等是常见的旅游目的地新媒体营销手段。

1. 官方旅游网站

在旅游业发展较快的地区，各省市旅游管理部门（如旅游局）纷纷建立官方网站来推广本地旅游整体形象、介绍当地旅游以生活服务信息。旅游官方网站本身的权威性使游客对其产生了较高的信任度，官方网站所推广的内容如重点介绍的旅游景区就易被游客信任和接受。因此，旅游官方网站是旅游地新媒体营销中重要的渠道，应受到高度重视。充分保证官方网站的权威性、准确性、及时性及丰富性，是巩固目的地官方网站的关键。

2. 旅游网络中间商

随着互联网技术的发展与线上交易的热门，旅游网络中间商的发展速度十分显著。旅游网络中间商把旅游地产品按照类型、地理区位、发展水平等进行分类，直观地呈现给游客，并通过网络这一平台与消费者产生交易活动。具有代表性的中间商有携程旅行网（http：//www.ctrip.com）、艺龙旅行网（http：//www.elong.com）、去哪儿网（http：//www.qunar.com）、途牛旅游网（http：//www.tuniu.com）、驴妈妈网（http：//www.lvmama.com）等。

旅游网络中间商的迅速发展，使其行业竞争激烈异常，目前主要竞争的方面为价格与服务，而品牌战略的展现与作用则略显不足。因此，只有加强品牌建设、提高服务的附加值，才可实现旅游网络中间商的长期健康发展。

3. 旅游微博

微博是目前我国最流行的信息传播平台之一，也是媒体获取信息的一个重要渠道。近年来，随着微博的迅速崛起，微博营销的重要性也日益显露。微博营销以其低廉的拓展成本以及主动锁定目标客户的方式，引起了众多旅游组织与机构的关注。目前已有不少旅游局通过微博平台推开了外界看本地的一扇窗口，设计栏目内容打造自营销平台、策划线上互动活动培养忠实粉丝，以及联合媒体力量调动微博粉丝参与线下活动。一些旅游企业的微博营销活动也日益风生水起，早在2010年7月，在线旅行服务提供商的领跑者艺龙旅行网就推出了24小时在线的微博客服，携程网、芒果网等也纷纷在新浪微博上开通了官方微博。

微博营销所产生的价值是巨大的，旅游企业和组织需要不断深入和研究微博营销，结合自己的业务和特点，总结出适合自己的微博营销方式。

4. 景区抖音公众号

"抖音+景区"的这种营销模式自带流量、自带粉丝、自带传播效应。通过抖音拍摄景区的短视频，可以放大景区的核心优势，已经成为新的口碑传播渠道。景区营销抖音模式的周期也大大缩短，按照过去的营销思维，景区推出一个新的旅游产品，一般至少要提前1个月进行营销宣传与推广。但是抖音却能够在短时间内将景区新开发的旅游产品瞬间爆发出来，并且费用还能节约不少。

5. 社区网站

社区网站的发展为旅游目的地营销提供了广阔且成本低廉的平台，也为旅游者提供了个性化的展示窗口，能够使旅游者个人最大化地展现自我，提出旅游需求与决策倾向；同时，社区网站还为旅游目的地提供了广阔的展示平台，是目的地形象的绝佳宣传场所。例如，风靡全国的豆瓣网，其出色的豆瓣小组成为各类爱好者的绝佳聚集地。驴友自发组建的豆瓣小组，自行管理与宣传，发展成为旅游目的地的口碑营销地，已经成为各行各业进行新媒体营销必选的媒体之一。近年来，网络论坛的讨论和转帖成为制造热点新闻的最佳推手，许多影响较大的新闻都起源于网络，因此许多旅游目的地纷纷通过论坛这种网民直接参与的互动平台进行宣传营销。例如，旅游目的地通过论坛征集代言形象、标语，实现潜在旅游者的交流互动和目的地的免费推广宣传，是最为常见的营销方式。

6. 智能终端设备

1）智能手机：近年来智能手机和高速互联网接入服务不仅改变了人们的日常生活，也为旅游行业带来了很大的变化。根据中国互联网络信息中心（CNNIC）发布《第30次中国互联网络发展状况统计报告》显示，2012年上半年，通过手机接入互联网的网民数量达到3.88亿人，而接入互联网的台式计算机为3.80亿台，手机由此成为我国网民的第一大上网终端。苹果公司于2010年7月1日正式发布了iAd手机广告平台。通过该平台，iPhone OS软件开发者能够在自身开发的软件中插入广告。同时，开发出相应的手机旅游应用软件也是旅游目的地新媒体营销的发展趋势。各种旅游App等手机旅游应用软件的出现，是旅游目的地新媒体营销利用智能手机作为营销利器迈出的一大步。旅游目的地若能抓住移动广告队伍，就能在未来的移动广告市场占据一席之地，不仅能够大大降低广告宣传成本，更能扩大广告宣传的范围与力度，抓住新媒体时代最为核心的宣传媒体。

2）平板电脑：2010年年初，苹果公司发布了新款电子产品——平板计算机iPad。乔布斯称："iPad创造并定义了一种全新的产品类型，它将把用户和他们需要的内容以一种前所未有的亲密、直观且有趣的方式连接起来。"用户来从购买产品开始，在使用中就可享受信息消费、个性化服务、体验App Store在线商店业务、参与互动分享体验，甚至参与软件开发，共享利润价值，到最后进行数据反馈，这几乎是一个封闭的循环。终端掌握着用户的体验，用户也指导着终端的改进方向。

7. 即时通信工具

即时通信是一个允许两人或多人使用网络即时地传递文字、信息、档案、语音与视频，建立起直接联系并进行实时交流的终端软件。这种网络即时通信软件的出现，极大地拓展了人际传播的时空距离，已经成为人们在互联网上进行沟通交流的主要方式之一。

在旅游目的地营销活动中，即时通信工具扮演着沟通、协调、梳理的重要角色。在媒体环境下，即时通信的营销影响力将新闻媒体、客户呼叫中心、销售平台等集于一身，并通过文字、音频、视频等多样化的传播，实现口口相传的"病毒式营销"效果。从旅游者自身来说，即时通信工具的普及，使得旅游分享更加便捷；而各种附加业务的开发，使得即时通信工具具备了展示旅游经历的功能；从旅游者与旅游目的地客服人员的交流来说，旅游活动发生之前的咨询变得更加容易实现，而旅游活动结束后的意见反馈也更为便捷。

8. 旅游团购

据《中国互联网络发展状况统计报告》报告分析，2018年，我国拼购电商用户规模达3.32亿人，社区团购潜在用户规模巨大。旅游团购已经成为增速最快的网络应用服务之一。相对于传统的B2C、C2C电子商务，团购被形象地称为B2T。近些年来，我国的团购网站以山雨来袭般的势头大量涌现。相应地，团购设计的产品内容也从日用品、消耗品延伸到其他类型的产品，旅游产品与服务也当仁不让地成为团购的热点。旅游团购，是指将对同一旅游产品与服务有需求的游客聚集起来，直接向旅游经销商、代理商或中间商等渠道购买产品与服务，从而达到降低成本，使供销双方利益最大化的过程。旅游团购作为目的地新媒体营销的重要组成部分，具备多项值得借鉴的特征，其受到游客追捧并不是偶然，而是自身发展的必然。

（二）形象营销

旅游形象是指人们对旅游目的地的总体认识和评价，它既包括旅游者对旅游目的地的整体环境、各景点的游览和对市民素质、民风民俗的体验，又包括旅游者对旅游目的地内在素质，如运营管理、经济水平、城市水平和发展前景等的感知和概括。旅游目的地的形象是吸引旅游者最关键的因素之一，"形象"使旅游者产生一种追求感，进而驱动旅游者前往。因此要使旅游地的旅游业可持续发展，保持旺盛的生命力，关键是要树立与维持旅游地在旅游者心目中的良好形象。

旅游形象策划是在受企业形象策划（CIS）的启发和广告业的影响带动，以及在国内旅游业迅猛发展、竞争激烈等因素的共同作用下，形成的一种全新的形象识别和营销系统。它通过树立旅游地形象，帮助旅游地进行多侧面、全方位综合经营，扩大影响力，并使其有意识、有计划地付诸实践，从而改进旅游目的地的经营方法。各旅游地也越来越重视自身旅游形象的设计，如"上有天堂、下有苏杭""阳光海南、度假天堂""好客山东"等旅游目的地形象已经产生巨大的影响。

旅游形象营销案例——好客山东 Friendly Shandong

山东素有"孔孟之乡，礼仪之邦"的美誉。山东人也以豪爽、热情、大方的性格特征在国内享有较高的知名度，"好客山东 Friendly Shandong"因此成为山东的一个标志。

"好客山东 Friendly Shandong"的形象标识（见图7-6）是对山东旅游最生动、最直接的信息传递。"好客山东 Friendly Shandong"引申自"有朋自远方来，不亦乐乎？"，两千多年来传承下来的齐鲁待客之道从未改变。"文化圣地，度假天堂"指山东以文化体验与休闲度假为特色。山东旅游形象标识，

图7-6 山东形象标识

将古今中外的语言、文字、设计元素融合在一起，以丰富的色彩变化对应山东深厚的历史文化底蕴和独特的休闲度假魅力，丰富、动感、亲切，构成强烈的视觉冲击。以五岳之首、大海之滨、孔孟之乡、礼仪之邦的整体形象，结合"山东、山东人"的"好客之道"，以"诚实、尚义、豪放"的鲜明个性，传递特色化、国际化的现代形象与文化意识。一个饱含"山东人"热情的充满感召力的新形象，构成强烈的视觉记忆。这一形象标识通过多角度、多层面的立体化推广和应用，可以形成丰富地信息传递，增强山东旅游形象的社会认知度，也将呼唤起更多、更强烈的对山东和中国文化的向往、求知与探索欲望。

山东省也积极对旅游形象标识进行推广，省内旅行社、3A级以上景区、旅游级饭店等，凡是顾客能接触的地方均用使用山东旅游形象标志，各个县市，如东营、济南、烟台、威海、潍坊等分别制作本市的旅游宣传，对外推广；在中央电视台、山东卫视、海内外主要客源市场主流平面媒体、网络媒体以及大旅行社网站等继续广泛开展"好客山东"文化旅游系列品牌形象宣传，提高山东旅游形象的知名度、信赖度、美誉度和忠诚度。

（三）品牌营销

品牌营销就是针对目标市场确定、建立一个独特的旅游地品牌并对旅游地品牌进行设计、传播，从而在旅游者心目中占据一个独特地位的营销过程。

在现代营销理念中，品牌是营销的核心和灵魂。品牌作为吸引消费者购买的重要因素之一，全面简洁地向消费者传递其本身所代表的独特形象和旅游产品吸引力。旅游产品的不可移动性决定了旅游产品要靠品牌形象进行传播，使其潜在的旅游者有所认知，从而产生旅游动机。美国营销专家莱利·莱特（Larry Light）有句名言：未来的营销是品牌的战争——品牌互争短长的竞争。商界与投资者将认清品牌才是公司最可宝贵的资产，拥有市场比拥有工厂重要得多。而唯一拥有市场的途径，就是拥有市场优势的品牌。在当今激烈的旅游市场竞争中，品牌塑造已成为旅游目的地占领市场制高点的关键，品牌营销也显得尤为重要。

品牌营销案例：香港品牌营销战略

香港全球旅游推广计划标识见图7-7。

图7-7 香港全球旅游推广计划标识

有许多旅游品牌都得以在国际上享有盛誉，香港就是其中之一。作为国际化大都市的香港，是亚洲首选旅游目的地和购物天堂。为进一步巩固"亚洲盛事之都"的地位，香港推出全球旅游推广计划，前后包括"动感之都，就是香港"与"香港，乐在此·爱在此"两项活动，以不同的表现方式带动了香港旅游业的发展，在全球范围内形成了持续的冲击力，全面提升了国际化都市的新形象。

"动感之都，就是香港"是香港实施的为期两年的一项大型旅游计划，其目的是使香港在继续作为亚洲最受欢迎的旅游热点之一。为推广"动感之都，就是香港"的旅游品牌，从2001年4月起到2003年3月，香港旅游局向全球着力推介香港18个区的特色节目、节庆、景点，并举办一系列大型以旅游为主题的盛事和活动，推广香港的旅游。

2003年"非典"过后，为使香港旅游业得以全面复苏，香港旅游发展局推出以"香港，乐在此·爱在此"为主题的第二阶段的旅游系列活动。由著名影星成龙担纲演出的旅游宣传片也将在国内各主要城市电视台同步播出，并与内地旅游业联袂推出以下旅游产品：以家庭为主题的"亲子在此"旅游路线；以美食为主题的"细味在此"旅游路线；以购物为主题的"心动在此"等旅游路线，为自助游旅客准备"大屿山一日游""直升机环港游""璀璨香江夜游"等路线，香港国际烟花音乐汇演，香港缤纷冬日节，新春国际汇演之夜，星光大道揭幕前奏，等等。

（四）口号营销

旅游目的地口号营销是一个通过口号设计、口号传播，促使旅游者形成对旅游地形象的感知并产生购买欲望的过程。

在旅游地市场竞争日趋激烈的今天，"酒香也怕巷子深"，口号作为旅游地形象识别系统的重要组成部分，反映了旅游地对自身的理解，并通过信息传达了旅游地希望旅游者对其产品产生什么样的感知的意愿。其高度的概括性已经使其成为一个旅游地主动形成市场吸引力，传播旅游地的品牌、形象，并给旅游者以明确感知的重要手段。旅游地口号营销要求在设计上要对自身资源有非常深入的分析，采取科学的策划方法，要达到口号在感性和理性上的结合，同时要求与旅游地形象、品牌相结合，最终形成系统的营销策略。

口号营销案例

通过口号营销成功案例很多，例如"桂林山水甲天下"称为千古绝唱；"不到长城非好汉"使该旅游地吸引了络绎不绝的游客；"五岳归来不看山，黄山归来不看岳"使黄山的吸引力增强不少；"一步跨进历史，一日畅游中国"使锦绣中华大地红火了一阵；"给我一天，还你千年"使杭州宋城取得了意想不到的效果；"您给我一天，我给您一个世界"成了深圳"世界之窗"的金字招牌；"天下第一滩""天下第一泉""天下第一秀水"等也使北海银滩、济南趵突泉、千岛湖等享誉海内外；"迪士尼太远，去苏州乐园"的口号在长三角市场带来了很好的反响。从大的旅游目的地来说，例如，浙江的"诗画江南、山水浙江"、海南的"椰风海韵醉游人"都堪称经典（见表7-23）。

表7-23 我国部分省、市、地区旅游营销口号

省/市/地区	营销口号
北京	不到长城非好汉
上海	上海旅游，感受现代

(续)

省/市/地区	营销口号
天津	敞开天津门,笑迎八方客
重庆	永远的三峡,世界的重庆
黑龙江	黑龙江——21世纪中国滑雪胜地
辽宁	游辽宁奇特景观,览关东民俗风情
吉林	雾凇冰雪,真情吉林
山东	文化圣地,度假天堂,好客山东欢迎您
河北	新世纪,游河北,新感受
河南	文化河南,壮美中原
江苏	来江苏,访名城,游古镇,品吴韵,寻汉风
浙江	诗画江南,山水浙江
福建	清新福。全福游,有全福
江西	世界瓷都,仙鹤乐园
广东	活力广东,精彩纷呈
海南	热带海岛,清新自然,度假胜地,欢乐天堂
陕西	古老与现代,淳朴与自然
湖南	湖南——湖南如此多娇
山西	山西——中国古代艺术博物馆
海南	安全的旅游岛,美妙的度假地 欢乐海岛,四季花园
云南	中国云南,神奇多彩
贵州	梦幻之旅,神奇贵州
宁夏	雄浑西部风光,秀美塞上江南
西藏	寻梦者的乐园——西藏
四川	雄秀奇幽看四川
香港	动感之都,就是香港 香港,乐在此·爱在此
澳门	中西交汇,文化传承
厦门	天风海涛琴音,温馨滨海厦门 海上花园,温馨厦门
桂林	桂林山水甲天下 山水甲天下,魅力新桂林
西安	龙在中国,根在西安

（五）广告营销

旅游目的地广告营销是针对旅游者的需要，刺激其购买欲望，调动潜在旅游者的消费意识，最终促成购买行动的传播活动。这是市场营销策略的重要手段和方式。

对于旅游目的地来说，市场营销的中心任务是完成旅游目的地产品的销售，广告是为了实现市场营销目标而开展的活动，通过信息传播，在目标市场内沟通旅游地与旅游者之间的联系，改善旅游地形象，促进旅游地产品销售。广告营销主要可细分为印刷品广告（如报纸、杂志、招贴、样本。包装、商标等）、电视广播广告（宣传品等）、户外广告（如霓虹灯、路牌、交通、空中广告等）、网络广告等。不同广告媒体具有不同的优点与局限性（见表7-24）。

表7-24 各类主要广告媒体优劣比较[一]

媒体	优点	局限
报纸	灵活、及时，当地市场覆盖面大，能广泛被群众接受，可信度强	保存性差，复制质量低，传阅者少
电视	综合视觉、听觉和动作，富有感染力，能引起高度注意，触及面广 观众选择性差．创造性差	成本高、干扰多、瞬时即逝，观众可选择性差
直接邮寄	观众有选择性，灵活．在同一媒体内没有广告竞争，个性化	相对成本较高
广播	大众化宣传，地理和人口方面的选择性较强，成本低	只有听觉效果，不如电视引人注目 宣传短暂，听众分散
杂志	地理及人口选择性强，可信度强，制作质量高，保存期长	费用较高，位置无保证
户外广告	灵活，复制率高，费用低，媒体竞争少，位置选择灵活	观众选择性差，创造性差
互联网	覆盖全球，不受时间限制，易复制，易于修改和补充，制作和上网费用低，观众选择性强	被动地等待搜索，受电脑和因特网普及程度的影响

广告营销案例——国外著名旅游创意广告[二]

马尔代夫：骄阳之岛向你招手！
西班牙：阳光普照西班牙
菲律宾：海天一色乐逍遥
美国：抓住美国之魂／友好的美国人民赢得美国的朋友
英国：四季游英国

[一] 林南枝．旅游市场学［M］．天津：南开大学出版社，2003．
[二] 吴广孝．旅游广告实务［M］．上海：复旦大学出版社，2000．

> 澳大利亚：集地球四角于一身。
> 马来西亚：唯有马来西亚；迷人马来西亚
> 新加坡：无限惊喜新加坡；发现，发现，处处有发现
> 埃及：历史的宝库
> 韩国：韩国——寂静的清晨；韩国——成长之路；亚洲最神秘的地方
> 捷克：金色布拉格
> 加拿大：越往北，越使你感到温暖
> 塞浦路斯：地中海风光明媚小岛
> 关岛：在关岛的每一天都是美好的回忆；关岛给您的不只是这些，唯有您亲身体验
> 印度尼西亚：天堂乐园里，玩得不可开交！
> 缅甸：东方之钻石
> 夏威夷：轻松逍遥
> 新西兰：盛装的秋，新西兰仅有；相约新西兰，不见不散

（六）节事营销

节事营销就是通过举办节事活动的方式，有计划性地策划、组织和实施针对节庆活动的系列营销活动，以吸引媒体、社会公众和目标市场的兴趣与关注，提高旅游地的知名度、美誉度，树立旅游地良好形象并最终达到吸引旅游者的目的。旅游节事活动是重要的营销策略之一，也是提升旅游地自我认同和游览品质的重要方法。

有学者把事先经过策划的事件（planned event）分为八个大类：文化庆典（包括节日、狂欢节、宗教事件、大型展演、历史纪念活动）、文艺娱乐事件（音乐会、其他表演、文艺展览、授奖仪式）、商贸及会展（展览会/展销会、博览会、会议、广告促销、募捐/筹资活动）、体育赛事（职业比赛、业余竞赛）、教育科学事件（研讨班、专题学术会议、学术讨论会、学术大会、教科发布会）、休闲事件（游戏和趣味体育、娱乐事件）、政治/政府事件（就职典礼、授职/授勋仪式、贵宾 VIP 观礼、群众集会）、私人事件（个人庆典——周年纪念、家庭假日、宗教礼拜、社交事件，舞会、节庆、同学/亲友联欢会）。举办大型节庆活动，可以快速聚集人气、整合资源，提高旅游目的地或旅游地的知名度，打造品牌，是迅速提高旅游目的地知名度并提升其形象的较好方法之一，也能带来促进旅游业发展的商机。如山东曲阜每年均举办"国际孔子旅游文化节"，福建宁化石壁村的世界客属祭祖大会，青岛国际啤酒节，潍坊风筝节，河北吴桥杂技节，广东梅州的客家山歌节，厦门集美区的汽车场地锦标赛，等等。

> #### 节事营销案例——青岛国际啤酒节
>
> 青岛国际啤酒节始创于 1991 年，一般每年在青岛旅游黄金季节——8 月的第二个周末开幕，为期 16 天，是以啤酒为载体，融旅游、经贸、体育、文化为一体的大型节庆活动。迄今为止已经举办 23 届。节日自举办以来，平均每年都会吸引超过 20 个国内外啤酒厂商和近 300 万国内外游客的参与，是亚洲最大的啤酒盛会，在国内外具有较大影响力和良好声誉。

> 节日和城市有着不可分割的情感和共性。"百姓的节日,啤酒的世博,文化的盛宴"是青岛国际啤酒节多年不变的办节宗旨。啤酒节含开幕式、啤酒品饮、文艺晚会、嘉年华娱乐、艺术巡游、饮酒大赛、经贸展示、闭幕式晚会八大板块,每个板块的内容都着重凸显节日的文化内涵和品质。此外,自第15届啤酒节开始,"欧洲之星"嘉年华会被引入啤酒节活动当中,游客可以在畅饮啤酒的同时,参加原汁原味的嘉年华游乐项目,通过两个节事活动的有机结合,增强了对游客的吸引力,达到了双赢的效果。经过20余年的发展,青岛国际啤酒节已成为青岛城市的一张亮丽城市名片,成为青岛城市精神的代表,也成为青岛这座旅游城市的一个著名的旅游品牌和标志性符号。

(七) 体验营销

目前,我国的国内的旅游正从休闲旅游向体验旅游过渡。所谓"体验"就是企业以商品为道具,以服务为舞台,以游客为中心,创造出能使消费者全面参与、值得消费者回忆的活动。体验是使每个人以个性化的方式参与消费,在消费过程中产生情绪、体力、心理、智力、精神等方面的满足,并产生预期或更为美好的感觉[1]。旅游的本质就是一次旅游经历和阅历,就是一次体验。

体验营销是一种伴随着体验经济出现的一种新的营销方式,形象地说就是卖感觉,卖体验。正如菲利普·科特勒所说:"体验营销正是通过让游客体验产品、确认价值、促成信赖后自动贴近该产品,成为忠诚的客户。"旅游地的营销本质,就是不断地结合旅游地的主题、设施,创造出令游客难忘的体验;也是旅游目的地根据旅游者的需求,为旅游者创造一个新的环境或者条件,在旅游者的体验需求得到满足的同时,实现旅游者的经济利益的过程。例如,"当一天农民""当一天渔民""做一天牧民"等。体验营销比较注重利用民族传统文化、现代科技和各种艺术手段,来设计具有较强的参与性的体验型旅游产品,以丰富旅游地产品体验的内涵,更好地满足人们的情感体验、审美体验、教育体验等。

> **体验营销案例——迪士尼乐园的体验营销**
>
> 自1950年第一个迪士尼乐园在美国加利福尼亚州洛杉矶建成以来,迪士尼集团又相继在美国奥兰多、日本东京、法国巴黎、中国香港、中国上海修建了五个迪士尼乐园。迪士尼乐园是目前世界上最出色、最受欢迎的主题公园之一。究其成功最根本的原因就是,"迪士尼是销售快乐与和谐的地方"。乐园中诸多的游乐项目、游行演出、众多美味、精美旅游纪念品等都可以让人进入一个快乐体验王国,远离日常工作生活环境,体验到童话世界般的快乐和新事物、新科技。这里是父母和子女分享快乐时光的地方,是老师和学生找到更好的方式相互理解、进行教育的地方。老一代在这里能捕捉到值得怀念的流逝岁月,年轻一代能在这里尝试挑战未来的滋味,人人都能在乐园中找到属于自己的快乐和体验。这种体验为游客带来了满足感,形成了良好的口碑,造就了迪士尼久负盛名的、成功的营销模式。

---

[1] 刘锋,等. 旅游景区营销 [M]. 北京:中国旅游出版社,2006.

（八）名人营销

名人营销是指旅游目的地通过对当红名人的包装和炒作，利用名人的知名度为目的地造势，继而借势推出旅游产品的过程；还有利用名人的题字、书画、创意、别墅、聚会等进行营销的方式。旅游目的地安排知名人士参加地区营销活动，利用名人的知名度和公众对名人的信赖度来增强旅游者对旅游目的地的关注和认可。利用名人效应可以使旅游者形成对旅游目的地的某种感知，从而产生尝试购买的愿望。我国不少著名旅游地都是借助画家、摄影师、诗人、作家的作品或推荐走向世界的。例如，陈逸飞以一幅油画《故乡的回忆》而使周庄闻名天下；画家吴冠中在张家界走向世界的过程中助了力。

名人营销案例：旅游形象大使

香港较善于利用名人效应开展旅游目的地营销，先后聘请成龙、郭富城、莫文蔚、李嘉欣、黎明等诸多知名演艺明星担任过香港旅游形象大使。利用明星效应分区域进行推广活动宣传，派出"香港小姐"作为"亲善大使"介绍香港；甚至香港的民间艺人以及有经验的厨师每年都要定期在海外进行现场表演。

我国内地不少地方也都开展了旅游形象大使评选活动，或直接聘请名人担任当地的旅游形象大使。

（九）情感营销

情感营销是指旅游目的地把游客的个人情感需求作为营销战略的核心，通过借助情感产品、情感包装、情感促销、情感广告、情感口碑、情感服务、情感环境等策略来实现营销目标。

在情感消费时代，消费者购买商品所看重的已不是商品数量的多少、质量的好坏以及价格的高低，而是为了一种感情上的满足，一种心理上的认同[1]。旅游情感营销从游客的情感需要出发，唤起和激起游客的情感需求，诱导游客心灵上的共鸣，向游客提供他们真正需要的产品和服务。游客对于符合自己心意，满足自己实际需要的产品和服务会产生积极的情绪和情感，从而能够提升自身对旅游目的地的满意度和忠诚度。

情感营销案例——海底捞的情感营销

在低附加值的餐饮服务业，各个品牌虽然都在喊"顾客至上"，但实际效果并不理想。而海底捞公司自1994年成立之日起，便始终奉行"服务至上，顾客至上"的理念，专注于每个服务细节，力求令每位顾客从进门到出门都能体验到"五星级"的服务——停车有代客泊车，等位时有无限量免费水果、零食、豆浆、柠檬水提供，有免费擦鞋、美甲以及宽带上网服务，还有各种棋牌供大家娱乐；为了让顾客吃到更丰富的菜品可点半份菜，怕火锅汤溅到身上为顾客提供围裙，为长发顾客递上发绳，为戴眼镜顾客送上擦镜纸，为手机套上塑料袋，当饮料快喝光时服务员主动来续杯；每桌都"至少"有一个服务员；所有的服务员"不管什么时候"看到你都会热情地问候；洗手间也有专人为你提

---

[1] 李劲，等. 情感营销 [M]. 北京：经济管理出版社，2005.

供洗手液和擦手纸巾；大厅还有儿童乐园，有阿姨"专门看管"，每位小朋友还都有"免费"蛋羹；服务员不仅熟悉老顾客的名字，甚至记得一些人的生日以及结婚纪念日。海底捞以贴心、周到、优质的服务，赢来了纷至沓来的顾客和社会的广泛赞誉，很多顾客都成了海底捞的回头客和忠诚顾客，甚至帮助海底捞到处宣传。

（十）整合营销

整合营销思想是在 20 世纪 90 年代由美国学者舒尔兹最先提出。整合营销用 4Cs，即消费者（consumer）、成本（cost）、便利（convenience）、沟通（communication）取代传统的 4Ps，即产品（product）、价格（price）、渠道（place）、促销（promotion）。整合营销是为了控制消费者的心理转变过程，目标是使消费者对某产品产生信任的心理感觉而购买该产品。4Cs 更好地体现了以消费者为中心的营销理念。

旅游目的地整合营销就是对目的地各种资源综合利用，一方面强调把广告、促销、公关、直销、CI、包装、新闻媒体等一切传播活动都涵盖到营销活动的范围之内；另一方面要求企业能够将统一的传播资讯传达给员工、顾客、投资者、普通公众等关系利益人。因此，整合营销传播也被称为 speak with one voice（用一个声音说话），即营销传播的一元化策略。

整合营销案例——香港城市旅游整合营销

香港在城市旅游营销过程中结合自身特色和目标市场，整合形象营销、网络营销、名人营销、节事营销等多种营销手段，在国内外市场营销中取得了较好的效果。例如利用名人进行营销，聘请多位知名明星作为城市旅游形象大使，进行分区推广；派出"香港小姐"作为"亲善大使"介绍香港；每年派出约 100 名"学生大使"对外宣传香港；利用节事营销，开展长洲太平清醮、天后诞、猴王诞、飘色巡游、大浦许愿树下投掷祈福等民间的节事活动，举办七人橄榄球赛、香港网球公开赛、香港国际马拉松赛等体育赛事以及工展会、香港花卉展览、香港书展、香港动漫电玩节、美食博览等大型展览活动；进行网络营销，建立如香港旅游网（http://www.hkcities.com/travel/main.html）、香港行旅游网（www.trip.hk.cn）、香港旅游家（http://goletsgo.com）、香港旅游发展局网站（http://www.discoverhongkong.com/china/index.jsp）；安排各种机构出访，到世界各地展开一系列的旅游形象推广活动（见表 7-25）。

表 7-25 香港城市旅游形象推广

时　　间	宣传主题与内容	宣传口号
20 世纪 50 年代	拍摄"万家灯火"的宣传片	—
20 世纪 60 年代	以"东方之珠"的名义推广香港	—
20 世纪 70 年代	开展"礼貌运动"，拍摄"微笑与忠诚"宣传片	—
1988 年	提高旅游从业人员服务满意度计划	香港关心你
1989 年	香港任你选旅游团计划	—

(续)

时　　间	宣传主题与内容	宣 传 口 号
1990 年	提高旅游者娱乐、购物等活动的消费程度计划	在港多留一天
1995—2000 年	综合促销计划	魅力永存 魅力香港 万象之都
1997 年	巩固香港回归后的国际形象与吸引力	动感之都，就是香港
2001.4—2003.3	全球推广计划第一期	动感之都，就是香港
2003.9—2004.3	陆续推出一系列大型活动	—
2006 年	精彩香港旅游年	—
2008 年	2008 香港盛夏魅力	—
2009 年	香港美酒佳肴年	—
2010 年	香港节庆年	—

【关键术语】

市场　旅游市场　市场细分

【问题及讨论】

1. 解释下列概念：市场、旅游市场、市场细分、市场定位。
2. 为什么要对旅游市场进行细分？其意义何在？
3. 简述划分旅游市场的常用标准。
4. 简述全球国际旅游客流和客源的地区分布格局。
5. 简述全球国际旅游客流的基本规律。
6. 在全球国际旅游人次数总量中，近距离的国际旅游为什么会占绝大比重？
7. 简述我国境外旅游客源市场的基本现状。
8. 简述我国出国游、边境游和国内旅游的概念及基本特点。
9. 选择重点国际旅游客源市场时应考虑哪些因素？
10. 你认为我国旅游业在国际客源市场竞争中存在哪些问题？为什么？

【参考文献】

[1] 张广瑞，魏小安，刘德谦．2000—2002 年中国旅游发展：分析与预测 [M]．北京：社会科学文献出版社，2002．
[2] 张广瑞，魏小安，刘德谦．2001—2003 年中国旅游发展：分析与预测 [M]．北京：社会科学文献出版社，2003．
[3] 李天元．旅游学 [M]．北京：高等教育出版社，2002．
[4] 何光暐．中国旅游业 50 年 [M]．北京：中国旅游出版社，1999．
[5] 国家旅游局人事劳动教育司．旅游规划原理 [M]．北京：旅游教育出版社，1999．
[6] 赵黎明，黄安民．旅游规划教程 [M]．天津：天津大学出版社，2003．

[7] 李伟，魏翔. 互联网＋旅游：在线旅游新观察［M］. 北京：中国经济出版社，2015.
[8] 王欣，杨文华，胡莹，等. 世界旅游目的地营销案例［M］. 北京：经济管理出版社，2015.
[9] 邹统钎. 城市与区域旅游目的地营销经典案例［M］. 北京：经济管理出版社，2016.
[10] 科特勒，等. 旅游市场营销［M］. 谢彦君，等译. 北京：清华大学出版社，2017.

【参考网站】

1. 中华人民共和国文化和旅游部（www.mct.gov.cn）
2. 中国旅游新闻网（www.ctnews.com.cn）

第八章 旅游业的管理

【学习目的与要求】

掌握国家旅游行政管理的基本概念；了解旅游业国家管理的基本模式；掌握国家旅游组织的概念及其主要职能；了解我国旅游业的基本政策，熟悉我国与旅游业相关的主要法规；了解我国的主要的旅游行业标准；熟悉我国旅游组织的基本状况并了解与我国有关系的主要国际旅游组织；了解本章学习和研究的基本参考文献和参考网站。

◆【主要内容框架】

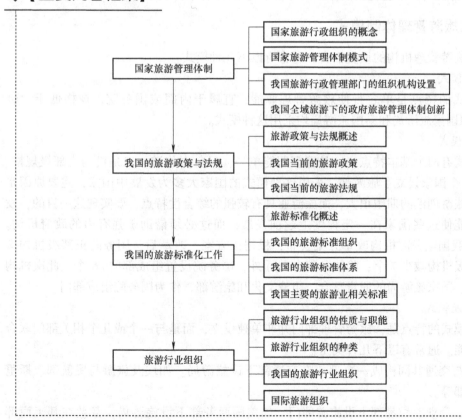

267

第一节　国家旅游管理体制

一个国家对旅游业的管理是通过设立旅游行政管理机构进行的。旅游行政管理机构通常有两个层次：国家旅游行政管理机构和地方旅游行政管理机构。国家旅游行政管理机构代表国家对全国旅游行业实施管理，而地方旅游行政管理机构则代表地方政府（包括各州、省、市、县等）对当地旅游业进行管理。

在旅游业发展的过程中，几乎所有的国家都成立有专门的机构，负责执行主体在本国旅游活动的职能。最为常见的专门机构是国家旅游管理机构。

一般认为，成立于1901年的新西兰旅游局是全球成立最早的国家旅游组织。第二次世界大战以后，特别是20世纪六七十年代以来，随着旅游业的迅猛发展及其经济贡献能力的充分显现，许多国家相继成立了国家旅游管理机构。

一、国家旅游行政组织的概念

根据世界旅游组织（UNWTO）的定义，国家旅游行政管理机构（National Tourism Administration，简称NTA）是指：①在最高层次上承担旅游业行政管理职能的中央政府机构，或有权直接干预旅游部门的中央机构；②国家政府内所有有权干预旅游部门的管理机构。而其他一些地位相对较低的政府组织或正式机构通过与更高机构合作，或完全自治，则成为NTA的执行机构，但也包括法律上或经济上与NTA有某种联系的中央组织机构。

二、国家旅游管理体制模式

就国家级旅游管理机构的设置而言，通常有以下几种模式：

1. 旅游局模式

旅游局模式的特点是单一行使旅游管理职能，直属于内阁或国务院，规格低于"部级"。如我国原国家旅游局和泰国旅游局均采用这种模式。

2. 旅游部模式

旅游部模式有两个基本特点：一是管理职能单一，只负责旅游；二是机构为部级规格。全世界有20多个国家设立了旅游部。采用这种模式的国家大多为发展中国家，主要原因是发展中国家对旅游创汇的期望很大，而旅游业具有较强的综合性特点，要实现这一目的，发展旅游业甚至能使这些国家在一定程度上超前发展，而这必须借助于强有力的政府机构。2018年3月，我国国务院机构改革方案公布，根据该方案，改革后，国务院正部级机构减少8个，副部级机构减少7个；除国务院办公厅外，国务院设置组成部门26个。此次机构改革将文化部、国家旅游局的职责整合，组建文化和旅游部，作为国务院组成部门。

3. 混合职能模式

混合职能模式的特点是，旅游管理部门并非单独设立，而是与一个或几个相关部门联合在一起发挥职能。通常有以下几种类型：

（1）旅游与交通共同构成一个部或在交通部下设旅游局。如埃及旅游与民航部、斯里兰卡航空旅游部等。

（2）工业、商业、贸易部下设旅游部门。如美国商务部下设旅游局，芬兰在其工商部下设旅游局。

(3) 文化娱乐部门与旅游部门构成一个部。如澳大利亚体育、娱乐与旅游部,巴基斯坦文化与旅游部。

(4) 综合经济部门下设旅游部门。如荷兰经济事务部旅游司。

(5) 野生动植物部门与旅游部门组成一个部。如肯尼亚旅游与野生动物部。

(6) 其他部门与旅游部门组成一个部,比如将通信、信息或宣传等部门与旅游组成一个部。如新西兰旅游与宣传部,印度尼西亚电信旅游部等。

混合职能模式为世界多数国家所采用,特别是西方发达国家大都采用这一模式,主要原因是这一模式能够较好地适应旅游业综合性较强的特点,有利于旅游部门与主要相关部门之间实现有效配合和协调。

4. 旅游委员会模式

采用旅游委员会模式主要是为了适应旅游业综合性的特点,对旅游业的发展起协调作用,因此在很多国家属于协调部门,而非权力机构。这种模式只为苏联和少数东欧国家所采用。

随着旅游业在社会、经济、文化等领域作用的日益突出和地位的不断提高,各国旅游行政管理机构也不断得到完善和加强。

一方面,没有设置中央旅游行政机构的国家纷纷设置了机构;另一方面,已经设置了旅游行政管理机构的国家则在不断强化这些机构在中央政府中的地位和作用。

此外,为了适应旅游业综合性的特点,很多国家开始建立和健全旅游协调机构。尽管机构的形式各异,但有如下共同点:①成员的广泛性。凡与旅游业直接关联的政府部门,都成为该协调机构的成员。②机构的权威性。该机构主要从事协调工作,多由政府总理或副总理亲自挂帅,成员或为有关部长、副部长,或为其他相关主管领导等。该机构一旦形成决议,政府各部门就必须贯彻执行。③旅游部门的主导性。由于协调机构服务的对象是旅游业,所以旅游行政部门的代表在协调机构中大都处于主导地位。

三、我国旅游行政管理部门的组织机构设置

我国的国家旅游行政管理体制,主要经历了国家旅游局体制模式,以及2018年3月后实行的现行的文化和旅游部合并的旅游部模式。

(一) 国家旅游局体制模式阶段

2018年以前,我国旅游行政管理体制是国家旅游局模式,即由国家旅游局作为国务院直属机构负责全国旅游业行政管理工作。各省、市、地相应成立地方旅游行政管理组织,即地方旅游局,形成我国的旅游行政管理网络,管理全国旅游行业。

1. 我国原国家旅游局的主要职能

根据《国务院关于机构设置的通知》(国发〔1998〕5号),设置国家旅游局。我国国家旅游局是国家负责旅游业的宏观调控与管理,进行行业立法与监督,制定行业技术标准,指导旅游资源开发与利用,进行旅游业整体促销,加强旅游服务质量管理,维护旅游者权益的宏观性、战略性和政策性的旅游行业管理机构,是国务院的直属机构。其主要职能是:

(1) 研究拟定旅游业发展的方针、政策和规则,拟定旅游业管理的行政法规、规章并监督实施。

(2) 研究并拟定国际旅游市场开发战略,组织国家旅游整体形象的对外宣传和重大促

销活动，组织并指导重要旅游产品的开发，指导驻外旅游办事处的市场开发工作。

(3) 培育和完善国内旅游市场，研究拟定发展国内旅游的战略措施并指导实施；指导地方旅游工作。

(4) 组织旅游资源的普查工作，指导重点旅游区域的规划、开发、建设，组织、指导旅游统计工作。

(5) 拟定各类旅游景区景点、度假区及旅游住宿、旅行社、旅游车船和特种旅游项目的设施标准和服务标准并组织实施；审批经营国际旅游业务的旅行社；组织和指导旅游设施定点工作。

(6) 研究拟定出国旅游和赴香港、澳门特别行政区和台湾地区旅游及边境旅游政策并组织实施；审批外国在我国境内和香港、澳门特别行政区和台湾地区在内地设立的旅游机构；负责旅游涉外及涉香港、澳门特别行政区和台湾地区的事务，代表中央政府签订国际旅游协定，指导旅游对外交流与合作。

(7) 监督、检查旅游市场秩序和服务质量，受理旅游者投诉，维护旅游者合法权益。

(8) 指导旅游教育、培训工作，制定旅游从业人员的职业资格制度和等级制度并指导实施，管理局属院校的业务工作。

(9) 负责局机关及在京直属单位的党群工作。

(10) 承办国务院交办的其他事项。

2. 我国原国家旅游局的组织机构设置

我国原国家旅游局的组织机构如图 8-1 所示，各部门主要职能如下：

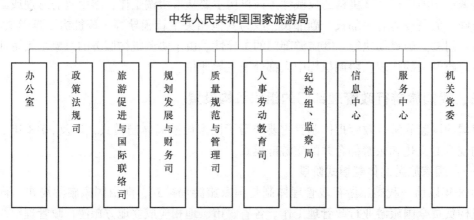

图 8-1　原国家旅游局的组织机构

(1) 办公室。协助局领导处理日常工作，负责局内外联络、协调、会议组织、文电处理、政务信息、信访、保密保卫和机关后勤工作；承办机关党委的日常工作。

(2) 政策法规司（简称政法司）。研究拟定旅游业发展方针、政策，拟定旅游业管理的行政法规、规章并监督实施；研究旅游体制改革；组织、指导旅游统计工作。

(3) 旅游促进与国际联络司（简称促进司）。拟定旅游市场开发战略，组织国家旅游整体形象的宣传，指导旅游市场促销工作，组织、指导重要旅游产品的开发、重大促销活动和旅游业信息调研，指导驻外旅游办事处的市场开发工作；审批外国在我国境内及香港和澳门特别行政区、台湾地区设立的旅游机构；负责旅游涉外及涉香港、澳门特别行政区及台湾地区的事务；代表国家签订国际旅游协定，指导与外国政策、国际旅游组织间的合作与交流，负责日常外事联络工作。

（4）规划发展与财务司（简称计财司）。拟定旅游业发展规划，组织旅游资源的普查工作，指导重点旅游区域的规划开发建设；引导旅游业的社会投资和利用外资工作；研究旅游业重要财经问题，指导旅游业财会工作；负责局机关财务工作。

（5）质量规范与管理司。研究拟定各类旅游景区景点、度假区及旅游住宿、旅行社、旅游车船和特种旅游项目的设计标准、服务标准并组织实施；审批经营国际旅游业务的旅行社，组织和指导旅游设施定点工作；培育和完善国内旅游市场，监督、检查旅游市场秩序和服务质量，受理旅游者投诉，维护旅游者合法权益；负责出国旅游，赴香港、澳门特别行政区及台湾地区旅游，边境旅游和特种旅游事务；指导旅游文娱工作；监督、检查旅游保险的实施工作；参加重大旅游安全事故的救援与处理；指导优秀旅游城市创建工作。

（6）人事劳动教育司。指导旅游教育、培训工作；制定旅游从业人员的职业资格标准和等级标准并指导实施，指导旅游业的人才交流和劳动工作；负责局机关、直属单位和驻外机构的人事、劳动工作。

（7）纪检组、监察局。监督检查驻在部门及所属系统执行党的路线、方针、政策和决议情况，遵守国家法律、法规和执行国务院决策情况；在《中国共产党章程》和《行政监察法》规定范围内，对驻在部门党组（党委）及其成员和其他领导干部实行监督；协助驻在部门党组（党委）抓好党风廉政建设、纠正部门和行业不正之风，会同有关部门对党员、干部进行党纪、政纪教育，监督、检查驻在部门及所属系统党风廉政建设责任制执行情况；督促、协调驻在部门研究制定本系统、本行业预防和治理腐败的措施；受理对检查、监察对象的控告及其申诉，调查处理检查、监察对象违反党纪、政纪的案件；完成中央纪委、监察部和驻在部门党组（党委）、行政领导交办的其他事项。

（8）信息中心。负责旅游业信息化的规划、管理、组织和事业发展，即推进旅游业的信息化工作，在全行业贯彻落实中央关于信息化工作的方针政策；提高国家旅游局机关的办公自动化水平，形成旅游业管理电子政府基本架构，实现业务处理的电子化、数字化；促进旅游业的电子商务，发展包括公共信息处理中心、政府网站、商务网站、网络服务公司、旅游科技开发和投资、资料出版在内的多元化业务。

（9）服务中心。该中心是国家旅游局直属事业单位，负责机关后勤保障工作，受机关委托履行行政保卫处、基建房管处的行政职能，并承担人民防空、爱国卫生、计划生育、绿化美化、献血等行政工作。

（10）机关党委。负责局机关及在京直属单位的党群。此外，原国家旅游局还设立了下列对外办事机构：中国驻东京旅游办事处、中国驻大阪旅游办事处、中国驻新加坡旅游办事处、中国驻加德满都旅游办事处、中国驻首尔旅游办事处、亚洲旅游交流中心（香港）、中国驻纽约旅游办事处、中国驻洛杉矶旅游办事处、中国驻多伦多旅游办事处、中国驻伦敦旅游办事处、中国驻巴黎旅游办事处、中国驻法兰克福旅游办事处、中国驻马德里旅游办事处、中国驻苏黎世旅游办事处、中国驻悉尼旅游办事处。

（二）文化和旅游部管理体制模式

我国于2018年3月公布国务院机构改革方案，根据该方案，我国将文化部、国家旅游局的职责整合，组建文化和旅游部，作为国务院组成部门。

1. 文化和旅游部主要职责

文化和旅游部是国务院组成部门,为正部级。文化和旅游部的主要职责是:

(1) 贯彻落实党的文化工作方针政策,研究拟定文化和旅游政策措施,起草文化和旅游法律法规草案。

(2) 统筹规划文化事业、文化产业和旅游业发展,拟定发展规划并组织实施,推进文化和旅游融合发展,推进文化和旅游体制机制改革。

(3) 管理全国性重大文化活动,指导国家重点文化设施建设,组织国家旅游整体形象推广,促进文化产业和旅游产业对外合作和国际市场推广,制定旅游市场开发战略并组织实施,指导、推进全域旅游。

(4) 指导、管理文艺事业,指导艺术创作生产,扶持体现社会主义核心价值观以及具有导向性、代表性、示范性的文艺作品,推动各门类艺术、各艺术品种的发展。

(5) 负责公共文化事业发展,推进国家公共文化服务体系建设和旅游公共服务建设,深入实施文化惠民工程,统筹推进基本公共文化服务标准化、均等化。

(6) 指导、推进文化和旅游科技创新发展,推进文化和旅游行业的信息化、标准化建设。

(7) 负责非物质文化遗产保护,推动非物质文化遗产的保护、传承、普及、弘扬和振兴。

(8) 统筹规划文化产业和旅游产业,组织实施文化和旅游资源普查、挖掘、保护和利用工作,促进文化产业和旅游产业的发展。

(9) 指导文化和旅游市场发展,对文化和旅游市场经营进行行业监管,推进文化和旅游行业信用体系建设,依法规范文化和旅游市场。

(10) 指导全国文化市场综合执法,组织查处全国性、跨区域文化、文物、出版、广播电视、电影、旅游等市场的违法行为,督查、督办大案要案,维护市场秩序。

(11) 指导、管理文化和旅游对外及对港澳台交流、合作和宣传、推广工作,指导驻外及驻港澳台文化和旅游机构工作,代表国家签订中外文化和旅游合作协定,组织大型文化和旅游对外及对港澳台交流活动,推动中华文化走出去。

(12) 管理国家文物局。

(13) 完成党中央、国务院交办的其他任务。

2. 行政管理组织机构设置(见图8-2)

(1) 办公厅。负责机关日常运转工作。组织协调机关和直属单位业务,督促重大事项的落实。承担新闻宣传、政务公开、机要保密、信访、安全工作。

(2) 政策法规司。拟定文化和旅游方针政策,组织起草有关法律、法规草案,协调重要政策调研工作;组织拟定文化和旅游发展规划并组织实施;承担文化和旅游领域体制机制改革工作;开展法律法规宣传教育;承担机关行政复议和行政应诉工作。

(3) 人事司。拟定人才队伍建设规划并组织实施;负责机关、有关驻外文化和旅游机构、直属单位的人事管理、机构编制及队伍建设等工作。

(4) 财务司。负责部门预算和相关财政资金管理工作;负责机关、有关驻外文化和旅游机构财务、资产管理;负责全国文化和旅游统计工作;负责机关和直属单位内部审计、政府采购工作;负责有关驻外文化和旅游机构设施建设工作;指导、监督直属单位财务、资产管理;指导国家重点及基层文化和旅游设施建设。

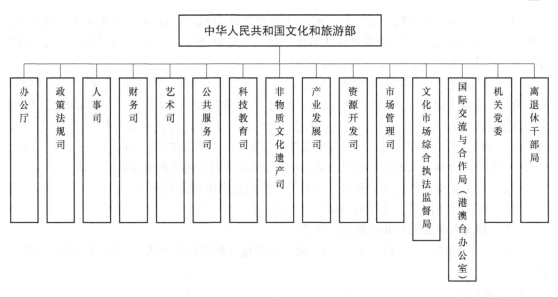

图 8-2 文化和旅游部组织机构设置图

（5）艺术司。拟定音乐、舞蹈、戏曲、戏剧、美术等文艺事业发展规划和扶持政策并组织实施；扶持体现社会主义核心价值观、具有导向性代表性示范性的文艺作品和代表国家水准及民族特色的文艺院团；推动各门类艺术、各艺术品种发展；指导、协调全国性艺术展演、展览以及重大文艺活动。

（6）公共服务司。拟定文化和旅游公共服务政策及公共文化事业发展规划并组织实施；承担全国公共文化服务和旅游公共服务的指导、协调和推动工作；拟定文化和旅游公共服务标准并监督实施；指导群众文化、少数民族文化、未成年人文化和老年文化工作；指导图书馆、文化馆事业和基层综合性文化服务中心建设；指导公共数字文化和古籍保护工作。

（7）科技教育司。拟定文化和旅游科技创新发展规划和艺术科研规划并组织实施；组织开展文化和旅游科研工作及成果推广；组织协调文化和旅游行业信息化、标准化工作；指导文化和旅游装备技术提升；指导文化和旅游高等学校共建和行业职业教育工作。

（8）非物质文化遗产司。拟定非物质文化遗产保护政策和规划并组织实施；组织开展非物质文化遗产保护工作；指导非物质文化遗产调查、记录、确认和建立名录；组织非物质文化遗产研究、宣传和传播工作。

（9）产业发展司。拟定文化产业、旅游产业政策和发展规划并组织实施；指导、促进文化产业相关门类和旅游产业及新型业态发展；推动产业投融资体系建设；促进文化、旅游与相关产业融合发展；指导文化产业园区、基地建设。

（10）资源开发司。承担文化和旅游资源普查、规划、开发和保护工作；指导、推进全域旅游；指导重点旅游区域、目的地、线路的规划和乡村旅游、休闲度假旅游发展；指导文化和旅游产品创新及开发体系建设；指导国家文化公园建设；承担红色旅游相关工作。

（11）市场管理司。拟定文化市场和旅游市场政策和发展规划并组织实施；对文化和旅游市场经营进行行业监管；承担文化和旅游行业信用体系建设工作；组织拟定文化和旅游市场经营场所、设施、服务、产品等标准并监督实施；监管文化和旅游市场服务质量；指导服务质量提升；承担旅游经济运行监测、假日旅游市场、旅游安全综合协调和监督管理。

（12）文化市场综合执法监督局。拟定文化市场综合执法工作标准和规范并监督实施；指导、推动整合组建文化市场综合执法队伍；指导、监督全国文化市场综合执法工作，组织查处和督办全国性、跨区域文化市场重大案件。

（13）国际交流与合作局（港澳台办公室）。拟定文化和旅游对外及对港澳台交流合作政策；指导、管理文化和旅游对外及对港澳台交流、合作及宣传推广工作；指导、管理有关驻外文化和旅游机构，承担外国政府在华、港澳台在内地（大陆）文化和旅游机构的管理工作；承办文化和旅游中外合作协定及其他合作文件的商签工作；承担政府、民间及国际组织在文化和旅游领域交流合作相关事务；组织大型文化和旅游对外及对港澳台交流推广活动。

（14）机关党委。负责机关及国家文物局、在京直属单位的党群工作。

（15）离退休干部局。负责离退休干部工作。

(三) 我国省级旅游行政组织机构设置

本部分以福建省文化和旅游厅为例，说明我国地方旅游行政管理部门的组织机构及部门职责。

1. 主要职能

（1）贯彻落实党的文化工作方针政策，执行国家文化和旅游工作的法律、法规；起草文化和旅游工作地方性法规、规章和政策措施并组织实施。

（2）统筹规划文化事业、文化产业和旅游业发展，拟定文化和旅游发展规划并组织实施，推进文化和旅游融合发展，推进文化和旅游体制机制改革。

（3）管理全省性重大文化活动，指导省重点文化和旅游设施及基层文化和旅游设施建设；组织全省旅游整体形象推广，促进文化产业和旅游产业对外合作、区域协作和国际市场推广；制定旅游市场开发规划并组织实施，指导、推进全域旅游。

（4）指导、管理相关文化艺术事业，指导艺术创作生产；扶持体现社会主义核心价值观、弘扬福建优秀文化、具有导向性代表性示范性的文艺作品；推动相关门类艺术和艺术品种的开发和发展。

（5）负责公共文化事业发展，推进公共文化服务体系建设和旅游公共服务建设，深入实施文化惠民工程，统筹推进基本公共文化服务标准化、均等化。

（6）指导、推进文化和旅游科技创新发展，推进文化和旅游行业信息化、标准化建设。

（7）负责非物质文化遗产保护，推动非物质文化遗产的保护、传承、普及、弘扬和振兴。

（8）组织实施文化和旅游资源普查、挖掘、保护和利用工作，促进文化产业和旅游产业发展。

（9）指导文化和旅游市场发展，对文化和旅游市场经营进行行业监管，推进文化和旅游行业信用体系建设，依法规范文化和旅游市场。

（10）指导全省文化和旅游市场综合执法，组织查处全省性、跨区域文化、文物、旅游等的市场违法行为，督查督办大案要案，维护市场秩序。

（11）指导、管理文化和旅游对外及对台港澳交流、合作和宣传、推广工作，承办对外、对台港澳文化和旅游交流项目相关事务，推动福建文化走出去。

（12）按有关规定承担安全生产、生态环境保护相关职责，负责加强本系统、本领域人才队伍建设。

(13) 管理福建省文物局（以下简称省文物局）。

(14) 完成省委和省政府交办的其他任务。

(15) 关于动漫和网络游戏管理的职责分工。省委宣传部（省新闻出版局）负责出版环节动漫作品及电影动漫节目的监管，按照网络出版服务管理有关规定对游戏出版物的网上出版发行实施监管。省工业和信息化厅负责动漫和网络游戏相关产业规划、产业基地、项目建设、会展交易等。省文化和旅游厅负责动漫和网络游戏的市场监管以及依法对动漫（不含影视动漫和网络视听中的动漫节目）、网络游戏产品内容进行审查。省广播电视局负责电视以及网络视听中的动漫节目监管。

2. 内设机构

根据以上职责，福建省文化和旅游厅设以下几个职能处（室），如图8-3所示，各职能处室的主要职能与国家旅游局的相关处室的职能相对应。

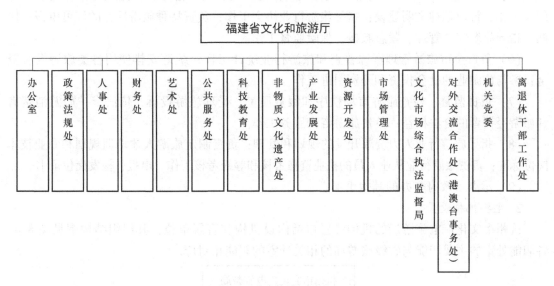

图8-3 福建省文化和旅游厅机构设置

（四）我国地市级旅游行政管理组织机构设置

以杭州市文化广电旅游局为例，说明地市级旅游行政管理组织机构设置。

1. 主要职能

(1) 贯彻执行国家、省、市有关旅游业的方针、政策和法律、法规、规章；受委托研究起草旅游行政管理的地方性法规、规章和政策，经审议通过后组织实施，依法监督检查有关法规、规章和政策的贯彻执行。

(2) 研究和制定推进现代化国际风景旅游城市建设发展战略，负责旅游商贸系统有关工作的综合协调，组织协调城市旅游环境和基础设施、旅游交通、商贸购物、餐饮、住宿、旅游文化娱乐等各类资源的整合、优化配置与规划指导；负责全市旅游信息化建设工作，强化城市旅游综合服务功能。

(3) 负责编制本市旅游业发展的中长期规划和年度计划，并组织实施和检查；指导、协调全市重点旅游区域和重大旅游项目规划、开发、建设及旅游资源保护工作；负责西湖风景名胜区建设项目审查和旅游项目建设方案审查联席会议的召集工作；负责指导西湖风景名胜区、旅游度假区、自然保护区及"三江两湖一山一河"重点建设项目的规划编制和方案的审查、审批工作。

（4）研究制定国际国内旅游市场开发战略，负责对全市旅游整体形象的宣传和重大促销活动的协调，处理市旅游形象推广委员会的日常工作；负责编制全市旅游促销方案和促销资金使用方案；指导编制我市各类旅游宣传资料；参与协调全市旅游节庆活动；负责全市重大旅游会展及外来大型旅游促销活动的协调工作；组织指导重要旅游产品的开发工作；负责旅游业的对外交流与合作；负责收集研究并发布国内外旅游市场动态信息。

（5）负责全市旅游行业管理和标准化推广工作；研究和拟定政策措施，加快旅游行业的结构调整；负责专项旅游经营业务的审批工作；组织和实施饭店的星级评定及申报；负责国内旅行社的审批；协调整治和改善旅游环境，规范景区（点）旅游经营服务活动和景区（点）等级评定工作；负责指导旅游商品的科研与开发；负责指导"中国优秀旅游城市"等创建工作和行业精神文明建设；指导旅游行业协会工作；负责特种旅游项目的许可申报；协调、指导旅游安全管理、紧急救援、保险监督工作。

（6）负责全市旅游管理资源普查和旅游行业统计工作；统筹安排使用各类旅游发展资金；参与旅游业的社会投资和外资引进工作。

（7）负责监督、检查旅游市场秩序和服务质量，受理旅游投诉，依法维护旅游消费者和旅游经营者的合法权益；负责旅游咨询服务工作。

（8）指导旅游行业人力资源开发的规划和管理；负责制定旅游人才培训规划和专业技术岗位标准；负责旅游行业从业人员的执业资格考核和等级考核工作，申报、核发岗位证书。

（9）承办市政府交办的其他事项。

2. 主要机构设置

杭州市文化广电旅游局的机构设置包括内设机构和直属单位，其组织结构图见图8-4。各职能处室的主要职能与省级旅游局的相关处室的职能相对应。

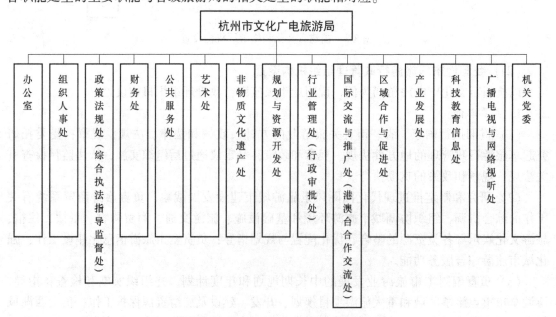

图8-4　杭州市文化广电旅游局组织结构图

四、我国全域旅游下的政府旅游管理体制创新

（一）全域旅游

2016年全国旅游工作会议上，原国家旅游局局长李金早做了题为"从景点旅游走向全域旅游，努力开创我国'十三五'旅游发展新局面"的工作报告，提出将全域旅游作为新时期的旅游发展战略。李金早指出，全域旅游是指在一定区域内，以旅游业为优势产业，以旅游业带动促进经济社会发展的一种新的区域发展理念和模式。全域旅游是把一个区域整体当作旅游景区，是空间全景化的系统旅游，是跳出传统旅游谋划现代旅游、跳出小旅游谋划大旅游，是旅游发展理念、发展模式上的根本性变革。

全域旅游的特点是各行业积极融入其中，各部门齐抓共管，全区域居民共同参与，充分利用旅游目的地全部的吸引物要素，为前来旅游的游客提供全过程、全时空的体验产品，从而全面满足游客的全方位体验需求。

（二）全域旅游下的体制创新

由于原各地各级旅游局，尤其是县一级的旅游局大部分是事业编制，没有执法权，部分执法权是相关行政部门许可，旅游部门执法的法律依据少，这为旅游部门的综合执法带来了困惑，尤其是对旅游欺诈、旅游企业非法经营和旅游纠纷这三个方面的执法缺乏法律依据和手段。在国家推进全域旅游的过程中，一些地方政府采用了"1+3+N"全域旅游综合执法管理模式，即实行旅游综合执法改革，建立"1+3+N"全域旅游综合执法管理体制，设立旅游警察、旅游工商分局、旅游巡回法庭以及N个旅游服务机构的旅游综合执法机构。

内蒙古自治区巴彦淖尔市乌拉特后旗构建全域旅游"1+3+N"旅游综合执法体制建设，这标志着乌拉特后旗旅游工作走上了规范化服务、法制化管理的道路。从而助推旅游市场综合执法力量的整合，全面提高旅游公共服务能力，完善旅游咨询服务功能，提升旅游产业发展水平，加快自治区全域旅游示范区创建步伐，也为助推全域旅游提供了体制机制保障。

旗旅游警察中队：负责办理涉及侵害旅游活动参与者人身和财产安全的违法犯罪案件，依法监督、检查、指导各旅游景区景点的内部安全保卫工作，维护旅游市场秩序和旅游治安环境。

旗旅游巡回法庭：负责依法审理涉及旅游合同、旅游服务、旅游消费等引起的民事纠纷案件，指导旅游景区、星级饭店、旅行社做好调解工作，为旅游消费者提供法律帮助。

旗市场监督管理分所：负责全旗旅游景区景点市场经营秩序和涉旅企业、重要涉旅购物场所、餐馆进行日常监管；涉旅消费投诉、举报；负责对景区大型游乐设施、景区（点）内专用机动车辆等特种设备的安全监管；开展旅游市场诚信建设、引导企业诚信经营。

第二节　我国的旅游政策与法规

一、旅游政策与法规概述

旅游政策和法规是在一定时期内为实现旅游发展目标而规定的行动准则。国家和旅游行政组织根据社会对旅游消费的需求及预测，在综合考虑其他社会经济条件下，制定出一系列科学且切实可行的政策和法规，以保证旅游业得以健康发展。

旅游政策是发展旅游业的制度保证。我国旅游事业的真正快速发展是在改革开放之后，虽然只有短短的二十余年时间，但旅游业的产业化特征已经充分显现出来。旅游业在国民经济中地位的上升，呼唤旅游政策法规的出台。

目前，从我国整个立法状况来看，各部门法的规定已取得相当的成果，但还没有统一编纂的法典，也就是说，我国目前各部门法之间还缺乏系统性和逻辑性。在这种背景下，为保障旅游者和旅游经营者的合法权益，规范旅游市场秩序，保护和合理利用旅游资源，促进旅游业持续健康发展，十二届全国人大常委会于2013年4月25日通过了《中华人民共和国旅游法》，自2013年10月1日起施行，2018年10月26日第十三次全国人民代表大会常务委员会第六次会议第二次修正。

二、我国当前的旅游政策

旅游政策有宏观旅游政策和微观旅游政策之分。宏观旅游政策即通常所说的发展方针，主要确立旅游产业发展目标和其在国民经济中的地位，起方向性指导作用；微观旅游政策是为旅游的基本运行单位而设立和确定的，在发展旅游业的过程中起着类似于行业规范的作用。无论是宏观还是微观的旅游政策，都对发展旅游起着保证作用。我国主要有以下一些旅游政策。

1. 坚持市场经济条件下的政府主导型的发展战略

旅游是外向型的经济产业，是国民经济较早开放市场的经济部门，1985年10月，国务院在批转国家旅游局《关于当前旅游体制改革的几个问题的报告》中提出："要按照'政企分开、统一领导、分级管理、分散经营'的原则，建立以国营旅游企业为主导的多种经济形式、多渠道、少环节的旅游管理体制"，从此，旅游部门的经营便进入了市场化运作的程序。十五届五中全会通过的"十五"计划，提出了"大力发展服务业"的方针，要求"积极发展旅游产业，开发和保护旅游资源，丰富旅游产品"，这对于各地进一步形成和发展"政府主导型"发展旅游业的格局起到了重要的促进作用。

2. 从确立产业到培育新的增长点

1992年，中共中央、国务院在《关于加强发展第三产业的决定》中，明确把旅游业列入第三产业中重点发展的行业之一，提出要"创造条件、大力扶持、加快发展"。党的十四届五中全会通过的《中共中央关于制定国民经济和社会发展"九五"计划和2010年远景目标的建议》，更把旅游业排在第三产业中"积极发展"的新兴产业序列的第一位。1998年的中央经济工作会议，做出了将旅游业列为国民经济新的增长点的历史性决策。1999年11月召开的中央经济工作会议上，中央重申了这一方针。

3. 大力发展入境旅游，积极发展国内旅游，适度发展出境旅游

我国对旅游业的战略要求是多创汇、积极回笼货币。我国政府对待入境旅游一直坚持大力发展的方针，以不断增加旅游创汇。"六五""七五"期间，旅游工作的重点始终放在发展入境国际旅游上；甚至到"八五"规划初期，"优先发展国际旅游，适当兼顾国内旅游"仍然是国家发展旅游业的政策。

1993年11月，国务院办公厅转发了国家旅游局制定的《关于积极发展国内旅游业的意见》，提出了"积极发展国内旅游业"的一系列政策措施，其中包括"逐步建立统一开放、有序竞争的国内旅游市场""努力发展大众旅游产品"等。这充分反映了我国政府在旅游政策上的重大变化，由原来只抓国际旅游而转入到国际旅游与国内旅游一起抓，形成了我国国

际旅游与国内旅游并进的旅游发展的新格局。

4. 海外抓促销，国内抓建设

我国发展旅游业的长期方针是"海外抓促销，国内抓建设"，这是国家旅游局在部署1993年旅游工作时提出的，也是对我国旅游业十多年来发展经验的总结。

扩大旅游客源市场关系到国家收汇创汇、地方综合效益和企业经济效益，这就需要将战略重点放在市场营销上，以适销产品、得力手段促销，促进旅游业的稳步发展。

在国内旅游建设方面，由于长期重基建、轻管理，重硬件、轻软件，造成了旅游业在结构上的失衡——在某些项目上重复建设、重复投资，而有些有外部效应的旅游公共设施建设又相对滞后。为此，国家积极吸引外资投资国内旅游项目，地方财政加强了对旅游发展的支出，同时，许多旅游企业引进了国外的管理集团进行项目管理，使国内旅游建设朝着一个健康有序的方向发展。

5. 坚持可持续发展战略

我国有着丰富的旅游资源，但旅游资源作为旅游业赖以生存的基础，有一定的承载力系数，如果违背环境法则，肆意发展，就很可能造成旅游资源的枯竭。目前，我国政府已将可持续发展战略定为基本国策，国家有关部门按照《中国21世纪议程》所确立的旅游可持续发展目标，确定了可持续发展的战略和具体行动方案。许多贫困落后地区通过开展旅游扶贫，结束了毁林垦荒的历史，走上了保护环境和发展旅游的和谐之路，促进了旅游可持续发展原则的贯彻和落实。

6. 依法治旅

依法治旅是管理和发展旅游业的基本方略，是促进我国旅游业健康发展的根本保障。改革开放四十余年来，我国旅游业取得了令人瞩目的成就，旅游法制建设也由不完善到逐步完善，特别是20世纪90年代以来，各地加快了综合性旅游法规的制定和出台；到2005年，已有24个省（市、自治区）先后出台了旅游管理条例，初步形成了省级旅游法制体系；国家在加强对各地旅游立法指导的同时，也加快了单项旅游法规的制定；旅游执法工作也普遍展开。我国旅游发展的实践证明了，只有继续促进旅游立法工作的开展和立法质量的提高，进一步提高依法治旅的自觉性和加大治理违法违规案件的力度，才能保障我国旅游业持续、快速、健康发展。2013年4月25日，《中华人民共和国旅游法》经十二届人大常委会审议通过，后经两次修正，现行的是2018年修正后的旅游法。

7. 加速对西部地区的旅游开发

在世纪之交，党中央向全国正式宣布实施西部大开发战略，这是实现我国现代化建设第二步战略目标的重大部署。西部大开发离不开旅游的发展。我国西部地区，拥有一批在世界上具有独特性和垄断性的旅游资源。党中央、国务院做出的西部大开发的决策，将加速这些地区从旅游资源优势向产业优势转化。在1998年召开的中央经济工作会议将旅游业列为国民经济新的增长点后，党中央和国务院多次强调要加强对中西部旅游资源的规划开发，在国家统一规划指导下开发中西部地区高品位的旅游资源，进一步加强基础设施建设，开辟具有枢纽地位的国际直通航空口岸，实施旅游景区的生态环境治理等。

三、我国当前的旅游法规

旅游法规是调整旅游活动领域中各种社会经济关系的法津法规的总称。旅游法规不是一个单一的法律文件,而是一系列的法律规范,它既包括国内法规范,又包括国际法规范,这一规范体系以旅游为主线统一起来。

在我国,旅游法律规范借以表现的形式有:

由国家最高权力机关——全国人民代表大会及其常务委员会通过的旅游法律,如我国正在实施的《中华人民共和国旅游法》。

由国家最高行政机构——国务院公布的旅游法规,如2009年1月21日中华人民共和国国务院修改发布的《旅行社条例》,又如2006年9月19日由国务院令第474号公布的《风景名胜区条例》等。

由地方立法机关公布,仅限于在其辖区内适用的地方性法规,如1991年10月公布的《北京市旅游涉外定点商店管理试行办法》。

由国家旅游行政管理部门制定的旅游部门规章。如1997年10月15日由中华人民共和国国家旅游局发布的《边境旅游暂行管理办法》;又如1995年1月1日由国家旅游局局长令(第2号)发布的《旅行社质量保证金暂行规定实施细则》等。

旅游专业法是指有关旅游各个具体方面的法律和法规。我国现行的与旅游业有关的法规主要有下列:

1. 旅行社管理法规制度

《旅行社管理条例》是我国第一部旅游方面的行政法规,于1996年10月15日由国务院发布,同日生效,2001年12月5日修改,该条例发布的目的,是为加强对旅行社的管理,保障旅游者和旅行社的合法权益,维护旅游市场秩序和促进我国旅游业的健康发展。根据条例,国家旅游局还陆续发布了《旅行社管理条例实施细则》。

2009年1月21日,国务院第47次常务会议通过,中华人民共和国国务院令第550号发布《旅行社条例》,自2009年5月1日起施行。该条例是为了加强对旅行社的管理,保障旅游者和旅行社的合法权益,维护旅游市场秩序,促进旅游业的健康发展而制定的法规。2009年4月2日,国家旅游局第4次局长办公会议审议通过,国家旅游局令第30号发布《旅行社条例实施细则》,自2009年5月3日起施行;后于2016年12月6日国家旅游局第17次局长办公会议审议通过,2016年12月12日国家旅游局令第42号发布了《旅行社条例实施细则(2016修改)》。

为了维护旅游者和旅游经营者的合法权益,依法公正处理旅游投诉,国家依据《中华人民共和国消费者权益保护法》《旅行社条例》《导游人员管理条例》和《中国公民出国旅游管理办法》等法律、法规,制定了《旅游投诉处理办法》(国家旅游局令第32号),2010年1月4日国家旅游局第1次局长办公会议审议通过,并自2010年7月1日起施行。

2. 导游人员管理法规制度

导游管理制度是调整导游服务工作中各种权利义务关系的法律、法规、规章和制度的总称。

经国务院批准,国家旅游局于2001年12月26日发布了《导游人员管理实施办法》,1999年8月27日国家旅游局在原《关于颁发中华人民共和国导游证书的暂行办法》的基础上发布了《导游证管理办法》。

3. 旅游出入境管理法律制度

我国出入境管理法,分为外国人入出境管理法和中国公民出入境管理法两类。

《中华人民共和国外国人入境出境管理法》于1985年11月22日在第六届全国人民代表

大会常务委员会第十三次会议上通过，自 1986 年 2 月 1 日起施行。这次会议上还通过了《中华人民共和国公民出境入境管理法》，该管理法对中国公民出境、入境及管理的机关等做了相应的规定。

根据《中华人民共和国公民出境入境管理法》及其实施细则，1997 年 7 月 1 日，国家旅游局、公安部经国务院批复，联合发布了《中国公民自费出国管理暂行办法》，并于同日生效。制定和发布该法规，是为了加强对中国公民自费出国旅游的管理，规范出国旅游活动，保障参游人员的合法权益。

4. 旅游饭店星级评定制度

1988 年 8 月，国家旅游局制定颁发了《中华人民共和国评定旅游（涉外）饭店星级的规定》以及《中华人民共和国旅游（涉外）饭店星级标准》；1999 年 5 月，发布《中华人民共和国旅游（涉外）饭店星级评定检查员制度》；2000 年 3 月，发布《关于进一步加快饭店星级评定工作的通知》。根据这些规定，我国涉外饭店划分为一星、二星、三星、四星、五星五个等级，五星等级最高。国家旅游局设立饭店星级评定机构，领导全国饭店星级评定工作，各省、自治区、直辖市旅游局设立地方旅游饭店星级评定机构，负责本地区旅游饭店星级评定工作。

5. 风景名胜区管理法规制度

1985 年 6 月 7 日，国务院发布实施了《风景名胜区管理暂行条例》，后修订为《风景名胜区条例》（2006 年 9 月国务院令第 474 号发布，2016 年 2 月修订）。该条例规定，凡是有观赏、文化和科学价值，自然景物、人文景物比较集中，环境优美，具有一定规模和范围，可供人们游览、休息或进行科学、文化活动的地区为风景名胜区。

中华人民共和国建设部主管全国风景名胜区的工作，地方各级人民政府建设部门主管本地区风景名胜区工作。风景名胜区应按照规划进行开发建设，风景名胜区规划，要在所属人民政府领导下，由主管部门会同有关部门组织编制。风景名胜区规划经主管部门审查后，报该风景名胜区所在地区的人民政府审批．并报上级主管部门备案。

对保护风景名胜区有显著成绩或做出重要贡献的单位和个人，有关人民政府或主管部门应给予奖励；对违反《风景名胜区管理暂行条例》者要给予相应的行政或经济处罚。

6. 旅游住宿安全法规制度

根据《旅游治安管理办法》，经营旅馆必须建立各项安全管理制度，设置治安保卫组织或指定安全保卫人员。接待客人住宿必须登记，接待境外旅客必须在 24 小时之内向当地公安机关报送住宿登记表。此外，还规定了其他方面的安全措施。

7. 旅游安全管理规章制度

1992 年 2 月 20 日，由国家旅游局局长签署，发布了《旅游安全管理暂行办法》。该暂行办法规定，为了加强旅游安全管理工作，保障旅游者人身、财物安全，旅游安全管理应当贯彻"安全第一，预防为主"的方针。

做好旅游安全管理工作，应当遵循"统一指导、分级管理，以基层为主的原则"。各级旅游行政管理部门必须建立和完善旅游安全管理机构，使之有专门的机构负责。

旅游安全管理机构要指导、督促、检查本地区旅游企、事业单位贯彻执行法规的有关情况，组织实施旅游安全教育和宣传，对安全设施进行验收和检查，督促、检查旅游企、事业单位落实有关旅游者人身、财物安全的保险制度等。1989 年 3 月 29 日，国务院发布了《特别重大事故调查程序暂行规定》。

8. 旅游投诉管理制度

根据我国民法、民事诉讼法、行政复议条例等法律法规，1991年国家旅游局发布并于1991年10月1日起实施了《旅游投诉暂行规定》，2010年1月，国家旅游局第1次局长办公会议审议通过《旅游投诉处理办法》，自2010年7月1日起实施。其宗旨是：保护旅游者、旅游经营者的合法权益，及时公正处理旅游投诉，维护国家声誉。

旅游投诉是指旅游者、海外旅行商、国内旅游经营者为维护自身和他人的旅游合法权益，对损害其合法权益的旅游经营者和有关服务单位，以书面或口头形式向旅游行政管理部门提出投诉，请求处理的行为。

第三节 我国的旅游标准化工作

一、旅游标准化概述

近年来随着国际经济的全球化和国际贸易的发展，服务领域标准化工作已经成为新的热点，各国都在努力探索。在旅游业中，各类旅游设施设备和旅游接待服务活动，如旅行社导游服务、饭店餐饮服务、客房服务、航空客运服务等，都具备重复性和可检验性特征，具备了制定标准、利用标准进行规范和统一的基础。我国旅游行业标准由国家旅游局组织起草和审查，国家标准由国家质量技术监督检疫总局批准发布，行业标准由国家旅游局批准发布。

旅游标准化工作的主要任务是在全行业范围内组织制定我国旅游业国家标准和行业标准；组织贯彻实施标准，并对标准的实施情况进行监督检查；指导和推动旅游企业开展标准化工作；推动旅游行业各项工作的制度化和规范化建设，提高旅游业的安全保障能力、服务质量和管理水平。

二、我国的旅游标准组织

我国国家旅游标准组织是在国家技术监督检疫总局的指导下进行组建和开展旅游行业标准化管理工作的。1995年2月16日，全国旅游标准化技术委员会成立，这是我国第210个全国专业标准化技术委员会。该组织的成立，标志着我国旅游标准化工作迈向新时代。

全国旅游标准化技术委员会是国家从事旅游行业标准化工作的技术组织，负责旅游行业标准技术归口和标准解释工作。其主要任务是向国家旅游局和国家技术监督检疫总局提出全国旅游标准化工作的政策建议，协助国家旅游局组织全国旅游行业标准制定、修订、审查和复审工作。作为全行业的标准化技术组织，该委员会由30名专家组成，集中了旅游管理部门、旅游企业、科学科研机构等方面的专家，对旅游标准体系的建立和标准的制定和修订提供技术依据，对其中的技术内容负责。同时，鉴于旅游标准化工作涉及的部门多、工作跨度大，旅游标委会聘请了交通、内贸、民航、文化、建设、铁道、公安等旅游相关部门的代表参加，协调标准制定过程中的有关问题。目前，国家文化和旅游部科技教育司设立标准和装备处，组织协调文化和旅游行业信息化、标准化工作。

三、我国的旅游标准体系

为指导我国旅游标准化工作健康、稳步的发展，促进旅游行业的快速发展，全国旅游标准化技术委员会提出《旅游业标准体系表》。该体系是对国务院"三定"方案和国家质量技术监督局《旅游行业标准归口管理范围》的具体实施,是旅游标准化工作开展的基础性工作;是旅游业标准立项工作的依据;该体系在协调与其他部门的工作中,对于管理交叉关系的协调问题是重要的解释依据;在与世界旅游组织、国际标准化组织的交流过程中,《旅游业标准体系表》(见表8-1)是解释我国旅游标准化工作开展情况的最基础资料。

表8-1 中国旅游业标准体系表

部门	数量	标准名称	部门	数量	标准名称
食	2	旅游定点餐馆设施 旅游团队餐的质量标准	购	4	定点购物场所设施与服务标准 旅游商品质量标准
住	6	旅游饭店星级评定 旅游公寓星级评定 旅游度假设施与服务规范 饭店客用品质量与配备 旅游饭店计算机管理系统建设规范 青年旅馆网络建设规范	娱	2	定点娱乐场所设施 游乐园安全服务质量
			行	7	内河游船星级评定 海上游轮星级评定 游览船星级评定 旅游汽车服务质量 旅游客车星级评定 旅游汽车公司资质等级评定 旅游船服务质量
游	18	滑雪场等级划分评定 导游服务质量 旅游区(点)质量等级评定 旅行社资质等级评定 国内旅游服务质量规范 出境旅游服务质量规范(包括边境旅游服务规范) 入境旅游服务质量规范 旅行社门市服务质量规范 旅游游览点讲解服务质量规范 专项旅游产品 生态旅游产品 农业旅游产品 工业旅游产品 修学旅游产品 特种旅游产品 分时度假操作规范 旅游资源分类与评价	综合	18	旅行社组团运作规范 旅游标准化工作导则 旅游服务基础术语 旅游公共信息图形符号 旅游规划通则 旅游信息网站建设规范 旅游电子商务业务规范 旅游咨询中心设施与服务标准 旅游厕所设施规范 旅游安全管理规范 旅游服务质量认证体系 旅游者损害赔偿标准 旅游服务质量争议受理程序 旅游行业标准化工作导则 饭店职业英语标准 楼宇清洁卫生标准 景区环境质量标准 创优城市检查标准

该体系按照两种体系对旅游标准进行分类和编排,在此基础上构建旅游业标准体系的框架:①按照标准的一般划分,分成基础标准、设施标准、服务标准、产品标准和方法标准5大类;②按照旅游业构成要素的划分,分成食、住、行、游、购、娱6大类,并且增加综合类,共7类;③按照以上划分方法,对于已经出台的国家标准和行业标准、已经批准立项正在起草的标准和考虑申请立项的标准在表中确立位置。

表8-1是开放式的,在框架确定后,可以根据需要及时修改和补充,并及时向国家质量监督检验检疫总局备案。

四、我国主要的旅游业相关标准

截止到2020年5月,我国已制定和颁布了近50项旅游业管理方面的国家标准(见表8-2)。

表8-2 我国旅游业现行国家标准

部门	数量	标准名称(标准号)	部门	数量	标准名称(标准号)
食	2	GB/T 26361—2010 旅游餐馆设施与服务等级划分 GB/T 26357—2010 旅游饭店管理信息系统建设规范	购	1	GB/T 26356—2010 旅游购物场所服务质量要求
住	4	GB/T 14308—2010 旅游饭店星级的划分与评定 GB/T 38547—2020 旅游度假租赁公寓基本要求 GB/T 26357—2010 旅游饭店管理信息系统建设规范 GB/T 22800—2009 星级旅游饭店用纺织品	娱	2	GB/T 26353—2010 旅游娱乐场所基础设施管理及服务规范 GB/T 16767—2010 游乐园(场)服务质量
			行	6	GB/T 15731—2015 内河旅游船星级的划分与评定 GB/T 18166—2008 架空游览车类游艺机通用技术条件 GB/T 26365—2010 游览船服务质量要求 GB/T 26359—2010 旅游客车设施与服务规范 GB/T 16890—2008 水路客运服务质量要求 GB 24727—2009 非公路旅游观光车安全使用规范
游	15	GB/T 35560—2017 老年旅游服务规范 景区 GB/T 26358—2010 旅游度假区等级划分 GB/T 34313—2017 导游等级划分与评定 GB/T 15971—2010 导游服务规范 GB/T 17775—2003 旅游区(点)质量等级的划分与评定 GB/T 31380—2015 旅行社等级的划分与评定 GB/T 31386—2015 旅行社出境旅游服务规范 GB/T 28929—2012 休闲农庄服务质量规范 GB/T 28927—2012 度假社区服务质量规范 GB/T 31385—2015 旅行社服务通则 GB/T 32943—2016 旅行社服务网点服务要求 GB/T 26355—2010 旅游景区服务指南 旅行社服务网点服务要求 GB/T 18972—2017 旅游资源分类、调查与评价 GB/T 31383—2015 旅游景区游客中心设置与服务规范 GB/T 36738—2018 工业旅游景区服务指南	综合	18	GB/T 16766—2017 旅游业基础术语 GB/T 10001.2—2006 标志用公共信息图形符号 第2部分:旅游休闲符号 GB/T 26360—2010 旅游电子商务网站建设技术规范 GB/T 26354—2010 旅游信息咨询中心设置与服务规范 GB/T 18973—2016 旅游厕所质量等级的划分与评定 GB/T 31706—2015 山岳型旅游景区清洁服务规范 GB/T 30225—2013 旅游景区数字化应用规范 GB/T 31383—2015 旅游景区游客中心设置与服务规范 GB 26529—2011 宗教活动场所和旅游场所燃香安全规范 GB/T 31284—2014 品牌价值评价旅游业 GB/T 26363—2010 民族民俗文化旅游示范区认定 GB/T 18971—2003 旅游规划通则 GB/T 35556—2017 滨海景区沙滩管理要求 GB/T 31384—2015 旅游景区公共信息导向系统设置规范 GB/T 31382—2015 城市旅游公共信息导向系统设置原则与要求 GB/T 26362—2010 国家生态旅游示范区建设与运营规范

[资料来源:根据全国标准信息公共服务平台(http://std.samr.gov.cn)整理。]

第四节　旅游行业组织

一、旅游行业组织的性质与职能

旅游行业组织是指为加强行业间及旅游行业内部的沟通与协作，促进旅游行业及行业内部各单位的发展而形成的各类组织。

旅游行业组织通常是一种非官方组织，各成员采取自愿加入的原则，行业组织所制定的规章、制度和章程对于非会员单位不具有约束力。

旅游行业组织具有服务和管理两种职能。但是，行业组织的管理职能不同于政府旅游管理机构的职能，它不带有行政指令性和法律性，其有效性取决于行业组织本身的权威性和凝聚力。具体而言，旅游行业组织基本职能是：①作为行业代表，与政府机构或其他行业组织商谈有关事宜；②加强成员间的信息沟通，通过出版刊物等手段，定期发布行业发展的有关统计分析资料；③开展联合推销和市场开拓活动；④组织专业研讨会，为行业成员开办培训班和专业咨询服务；⑤制定成员共同遵循的经营标准、行规会约，并据此进行仲裁与调解；⑥对行业的经营管理和发展问题进行调查研究，并采取相应措施加以解决；⑦阻止行业内部的不合理竞争。

二、旅游行业组织的种类

1. 按地域划分

旅游行业组织按地域可分为全球性旅游行业组织、世界区域性旅游组织、全国性旅游组织和国内区域组织等。

2. 按会员性质划分

按会员性质划分，旅游行业组织可分为旅游交通机构或企业组织、饭店与餐饮业组织、旅行社协会组织，以及由旅游专家和研究人员组成的旅游学会等。

三、我国的旅游行业组织

中国旅游协会是由我国旅游行业的有关社团组织和企事业单位在平等自愿基础上组成的全国综合性旅游行业协会。它是1986年1月30日经国务院批准正式宣布成立的第一个旅游全行业组织，接受国家旅游局的领导、民政部的业务指导和监督管理，其英文名称为China Tourism Association（CTA）。

其宗旨是：代表和维护全行业的共同利益和会员的合法权益，开展活动，为会员服务，为行业服务，为政府服务，在政府和会员之间发挥桥梁纽带作用，促进我国旅游业的持续、快速、健康发展。

其主要任务是：①对旅游发展战略、旅游管理体制、国内外旅游市场的发展态势等进行调研，向国家旅游行政主管部门提出意见和建议；②向业务主管部门反映会员的愿望和要求，向会员宣传政府的有关政策、法律、法规并协助贯彻执行；③组织会员订立行规行约并监督遵守，维护旅游市场秩序；④协助业务主管部门建立旅游信息网络，搞好质量管理工作，并接受委托，开展规划咨询、职工培训，组织技术交流，举办展览、抽样调查、安全检查,以及对旅游专业协会进行业务指导;⑤开展对外交流与合作;⑥编辑出版有关资料、刊物,传播旅游信息和研究成果;⑦承办业务主管部门委托的其他工作。

中国旅游协会现有理事163名,各省、自治区、直辖市和计划单列市、重点旅游城市的旅游管理部门、全国性旅游专业协会、大型旅游企业集团、旅游景区(点)、旅游院校、旅游科研与新闻出版单位以及与旅游业紧密相关的行业社团都推选了理事,协会的组成具有广泛代表性。

中国旅游协会根据工作需要设立了五个分会和专业委员会,分别进行有关的专业活动。即旅游城市分会、旅游区(点)分会、旅游教育分会、妇女旅游委员会和旅游商品及装备专业委员会。

中国旅游协会的直属单位是:中国旅游出版社、中国旅游报社、时尚杂志社、旅游信息中心和中国旅游管理干部学院。

中国旅游协会成立以来与一些国家和地区的旅游行业机构建立了友好关系,同时还先后加入了世界旅行社协会联合会(UFTAA)及其所属亚太地区联盟(UAPA)、美国旅行商协会(ASTA),发展与国际民间旅游组织的联系与合作,扩大了对外影响。中国旅游协会1995年8月被接纳为世界旅行社协会联合会的正式成员。

在中国旅游协会指导下,有四个专业协会相对独立地开展工作:中国旅行社协会、中国旅游饭店业协会、中国旅游车船协会和中国旅游报刊协会。

四、国际旅游组织

国际旅游组织有狭义和广义之分:狭义的国际旅游组织是指其成员来自多个国家并为各国利益服务的全面性旅游组织;广义的旅游组织包括工作面涉及旅游事务的国际组织和专门从事国际旅游事务的同业组织。国际旅游组织可按以下标准分类:①按组织地位分,可分为政府间组织和非政府间组织;②按组织范围分,可分为全球性组织和地区性组织;③按组织成员分,可分为以个人为成员、以公司企业为成员、以机构团体为成员、以国家政府代表为成员的国际组织;④按组织的工作内容分:可分为部分涉及旅游事务和全面涉及旅游事务的国际组织。

1. 世界旅游组织(World Tourism Organization, UNWTO)

世界旅游组织是联合国系统的政府间国际旅游组织,也是世界唯一全面涉及旅游事务的全球性政府间机构。前身可追溯到1919年的国际旅游同盟,1925年改为国际官方旅游联合会,1947年改组为国际官方旅游组织联盟。1970年9月在墨西哥城召开国际官方旅游组织联盟特别代表大会上,决定将其改建为世界旅游组织,并通过了世界旅游组织新章程。1975年组织正式成立,总部设在西班牙马德里。从1976年起,它还是联合国开发计划署的一个执行机构,负责有关旅游的技术合作项目,并与联合国教科文组织、环境规划署、国际海事协商组织和世界卫生组织等签有一系列协议与合作协定。

该组织宗旨是促进和发展旅游事业。为经济的发展、各国间的相互了解、和平与繁荣,尊重人权和不分种族、性别、语言及宗教信仰的人类基本自由做贡献。在贯彻这一宗旨时,特别强调要注意发展中国家在旅游事业方面的利益。

该组织工作围绕着技术合作、信息、统计、教育培训、简化旅行手续、旅游者安全及旅游设施保护、旅游环境保护等方面进行。

该组织最高权力机构是全体大会，每两年召开一次。领导机构是执行委员会；由大会选举产生秘书处，负责日常工作；地区委员会为非常任机构，共设有欧洲、非洲、美洲、中东、南亚、东亚和太平洋六个地区委员会。

至目前为止，世界旅游组织有正式会员156个，另有6个准成员。我国于1983年10月5日被该组织接纳为第106个正式成员。

为加强对旅游的正确引导和引起各国重视，世界旅游组织将其章程诞生日9月27日定为世界旅游日。该组织主要出版刊物有：《世界旅游组织新闻》（月刊）、《旅游统计年鉴》《旅游统计手册》《国际旅游——过境手续》及《旅游发展报告（政策与方向）》《现代旅游与旅行的发展方向》《世界旅游经济评论》等。

2. 世界旅行社协会联合会（Universal Federation of Travel Agents' Associations，UFTAA）

世界旅行社协会联合会是国际性民间旅行社行业组织，由国际旅行社联合会和世界旅行社协会组织合并组成。1966年11月22日在罗马正式成立，总部设在比利时布鲁塞尔。

其宗旨是对各国全国性旅行社联合会或旅游联盟给予职业上的指导和技术上的援助，尽一切努力联合、巩固和发展这些组织，代表国际旅行社和旅游业的各种利益，并从这一职业在整个旅游经济结构中所起的作用出发，最大限度地维护这一职业的声誉。

中国旅游协会于1995年8月正式加入该会，作为国家级会员，属亚太地区联盟。

3. 国际饭店协会（International Hotel Association，IHA）

国际饭店协会是一个世界性饭店行业组织，成立于1946年3月，总部设在巴黎。协会早期被欧洲一些大饭店所控制，随着世界旅游业发展，饭店集团开始发挥主导作用，现正朝着全球饭店协会和国际饭店集团方向发展。

其宗旨是为促进世界饭店业的发展，与国际上有关组织进行协调合作，加强国际饭店业之间的联系与交流，研究全球饭店业的发展，共同参与饭店业管理、国际金融结算、保险货币兑换、建立业务评估制度等活动，召开专业性座谈会和通报饭店业信息。

该协会有4500余个会员，分布在世界145个国家和地区。我国于1994年3月以国家会员资格加入该组织。

4. 国际旅游科学专家协会（International Association of Scientific Experts）

国际旅游科学专家协会是由国际上致力于旅游研究和旅游教学的专家学者组成的旅游学术团体，成立于1951年5月，总部设在瑞士伯尔尼。

其宗旨是发展科学联系，开展旅游研究工作，加强会员之间的友好关系，通过交流经验、交换资料和文献，提高全体会员的科研积极性，支持旅游科研所和其他科研与教学中心的活动。

该协会在47个国家拥有400多个会员。协会在旅游理论研究方面享有很高的学术地位。定期出版《旅游评论》季刊和会议年度纪要，出版发行与旅游业发展、旅游销售、企业经营有关的论著。

5. 世界一流酒店组织（The Leading Hotels of the World，LHW）

世界一流酒店组织是世界性的一流酒店行业组织、全球性的酒店促销与预订联合体，1928年在瑞士成立，总部设在纽约。

其宗旨是吸收世界上最佳酒店为其成员，促进世界各地一流酒店的提高和保持其卓越地位、一流服务和优良传统。每年召开一次年会，交流经验，相互促进。该组织本身不拥有任何酒店，但经营一个促销与预订公司——酒店预订公司，总部在瑞士苏黎世，主要负责为其成员酒店进行全球性预订。欧洲成员酒店为公司股东，欧洲以外成员酒店不是股东，被视为公司的客户。

该组织的成员必须在位置、环境、组织、管理和服务等方面都具有最佳条件和最高标准，并经严格检查、审定，提交执委会讨论，合格者方可被接纳为正式成员。我国广州白天鹅宾馆、北京贵宾楼饭店与王府饭店等已被接受为该组织成员。

6. 太平洋亚洲旅游协会（Pacific Asia Travel Association，PATA）

太平洋亚洲旅游协会是具有广泛代表性和影响力的民间国际旅游组织，于1951年1月在夏威夷成立，原名"太平洋临时旅游协会"，1953年3月改名为"太平洋地区旅游协会"；1986年4月，在马来西亚召开的第35届会议上改用现名，总部设在美国旧金山。

其宗旨和任务：拟定措施，宣传和促进发展本协会会员国的旅游业，加强会员国之间的旅游业务联系，召开国际会议，交流经验，协调旅游和运输部门的工作，在组织广告、确定规划和完善旅游企业及服务行业管理方面，对本协会会员国给予实际援助。开展统计和研究工作，分析和研究市场行情，促进合作，简化各种旅游手续，发展本地区国家间的业务和文化联系。

在20世纪90年代中期，协会有37名正式官方会员，44名联系官方会员，60名航空公司会员以及2000多名财团、企业会员。我国国家旅游局于1993年3月正式成为其官方会员，同年9月，北京、上海及广东省旅游局和中国国际航空公司、中国国际旅行社总社等15个单位，经国家旅游局推荐，也分别加入该协会成为其联系官方会员、航空公司会员或企业会员。协会还在全球38个国家和地区设有77个分会。中国分会于1994年1月正式成立，它同时也是该协会会员。

太平洋亚洲旅游协会在世界各地已形成了一个庞大的联络和活动网络，多年来一直以认真务实的业务活动在世界旅游业中称誉，主要刊物有：PATA Magazine、PATA Travel News（PTN）等。

7. 欧洲旅游委员会（European Travel Commission，ETC）

1948年6月18日在挪威成立。其宗旨是提高客源流量，促进加拿大、美国、日本、澳大利亚和拉丁美洲国家的客源流向各会员国的市场；加强欧洲旅游的国际合作；发展旅游信息交流；开展必要的旅游研究，并吸收其他旅游组织参加。该委员会的领导机构是全会、管理委员会和计划委员会。全会每年举行两次，委员会设在爱尔兰的都柏林。该会每年举行讨论会，开展旅游市场的研究，并出版有关市场研究的著作和报告等。

8. 拉丁美洲旅游机构联合会（Latin American federation of Tourism Organizations）

该联合会是1957年4月19日在墨西哥成立的，秘书处设在阿根廷的布宜诺斯艾里斯。其宗旨是建立拉丁美洲国家旅行社协会的统一指挥中心；联合成员国各旅行社，使之成为各国的协会，扩大其活动范围、提高其活动积极性，并研究和保护它们的利益；促进和发展本地区和其他地区的旅游交流；完善会员国旅游业和运输服务业的物质技术基础；在统一过境、海关和其他手续上相互合作；制定职业道德和商业道德的基本准则并对会员之间的意见分歧做出最后仲裁。

从1976年起，该联合会定期举行欧洲和拉丁美洲旅游机构联合会非常会议。我国也是该联合会的正式成员国之一。

【关键术语】

国家旅游行政组织　旅游政策　旅游法规　旅游行业组织　国家旅游组织

【问题及讨论】

1. 解释下列概念：国家旅游组织　国际旅游组织
2. 政府干预旅游发展的必要性何在？
3. 政府干预旅游发展的主要手段有哪些？
4. 我国旅游业的发展为何实施政府主导型的发展战略？
5. 政府为推动发展旅游业面可能采取的投资鼓励政策有哪些？
6. 国家旅游组织的基本职能包括哪些方面？
7. 简述我国旅游行政组织的设置状况。
8. 简述我国旅游行业组织的目前状况。
9. 试介绍世界旅游组织和太平洋亚洲旅游协会。

【参考文献】

[1] 张俐俐.旅游行政管理［M］.3版.北京：高等教育出版社，2014.
[2] 匡林.旅游业政府主导型发展战略研究［M］.北京：中国旅游出版社，2001.
[3] 阎友兵，方世敏.旅游行政管理［M］.北京：旅游教育出版社，2006.

【参考网站】

1. 中华人民共和国文化和旅游部（www. mct. gov. cn）
2. 世界旅游组织（UNWTO）（www. UNWTO. org）
3. 世界旅游业理事会（WTTC）（www. wttc. org/）
4. 福建省文化和旅游厅（wlt. fujian. gov. cn）
5. 中国旅游协会（www. chinata. com. cn）
6. 中国旅游饭店业协会（www. ctha. org. cn）
7. 中国旅行社协会（www. cats. org. cn）
8. 中国旅游车船协会（www. ctaca. com）
9. 太平洋亚洲旅游协会（PATA）（www. pata. org）
10. 世界旅行社协会联合会（www. uftaa. org）
11. 中国旅游景区协会（www. chinataa. org）
12. 杭州市文化广电和旅游局（wgly. hangzhou. gov. cn）
13. 全国标准信息公共服务平台（std. samr. gov. cn）

第九章 旅游影响

【学习目的与要求】

了解旅游活动和发展旅游业对区域经济、社会文化和生态环境的有利影响和不利影响；掌握旅游活动和旅游业发展对区域积极、社会文化和生态环境积极有利影响和不利影响的原因及其规律；掌握减少旅游活动和发展旅游业对区域经济、社会文化和生态环境不利影响的政策和措施；全面看待和正确认识旅游活动和发展旅游业与区域经济发展、社会文化进步及生态环境变化之间的辩证关系，培养学生树立科学的旅游发展观，构建和谐旅游社会；了解文章学习和研究的基本参考文献和参考网站。

◆ **【主要内容框架】**

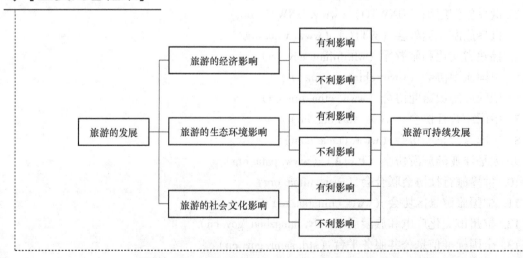

旅游的影响主要是指旅游活动和旅游业的发展对旅游目的地经济、社会文化和生态环境方面的影响。旅游活动和旅游业对旅游目的地的经济、社会文化和生态环境三方面的影响。三者之间是相互联系的，例如，"经济"影响会带来重要的财富分配上的效应，这种结果最终是"社会"效应。目的地生态环境的破坏，也不可避免地会导致严重的文化后果，这是因为特定的文化与其特定的成长环境是不可分割的。因此，我们在实践中不能把旅游的三种影响割裂开来，尤其是具体到某一项旅游开发活动时，必须全面、系统地评价其影响。

在旅游发展的初期，人们往往认为旅游业是"无烟"工业，是无污染的产业，然而随着旅游业的发展和旅游活动的深入，人们发现旅游活动和旅游业在带来了积极影响的同时，也带来了许许多多的负面影响，人们的旅游活动和旅游业的发展所带来的"污染"不仅有汽车和酒店造成的工业"三废"（废水、废气、废渣），游客的无限制地接待造成的噪声，而且外来的生活方式对接待地的生活方式、道德观点、价值观念和精神生活等方面都会带来不良的影响。因此，旅游活动和旅游业发展所带来的污染在精神生活层面的污染比起工业污染更具有危害性，而且危害得更加长久、深远。

旅游业在我国的发展历史不长，旅游研究在我国的发展历史更短，我国还是一个发展中的国家，经济发展还是社会各界关注的事情。因此，在强调发展旅游业的时候，人们更注重旅游的正面影响。目前，旅游业对区域经济的推动作用受到学术界和业界的关注，然而，随着旅游业的日益大众化，旅游的负面影响也已逐渐引起了人们的关注。近些年来，地方政府片面发展旅游业而造成生态环境的破坏、传统文化的衰落，因而学术界开始对旅游社会学、旅游人类学等方面的研究越来越重视，并逐渐将其视为旅游学术界研究的热点。旅游发展中各种利益主体间利益的协调、旅游景区管理体制，旅游资源的开发中周边农民利益的保障等方面，将是旅游学研究的热点。

第一节 旅游的经济影响

旅游是一项综合性非常强的经济和社会文化活动，具有的高度产业关联性，因此发展旅游业会对整个国民经济产生很大的影响。人们早已关注这种影响并试图通过发展旅游业来带动地区经济的发展。然而，也正是由于旅游业的综合性特点，它对国民经济的依赖性也很强。

因此，旅游对接待地经济的影响也是一把"双刃剑"，旅游对经济的影响既具备有利于经济发展的一面，同时又有不利于经济发展的一面。

一、旅游发展对经济的有利影响

现代旅游活动都伴随着消费行为的发生，来访的旅游者在旅游目的地的消费，不仅为当地的企业提供了商业机会，而且还通过其关联效应对当地经济中的很多方面产生了间接的影响。对于国际旅游，国际入境旅游消费构成旅游接待国的国际旅游收入；就国内旅游而言，国内旅游消费构成旅游接待地的旅游经济的"总流入"，促进地区经济的发展。旅游影响包括旅游活动对旅游接待国或接待地区的影响，同时又包括对旅游客源国或旅游客源地的影响两个方面，但是在旅游影响的研究中，我们主要侧重于研究和讨论旅游对旅游接待国和旅游接待地的影响。

1. 增加外汇收入，平衡国际收支

一个国家的外汇储备的多少，标志着其国际支付能力的强弱和维持其货币体系稳定能力的大小，外汇储备同时也是对外偿债的保证。扩大国家外汇收入主要有三条途径：一是有形外贸出口收入，二是兴办海外企业的利润收回，三是无形贸易收入。国际旅游为旅游目的地国开辟了重要的外汇收入渠道，是一个国家平衡国际收支的主要手段之一。旅游业的外汇收入是无形贸易收入的重要组成部分，大力发展旅游业是增加无形贸易收入的重要途径。

(1) 增加外汇收入。不论发达国家还是发展中国家，发展旅游业的一个主要目标就是赚取外汇，平衡国际收支，改善在国际贸易中所处的不利地位。对于发展中国家来说更是如此。发展中国家单纯依靠传统的出口初级产品的途径所能赚取的外汇数量有限，而且还要承受进口国的种种关税和其他贸易壁垒，代价昂贵，不能满足国家发展经济的需要。旅游业在赚取外汇方面具有明显的优势。表现在：①旅游业的换汇率高。旅游业提供的是不需要运输到国外的观光和服务产品，并且旅游者必须到旅游产品的生产地点进行消费，所以可以省掉一般商品外贸过程中所必不可少的运输费用、仓储费用、保险费用、关税等各项开支，以及与外贸进出口有关的各种繁杂手续，减少了换汇成本，从而提高了换汇率。②旅游业的产品和服务的价格建立在一定的国家垄断基础上，因此，国际竞争在一定程度上被弱化，价格的自主权较大。③旅游业所赚取的外汇收入多为现汇收入，资金回笼速度快、风险较小。④旅游业创汇可以免受进口国关税壁垒的限制。

旅游发展为国家赚取外汇的贡献非常突出。以我国为例，在亚洲"金融危机"蔓延的情况下，我国外贸出口创汇面临十分严峻的形势，1998年外贸出口创汇仅比上年增长0.5%，而旅游外汇收入却比上年增长4.37%。旅游创汇收入的大大增加为平衡国际收支起到了重要的作用。2018年，我国旅游外汇收入为1271亿美元，与2017年相比增长3%，相当于当年我国外贸出口创汇的5.12%。

(2) 平衡国际收支。发展国际旅游还可以弥补贸易逆差，平衡国际收支。国际收支是指一个国家或地区在一定时期（通常为1年）与其他国家或地区经济往来的全部收支。一个国家或地区拥有外汇的多少，体现着这个国家或地区的经济实力和国际支付能力。在国际经济往来中，收入大于支出时，国际收支差额表现为顺差或剩余；支出大于收入时，国际收支差额则出现逆差或赤字。造成国际收支不平衡的原因很多，对于发展中国家而言，一方面由于经济、技术落后，物质商品出口量有限；另一方面为了发展经济文化又必须进口先进的技术和设备，因此国家出现逆差是难免的。因此，发展旅游业，弥补贸易逆差，平衡国际收支对于发展中国家更有意义。

2. 增加政府的税收

税收是国家提供"公共产品"的资金来源。国家的旅游税收目前主要来自两个方面：一是从国际旅游者处获取的税收，主要包括入境签证费、出入境时交付的商品海关税、机场税和执照税等；二是来自旅游业的各有关营业部门，包括旅游企业的营业税和所得税等。旅游业的税收贡献很突出。

按照我国目前的税收政策，旅游业属于服务性行业，其税收主要是地方税收收入，因而更会受到地方政府的大力支持。

3. 带动相关行业的发展

旅游业是一项综合性的服务产业，这就决定了它的发展不仅依赖于其他相关产业的发展，而且还会促进其他相关产业的发展。按照发达国家的经验，旅游业与公共事业的比例是1:5，即旅游业投入1元，相应的配套设施投资要5元。而世界旅游组织的统计分析认为，旅游业与相关产业的投资带动作用之比为1:7。旅游业对相关产业的带动作用至少表现在以下几个方面：

(1) 对第一产业的带动。旅游者的消费对农产品的需求量增加，从而带动农业的发展；

旅游者对特产的需求促进旅游接待地经济作物的生产；旅游者观光和参与的需要促进了观光农业的发展。

（2）对第二产业的带动作用。带动旅游娱乐设备、酒店及户外旅游活动安全设施设备制造业的发展，促进建筑工程及相关行业的发展。为了吸引更多的游客、适应客源市场的需要，旅游目的地必须兴建、扩建旅游饭店，开辟新的旅游景点，建造会议大厦、博物馆、展览馆，修建城乡道路、车站、码头、机场以及相应的供水、排水、供电、通信等基础设施和服务设施。这些都为建筑业开辟了广阔的前景。

旅游者对各种消费的质量、数量和规格的要求都是比较高的，这就要求轻工、纺织、建材、交通等部门开拓领域，发展新门类。

（3）旅游者所需要的各种服务，推动着商业、电讯、娱乐等第三产业的迅速发展，从而促进国民经济结构的改善。

（4）旅游业的发展促进航空运输业的发展。旅游者必须从四面八方汇聚旅游目的地才能完成旅游活动，所以交通在旅游业的发展中占有重要的地位。旅客对现代化运输提出了经济、安全、便利、舒适、快捷的要求。在目前国际旅游大发展的形势下，乘坐飞机直达目的地最为节省时间，多为旅游者选用。据不完全统计，全世界航空旅行人次每年可达10亿人次以上。国际旅游业，特别是洲际旅行，如果没有现代化的交通运输手段，就不可能有今天这样巨大的规模。任何一个国家或地区要想大力发展国际旅游业，必须事先发展航空交通。可以说，现代旅游业是在现代交通运输业的基础上发展起来的；而旅游业的发展，又必然促进交通运输业的迅速发展。

旅游业对于交通运输、仓储和邮政业，以及住宿和餐饮行业的拉动作用相较于其他行业要弱一些。旅游业对住宿和餐饮业的拉动作用有48.9%，对交通运输、仓储和邮政业的拉动作用只占到24%，而旅游业对其他服务业的拉动作用达到了400%。[一]

4. 促进地区经济的发展

无论是发展国家入境旅游还是发展国内旅游，都可以使旅游接待地区的财富或经济收入得以增加。旅游业提高地区经济发展水平表现在以下几个方面：

（1）增加旅游目的地的货币收入。发展国际旅游业可以为旅游目的地"注入"外来的经济力量，在增加国家创汇的同时，更可以扩大整个国家的财富和收入。而发展国内旅游虽然并不造成国内财富总量的增加，但是它带来了国内财产的移动和再分配，即从客源地流向旅游接待地区，从而促进了旅游接待地区经济的发展。

（2）可以为吸引外来投资创造良好的投资环境。欠发达地区原有的基础设施比较落后、娱乐场所很少，这会使投资者感到不便。而旅游业的发展可以有力地促进基础设施的建设，提供娱乐场所，从而改善旅游目的地的投资环境，为吸引更多的外来投资创造条件。

（3）提高旅游目的地知名度。旅游业的重要功效之一是可以大大提高接待地的知名度。它常常可以使原本默默无闻的偏远落后地区一跃成名，随之会引来大量的投资者和科学技术人才，扩大对外交往，从而改变整个地区的面貌。福建武夷山、北京延庆、山东潍坊、河北吴桥、广东白腾湖等都是旅游业全面带动地区经济发展的成功例子。

[一] 秦瑞阁. 云南省旅游业税收贡献分析 [D]. 昆明：云南大学，2017.

5. 增加就业机会

就业问题是国民经济发展中一个极其重要的问题，它不仅关系到每个劳动者的生存和发展，更重要的是关系到社会的安定。

旅游业是劳动密集型的行业，它所吸纳的就业人口包括直接从事于旅游企业的劳动人员和间接为旅游者或旅游企业服务的劳动人员。前者是由于旅游者的直接消费而产生的，即各种旅游企业中的就业人数，包括各种接待设施、商店、旅馆、酒吧、夜总会、运输及有关管理部门在内的就业。旅游发展所引发的间接就业一般多发生在建筑业、渔业、制造业、轻工食品业和商业服务业等行业。一个地区的旅游业越发达，这些相关产业与旅游业的关系就越紧密，由此推断，旅游发展所产生的间接就业就越多。以旅游发达国家为例，旅游发展所引发的直接和间接就业都很多（见表9-1），为解决就业问题起到了一定的作用。

表9-1 部分国家旅游业就业人员情况表

国　　别	旅游就业人数（万人）	约占总人数的比例（%）
意大利	100	2
美国	700	3
英国	200	3.5
瑞士	250	10
巴巴多斯	3.17	12.2

（资料来源：罗佳明．旅游经济管理概论［M］．上海：复旦大学出版社，1999．）

以饭店业的就业影响为例。《世界住宿业》杂志（Worldwide Lodging Industry）曾对分布在世界各地的400多家饭店的人员配备情况进行过调查统计。一些高工资成本地区（主要指欧美地区）的饭店为了减少工资成本，往往采用节省人力的技术设备和经营方法，因而这些地区的饭店中平均客房员工数较低；但是在低工资成本地区（如中东、非洲、亚洲），平均客房员工为1.5~2.0人。这只是饭店业的直接就业人数。另外，根据世界许多地区的经验，饭店业每增加一间客房，其他直接旅游企业便可相应增加2.5~3人的就业机会，也就是说，整个旅游业的直接就业人数同当地饭店客房数的比例为4.5∶1。如果再进一步考虑到其他非直接旅游企业或者与旅游有关的其他行业的情况，特别是由于旅游业职工及其家属又要购买生活必需品、服务等，从而进一步导致当地工商业及教育、卫生部门创造间接就业机会的情况，那么开发旅游所提供的就业机会就更多了。

根据加拿大学者S.史密斯的系统理论模型，旅游业收入每增加3万美元，就将增加1个直接就业机会和2.5个间接就业机会。由于欧美国家劳动力成本较高，法定最低年工资在10 000美元左右，旅游业对就业人数的作用相对低一些。根据世界旅游组织专家的测算，旅游资源丰富的发展中国家，如果旅游收入同样增加3万美元，将增加2个直接就业机会和5个间接就业机会。

2004年，我国与游客消费相关的旅游及旅行直接就业可提供1360万个工作岗位，与旅游及旅行业需求相关的就业（直接和间接）可提供5410万个工作岗位[1]。

---

[1] 李晓燕．中国旅游业进入高预期增长，WTTC提出相关政策建议［N］．中国旅游报，2003-10-29（2）．

初步测算，2018年我国旅游业对GDP的综合贡献为9.94万亿元，占GDP总量的11.04%。旅游行业直接和间接就业人员为7991万人，占全国就业总人口的10.29%。○

二、旅游发展对经济的不利影响

1. 可能引起物价上涨

由于旅游者的收入水平较高，旅游者的消费能力高于旅游目的地的居民，因而他们能够出较高的价钱购买食、宿、行以及纪念品等各种物质商品。在经常有大量旅游者来访的情况下，难免会引起目的地物价上涨，这势必会损害当地居民的经济利益。

另外，随着旅游业的增长，它对稀缺资源的需求也越来越大，特别是对土地的需求，因此，地价就会上涨。这样不但会影响到当地居民的住房建设与发展，而且更为严重的是，会鼓励当地农民或其他土地所有者出售土地。尽管他们从中可以得到短期的利益，但他们也因此失去了土地，不得不放弃原来的职业，而去从事他们所陌生的职业，会在心理上和生活上造成很大的压力，从而出现了新的社会不公平问题。20世纪90年代初，印度尼西亚爪哇决定在南海岸帕兰古皮特地区建造更多的旅游别墅，引起当地农民抗议，只因为他们不愿改变农业方式去当建筑工人。

2. 可能影响产业结构发生不利变化

例如在有的原先以农业为主的国家或地区，由于从个人收入来看，从事旅游服务的所得高于务农收入，因此常使得大量的劳动力弃田从事旅游业。这种产业结构不正常变化的结果是，一方面旅游业的发展扩大了对农副产品的需求，然而另一方面却是农副业产出能力的下降。如果再加上前述农副产品价格上涨的压力，很可能还会影响社会和经济的安定。

3. 过分依赖旅游业会影响国民经济的稳定

旅游业是武夷山市的支柱产业，该市2019年旅游总收入354.66亿元，同比增长15.08%，旅游接待总人数1669.94万人次，同比增长10.25%。该市致力于延长旅游产业链，适当增加一些无污染的加工工业，以保证区域经济的稳定发展。

一个国家或地区不宜过分依赖旅游业来发展自己的经济，特别是对于像我国这样一个大国更是如此。这主要是因为：

（1）作为现代旅游活动主要组成部分的消遣度假旅游具有很大的季节局限性。因此，旅游接待国或地区在把旅游业作为基础产业的情况下，淡季时不可避免地会出现劳动力和生产资料闲置的现象或严重的失业问题，从而会给接待国或地区带来严重的经济问题和社会问题。

（2）旅游需求在很大程度上取决于客源地居民的收入水平、闲暇时间和有关旅游的流行时尚，而这些都是旅游接待国或地区所不能控制的。如果客源地出现经济不景气，其居民对外出旅游的需求势必会下降。在这种情况下，接待地区很难保住和扩大市场。此外，一旦客源地居民对某些旅游地的兴趣、爱好发生转移，就会选择新的旅游目的地，从而使原接待地区的旅游业衰落，至少是经历相当长一段时间的萧条。特别是从长远的角度来看，这些问题都难免发生。

○ 中华人民共和国文化和旅游部.2018年旅游市场基本情况［R/OL］.（2019-02-12）［2020-07-18］. https：//www.mct.gov.cn/whzx/whyw/201902/t20190212_837270.htm.

（3）除上述情况外，从供给一方来看，旅游需求还会受到接待地区各种政治、经济、社会乃至某些自然因素的影响。一旦这些非旅游业所能控制的因素发生不利变化，就会使旅游需求大幅度下降，旅游业乃至整个经济都将严重受挫，造成严重的后果。因此，任何一个大国的旅游业的发展都应适应经济发展的需要，不能盲目开发。

上述可能性的存在只是从国家和地区经济安全的角度说明了对旅游业的发展要加强宏观控制和总体规划的必要性。我国是社会主义市场经济国家，我国旅游业的发展也必须体现这一特点，对于应当开发和优先开发的地区应大力支持和扶植，对于不宜发展旅游业的地区则应加以限制。

第二节　旅游的生态环境影响

一、旅游发展对生态环境的有利影响

优美的环境越来越成为强大的旅游吸引力，因此，旅游地通常会极力造就和维持良好的旅游环境以吸引旅游者前来浏览。旅游业发展的需要促进了旅游目的地生态环境的改善。具体来讲，旅游对生态环境的改善作用体现在以下几个方面：

1. 提高人们的环境意识

旅游不仅能够提高旅游目的地居民的环境意识，还有助于旅游者环境意识的提高。作为旅游目的地居民，他们目睹了良好的环境吸引来了游客，带来了经济收入，使他们逐渐摆脱了贫困，走上了富裕的道路，他们的环境意识自然就提高了。而作为旅游者，旅游地优美的环境使得他们的身心获得了最大的愉悦，他们无形中认识到了良好的生态环境的重要性，环境意识也随之提高。

2. 提高旅游目的地的环境质量

旅游业发展的基础就是优美、高质量的环境。人们充满了对纯净的空气、洁净的水、优美的环境和生态、绿色的森林的向往。这种旅游者内心深处的需求，对于旅游开发经营者来说，规范了他们的开发方式和产品质量，环境的质量就是旅游产品的质量，旅游者需要开发者提供环境质量较高的旅游产品。因此，旅游开发应该注重旅游目的地生态环境质量的提升。

目前，旅游目的地日益重视生态环境问题，一些旅游景区纷纷将"环境保护"作为卖点进行精心打造。如，广东省肇庆市拥有七星岩、鼎湖山、星湖等著名景点，其中星湖景区是国内首个通过 ISO 14000（国际环境质量体系）认证的风景区，而该市也在环境保护上大做文章。在 2002 年旅游推介会上，肇庆市旅游管理委员会的负责人，不"卖"美景却大"卖"环保，不仅使肇庆旅游的名声大振，最重要的是还引得大批具有环保意识的中外游客纷至沓来。而福建武夷山市为了保护景区的环境质量，减少车辆进入核心区，制订景区智能化封闭方案，修建环景区公路以更好地保护武夷山的生态环境和旅游资源。

3. 旅游业收入为环境保护提供资金来源

目前，我国还处于社会主义初级阶段，国家的财力无法满足进行旅游区、自然保护区、风景名胜区等重要旅游接待地的环境保护和资源管理。因此，可以通过可接受承载力下的适度旅游开发筹措到一定的资金，用于景区环境质量的改善。

二、旅游发展对生态环境的不利影响

虽然旅游业能够促进生态环境的建设和保护，但是，旅游业并不是"无烟工业"，过度或不当的旅游开发会严重影响旅游目的地的生态环境，使它们产生不利的变化。托塞尔（Thorsell，1984）早前曾以东非地区的旅游开发为例，探讨了旅游对生态环境的一些常见的不利影响（见表9-2）。

表9-2　旅游业对环境的潜在影响（东非地区案例）

相关因子	对自然质量的影响	评　注	景区案例
过度拥挤	环境胁迫引起动物行为变化	刺激性能的降低，对承载容量的需要有更好的调节	安波塞利国家公园（Amboseli Park）
过度开发	乡村贫民窟的形成，过多的人造景观	不可预见的城镇式的发展	乌干达姆韦亚（Mweya）景区
娱乐			
电力船	对野生生物和宁静环境的干扰	在筑巢季节具有脆弱性，噪声污染	默奇森（Murchson）瀑布
钓鱼	无	自然捕食者的竞争	鲁阿哈（Ruaha）国家公园
远足狩猎	对野生生物的干扰	过度利用，对小路的破坏	乞力马扎罗山脉地区
污染			
噪声（如雷达）	对自然声音的干扰	对野生生物和观光者的不良刺激	许多地区
垃圾（乱丢）	对自然景观的损害	美学和健康危害	许多地区
随意破坏景物者	碎裂和设施破坏	自然特征的消失、设施毁坏	希比罗依（Sibiloi）国家公园
动物的猎食	动物行为变化	栖息动物的消失、对游览者的危害	肯尼亚马赛马拉（Masai Mara）国家自然保护区、鲁阿哈（Ruaha）国家公园
交通工具			
高速行车	野生生物死亡、尘埃	生态变化	安波塞利国家公园（Amboseli Park）
路边或夜间驾驶	土地、植被损害	对野生生物的干扰	恩戈罗恩戈罗（Ngorongoro）自然保护区、安波塞利国家公园（Amboseli Park）
其他			
纪念品收集	自然景点的消失	贝壳、珊瑚、动物角、猎物	所有地区
木材收集	野生生物死亡，生态环境破坏	对自然环境的干扰	所有地区
道路和捕兽陷阱	选择不当造成岩石变化	景观美学价值、自然交错带的损害	所有地区

(续)

相关因子	对自然质量的影响	评注	景区案例
其他			
电线	植被的损害	美学影响	肯尼亚察沃（Tsavo）国家公园、埃塞俄比亚贝尔山国家公园
人造水坑和盐地	植被损害和驯化	所要求的土壤类型变化	阿伯德尔山（Aberdare）山脉
外来动植物引进	与野生物种竞争	公众认识混乱	许多地区

（资料来源：吴必虎.区域旅游规划原理[M].北京：中国旅游出版社，2001.）

旅游对生态环境的破坏不仅来自于旅游开发者，外来旅游者也负有不可推卸的责任。旅游的环境破坏具体地表现为环境污染严重、生态恶化日趋加剧、旅游景观破坏严重。

第三节 旅游的社会文化影响

一、旅游发展对社会文化的有利影响

1. 旅游对文化的传播

旅游业是社会进步的加速器。随着旅游业的发展，来自比较发达的国家或地区的旅游者可以给欠发达国家或地区带来较先进的管理经验、科学技术和文化知识；与此同时，前者从后者那里了解到当地的传统文化和伦理知识，又以其先进思想和道德观念给后者所在地区的社会意识注入新的生机和活力。在我国历史上，唐代是一个比较开放的时代，玄奘西天取经促进了佛教文化的发展和中国佛教的本土化；鉴真东渡日本，送去了华夏文明，加速了日本社会的变革和进步。而来自比较落后国家或地区的旅游者也可以从发达国家或地区学习到先进的文化知识并带回自己所在的社会，促进当地经济文化的发展。

旅游对文化的传播是双向的，但有主次之分。旅游者是旅游业文化传播的基本载体，随着旅游者由客源地游历到目的地，两地之间的文化也实现了交流，双方都会采借一些于自身有利的对方传来的文化。然而，这种采借并不完全是对等的。一般来讲，文化传播大多是相对落后的社会采借发达社会中的先进文化元素，而相反的情况十分少见。即使步入大众旅游时代，能够出外旅游的人仍然是一些相对富裕的人口；或者从区域范围上讲，旅游者往往是从一些经济、政治、文化较发达的国家或地区流向经济、文化相对落后的国家或地区。接待国家或地区的文化相对于旅游者所在社会的文化来讲，往往成了弱势文化。在整个旅游交往过程中，目的地社会向游客采借得越多，向游客传输得越少，由此出现了文化传播的不对等现象。

2. 旅游对文化的保护

旅游的文化交流功能是与生俱来的。人们到异国他乡旅游，就是为了领略异国文化、异地风情，只有那些独特的、其他地域没有的东西才更具有吸引力。参观名胜古迹、欣赏艺术表演、品尝地方特色菜肴成了旅游者了解当地文化和民族风情的主要活动内容。对接待国或地区来说，如何保护好当地的文物古迹，发掘传统文化资源成为满足旅游者需求的一项重要任务。显然，尽管是出于发展旅游业的目的保护文化资源，但也客观上能够起到保护社会文化的作用。

一个民族的传统文化资源是该民族发展旅游的重要基础。为了发展旅游，许多国家或地区总是想方设法地使那些几乎泯灭的文化重获新生。如恢复和发展已经被人遗忘多年的传统节会和健康文明的民风、民俗；重视和挖掘具有地方特色的音乐、戏剧、舞蹈、体育和手工艺品；修缮和维护濒临湮灭的古代建筑和文物古迹；搜集和编撰美丽动听的逸闻趣事和传说故事等。所有这些不仅可以奠定发展旅游的基础，还可以保护民族文化。

二、旅游发展对区域社会文化的不利影响

旅游对接待地社会的负面影响主要表现为本地传统文化的消亡、居民物质意识的增强以及犯罪率提高等社会问题的出现。一般来讲，如果接待地在技术水平上更先进并且旅游者与居民间贫富差距较小的话，这种接触造成的冲击力度就会弱一些。在这种情况下，旅游者与居民之间能发展友情，并且能遵循当地社会的法规，从而给被访问社区带来一种自豪感。与此相反，如果东道社区规模小、单纯且封闭的话，旅游者的社会与心理方面的影响就会很大。不管是以直接人际交往的形式还是以更微妙、更复杂的间接接触的形式，这种冲击对社区来说都可能是十分强大的。

1. 传统文化逐渐变异

旅游资源的开发利用给旅游地带来文化促进和繁荣的同时，也对旅游地的传统文化产生了消极影响和负面效应，并随着开发利用程度的上升而增大。这些不利影响和负面效应归纳起来，有以下几点：

（1）地方传统文化被削弱和破坏。瓦利恩·史密斯对西方旅游者和旅游地居民之间的关系进行过类型分析，并评估了每一类型旅游者对旅游地地方性规范的适应性。研究结果显示，旅游越是大众化，对地方传统文化的冲击就越深刻，而每个游客对地方居民的适应性也就越差。旅游业的发展促进了人们之间文化的交流和相互认同，旅游地文化，尤其是民俗文化极易遭到异地文化的冲击和同化，导致地方文化的独特性被削弱。

（2）古代文化庸俗化。我国是世界文明古国，也是古人类发源地之一，许多旅游资源以历史悠久、文化古老而著称于世，对国内外游客有很大的吸引力。各地因此掀起了一个大规模营造古代文化景点的热潮，尽管有些景点建设得比较有特色，但从整体上看，大多数仿古景点存在着发掘古代文化肤浅，表现手法平庸、品位不高等一系列问题。

在旅游资源开发利用中，重仿古复古、轻地方文化是一个很值得注意的问题。以开发利用人造景观为例，每一处人造景观都应具备某种文化母体，这一母体或是该民族、该地区的经典，或是传统的人文积淀，或是世界通行的高科技、信息型、知识型的荟萃与浓缩。目前，我国不少人造景观的开发和利用均陷入了盲目的复古、仿古、微缩，以及一味地从古典文学作品、历史人物中找出路的怪圈，而很少思考当地的"文化脉络"特征，特别是很少思考当地的人文背景。

（3）民俗文化日益表演化和商业化。在外来文化和现代时尚的冲击下，许多地区的旅游开发常常摒弃珍贵的民族文化特色，忽视特有的文化内涵和价值，古朴的民俗文化和民族风情面临过度商业化的侵蚀。一些优秀的地方传统文化和民俗风情在商业利益的驱动下，日

益充满着商业气息，民俗风情日益表演化和商业化，民俗服饰成为模特表演的道具，民俗文化的原真性日益丧失，原汁原味的民俗文化越来越少了。

传统的民间习俗都是在传统特定的时间、传统特定的地点，按照传统规定的内容和方式举行的。但由于时间和地点的限制，旅游者需要文化快餐，希望能有机会体验到当地的"特色"。于是，当地人或是向他们提供这种文化经历，或是进行尽可能逼真的模仿表演。传统庆典活动和民间习俗不再按照传统规定的时间和地点举行，而是根据旅游者的需要随时搬上"舞台"。传统的民间歌舞、祭祀仪典等往往被人为地改变，这种形式的文化有商业化和庸俗化的危险；同时，为了某种商业目的而任意编造、添加、拼凑、旅游地根本不存在的伪民俗文化也开始形成了。另外，为了满足旅游者对纪念品的需要，当地工艺品大量生产，很多粗制滥造的产品充斥于市，这些产品实际上已经不再能展现传统的风格和制作技艺了。

2．不良的"示范效应"

旅游者将自身的意识形态和生活方式带到旅游目的地社会中，引起当地居民的思想意识、价值观念、世界观，甚至生活方式的改变，对旅游目的地社会产生各种影响，这种作用称为旅游者的社会文化"示范效应"。对于落后地区来讲，积极的示范效应有助于提高旅游目的地居民的文明素质。落后地区的居民通过模仿和学习，其行为举止、卫生习惯、经商意识都可以得到提高和改善。然而，随着旅游业的发展，在先进思想观念、生产方式和生活方式"输入"到旅游接待地的同时，也把不良的都市观念和腐朽的思想意识和道德标准以及物质追求带到旅游目的地。

目前，能够参与旅游的人大多数属于相对富裕的人。旅游目的地当地居民，尤其是年轻人会对旅游者产生一种羡慕心理，他们会不甘心自己的处境，并羡慕和向往旅游者及其社会的生活方式。为了追求旅游者所表露出来的物质生活消费方式，越来越多的旅游地居民加入到服务行业，旅游业成为当地人提高生活水平的途径。这些人长期生活在与旅游者接触的环境中，生活在旅游者的影响之下，很可能会放弃他们传统的思维方式，这不利于原社会形态的延续，同时削弱了接待地社会形态的独特性，降低了其旅游吸引力。

3．干扰目的地居民的生活

任何旅游目的地的生活空间都是有限的。随着外来游客的大量涌入和游客密度的增大，当地居民的生活空间相对缩小，因而会干扰当地居民的利益，这种情况发展到一定程度时，当地居民在旅游发展初期阶段对外来旅游者热情欢迎的友好态度往往会转化为不满甚至怨恨。可见，旅游接待地对旅游者的态度存在一个发展变化的过程。

一位英国学者曾就旅游发展和社会紧张两者之间的关系提出了"伊里戴克斯"模式：在旅游发展的早期阶段，当地人欢欣鼓舞，他们对投资和就业机会得到改善感到高兴。这时旅游者数量较少，且大多数属于"探险者"，能够接受东道社会的标准和价值观。这些都意味着旅游者将受到欢迎，甚至被视为"朋友"。此后，当地人对旅游给他们带来的利益已习以为常，他们对旅游发展带来的问题开始有所了解，并逐渐接受它。他们与旅游者的交往变得较为平常，带有更多的商业色彩。随着旅游业的进一步发展，当地人认识到旅游正在以某种方式改变着他们的社会和文化标准。他们普遍感受到旅游者给他们带来的与其说是利益，还不如说是烦恼。最后，当地人对如潮水般涌入的、要求苛刻的旅游者表现出公开的敌意。有些旅游者的行为冒犯了当地居民中的特定群体，并且导致了当地居民对旅游开发的抵制情绪。甚至在某些人的眼中，旅游简直"是一种奇怪的现代病。它像中世纪蔓延于欧洲的黑死病一样，如今已经泛漫于全世界，成为谁也不放过的流行病。它不仅攻击赤足者和贫者，也攻击大腹便便者。"在1986年的"第三世界人民与旅游大会上"，一位夏威夷代表声明："我们不要旅游，我们不要你们，我们不想降格为侍者和舞者，……没有清白的旅游者。"

意大利的"水上城市"威尼斯，1945年时全市人口为15万人，如今只剩下不足9万人，居民外迁的原因很多，但当地人多归咎于外来旅游者。因为旅游业的飞速发展，当地居民赖以为生的其他生意无法立足，生活物品价格飞涨，超过了市民的承受能力，人文旅游的静谧气氛被破坏，熙熙攘攘的游客潮更令居民纷纷抱怨旅游者吵得他们不得安宁。

第四节 旅游可持续发展

随着可持续发展战略的实施，我国的现代化建设进入新的历史发展阶段。当前追求经济、社会与资源环境的协调、持续、健康发展成为我国发展战略的唯一选择模式。旅游是一种社会经济现象，是社会发展的重要组成部分，也是实现可持续发展战略不可缺少的因素，因此关于旅游可持续发展的一些问题已成为旅游界关注的重大课题。

一、可持续发展战略的思想背景

朴素的可持续发展思想由来已久，在传统的农、林业的实践中可以看到这一概念的雏形，但作为当代的科学术语是在20世纪70年代以来形成的。可持续发展战略源起于20世纪下半叶以来人们对环境和发展问题的反思和创新。

工业化运动以来形成了以凯恩斯经济学派为代表的经济增长决定论的发展观念，认为经济发展是区域发展的主要指标，甚至是唯一的指标，这一观点适应了第二次世界大战后世界各国发展经济的强烈要求，成为第二次世界大战后世界发展的正统理论。在这一理论的影响下，20世纪五六十年代世界经济出现了前所未有的高峰。实际上，世界经济的高速发展是以牺牲环境为代价的。人们还来不及享受物质进步带来的巨大利益，便遭受自然界的疯狂报复，人们开始对盲目追求经济增长的发展观念开始了深刻的反思。

20世纪60年代后期出现了以罗马俱乐部为代表的反增长和零增长为特征的发展思想，主张在世界范围内或在一些国家范围内有目的地停止物质资料和人口的增长。

1972年，联合国在瑞典首都斯德哥尔摩召开人类环境会议，113个国家和地区的1300名代表参会，会上发表了《人类环境宣言》，成为关于人类环境与发展问题思考的里程碑。从此，可持续发展问题引起国际社会的普遍关注。国外学者从不同角度探讨可持续发展的定义、衡量标准以及为实现此目标所应采取的政策、手段等问题。以罗马俱乐部为代表的一部分西方学者认为，要保持人类环境，应控制各国经济增长速度，并提出了"低增长"和"零增长"的主张。

1980年，世界自然保护同盟等组织以及许多国家政府和专家参与制定的《世界自然保护大纲》，第一次明确地提出了可持续发展的思想。

对可持续发展概念的形成和发展起着重要推动作用的是挪威前首相布伦特兰夫人及其所主持的世界环境与发展委员会。该委员会于1987年7月向联合国提交了一份《我们共同的未来》的报告。该报告对当前人类在发展和环境保护方面进行了全面、系统、深入的分析，提出了一个为世人所普遍接受的可持续发展的概念："可持续发展是既满足当代人的需要，又不损害后代人满足其需求能力的发展。"接着，1991年，国际生态学会和国际生物科学联合会对可持续发展从自然属性角度下了定义，认为可持续发展是"保护和加强环境系统的生产和更新能力"。同年，由多个国际组织共同推出的《保护地球——可持续生存战略》一书，从社会属性角度对可持续发展做了进一步阐述，认为可持续发展为"在生存于不超出维持生态系统涵容能力的情况下，改善人类的生活品质"，并提出了可持续发展的九大原则。此外，世界与联合国有关组织纷纷对可持续发展的问题开展了研究和讨论。

1992年在巴西的里约热内卢召开的联合国环境与发展大会是人类有关环境与发展问题思考的第二个里程碑，被称为"地球最高层会议"，各国政府首脑和领导人参加了会议，通过了《地球宪章》和《21世纪议程》，提出了全球可持续战略框架，使可持续发展上升为国家间准则。这是一次将可持续发展确立为人类社会发展新战略的具有历史意义的大会，183个国家和地区的参会代表中有102位是国家元首和政府首脑，会后，在全球范围内掀起了可持续发展研究的高潮。从此，可持续发展进入实践阶段。此次大会确定的可持续发展主题，使全球关注点更加明朗化。可持续发展是一种人类发展的崭新模式，已成为世界各国的共识。围绕可持续发展的新思想，国内外学者就可持续发展的理论、方法、技术及政策与措施诸方面各抒己见，使可持续发展理论不断得以丰富和完善。

二、可持续发展的内涵及特点

（一）可持续发展的内涵

可持续发展起源于"持续性"这一概念，针对资源与环境，应理解为保持或延长资源的生产使用性和资源基础的完整性，意思就是，使自然资源能够永远为人类所利用，不会因其耗竭而影响下一代人的生产和生活。

《布伦特兰报告》提出的可持续发展定义是："既满足当代人的需求，而又不损害后代满足他们需求的能力的发展。"换言之，这种发展不能只追求眼前利益而损害长期发展的基础，必须是长期效益与近期效益兼顾，用通俗的话说就是"不能吃祖宗饭，造子孙孽"。

布氏定义与其说是一种理论定义，不如说是一种主张，或者是一种思想。这种思想就其社会发展观而言，主张公平分配，以满足当代和后代全人类的基础需求；就其经济观而言，主张建立在保护地球自然系统基础上的持续经济增长；就其生态环境观而言，主张人与大自然应和谐相处，切实保护好人类赖以生存的自然环境。这些观念是对人类传统发展模式的挑战，是为了谋求新的发展模式而建立的新的发展观。

（二）可持续发展的特点

（1）可持续发展的核心是发展。可持续发展的前提是发展经济。要提高社会生产力，增强综合国力，不断提高人民生活水平，就必须把发展经济放在第一位。经济快速增长中出现的人口、资源、环境问题必须在发展中才能得以解决。发展既是实现可持续发展的核心和前提，又是可持续发展的立足点、切入点和行动的归宿。

（2）可持续发展的主体是社会发展系统。在整个多元、多维、开放、动态的社会巨系统的发展过程中，经济的发展是前提和基础，资源的可持续利用和生态环境的改善是标志，社会有序且不断的全面进步是目标。这就是说，可持续发展的根本目的是为构建高度物质文明、精神文明、环境文明的社会寻找一条最佳的道路。

（3）可持续发展的重要标志是资源的可持续利用和生态环境的改善。过去通常认为，经济的增长速度、人民生活水平的提高是经济社会发展的主要标志。可持续发展是在严格控制人口增长、提高人口素质、资源可持续利用和保护生态环境的条件下进行经济建设和发展各项社会事业，也就是说，只要做到在经济增长的同时，资源可持续利用水平不断提高和生态环境不断改善，就是走上了可持续发展道路。

（4）可持续发展要求正确处理人与自然的关系，用可持续发展的新思想、新观点、新技术根本变革人们传统的不可持续的生产方式、消费方式、思维方式，建立经济、社会、资源、环境相统一的思想观念和行为规范。

三、旅游可持续发展

可持续发展论述的研究中我们可以看到，旅游业作为一个独立的系统，要准确而完整地表述出旅游可持续发展的内涵是很不容易的。目前，关于旅游可持续发展概念的研究文章很多，如有的学者将旅游可持续发展定义为，"保证在从事旅游开发的同时不损害后代为满足其旅游需求而进行旅游开发的可能性，将满足游客的需求和满足旅游地居民的需求相统一"。还有的将旅游可持续发展定义为"满足当代人的旅游需求，又不损害子孙后代满足其旅游需求能力的发展"。上述定义是在布氏思想的基础上突出了旅游的特点和作用。

1995年4月24至28日，联合国教科文组织、环境规划署和世界旅游组织等在西班牙召开了"可持续旅游发展世界会议"，包括中国在内的75个国家和地区的600多位代表出席了会议，会议最后通过了《可持续旅游发展宪章》（以下简称《宪章》）和《可持续旅游发展行动计划》（以下简称《行动计划》）。

《宪章》指出："旅游是一种世界现象，也是许多国家社会经济和政治发展的重要因素，是人类最高和最深层次的愿望。"《行动计划》中还说："自然与文化被视为人类共同的遗产，它涉及人们对人权及高质量生活的理解。"这说明旅游是人类一种高层次的需求，有人类文明的地方就有旅游行为的发生，一个地区经济水平越高，旅游需求也就越强烈，这是社会其他部分不可代替的，也是人类生活权利的一部分。旅游在社会和人类生活中的地位随着经济和社会的发展得到提高，被人们所重视。

《宪章》指出："旅游具有两重性，一方面旅游能够促进社会经济和文化的发展；同时，旅游也加剧了环境损耗和地方特色的消失。"当前，对于旅游这两方面的作用，人们往往注意前者，而忽略了后者。旅游业一直被称为"无烟工业"，是一项投资少、见效快、产出高的劳动密集型产业，而旅游消费又是一种"精神消费"过程，旅游资源不存在枯竭的问题。实际上，过度开展旅游活动、不合理开发和旅游者的大量进入，也会排出废物，污染环境，消耗资源，从而导致旅游的社会经济和文化作用的减弱。若要推进旅游业的发展，充分发挥旅游的积极作用，就要在开展旅游的同时，使资源可持续利用水平不断提高和生态环境不断改善，这样才能实现旅游可持续发展。也就是说，所谓旅游可持续发展，是建立在人们适度开发以及旅游资源可持续利用水平和生态环境承载力不断提高的基础上的。

《宪章》指出："可持续旅游发展的实质，就是要求旅游与自然、文化和人类生存环境成为一体，自然、文化和人类生存环境之间的平衡关系使许多旅游目的地各具特色，旅游发展不能破坏这种脆弱的平衡关系。"旅游既指旅游活动，又指旅游业，它的发展必须考虑生态环境的承受能力，符合当地经济发展状况和社会道德规范，使自然和文化资源得到保护。

自然是指自然景观，文化是指人文资源，二者统称为旅游资源。旅游资源的特色和永恒存在是旅游业存在和发展的基础，而旅游资源是有限的，旅游活动造成的环境损耗和地方特色渐渐消失，实质上就是旅游资源的消耗。旅游发展必须切实保护好旅游资源，使旅游资源可持续利用水平不断提高。

环境是资源存在的条件，是旅游者进入活动的空间，它是在一定的地域内，地质条件、地貌特征、气候和水文的变化、动植物景观形成的相互作用、相互依存的综合体。综合体内部各部分之间形成了动态平衡。保持这种平衡，也就是保持良好的生态环境，就有利于旅游业的可持续发展；反之，旅游业的发展只能是暂时的、不能持久的。

旅游可持续发展实质上就是在旅游与自然景观、人文资源和生态环境和谐统一的条件下开展旅游活动，进行旅游开发和发展旅游业。这就要求旅游者的增长量、旅游业发展的规模以及旅游开发要与环境承载量、资源保护相协调，形成动态的良性循环。在这里，良好的环境和资源的可持续利用是旅游可持续发展的重要标志。为此，《宪章》提出了18条目标和原则，《行动计划》提出6项措施，指明了旅游可持续发展的方向。我国政府和学术界对可持续发展问题十分重视。我国政府在《中国21世纪议程》中表明，中国将坚持在大力发展经济的同时，将保护生态环境放在重要地位，走有中国特色的可持续发展道路，使我国的经济社会发展同资源、环境相协调。同时，国内学术界从自己的专业出发，对可持续发展的各个层面进行研究，较具代表性的有：北京大学中国持续发展研究中心着重从环境与发展的角度探讨可持续发展的理论问题；中科院区域持续发展研究中心从区域角度进行区域可持续发展的研究；清华大学21世纪发展研究院从技术角度对可持续发展进行研究；中国21世纪议程管理中心则从政策与管理的角度出发，对可持续发展问题进行研究。

总之，可持续发展作为规范人类活动的一种方式日益为越来越多的人所接受，可持续发展已成为21世纪人类经济、社会发展中的重大理论与实践课题，可持续发展研究在社会、政治、经济、资源、环境与生态等领域方兴未艾。

【关键术语】

可持续发展战略　旅游可持续发展

【问题及讨论】

1. 试分析旅游发展对旅游目的地经济的影响。
2. "旅游业是'投资少、见效快'的产业"，这种说法是否科学？为什么？
3. 简述旅游业在国民经济中的作用。
4. 为什么越来越多的国家（地区）以及我国的许多地方政府都把旅游业作为支柱产业或重点扶持的产业来发展？
5. 试分析旅游发展对旅游目的社会文化的影响。
6. 旅游是如何起到保护和传播文化的作用的？
7. 旅游对生态环境的影响表现在哪些方面？
8. 请你谈一谈旅游生态环境破坏的原因，以及应怎样保护旅游生态环境。
9. 请你谈谈如何实现旅游的可持续发展。

【参考文献】

[1] 龚锐. 旅游人类学教程 [M]. 北京：旅游教育出版社，2011.

[2] 张晓萍，光映炯，郑向春. 旅游人类学 [M]. 北京：中国人民大学出版社，2017.

[3] 纳什. 旅游人类学 [M]. 宗晓莲，译. 昆明：云南大学出版社，2004.

[4] 窦开龙. 民族地区旅游业发展的民生效应研究：基于甘南的旅游人类学调查 [M]. 北京：中国社会科学出版社，2016.

[5] 赵黎明，黄安民，张立明. 旅游景区管理学 [M]. 天津：南开大学出版社，2002.

[6] 国家旅游局规划财务司，中国科学院地理科学学院与资源研究所. 旅游资源分类、调查和评价：GB/T 18972—2017 [S]. 北京：中国标准出版社，2017.

[7] 赵黎明，黄安民. 县级旅游规划的理论与实践 [M]. 石家庄：河北教育出版社，2001.

[8] 赵黎明，黄安民. 旅游规划教程 [M]. 北京：科学出版社，2005.

【参考网站】

1. 中国旅游新闻网（www.cnta.com.cn）
2. 中国世界遗产网（www.cnwh.org）
3. 国家文物局（www.ncha.gov.cn）
4. 中华人民共和国文化和旅游部（www.mct.gov.cn）
5. 中国旅游研究院（www.ctaweb.org）

第十章 旅游社会学研究

【学习目的与要求】

掌握旅游社会学的概念,旅游现象的社会学意义,社会学在旅游学中的应用以及旅游社会学研究的进展状况;学会运用社会学的研究方法研究旅游现象;了解本章学习和研究的基本参考文献和参考网站。

◆【主要内容框架】

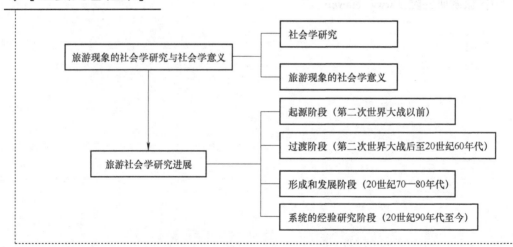

第一节 旅游现象的社会学研究与社会学意义

一、社会学研究

社会学是通过人们的社会关系和社会行为,从社会系统的整体角度来研究社会的结构、功能和社会现象发生和发展规律的一门综合性的社会科学(曹维源,1991)。社会学兴起于19世纪30年代,源于对当时社会矛盾、社会变革的思考和对自由、平等的追求,并以奥古斯特·孔德(Auguste Comte,1798—1857)和 H. 斯宾塞(1820—1903)为代表。孔德是社会学的鼻祖，他在实证哲学的基础上提出建立社会学的设想，主张运用自然科学方法，即实验、观察和比较等方法，从整体角度研究人类社会的科学——社会学。但他的社会学是一种包罗万象的大杂烩，既没有明确的对象，又没有专门的研究方法（迪尔凯姆，1988）。随后，英国社会学家赫伯特·斯宾塞继承了孔德的观点，用生物学的观点研究社会，提出"社会有机论"，试图使社会学有一个完整的体系。19世纪90年代，社会学成为社会科学的一门基本学科，并大体确定了它的研究内容和方法。法国的迪尔凯姆（Emile Durkheim，1858—1917）和德国的韦伯（Max Weber，1864—1920）对此做出了重要贡献。迪尔凯姆用经验主义方法研究社会整合和劳动分工（W. D. 珀杜等，1992），把社会现象作为社会学的专门研究对象，并提出了研究社会现象的特殊方法，使社会学成为一门完全独立的学科。他认为，社会现实只能通过社会原因来解释，社会学应该用一些社会事实来表达另一些社会事实，并强调了社会现象的客观性和社会性。韦伯把社会学定义为研究人的行为的科学，把社会学的研究对象规定为社会行为者的主观意义，即人们的动机与价值取向。他指出，社会学要认识的是社会行动，要从根本上说明社会行动的过程和影响，并力图证明宗教思想是社会发展的主要动力。20世纪40年代以来，社会学迅速发展。社会学的研究领域不断扩大，不断出现新的理论，产生了以T. 帕森斯为代表的结构功能主义，以G. H. 米德（美）和H. 布鲁默（德）为代表的符号互动理论，以G. 霍曼斯为代表的社会交换理论，以L. 科瑟（美）和R. 达伦多夫（德）为代表的社会冲突理论等。社会学和其他学科逐渐交叉结合，并采用社会学的理论和方法研究其他学科的问题。

二、旅游现象的社会学意义

伴随着旅游业的发展和社会学的交叉学科研究，旅游现象的社会学意义日益凸显。

1. 社会学对旅游现象的理解

从社会学角度而言，"旅游就是人类社会中居民的一种特殊的生活方式，是人们以自己可以支配的经济手段和闲暇时间为条件，为达到追新、猎奇、求乐、求知的目的，而暂时到异国他乡去的一种社会现象"（陆立德、郑本法，1988）。事实上，旅游是旅游主体之间，旅游主体、客体与媒体之间相互作用的产物，是一般社会生产关系在旅游领域中的综合表现，因此，旅游是一个"小社会"（杨时进，1992）。

更进一步地从社会的局部和旅游主体个人的生活结构看，旅游行为虽具有暂时性和相对性，但从社会整体、旅游群体生活结构和旅游客体的承受现实看，旅游行为，或者说旅游现象却具有绝对性与长久性，它构成了人类生活的不可或缺的重要部分，是一种重要的、"绝对"的社会现象。在这一层面上，旅游现象获得了"绝对"的社会学意义。

以历史的眼光来看，社会变迁促进了旅游业的发展，扩大了旅游现象的规模和影响范围，反过来，旅游业的发展与旅游现象的扩大也影响了社会的变迁。根据申葆嘉、刘住（1999）对旅游现象起源与发展的历史考察，人类社会早期旅行的出现，是由于社会发展的促进作用。但这种少数人的旅行现象并不具有普遍的社会意义。中古时代，随着社会发展、技术进步，旅行现象不断增多，并最终在欧洲产业革命后的19世纪中叶完成了旅行现象向旅游现象的转变。旅游现象"是从历史上的游乐性旅行中分离出来的社会大生产的产物"；"所具有的综合性、开放性、社会性和系统性反映了市场经济体系的结构特征"。第二次世界大战后，大众性旅游业逐渐形成和发展起来，大众旅游（mass tourism）成为一种普遍现象。现代技术和生产力的发展带来了产业结构和生活方式的巨大变化,旅游也已成为全球范围内的普遍现象,成了人们的生活方式之一,并在社会经济等领域发挥了巨大的推动作用。就旅游的发展历史而言,一方面,社会的变化与发展促进了旅游现象的发展;另一方面,旅游现象的发展也使旅游现象在社会生活领域扮演着重要的角色,对社会人口流动、社会交往、社会变迁、社会发展等社会学研究的重要方面有着深远的影响。现代大规模的旅游现象本身就是不容忽视的社会现象。

旅游现象的社会学意义虽然没有引起传统社会学者的广泛注意,但仍然有为数不少的学者给予了关注。这些学者从社会学视角出发,通过个案研究和理论描述,对旅游现象,尤其对旅游者个体的社会学意义、研究取向等做了深入探讨。

2. 宗教朝圣与现代旅游的区别

"中心"的概念受到社会学很多领域的关注。例如,宗教社会学认为每个宗教世界都有一个"中心",而这个中心是神圣的、绝对现实的(即客观存在的)。维克多·特纳(Victor Turner, 1973)对此进行了拓展,认为"中心"不仅是地理意义上的"中心",还是社会生活的价值中心;对像宗教朝圣者一样经历"神圣旅程"(sacred journey)的旅游者而言,存在一个"远处的中心"(the center out there);旅游者就是离开日常的价值"中心"到"远处的中心"体验无拘无束的生活价值和存在的意义。特纳据此发展了一系列旅游社会学概念,如"中心"(center)、"远处的中心"(the center out there)、"边缘"(periphery)、"其他"(others),来揭示旅游这一社会现象所具有的普遍社会意义。

传统的宗教朝圣的"中心",客观地存在于宗教的"世界"(world)中,但又远离日常生活地,即宗教"中心"与宗教"世界"是相互分离的,而后者则又是由众多个体的日常生活地所包围。传统宗教朝圣就是一种从边缘向宗教世界的神圣中心(sacred center)的流动。但是,有别于旅游者居住地的文化世界,现代旅游追求的是一种不同的、陌生而新颖的世界。旅游,尤其是为了娱乐的旅游,是基于对不能在日常居住地而只能在"远处"(out there)获得而又值得旅游的经历的假设而进行的(Cohen, 1979)。显然,这种旅游已经超过了日常生活的界线。因此,与朝圣相反,现代旅游是对现有"世界"精神、文化甚至是文化中心的背离,而进入"边缘",到达另一文化和社会的中心(见图10-1)。

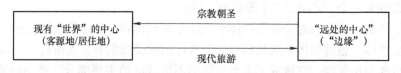

图 10-1 宗教朝圣与现代旅游的不同流向

通过图10-1我们可以看出,宗教朝圣和现代旅游在社会观念、价值认同、地域空间以及所访问的目的地等方面截然不同。这样,就产生了相反的两种流动方向:就宗教朝圣而言,是由边缘向文化中心流动;而现代旅游则是离开文化中心,进入边缘。

宗教朝圣与现代旅游的这种区别受到了广泛关注,学者们倾向于把两种相互区别的现象联系起来(Dupont, 1973; Cohen, 1974; Neil Leiper, 1979),用以解释作为社会现象的现代旅游,以寻求对现代旅游普遍规律的解释。

3. 旅游者模式

旅游与宗教中神圣游程(sacred journey)的关系并不仅仅为人类学家所关注,关于神圣游程的社会学解释屡见不鲜。美国著名学者贾法里（Jafari）教授认为，旅游就是对离开居住地的人的研究（Jafari，1977），进而从社会文化的角度考察一个旅游者从"诞生"至最后"消亡"的过程，阐述了社会文化背景下的旅游者模式和旅游模式（Jafari，1987）。贾法里教授认为，一次完整的旅游经历包含旅游需要产生（WA），旅游者进入神圣旅游世界的过程（AB，这是真正意义上旅游者产生的过程），旅途结束、旅游活动真正开始的阶段（BC），回归过程（CD），汇入主流生活并受旅游活动余波影响的过程（DX），以及旅游者离开居住地至汇入主流生活期间居住地仍继续的生活（AD）这六个阶段（见图10-2）。

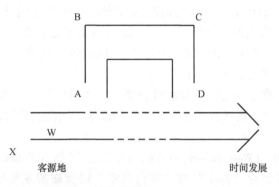

图 10-2　旅游者模式（Jafari，1987）

图10-2中，一个人产生旅游需要的日常生活和工作（WX）被视作普通的、世俗的世界，而不受日常工作的约束、在异地所做的旅游过程（BC）则被看成是新奇且充满活力的神圣世界。因此，同样地，旅游也被社会学家们比拟为朝圣历程。

如果把上述具体的旅游活动过程，即贾法里教授所说的旅游者模式（tourist model）纳入社会的永恒时间和空间中，便可以推断出旅游模式（tourism model），即"泛"旅游社会存在的另一模式（见图10-3）。因此，贾法里教授进一步推论，旅游是生活的表现和仪式（ritual），生活是"泛"旅游的社会存在。贾法里教授的旅游者模式、旅游模式是从社会文化角度阐述旅游现象社会意义的里程碑式的经典理论。

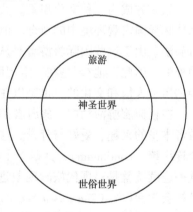

图 10-3　旅游模式

4. 旅游的社会本质

美国著名社会学者、加利福尼亚大学教授、社区研究会主席麦卡恩内尔（MacCannell）博士不仅把旅游者看成现代的宗教朝圣者，还试图赋予旅游以新的意义，即旅游是在本质上追求"真实"的宗教的现代形式。实际上，麦卡恩内尔是想抛开现存的理论框架，寻找对现代世界中旅游者的解释，以此达到对复杂的现代社会的一种结构性分析（structural analysis）。虽然由法国著名社会学学者列维-施特劳斯（Levi-Strauss）提出的现代性（modernity）对大部分人来说意味着无组织、零乱、相互疏远、浪费、暴力、肤浅、无计划、不稳定和不真实（inauthentic）。但麦卡恩内尔认为，现代性的这种表征不过是一种伪装；在无序的外表下，现代社会隐藏着一种在全世界范围内建立自身秩序、解决自身存在问题的强烈可能。现代价值（modern value）是超越过去发达国家和第三世界的界限的，现代化的进程取决于对不稳定和不真实的感觉。因此，在里程碑式的旅游社会学名著《旅游者：休闲阶层的新理论》（*The Tourist: A New Theory of the Leisure Class*）一书的核心部分中，麦卡恩内尔认为现代社会在经验主义、意识形态方面的扩充，应该用各种方式和现代大众休闲方式，尤其是国际旅游和观光紧密地联系起来。在他看来，旅游和社会变革是现代意识的两极；该书其实也是对现代社会的结构性分析。

这样，我们也就能容易地理解麦卡恩内尔所提出的一系列崭新的社会学概念、方法，如"舞台真实"（stage authenticity）、"旅游者"（the tourist）等。这里，麦卡恩内尔认为，"旅游者"包含两重意义：①在全世界到处活动以寻求经历的实际的旅游者，如观光旅游者；②"旅游者"是解释现代人的最好模式之一，因为旅游者是实在的个人，反过来，真实的个人也是实际的旅游者。麦卡恩内尔更倾向于对"旅游者"的第二种理解，因为在他看来，我们对现代文明的担忧首先是从旅游者开始的。

总之，麦卡恩内尔通过对旅游者与宗教朝圣者、"真实"与"舞台真实"等的比较分析，试图寻找到对现代性、现代社会的一般解释和理解。因此，旅游现象、旅游者也打上了鲜明的社会学烙印。

随后，内尔·利珀（Neil Leiper, 1979, 1981）、科恩（Cohen, 1979, 1984）、王宁（Wang Ning, 1999）等都对"真实"与"舞台真实"以及旅游现象所反映出来的这种社会学意义进行了深入探讨。

旅游是一种完全现代的现象（Cohen, 1972）。由于差异性一直是旅游存在的动机之一，新鲜和奇异构成了旅游经历的两个基本要素。只有当人们对自己乡土之外的事物有了广泛的兴趣，只有当接触新奇事物、爱好新奇事物和欣赏新奇事物由于它们自身的缘故而备受重视时，旅游方成为一种文化现象。然而，现代旅游者总是喜欢从一个熟悉而安全的微观环境中来体味异国宏观环境中的新奇。他们遵循过去的线路，选择习惯的交通工具、旅馆和饮食进行旅游。由于这些国际旅游者是从本国文化的"环境泡"（environmental bubble）中被送往国外的，因此，他/她是在一定程度上透过自身所熟悉的"环境泡"的保护墙来观察异国社会的风土人情和文化的，也是以在本国时相同的方式与人交往的。

在任何旅游活动中，旅游者都可以体验到既熟悉又新奇的事物。只不过其程度取决于旅游者本身的兴趣、爱好与背景。这样，国际旅游就把新奇与熟悉有机地结合起来，构成了一个连续统（continuum），并赋予了国际旅游这一现代现象以崭新的社会学意义。科恩认为，这一连续统就是对现代旅游现象进行社会学分析时的基本变量因素。在他著名的《国际旅游社会学探讨》（*Towards a Sociology of International Tourism*）一文中，科恩通过对熟悉与新奇这一连续统一的多种典型组合，把旅游者划分成四种不同的类型，即组织群体旅游者（organized mass tourist）、独立群体旅游者（individual mass tourist）、探险考察旅游者（explorer）和流浪漫游旅游者（drifter）。相互对立的新奇和熟悉贯穿或作用于旅游者的程度决定了旅游者类型、旅游经历性质及其对接待地社会的影响。

科恩的这种探讨，对于理解国际旅游现象的社会学内涵、创建旅游社会学都有积极意义。

当然，还有其他众多社会学者对旅游现象的社会学意义或者社会学解释进行了分析。正因为这样，旅游的社会学研究才形成了各种研究取向，包括麦卡恩内尔（1976）的新迪尔凯姆学说（neo-Durkheimian perspective）、特纳和阿什（1975）的冲突和批判学说（conflict and critical perspective)、梅奥和贾维斯（1981）的功能主义学说（functionlist perspective）、邓恩（1977）的韦伯主义学说（Weberian perspective）、科恩（1979）的现象学说（phenomenological perspective）、麦克休等人（1974）的人种学方法论学说（ethnomethodological perspective）、邓恩（1989）的符号互动学说（symbolic interactionist perspective）、阿波斯托洛普斯（1993）的世界系统/从属学说（world system/dependency perspective）。实际上，这些学说或观点正是对旅游现象不同社会学意义的阐述和解释。

通过上述分析我们不难发现，尽管旅游现象尚未被纳入主流社会学的系统研究中，但旅游现象并不像传统社会学者所说的是"肤浅的""表面的"活动而不值得深入研究；相反，旅游现象具有丰富的社会内涵，是现代社会的一个有机组成部分，其社会学意义不言而喻。因此，从社会学角度而言，开展广泛的旅游社会学研究是非常有意义的。

第二节 旅游社会学研究进展

长期以来，社会学界倾向于认为旅游现象太琐碎、太肤浅、太轻松而不值得花费精力研究，因此，专业社会学者普通对旅游现象采取学术漠视的态度，几乎没有专业社会学者从事旅游方面的研究（王宁，1999）。旅游的社会学研究反映了对旅游现象社会学认识的曲折的发展历程。西方旅游的社会学研究大体经历了如下四个阶段：①起源阶段（第二次世界大战以前）；②过渡阶段（第二次世界大战结束到20世纪60年代）；③形成和发展阶段（20世纪70—80年代）；④系统的经验研究阶段（20世纪90年代至今）。

一、起源阶段（第二次世界大战以前）

（一）基本概况

正如欧洲是旅游研究的起源地和大众旅游影响最先的经历地一样，欧洲也是旅游社会学研究的发源地。

科恩（1984）认为，对旅游的社会学研究首先发端于19世纪30年代的德国，始于范·维泽（Von Wiese, 1930）的研究；而1933年英国人奥格尔维（F. W. Ogilvie）对旅游者流动的研究则是该领域英语世界的第一部社会科学方面的专题文献。在此基础上，英国学者诺弗尔（A. J. Norval, 1936）对旅游业进行了大规模的调查研究。

（二）主要特征

通过科恩的分析，早期旅游社会学的研究主要体现在以下几个方面：

（1）欧洲不仅是旅游研究的起源地，也是旅游社会学研究的发源地。其中，德语和德语地区扮演着重要的角色。范·维泽的开创性著作经过德语学者克内贝尔（H. J. Knebel, 1960）的发展、补充，最终于1960年形成了旅游社会学领域的第一部开创性著作。

（2）虽然第二次世界大战以前，社会学者并不重视旅游的社会学研究，但仍然有学者投身该领域，旅游的社会学研究以顽强的生命力出现在世人面前，19世纪三四十年代也因此成为旅游社会学研究的起源阶段。

（3）西方旅游学研究，或者说，西方对旅游的认识最早是从旅游的经济利益开始的。在旅游的经济学研究之风盛行的20世纪二三十年代，能有对旅游的社会学思考，无论如何都是一件令人欣喜的事。在这方面，德国学者走在了前列。1935年，柏林大学的葛留克斯曼教授（Prof. G. Glucksmann）在《旅游总论》（*Allgemeine Fremdeverkehrskuncle*）一书中，把旅游活动定义为"在旅居地短时间旅居的人与当地人之间各种关系的总和"，认为"研究旅游现象是研究一个旅游活动的基础、发生的原因、运行的手段及其对社会的影响等问题，范围非常广泛，需要从不同学科的角度去研究，而不仅仅是从经济学的角度考察"。与其说葛留克斯曼教授的定义是从社会科学角度出发探讨问题，不如说该定义已经接近了社会学内涵更为贴切。正是德国学者的这种视野推动了旅游社会学研究的进展。这也说明，旅游学研究从一诞生开始，并不仅仅赋予了经济学内涵；跨学科的旅游学研究在一开始就已经受到了关注。

二、过渡阶段（第二次世界大战后至20世纪60年代）

（一）基本概况

第二次世界大战以后，尤其是20世纪50年代，随着喷气式民航客机的广泛应用，大规模游客流动的"大众旅游"（mass tourism）开始兴起，旅游及其巨大的经济、社会、文化影响与带来的一系列社会、文化问题逐渐引起社会学家的兴趣和关注。

第二次世界大战后旅游的蓬勃发展引发了一系列评论性的论著，尤其是在20世纪五六十年代的英语国家中出现了相互对立的两派。以布尔斯廷（1964）为代表的批评派认为，旅游是时代弊端的重要征兆。20世纪70年代的特纳和阿什（1975）也属此派。布尔斯廷（1964）在叹惜过去寻求"真实经历"的真正的旅游者已经消失的同时，蔑视经历和欣赏假事件的肤浅的现代大众旅游者开始出现。布尔斯廷把现代大众旅游者描述成为受旅游企业操纵的"文化木偶"（cultural dope）。以福斯特（1964）为代表的另一派则试图从经验主义出发，毫无偏见地研究旅游现象。因此，福斯特也以身作则，开始了旅游社会学研究领域的最先的经验主义研究。努涅斯（1963）对墨西哥一个乡村的研究也属此领域的开拓性成果。

（二）主要特征

20世纪五六十年代是旅游的社会学研究的一个重要的过渡阶段。此阶段的主要特征表现在以下几个方面：

（1）它所形成的学术成果不仅为后续研究进行了很好的铺垫，而且它所倡导的经验主义研究和实际形成的学术争论精神，对20世纪70年代及其后的研究有极其深远的影响。批评派和经验派关于旅游现象本质内涵的争论直接延伸到了20世纪70年代。

（2）本阶段的研究是旅游现象时代特征在旅游学学术研究中的体现。20世纪五六十年代，喷气式民航客机开始广泛应用，并带来了大规模游客流动的"大众旅游"（mass tourism）的兴起。旅游所带来的巨大经济效益引起了世人的广泛关注。而伴随着旅游而来的社会文化影响尚未引起足够的重视，布尔斯廷则是其中的少数先驱者之一。

（3）本阶段刚好处在世界旅游研究中心逐渐由欧洲转向北美以及英语逐渐成为主要语言的转折中（申葆嘉，1996），既顺应了全球旅游研究的大趋势，又对这种趋势起了一定的推动作用。

（4）由于本阶段旅游的社会学研究的成果在数量上还相当有限，所引起的重视程度仍稍显不足，而且在学科基本概念上的争论尚无法取得突破性的进展，因此，旅游的社会学研究还远未获得应有的学科地位。

三、形成和发展阶段（20世纪70—80年代）

（一）基本概况

伴随着社会学及旅游学与其他学科的交叉结合，旅游社会学作为社会学的一个分支在20世纪70年代开始出现，旅游社会学开始奠定其学科地位（Cohen，1984；Apostolopoulos等，1996）。同一时期，科恩（1972）对国际旅游现象的类型学研究和麦卡恩内尔（1973）对旅游设施及其反映出来的"真实"与"舞台真实"（stage authenticity）的首次理论综合，使得旅游研究成为社会学研究中的一个专门课题而非奇怪的边缘性课题。随后，自20世纪70年代中期开始，旅游的社会学研究取得了重要进展，出现了丰硕的系列研究成果（如Young，1973；Turner and Ash，1975；MacCannell，1976；Noronha，1977；V. L. Smith，1977，1978；de Kadt，1979；Cohen 1979；Graburn，1983），并极大地推动了旅游社会学研究的发展。本阶段，旅游社会学研究取得较大进展的原因在于以下几个方面：

（1）学术著作的出版。本阶段出现了众多开创性学者和极富创见的著作。其中，科恩（1972，1974，1977，1979，1984，）、麦卡恩内尔（1973，1976）、特纳和阿什（1975）等人在20世纪七八十年代发表的著作，因影响深远，被后来者奉为本领域研究的经典。

1977年，美国密执安大学学者麦金托什（McIntosh）和戈尔德耐（Goeldner）在他们对后述旅游学研究乃至旅游实践中具有深远影响的合著《旅游学——要素、实践、基本原理》（Tourism：Principles，Practices and Philosophies）中，还专门把"旅游社会学"作为其中的一章进行专门论述。在第三章"旅游社会学"中，作者集中论述了旅游对个人、家庭或其他群体乃至对整个社会的影响，并就旅游的新兴方式、国际旅游者的偏好特征进行探讨。值得一提的是，作者还特地把科恩（1972）的《国际旅游学探讨》（Toward a sociology of International Tourism）附在"旅游社会学"这章的末尾，为读者提供了方便，更为从社会学角度探讨旅游现象拓宽了视野。麦金托什和戈尔德耐合著的《旅游学——要素、实践、基本原理》对旅游社会学的形成和发展具有重要的作用（陆立德、郑本法，1988）。

（2）学术刊物的导向作用。学术刊物的学术导向作用推动了旅游社会学研究取得的进展。当前英语国家旅游学术界中，最具影响力的学术刊物《旅游研究纪事》（Annals of Tourism Research）（美国刊物，简称ANNALS）在1974年创刊伊始就积极倡导跨学科和多学科研究，并加入了旅游社会学研究的行列中，从而在相当大的范围内为旅游社会学的学科建设起到了积极的导向作用，极大地推动了旅游的社会学研究。1979年，ANNALS以旅游社会学为主题连续出了两个专辑（第6卷，第一期和第二期），这在ANNALS的历史上是绝无仅有的。在1991年的第18卷第一期"旅游社会科学"专辑中，还特别安排了由著名社会学者格雷厄姆·邓恩（Graham Dunn）和著名的以色列旅游社会学者科恩合作的《社会学与旅游》专文。除此以外，我们从ANNALS 1998年第25卷增刊的索引中还可以发现，截至1998年，在ANNALS发表的论文中，除专辑外，直接以Sociology为题的就多达22篇，还有其他以"犯罪""社会影响""社会交换""社会结构"为题而与社会学关系密切的其他文章。从中我们可以看出，ANNALS在旅游社会学研究过程中起到的巨大推动作用和导向作用。

（3）理论层面的学科基础研究引起重视。自20世纪70年代以来，不少学者把研究的兴趣和注意力集中在理论层面的学科基础研究上，从而直接促进了旅游社会学的学科发展。例如我们前面所说的以色列著名社会学者科恩在1972年、1974年、1979年、1984年所做的开创性的研究；美国学者麦卡恩内尔在1973年、1976年所做的研究，以及巴巴多斯著名学者邓恩（1977）、澳大利亚学者内尔·利珀（1979）所做的研究均属此类。他们的共同点在于，从学科理论层面探讨了包括研究视角、基本概念、研究内容等在内的旅游社会学研究的基本问题，并发展了一系列新的概念来支持和解释他们所提出的新理论和新观点。例如：麦卡恩内尔（1976）为了对现代旅游进行全方位的研究，抛开了原有社会学的一些理论、方法和概念体系，在构建现代休闲新理论的同时，还创造了自己的一些方法和术语（MacCannell，1976）。内尔·利珀（1979）重新审视了"旅游者""旅游"的定义，划定了旅游研究的五个范畴，包括旅游者、旅游客源地、旅游通道、旅游目的地、旅游点，并最终构建了包括上述五个范畴在内的旅游系统。科恩（1984）概括了旅游研究进程中八种重要的概念性理论取向，提出了旅游社会学研究的四个主要领域，也即旅游社会学研究的四个主要内容，包括：①旅游者；②旅游者与当地居民的关系；③旅游系统的结构与功能；④旅游的后果也即旅游影响。

（4）学术争鸣之风盛行。旅游社会学研究之所以能在20世纪七八十年代获得极大的发展，另一个原因是五六十年代批评派与经验派的争论继续延续到了70年代，并在学术争论中达成了旅游社会学研究的某些共识。但在70年代初，争论的天平又回到了批评派的一边，特别显著地表现在特纳和阿什（1975）以及扬（Young）（1973）的著作中，他们再一次把旅游者评述成为"易骗肤浅的傻瓜"（superficial nitwit）。

相反地，麦卡恩内尔也对批评派加以批评，认为布尔斯廷的观点"在旅游者本身和旅游作家中相当流行，实际它是大众旅游存在问题的一部分，而并不是对大众旅游所做的分析性思考"（McCannell，1973）；"布尔斯廷只不过表达了长期存在的多数旅游者明显不喜欢的旅游态度，这种旅游态度引发了旅游者之间'他们是旅游者而我不是'的对抗"（MacCannell，1973）。麦卡恩内尔还进一步用经验证据来驳斥布尔斯廷的观点，声明在他本人对旅游者的调查中，没有经济统计数据可以支持布尔斯廷关于旅游者希望得到表面的、不自然的经历的主张。

但是，麦卡恩内尔的研究也存在缺陷，他的研究基础，即他进行调查所选择的样本对象大多是年轻的、后现代（post-modern）旅游者。这样，布尔斯廷的观点仍然可以在不同的类型中找到支持，尤其是对平和的中层旅游者。因此，就算我们承认布尔斯廷的言论比较极端，而且确实有部分旅游者是真的在寻找"真实"，但麦卡恩内尔认为所有旅游者都是纯粹地、一心一意地追求真正、真实的经历，而这种经历却由于旅游机构向旅游者提供舞台的旅游设置而被剥夺的观点也是牵强附会的（Cohen，1979）。实际上，时至今日，两派关于旅游者、旅游现象的不同理解及其冲突尚未得到妥善的解决，因为观点相左的双方的支持者都在有意无意地否定其他解释，而想把自己对旅游的理论作为一般性的理论。

尽管相对立的两派都对深入理解旅游现象的深层内涵以及对理解旅游者动机、行为、经历有一定的贡献，但两者的观点都不是绝对正确的。由于不同类型的人可能经历不同的旅游类型，"旅游者"也不可能像麦卡恩内尔（1976）所说的那样，能够成为人们的一种象征和类型。重要的是，不应局限于对这两派观点对与错的经验验证上，而应该在一个更广泛的理论框架下来描述和思考两者之间的差异；也只有在这样的理论框架下，它们才能与现代人及其所处的社会、文化联系起来，并最终破解谜团（Cohen，1979）。

不过，无论如何，英语国家自20世纪五六十年代以来，在旅游社会学研究领域所引发的相对立的两派，就该事件本身而言就值得我们关注。它所反映出的学者对旅游现象、旅游经历及其影响的深层社会学意义的积极探索与思考，它所折射出西方在旅游学研究中的学术争鸣精神，更应该引起我们更深层次的思索。有意思的是，这种学术争鸣再一次集中表现在20世纪八九十年代旅游经济学研究中以斯蒂芬·L. 史密斯（Stephen L. Smith）为首的"供"派和以内尔·利珀为首的"需"派的争论中。

（二）主要特征

作为旅游社会学研究进程中极其重要的一个阶段，20世纪七八十年代是旅游社会学研究的形成和发展时期，并表现出如下一些显著的特点：

（1）旅游的社会学研究取得长足的进展，出现了一系列被后来者奉为经典的系列研究成果，涌现出了大批的开拓者，初步形成了较为稳定的旅游社会学研究专门队伍。研究队伍的形成和大量理论成果的积累为后续研究奠定了扎实的基础，并极大地推动了旅游社会学研究的发展。

（2）旅游社会学学科理论基础的研究受到一定程度的关注，出现了对旅游社会学学科性质、基本概念、研究方法、视角等方面的探讨。对旅游现象的社会学意义的认识全面展开，普遍认为应该在一个广泛的理论框架下展开对旅游的社会学研究。这种从学科基础理论层面展开的务实研究，在客观上对旅游社会学的形成起到了很大的作用。

（3）20世纪五六十年代产生的批评派与经验派的争论在七八十年代得以延续和发展。这种争论促使旅游学者和社会学者对旅游现象的社会学意义及其隐含的社会现实问题、对旅游社会研究的方法和途径进行反思。这应该也是旅游社会学研究在20世纪七八十年代得以形成和发展的推力之一，而争论的直接结果之一便是为旅游社会学的后续研究积累了大量的经验。

（4）旅游的社会学研究在地域上呈现出较大的分散性。根据申葆嘉（1996）的研究，第二次世界大战后，全球范围内的旅游研究中心逐渐转向北美，英语成为主要语言。就旅游的社会学研究而言，虽然英语成为主要语言，但是北美似乎并没有处在旅游社会学研究的中心。北美以外的很多地方在旅游社会学的研究中扮演着很重要的角色。其中，最出名的包括以色列著名社会学者科恩教授、拉丁美洲岛国巴巴多斯的学者格雷厄姆·邓恩（后转到英国鲁顿大学）、英国的约翰·厄里（John Urry）、澳大利亚的内尔·利珀、新西兰的克里斯·瑞安（Chris Ryan）等，都在这一时期发表了极有影响的作品，并对旅游的社会学研究起到了推动作用。上述国家与地区，与北美一起，共同打造了旅游社会学研究的阵容。由于地域的分散性，一方面，造成研究的独立性和一定程度上的"各自为战"的局面。不过，这种地域上的分散和研究的孤立由于 *Annals of Tourism Research*、*Tourism Management*、*Social Research*、*Sociology*、*Annual Review of Sociology* 等世界性刊物的存在而有所减弱。尤其是 *Annals of Tourism Research*，成为旅游社会学研究很好的载体和沟通的渠道。另一方面，地域上的分散也使旅游社会学研究表现出极大的丰富性，极大地拓宽了研究的视野，从而为多学科与跨学科合作提供了可能，并促使旅游的社会学研究形成了多种理论取向和流派。这也为20世纪90年代旅游社会学研究的进一步发展、跨区域经验研究和多流派共存的"百花齐放"局面打下了基础。

（5）始于20世纪60年代的旅游影响研究逐渐从最初着眼于接待地社会经济的意义转变到旅游经济、旅游社会文化和旅游环境与生态三个影响研究领域，并以旅游社会影响占主导的局面。接待地文化商品化过程中传统的衰退、"伪民俗文化"以及文化冲击下接待地传统伦理观念、社会及家庭凝聚力的减弱,以及消极影响的出现,动摇着接待地社会的基础。因此,本阶段对旅游影响的社会学研究多为负面的研究。

四、系统的经验研究阶段(20世纪90年代至今)

尽管20世纪七八十年代的旅游社会学研究取得了很大的进展,但其中的大多数理论成果尚待系统的经验验证;而已有的、零碎的经验研究大多缺乏理论深度(Dann, Cohen, 1991)。其直接结果就是,要么留下一些不甚相关的图表、数据,要么留下一些尚待证实的理论推测。

进入20世纪90年代以后,由于旅游在西方"后工业化"社会中的作用越发突出(Roche,1992),加入旅游社会学阵营的专业的社会学学者也逐渐增多,旅游社会学的文献数量在此时期也有了很大幅度的增加。

由于20世纪七八十年代旅游社会学研究遗留下的理论验证问题尚未解决,加之90年代进入"后工业化"(post-industrialization)、"后现代"(post-modern)社会,又产生了一系列亟须解决的实际问题,因此,20世纪90年代以来的旅游社会学研究开始加快了经验验证的步伐,从而进入了一个系统的经验研究时期。由于文献很多,我们主要以期刊 *Annals of Tourism Research* 和 *Tourism Management* 及所能获得的相关材料为主进行分析。旅游社会学的系统经验研究表现在三个方面:研究地域范围,研究内容,研究方法。

1. 研究地域范围

20世纪90年代以来,旅游社会学的系统经验研究在全球范围内开展,就地域而言,包括了从西方发达国家到第三世界国家,从欧美到拉丁美洲、非洲、亚洲和大洋洲,甚至包括南极洲在内的全球各个角落。对欧美发达国家的相关研究大多针对欧美发达国家进入"后现代""后工业化"时期所引发的诸如犯罪、恐怖主义等相关社会问题的研究。如保罗·布鲁特(Paul Brunt)等人(2000)对英国旅游者受侵害情况及其对假日犯罪的担忧的研究,认为犯罪是影响旅游者决策的主要因素,并进一步得出英国旅游犯罪率远高于一般犯罪率的结论。类似研究还有F.迪芒什(F. Dimanche)等人(1999)对美国新奥尔良地区旅游犯罪的研究等。在对发达国家的研究中,还有相当数量的研究集中在"主客"关系的研究中。如拉克森(Laxson,1991)就"主人"(we)如何看待"客人"(them)在美国展开了研究。吉拉德和加特纳(Girard, Gartner, 1993)在威斯康星州对接待地社区的研究。不过这种主客关系的研究大多选择在经济较为落后的乡村地区进行。如J. D. 约翰逊(J. D. Johnson)等人(1994)在美国爱达荷州一个正经历经济转型的乡村地区,就居民对旅游发展的看法所做的研究,以及唐纳德·盖茨(Donald Getz,1994)在苏格兰一个名为Spey Valley的乡村就居民对旅游的态度所做的研究。另外,还有旅游社会影响方面的研究和对后工业化旅游动机与参与的研究(Parrinello,1993)等。社会学视角的经验研究更多地把注意力投向了广大第三世界国家和地区,更多地关注亚非拉地区的居民对旅游和旅游者的态度以及旅游发展对当地的社会文化影响方面。例如阿尔伯克基(de Albuquerque)等人(1999)对加勒比海地区旅游犯罪的个案分析;赫博·阿齐兹(Heba Aziz, 1995)对埃及旅游者受攻击情况的调查;Y. 曼斯费尔德(Y. Mansfeld, 1999)对以色列战争、恐怖主义与旅游关系的研究;塞夫金·阿奇斯(Sevgin Akis)等人(1996)就塞浦路斯居民对旅游态度的分析;金

(king)等人就斐济居民对旅游社会影响态度的研究等。西方旅游研究还把南极洲也列入了研究范围。1999年，Annals of Tourism Research 就专门出版了一期关于南极洲研究的专刊，不过研究的视角集中在南极洲的生态旅游、环境治理、可持续发展，以及周边地区和新西兰临近南极洲岛屿的研究上。

2. 研究内容

旅游社会学的系统经验研究不仅表现在研究的地域范围上，还表现在研究的内容上。20世纪90年代以来，旅游社会学的系统经验研究把视角指向了旅游社会现象的各个角落，概括起来大体包括：①犯罪与恐怖主义；②战争与政治动乱；③旅游社会影响；④性与性别；⑤态度；⑥真实性。

前两项研究实际上是对始于20世纪60年代的旅游社会影响研究的延续，也是现代社会进入"后现代"时期后各种社会问题的反映。该研究涉及范围极广，从而促进了旅游安全领域的相关研究。最具代表性的当数匹赞姆和曼斯费尔德合编的"填补空白的第一本重要著作"（V. L. Smith，1998）《旅游、犯罪与国际安全问题》（Tourism, Crime and International Security Issues），以及旅行与旅游研究协会会刊《旅行研究杂志》（Journal of Travel Research）于1999年刊出的关于战争、恐怖主义和旅游的专辑。前者是论文集，共收集了20篇论文，分四个部分进行论述：①旅游与犯罪；②旅游与政治不稳定；③旅游与战争；④犯罪与饭店业。其目的只有一个，即为营造安全、和平的旅游环境而努力，以促进旅游业的繁荣。后者收录了11篇文章，对旅游与犯罪、恐怖主义、战争政治动乱等问题进行了综合探讨。两者的学术导向作用以及20世纪90年代以来的相关国际会议，客观上推动了旅游安全研究的进展。

20世纪80年代以来，旅游的社会影响研究摆脱了60年代仅注意到旅游的积极效应、70年仅重视负面影响研究的局面，开始进入了一个比较平衡的系统研究时期（Jafari，1986）。而90年代后，则发展到了一个更高的水平，也进入了一个更加自然化的阶段。在研究内容上，除了旅游对旅游地社会影响的传统影响研究范围外，本时期的旅游社会影响研究表现出了两个显著的特点：

（1）更加关注"主客"（即旅游者与当地居民）之间的互动关系，重视居民对旅游的态度，社区参与旅游发展受到极大的关注。尽管早在70年代，瓦伦·史密斯（Valene Smith）主编的《东道主与游客：旅游人类学研究》（Hosts and Guests：The Anthropology of Tourism）一书，就从人类学视角对旅游活动中的"主客关系进行了多方位的探讨。但是，这种探讨是从纯粹的人类学角度出发的""大都偏重于旅游接待地东道主和客人人际关系中的文化现象和演变以及这种文化现象对接待地的影响"，以及"区别文化改变过程中现代化和旅游所起作用"的研究（申葆嘉、刘住，1999）。毋庸置疑，20世纪90年代以来旅游现象中"主客"关系的研究主要是从社会学角度出发的，侧重的是旅游者的动机与行为，以及当地居民的相关反应及其对旅游业的影响；更主要的是，把"主客"的互动关系摆在了显要的位置。虽然，"东道主"——接待地居民对"客人"——旅游者态度的研究仍然占相当的比重，但"东道主"的参与意识、"客人"对"东道主"的态度以及两者的相互审视有所抬头，从而形成了一个较为完整的"主客"关系研究子系统。例如，泰勒（Taylor，1995）、乔珀（Joppe，1996）对社区居民对旅游发展地位、作用及其相互关系的研究，西蒙斯（Simmons，1994）对社区参与旅游规划的探讨，科恩（Cohen）等人（1992）对主客双方在旅游摄影中互动关系的研究，阿纳斯塔索普洛斯（Anastasopoulos，1992）对希腊旅游者访问土耳其态度变化的研究等。从研究的题目也可一窥其研究内容，如拉扎里迪斯（Lazaridis）和维肯斯（Wickens，1999）的"'我们'和'他们'"（"us"and the "others"），贝诺（Berno，1999）的"当客人成为客人：库克岛居民对旅游的审视"，拉克森（Laxson，1991）的"'我们'怎么看待'他们'——旅游和土著印第安人"等。

（2）更加注重影响的全面性与系统性。这表现在两个方面。①把研究的触角伸向旅游社会影响的各个角落。20世纪90年代以来旅游社会影响的研究，不仅涉及上述"主客"关系、"主客"互动所带来的社会影响，更重要的是，旅游发展所带来的社会生态、环境生态影响被摆上了议事日程，并涌现出大批的研究文献。从《旅游研究纪事》（Annals of Tourism Research）1998年第25卷增刊的主题索引中就可以发现，1991—1998年，《旅游研究纪事》发表的"社会影响"类论文就有23篇，例如，关于居民对旅游发展态度的研究（Akis等人，1996；Johnson等人，1994；Kang等人，1996；Hernandez，1996；Lindberg，Johnson，1997；Berno，1999；Brunt，Courtney，1999）；对游客特征及其对旅游地态度的研究（Obua等人，1996）；居民对旅游影响的看法（John Ap，1992；King等人，1993；Girard，Gartner，1993）；居民态度与政府态度及其作用（Robert Madrigal，1995）、主客冲突（Mckercher，1993）、文化商品化及引发的冲突（Sharpley，1994）等。②更加客观、综合地评价旅游的社会影响。20世纪90年代以来西方旅游社会影响研究，大多能够兼顾到旅游社会影响的两个极端。例如，金等人（1993）对斐济（Fiji）的研究，从旅游地居民角度揭示了旅游在给旅游目的地带来经济收益和就业机会的同时，也给旅游目的地带来系列负面影响，使旅游目的地付出"社会成本"。麦克尔彻（McKercher，1993）在谈及旅游的社会与环境影响时认为，治理旅游社会与环境负面影响的付出，与其认为是一种成本负担，不如看作是一种投资。这是一种基于旅游目的地全面综合发展而辩证地看待旅游负面影响与正面影响的观点。伯恩斯和霍顿（1995）更直截了当地指出，旅游存在两个极端，一方面带来社会经济利益；另一方面又加剧了社会差异，造成了巨大的社会问题。

对真实性（authenticity）的研究一直在旅游社会学研究中占有较大的比重，真实性也由此成为旅游社会学研究的主要内容之一。虽然，关于"真实性"的探索和讨论，大体而言是随旅游学研究的发展而发展（以《旅游研究纪事》为例，《旅游研究纪事》创刊于1973年，1976年即出现了研究"真实性"的文章），但是自20世纪90年代以来，"真实性"的研究分量才更多，也更全面。以《旅游研究纪事》为例，截至1998年，检索到的关于真实性与舞台真实的论文共57篇，而90年代以来的就有25篇，占了44%。

当然，并不仅仅是犯罪、真实性、社会发展等"严肃的""重大的"问题才会引起学者进行旅游社会学研究的兴趣。旅游活动中表现出的一些特有现象，像旅游纪念品所折射出的符号学意义和社会学意义也引起关注。例如，波佩尔卡和利特瑞尔（Popelka，Littrell，1991）就旅游对手工艺品演化影响的研究；马克维克（Markwick，2001）对马耳他邮资明信片所做的微观研究；金和利特瑞尔对旅游纪念品购买意图的研究。当然，其他还有对诸如摄像、拍照、录音等等纪录手段的社会学意义的零星探讨。如科恩等人（1992）就旅游摄影中所体现的主客互动关系的研究等。

3. 研究方法

20世纪90年代以来，旅游社会学的系统经验研究更主要地表现在研究的方法上。除对旅游现象进行系统解释外，还借鉴了经验主义研究，使用了一系列经验模型或技术，进行了实地案例研究，进而来检验、评价已有的旅游社会学理论或者社会学研究成果。20世纪90年代以来，旅游社会学研究的系统经验方法表现在三个方面：①描述方法；②统计和经验模型；③个案研究。

（1）描述方法。旅游社会学研究中，描述方法广泛应用于理论框架或体系的系统描述、对过去理论的历时性分析或验证、对理论模型及其基础因果关系的论证等几个领域。前者最典型的例子莫过于20世纪七八十年代科恩的理论建构（Cohen，1972，1974，1979，1984）、邓恩（1999）对旅游者时空模式的阐述和泰勒（2001）对旅游中真实和真挚的分析等。历时性分析或验证的典型代表包括邓恩和科恩（1991）对"社会学与旅游"的理论阐述，以及王宁（1999）对旅游经历中真实性的再思考。

（2）统计和经验模型。统计和经验模型是社会学研究中使用极为广泛的方法，也是旅游社会学研究借鉴社会学的常规方法之一。20世纪90年代以来，统计和经验模型的研究方法似乎成为旅游社会学研究的主流方法。通过实地调查，进行统计推断或统计分析，建立经验模型或理论模型，成为大多数学者遵循的一条传统研究路线。虽然随机性较强，但旅游社会学研究中的统计和经验模型大体还可以分成四类：①简单的统计估计；②多元统计分析；③计量模型；④时间序列方法/模型。

简单的统计估计是统计学中较为简单的估计程序和检验，例如分布、t-检验、F-检验等。该方法应用较广，在多数文献中都能得到体现。例如林（Lin）和帕特尔（Patel）（1999）对汽车旅馆偷窃问题的调查分析；豪伊（Howey）等人（1999）对旅游研究文献的分析；布鲁特等人（2000）对旅游者受欺压及其对犯罪的恐惧的研究；阿尔伯克基和麦克尔罗伊（McElroy，1999）对加勒比岛旅游与犯罪关系的研究等。

多元统计分析则更进一步，运用更加复杂的统计分析方法，例如回归分析、相关分析、概率分析和逻辑分析等。这种方法综合性更强，往往运用于社会现象相关关系分析（如旅游地居民态度与旅游发展关系分析等）或者趋势预测等领域。例如，威廉和罗森（2001）运用聚类分析等方法来研究新西兰10个城镇居民对旅游给社区带来影响的看法，结果发现，对当地居民而言，社区问题比居民的社会人口学特征对居民态度具有更大的影响力；进而提出，对旅游地居民对旅游发展的态度感兴趣的学者应更多地关注当地居民的价值观，而不是社会人口学因素。韦弗和罗（Weaver，Lawton，2001）也综合应用聚类分析、相关分析、F-检验等多种统计方法，对澳大利亚黄金海岸的一个城乡接合地带的居民态度与旅游发展进行研究，并根据其对旅游发展的态度，把城乡结合部的居民划分为"支持者""中立者""反对者"三种类型。

计量模型和时间序列方法/模型在旅游社会学研究中的应用主要在于建立理论模型，作为理论框架、体系的基础，成为某一类研究的依据等。最典型的莫过于兰克福德和霍华德（Lankford，Howard，1994）所建构的旅游影响态度尺度（Tourism Impact Attitude Scale，TIAS）。兰克福德和霍华德通过对文献的分析，筛选了系列影响居民对旅游态度的变量，据以建构TIAS，并以哥伦比亚河乔治地区为个案，应用多元回归模型（multiple regression model）加以检验。TIAS为研究居民对旅游态度的影响提供了极有力的工具。其他还有诸如巴洛格鲁和麦克利里（Baloglu，McCleary，1999）对旅游目的地形象形成模型、Gomez-Jacinto等人（1999）对旅游经历和态度变化模型的研究等。

(3) 个案研究。个案研究方法是社会学研究中常用的基本方法之一。虽然在研究的起始阶段，旅游社会学就把个案研究方法应用到具体的研究中，并取得较多成果；但进入 20 世纪 90 年代后，个案研究方法在旅游社会学研究中表现出三个显著特点：①应用的广泛性。除个别简单的理论描述外，多数文献以某一地区或旅游地为个案研究微观的理论乃至实践问题，进而得出普适性的一般结论。这一特点，在《旅游研究纪事》(Annals of Tourism)、《旅游管理》(Tourism Management) 两份刊物上都表露无遗。这种现象也反映出西方旅游社会学乃至旅游学研究的一个特点或者倾向，即多对旅游现象具体层面的个案进行考察。②研究方法的综合性和跨学科性。进入 20 世纪 90 年代以来，几乎很少有使用单一研究方法进行研究的著作。上述的研究方法经常交替或混合使用。尤其是个案研究中，经常同时运用描述、统计、计量、模型等方法。兰克福德和霍华德（1994）的 TIAS，就是以哥伦比亚河乔治地区为个案加以验证的；韦弗和劳顿（2001）就城乡交界带居民对旅游认识的研究也是以澳大利亚黄金海岸的塔姆伯林山为例的；威廉和劳森（2001）的研究则以新西兰的小城镇为个案。③个案的样本地往往是经济相对落后的地区，尤其是亚非拉地位。例如，以加勒比地区为个案的研究就有：帕默尔（Palmer, 1994）以巴哈马为例对旅游与殖民主义的研究；C. B. 科恩（C. B. Cohen, 1995）、普鲁伊特和娜丰（Pruitt & LaFont, 1995）对性别差异、性与旅游的研究；埃尔南德斯（Hernandez）等人（1996）就居民对旅游度假"飞地"（Resort enclave）态度的研究；丹尼尔（Daniel, 1996）就旅游中舞蹈表演所表现出的真实性与创造性的探讨；阿尔伯克基和麦克尔罗伊（1999）以加勒比岛为例对旅游与犯罪所做的研究等。前面的"研究范围"部分也可以看出以经济落后地区为个案的趋势，这其实也反映了当代旅游社会学研究的一种趋向。

4. 主要特征

20 世纪 90 年代以来，进入系统经验研究时期的旅游社会学研究表现出如下特点：

(1) 成果数量颇丰。由于众多社会学家的参与，旅游社会学研究颇显"热闹"，呈现出空前"繁荣"的局面，研究成果众多。

(2) 在延续以往研究、继承前人研究成果的基础上，把研究视角伸向旅游社会现象的各个层面，涵盖了旅游社会学研究的大部分内容，开拓了学科研究的新视野。

(3) 在研究方法上，以经验方法为主，进行跨学科、多学科合作，综合运用多种方法进行系统研究；提出假设或命题、选取典型个案、综合运用统计分析等手段加以分析、验证、得出结论，成为旅游社会学研究的一种主流方法。

【关键术语】

旅游社会学　旅游者模式

【问题及讨论】

1. 简述社会学对旅游现象的理解。
2. 简述宗教朝圣与现代旅游的区别。
3. 从社会学的角度说明旅游者模式。
4. 简述西方旅游社会学研究大体经历了哪些发展阶段。
5. 简述不同的社会阶段中每一阶段各有什么特点。

【参考文献】

[1] 沙普利. 旅游社会学 [M]. 谢彦君, 孙佼佼, 郭英, 译. 北京: 商务印书馆, 2016.
[2] 王宁, 刘丹萍, 马凌. 旅游社会学 [M]. 天津: 南开大学出版社, 2008.
[3] 张晓萍, 黄继元. 纳尔逊格雷本的旅游人类学 [J]. 思想战线, 2000 (2): 47-50.
[4] 李霞. 文化人类学的一门分支学科: 生态人类学 [J]. 民族研究, 2000 (5): 49-54.
[5] 翁乃群. 美、英社会文化人类学研究的时空变迁 [J]. 民族研究, 2000 (1): 17-26.
[6] 覃德清, 戚剑玲. 西方旅游人类学与中国旅游文化研究 [J]. 广西民族研究, 2001 (3): 27-33.
[7] 张晓萍. 从旅游人类学的视角透视云南旅游工艺品的开发 [J]. 云南民族学院学报 (哲学社会科学版), 2001, 18 (5): 99-102.
[8] 张晓萍. 旅游人类学在美国 [J]. 思想战线, 2001, 27 (2): 65-68.
[9] 刘丰. 老子之道的文化人类学探源 [J]. 西北大学学报, 2001 (1): 82-86.
[10] 胡鸿保, 王建民. 近年来社会文化人类学若干热点透视 [J]. 民族研究, 2001 (1): 93-100.
[11] 李建辉. 中华民族是人类古文明的主要缔造者: 访文化人类学家、作家、民俗学家林河 [J]. 中国民族, 2002 (7): 61-64.
[12] 周霄. 民俗旅游的人类学探析 [J]. 湖北民族学院学报 (哲学社会科学版), 2002, 20 (5): 10-13.
[13] 张晓萍. 西方旅游人类学中的 "舞台真实" 理论 [J]. 思想战线, 2003, 29 (4): 66-69.

【参考网站】

1. 中国旅游新闻网 (www.cnta.com.cn)
2. 中国世界遗产网 (www.cnwh.org)
3. 国家文物局 (www.ncha.gov.cn)
4. 中华人民共和国文化和旅游部 (www.mct.gov.cn)
5. 中国旅游研究院 (www.ctaweb.org/index.html)